CALDICOTT **ATOMGEFAHR USA**

Dieses Buch ist Scott Jeffrey Powell gewidmet,
ohne dessen unerschütterliche Beharrlichkeit es
niemals geschrieben worden wäre.

Helen Caldicott

ATOMGEFAHR USA

Die nukleare Aufrüstung der Supermacht

Aus dem Englischen
von Andrea Panster

Diederichs

Die Originalausgabe erschien unter dem Titel
The New Nuclear Danger
bei The New Press, New York
© Helen Caldicott 2002

Bibliografische Information Der Deutschen Bibliothek
Die Deutsche Bibliothek verzeichnet diese Publikation in der
Deutschen Nationalbibliografie; detaillierte bibliografische Daten
sind im Internet über http://dnb.ddb.de abrufbar

© der aktualisierten und erweiterten deutschen Ausgabe
Heinrich Hugendubel Verlag, Kreuzlingen/München 2003
Alle Rechte vorbehalten

Umschlaggestaltung: Eisele Grafik-Design, München
Produktion: Maximiliane Seidl
Satz: EDV-Fotosatz Huber/Verlagsservice G. Pfeifer, Germering
Druck: GGP Media, Pößneck
Printed in Germany

ISBN 3-7205-2385-3

Inhalt

US-Haushalt, Mittel zur freien Verfügung, Haushaltsjahr 2002

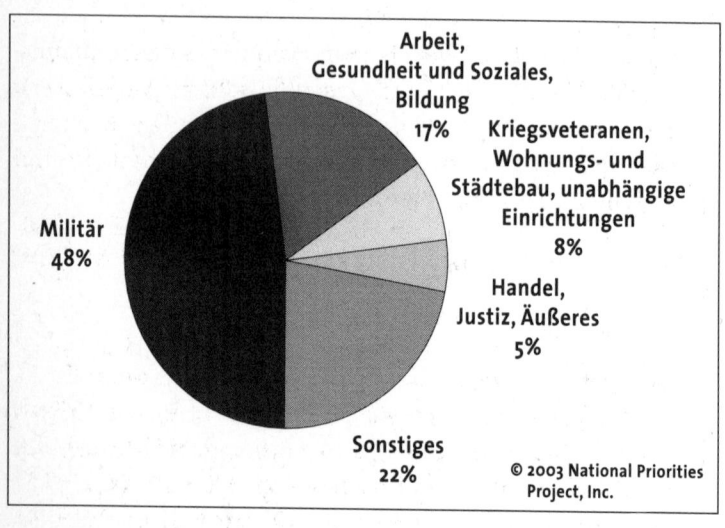

Arbeit, Gesundheit und Soziales, Bildung 17%

Kriegsveteranen, Wohnungs- und Städtebau, unabhängige Einrichtungen 8%

Militär 48%

Handel, Justiz, Äußeres 5%

Sonstiges 22%

© 2003 National Priorities Project, Inc.

Das Kreisdiagramm zeigt die Mittel zur freien Verfügung für das Haushaltsjahr 2002, das den Zeitraum vom 1. Oktober 2001 bis zum 30. September 2002 umfasst. Bei den frei verfügbaren Mitteln handelt es sich um den Teil des US-Haushalts, über den der US-Kongress nach eigenem Ermessen entscheiden kann. Programme wie die Sozialversicherung und die Versorgung mit Lebensmittelmarken gehören nicht zu den frei verfügbaren Mitteln. Hier kann der Kongress den Kreis der Berechtigten verkleinern oder vergrößern, die Höhe der Ausgaben aber nicht direkt festlegen. Die Ausgaben des Pentagon verschlingen fast die Hälfte der frei verfügbaren Mittel, für die Bildung stehen nur ungefähr sieben Prozent zur Verfügung.

Vorwort zur deutschen Ausgabe

Ich habe keinerlei Zweifel daran, dass wir es den schlimmsten Führern der Welt nicht gestatten sollten, Amerika mit den schrecklichsten Waffen der Welt unter Druck zu setzen, unseren Frieden zu gefährden, unsere Freunde und Verbündeten zu bedrohen.

George W. Bush,
South Bend / Indiana, 5. September 2002

Nun, natürlich, das *Volk* will keinen Krieg. Warum sollte irgendein armer Landarbeiter im Krieg sein Leben aufs Spiel setzen wollen, wenn das Beste ist, was er dabei herausholen kann, daß er mit heilen Knochen zurückkommt. Natürlich, das einfache Volk will keinen Krieg; weder in Rußland, noch in England, noch in Amerika, und ebenso wenig in Deutschland. Das ist klar. Aber schließlich sind es die *Führer* eines Landes, die die Politik bestimmen, und es ist immer leicht, das Volk zum Mitmachen zu bringen, ob es sich nun um eine Demokratie, eine faschistische Diktatur, um ein Parlament oder eine kommunistische Diktatur handelt.

... das Volk kann mit oder ohne Stimmrecht immer dazu gebracht werden, den Befehlen der Führer zu folgen. Das ist ganz einfach. Man braucht nichts zu tun, als dem Volk zu sagen, es würde angegriffen, und den Pazifisten ihren Mangel an Patriotismus vorzuwerfen und zu behaupten, sie brächten das Land in Gefahr. Diese Methode funktioniert in jedem Land.

Hermann Göring, 18. April 1946[1]

Eine aktuelle Studie der Organisation Internationale
Ärzte für die Verhütung eines Atomkrieges warnt, ein
Einmarsch im Irak könnte zu einer menschlichen Katastrophe führen. Den Schätzungen zufolge könnten in den
ersten drei Monaten eines Krieges der Vereinigten Staaten gegen den Irak 48 000 bis 260 000 Menschen umkom-
men und 200 000 weitere an den Folgen des Krieges sterben.

Sollten Israel, Großbritannien oder die Vereinigten
Staaten eine kleine Atomwaffe von der Größe der Hiroschima-Bombe in Bagdad einsetzen, würden weitere
66 000 bis 360 000 Menschen buchstäblich verdampfen
oder Verbrennungen und Verletzungen erliegen. Der Einsatz einer modernen Wasserstoffbombe hingegen würde
306 000 bis 3 608 000 Todesopfer fordern.[2]

Wenn im Irak Atomwaffen eingesetzt werden, kann es
passieren, dass die schrottreifen russischen Frühwarnsysteme die Explosionen fälschlicherweise als einen amerikanischen Erstschlag deuten und sich 2500 Wasserstoffbomben, die sich in ständiger Alarmbereitschaft befinden, auf den Weg in die Vereinigten Staaten und die
Länder ihrer Verbündeten machen. Daraufhin würde das
US-Arsenal von 2500 Wasserstoffbomben, die ebenfalls in
ständiger Alarmbereitschaft gehalten werden, automatisch gezündet, was einen nuklearen Winter herbeiführen
und innerhalb eines Jahres den Großteil allen Lebens auf
dem Planeten auslöschen würde.

In dem im Januar 2002 vom Pentagon veröffentlichten
Nuclear Posture Review, einer Überprüfung der Haltung
der Vereinigten Staaten zur Atompolitik, wurde gefordert, dass die Möglichkeit der Verwendung derartiger
Waffen bei sieben Nicht-Atommächten, so genannten
»Schurkenstaaten«, einschließlich des Irak, gegeben sein
sollte.

Im Januar 2003 wurden bereits konkretere Pläne bekannt: Es ist gut möglich, dass eine Atomwaffe in Form

eines »Bunker Busters« (Bunkerzerstörers) im Irak zum Einsatz kommt, so der US-Militärexperte und -analyst William Arkin.[3] Das ist der Hintergrund von Furcht und Ungewissheit, vor dem der Einmarsch im Irak und jeder andere Krieg weltweit betrachtet werden muss.

Aus der Luft gegriffene Rechtfertigung

Angesichts der unausgesetzten Forderungen nach einem Regierungswechsel im Irak rechtfertigte US-Vizepräsident Dick Cheney die Haltung seiner Regierung damit, dass er dem Irak vorwarf, »Massenvernichtungswaffen« zu besitzen.[4] Auch US-Präsident George W. Bush bezichtigte den Irak wiederholt des Besitzes von Atomwaffen, lügt in diesem Punkt jedoch beharrlich, denn in einer seiner Reden hatte er eingeräumt: »Wir wissen nicht, wie nah er (Saddam Hussein) im Augenblick an der Atombombe dran ist. Wir wissen, dass er schon einmal nah dran war. Wie es heute aussieht, wissen wir nicht.« Der CIA und die Internationale Atomenergie-Behörde erklären entschieden, der Irak verfüge nicht über Atomwaffen.[5]

Die Frage nach chemischen Waffen ist ebenfalls rein akademisch. In den achtziger Jahren setzte der Irak im Krieg gegen den Iran Nervengas gegen die Iraner ein und wurde dabei offen von der Regierung Reagan unterstützt. Dick Cheney, Donald Rumsfeld und Henry Kissinger waren tief in diese Geschäfte verstrickt. Darüber hinaus billigten die Vereinigten Staaten in den achtziger Jahren den Einsatz von Nervengas gegen irakische Kurden.[6]

Für die Vereinigten Staaten war Hussein eine bequeme Marionette, die ihren Krieg gegen den Iran führte. Amerika versorgte ihn nicht nur mit chemischen Waffen, sondern auch mit biologischen Stoffen, einschließlich West-Nil-Viren (sie verursachen die West-Nil-Enzephalitis), Botulinustoxinen, Milzbranderregern sowie den Erregern von Tuberkulose, Lungenentzündung, Brucellose (»Maltafieber«) und Gasbrand.[7] Man fragt sich, ob ihm auch Pockenviren überlassen wurden, denn die Pocken galten 1969 offiziell als weltweit ausgerottet. Soweit bekannt war, gab es auf der ganzen Welt nur noch zwei Röhrchen mit Pockenviren – eines in einem russischen Labor und eines in Amerika.[8] Wenn Hussein Pockenviren besitzt, woher hat er sie dann? Erklärt das die fieberhaften Pockenimpfungen von US-Soldaten und der amerikanischen Bevölkerung?

Alte und neue Massenvernichtungswaffen

Sehen wir uns – abgesehen von einem möglichen Atomwaffeneinsatz – einmal an, welche konventionellen Waffentypen für die Verwendung im Irak vorgesehen sind. In Afghanistan haben die Vereinigten Staaten mit neuen, exotischen konventionellen Massenvernichtungswaffen experimentiert, die auch gegen irakische Zivilisten eingesetzt werden sollen – mit radioaktiven Uranwaffen, Benzinbomben, Streubomben und verheerenden Flächenbombardierungen, bei denen B-52-Kampfflugzeuge ihre Bomben 12 000 Meter über der Erde abwerfen.

Aber in diesem neuen Krieg werden riesengroße B-2-Tarnkappenbomber 16 jeweils 900 Kilogramm schwere, unabhängig zielfähige, satellitengesteuerte Bomben sowie gewaltige, lenkbare »Bunker Buster« namens GBU-28 abwerfen, mit denen unterirdische Einrichtungen gesprengt werden sollen. Diese lenkbaren, »Joint Direct Attack Munitions« (JDAM) genannten Bomben werden zur Orientierung und Navigation auf das aus 24 Satelliten bestehende Satellitennavigationssystem (GPS) zugreifen.

Modernste, seit dem Afghanistan-Krieg neu entwickelte Überwachungstechnologie wird es der US-Air Force und der US-Navy ermöglichen, ihre Ziele genauer einzugrenzen. Verbesserte Satellitenradargeräte können inzwischen einen Bus durch die Wolkendecke hindurch erkennen, und Spionageflugzeuge können aus über 24 000 Metern Höhe das Handgeschriebene auf einem Papier lesen. Auf Grund dieser äußersten Genauigkeit werden die von den US-Kommandozentralen kommenden Befehle zur Bombardierung von Zielen praktisch umgehend ausgeführt. Es dauert nur noch Minuten, nicht mehr mühevolle Stunden oder Tage. Menschen werden an diesem Vorgang kaum oder gar nicht mehr beteiligt sein – das ist computerisiertes Töten.

Hochleistungsmikrowellenwaffen (HPM, High Power Microwave), die so konstruiert wurden, dass sie ein elektromagnetisches Feld von sehr viel verheerenderer Intensität als ein Blitzschlag erzeugen – viele Millionen Ampere im Vergleich zu den 30 000 Ampere eines Blitzschlags – werden eingesetzt, um alle elektronischen Systeme im Zielgebiet zu zerstören: Computer, Antennen, Radargeräte. Allerdings wird es auch »Kollateralschäden« geben, da die elektromagnetische Strahlung bei Menschen, die ihr ausgesetzt sind, zum Herzstillstand führt.[9] Verschiedene Drohnen oder unbemannte Flugzeuge werden der Aufklärung sowie dem Abschuss präzisionsgesteuerter Hellfire-Raketen dienen.[10]

»Das wird kein klassischer Feldzug«, meint Loren Thompson, Expertin beim Lexington Institute: »Es wird eine komplexe, höchst mobile Militäroperation, bei der viele verschiedene Dinge gleichzeitig passieren. ... Während an einem Ort Bomben fallen, plündern woanders Spezialeinsatzkräfte und wieder anderswo gehen konventionelle Streitkräfte an Land.«[11]

Um seine Operationen zu beschleunigen, setzt das Pentagon zudem auf eine Politik der Informationskriegsführung. Dabei handelt es sich um Propaganda, die »strategische Täuschung« und »Beeinflussung« als grundlegende Mittel der Kriegsführung verwendet. Ihre Ziele sind »Zerstörung, Demütigung, Leugnung, Spaltung, Täuschung und Ausbeutung«. In Anlehnung an die englischen Bezeichnungen (»destruction, degradation, denial, disruption, deceit and exploitation«) werden diese Strategien unter dem Überbegriff D5E zusammengefasst.[12]

Daniel Goure, ein Militärexperte des der politischen Rechten nahe stehenden Lexington Institutes, beschrieb den Kriegsverlauf mit folgenden lockeren Worten: »Im schlimmsten Fall wird man die irakischen Streitkräfte der Reihe nach besiegen. Sie sind so gut wie erledigt. Sie sind nichts als Temposchwellen auf dem Weg nach Bagdad. Wenn sie sich auflösen, rollen die Bodentruppen über sie hinweg.«[13] Allerdings vergaß er die Massenvernichtung unschuldiger Menschen zu erwähnen, die mit den seit Anfang der neunziger Jahre geplanten Strategien einhergeht.

Langfristige Planungen für den Irak

Hinter dem Drängen auf einen Einmarsch im Irak steht eine kleine Gruppe »Kalter Krieger«, geeint durch eine gemeinsame Philosophie der Präventivkriege, der Eroberung des Irak und des Iran, des Zerfalls Saudi-Arabiens, der Unterstützung der israelischen Hardliner und der Umzingelung und Eindämmung von Russland und China. Diese verschworene Gemeinschaft arbeitet seit über zehn Jahren zusammen, und die beruflichen Laufbahnen ihrer Mitglieder, die in der gegenwärtigen sowie in früheren US-Regierungen, dem Außenministerium, dem CIA, dem Nationalen Sicherheitsrat, in Aufsichtsräten multinationaler Konzerne und in den dem politisch rechten Flügel nahe stehenden Denkfabriken tätig sind, sind miteinander verflochten und haben sich immer wieder gekreuzt. Zu dieser Gruppe gehören bekannte Persönlichkeiten wie Henry Kissinger, Dick Cheney, Donald Rumsfeld, Elliott Abrams, Casper Weinberger, Newt Gingrich, James Schlesinger, Frank Gaffney, Brent Scowcroft, James Baker, Stephen Hadley, James Woolsey und George Schultz.

Die Hauptprotagonisten im Bemühen um einen Einmarsch im Irak sind Richard Perle und Paul Wolfowitz, zwei fanatische Falken, kompromisslose Verfechter ihrer Sache, die seit über 20 Jahren eng zusammenarbeiten. Perle, der von seinen Pentagon-Kollegen »Fürst der Finsternis« genannt wird, ist der Vorsitzende des mächtigen Pentagon Defense Policy Board, einer zivilen Organisation mit unverhältnismäßig großer Macht. Er ist militant in seiner Unterstützung für Israel und möchte »die muslimische Welt in die Knie zwingen«. Er sagte, man bräuchte im Irak lediglich 40 000 Soldaten, um »den Norden und Süden unter Kontrolle zu bringen, Saddam den Ölhahn zuzudrehen und ihn an den Bettelstab zu bringen«.[14] Perle verblüffte die britischen Parlamentsabgeordneten mit seinem fanatischen Eifer, als er im November 2002 erklärte, selbst eine »Unbedenklichkeitsbescheinigung« von UN-Chefwaffeninspektor Hans Blix würde die amerikanische Kriegsmaschinerie nicht aufhalten.[15]

Wolfowitz, George W. Bushs stellvertretender Außenminister, legte unmittelbar nach dem 11. September einen Plan vor, den Pentagon-Insider zynisch als »Operation Infinite War« (»Operation Unendlicher Krieg«) bezeichneten und in dem die Bombardierung des Irak, Syriens und Libyens gefordert wurde. Am 19. und 20. September, nur acht Tage nach dem Angriff auf die Türme des World Trade Centers, saßen Perle und Wolfowitz 19 Stunden zusammen, um »triftige Gründe« für einen Krieg gegen den Irak, den Sturz Husseins und die Übernahme des irakischen Öls sofort im Anschluss an den Krieg in Afghanistan zu finden.[16]

Und tatsächlich schnitten US-Vizepräsident Dick Cheney und US-Verteidigungsminister Donald Rumsfeld, gute Kollegen von Perle und Wolfowitz, das Thema Irak in einer Reihe von Zusammenkünften des Kriegskabinetts unter dem Vorsitz von Präsident Bush an.[17] Diese Leute konnten unmöglich wissen, ob Osama Bin Laden etwas mit den Anschlägen auf die Vereinigten Staaten zu tun gehabt, und wenn ja, welche Rolle er gespielt hatte. Und es war ganz gewiss unmöglich gewesen zu sagen, ob der Irak in die Sache verwickelt war.[18]

Vorbereitungen
für einen Einmarsch

Am 8. Dezember 2002, einen Tag nachdem der Irak den Vereinten Nationen den 11 000-seitigen Bericht über seine Waffenprogramme übergeben hatte, saß General Tommy Franks, Befehlshaber des für den Nahen Osten zuständigen US-Zentralkommandos, vor einem riesigen Bildschirm und Reihen von Computern, um das Kontrollnetzwerk für den Einmarsch im Irak zu testen. In dem funkelnagelneuen Gefechtsstand auf dem Militärstützpunkt As Sayilyah außerhalb von Doha, der Hauptstadt von Katar, probten diese Männer, flankiert von 200 hochrangigen amerikanischen und britischen Offizieren, in aller Stille ihre Vernichtungsoperationen, ganz ohne den Anblick von Blut oder infizierten Körpern oder den Gestank von verwesendem Fleisch.[19] Die Übung hatte den hübschen Namen »Exercise Internal Look« (Übung »Blick nach innen«).

Ohne viel Aufhebens hatten die Vereinigten Staaten bis zum 9. Dezember 2002 60 000 Soldaten und vier Luftkampfverbände in den Persischen Golf verlegt.[20] Es wäre genügend schweres Gerät, Panzer, Bomben, Flugzeuge und Soldaten für einen Angriff im Januar vorhanden, aber Amerika würde es vorziehen, 200 000 bis 250 000 Soldaten für einen Großangriff vor Ort zu haben.[21] Zwischenzeitlich haben Großbritannien und Amerika den Irak wiederholt bombardiert. Sie führen einen heimlichen Krieg mit dem Ziel, die irakische Luftabwehr zu schwächen. Zwischen März und November 2002 hat sich die Zahl der Bombenangriffe verdreifacht, da Kampfflugzeuge bei ihrer Vorbereitung auf einen offenen Krieg irakische Radar- und Luftverteidigungssysteme zerstörten.[22]

Werben um Unterstützung

Wolfowitz und andere Regierungsmitglieder sind besorgt, dass die Türkei, die für den Vorstoß der Vereinigten Staaten in den Süden des Iraks unabdingbar ist, zögern könnte, Amerika die Nutzung ihrer Stützpunkte und Flugplätze für den Irakangriff zu gestatten, zumal 83 Prozent der türkischen Bevölkerung dies strikt ablehnen. Doch Anfang Dezember bediente sich Wolfowitz der alten Taktik der Bestechung, besuchte den türkischen Parteichef Recep Tayyip Erdogan und versprach viele Hundert Millionen Dollar für die Aufrüstung der türkischen Luftwaffenstützpunkte.[23, 24] Die Regierung Bush zieht alle Register, um sich die Unterstützung der Türkei zu sichern. Sie unterstützt den Beitritt der Türkei in die Europäische Union, versucht gleichzeitig, die NATO dazu zu bewegen, der Türkei zur Hilfe zu kommen, falls der Irak zurückschlagen sollte, und versichert der Türkei, Washington würde sich nicht für die Bildung eines unabhängigen Kurdenstaates im Nordirak einsetzen, die Millionen türkischer Kurden in Aufruhr versetzen würde.[25]

In Saudi-Arabien ist die Öffentlichkeit ebenfalls gegen einen Einmarsch in den Irak eingestellt. Wie ein führender saudischer Politiker sagte, würde ein Krieg ohne eine klare rechtliche Absicherung des Einmarsches durch die Vereinten Nationen die Region destabilisieren und »den Rekrutierungsprozess anti-amerikanischer Terrororganisationen anheizen«.[26]

Aber Wolfowitz reist unbeirrt weiter um die Welt, um auch die Unterstützung der zurückhaltenden Länder für den Einmarsch zu gewinnen. Bis Mitte Dezember hatten sich weitere US-Regierungsmitglieder, wie der stellvertretende Außenminister Richard L. Armitage und der stellvertretende Vorsitzende des US-Sicherheitsrates, Stephen L. Hadley, mit der Bitte um Unterstützung an 50 Länder gewandt.[27, 28]

Nato-Rekrutierung, Waffenhersteller und der Irak

Unterdessen hat die NATO soeben sieben neue Mitglieder aufgenommen – Bulgarien, Estland, Lettland, Litauen, Rumänien, die Slowakei und Slowenien. Polen, Ungarn und die Tschechische Republik waren bereits 1999 beigetreten. Im Grunde wird die NATO-Osterweiterung von den Unternehmen inszeniert, die beim US-Militär unter Vertrag stehen (die Erklärung hierfür finden Sie in Kapitel »Der Wahnsinn der Konzerne ...«), da alle neuen Mitglieder gezwungen sind, ihre Waffensysteme auf NATO-Standard aufzurüsten. Da der Großteil des militärischen Geräts in den Vereinigten Staaten hergestellt wird, werden diese Unternehmen kleinen, verarmten Ländern wertvolle Mittel entziehen, die diese eigentlich für die Bedürfnisse im eigenen Land benötigen würden.

Die Regierung Bush benutzt die NATO, um einen Einmarsch im Irak zu stützen. Es ehrt Deutschland, dass es eine Beteiligung beharrlich ablehnt, obwohl es Amerika indirekt unterstützt. 2003 hat Deutschland gemeinsam mit den Niederlanden das Kommando der internationalen Streitkräfte in Afghanistan übernommen und damit die Vereinigten Staaten aus der Pflicht entlassen, so dass sich diese auf den Irak konzentrieren können. Deutschlands Einfluss könnte gewaltig sein, denn es ist Teil des nächtigen Zentrums der NATO in Europa. Dementsprechend könnte es die NATO ablehnen, Streitkräfte für einen Einmarsch im Irak zur Verfügung zu stellen – selbst wenn Hussein der Forderung der Vereinten Nationen abzurüsten nicht nachkommt.[29]

Die US-Wirtschaft und das Öl

Es wurde prophezeit, ein schneller, kurzer Einmarsch im Irak werde sich äußerst positiv auf die amerikanische Wirtschaft auswirken. Er sei gut für die Profite der Rüstungsunternehmen, unter anderem von Lockheed Martin, Boeing, Raytheon und General Dynamics, und hervorragend für die Ölkonzerne. Philip J. Flynn, erfahrener Marktanalyst bei Investmentbank Alaron Trading in Chicago, kommentierte dies so:»Der Irak besitzt die zweitgrößten bekannten Ölreserven der Welt. ... Wenn ein Regierungswechsel stattfindet und eine dem Westen mehr gewogene Regierung an die Macht kommt, werden die Ölhähne aufgedreht, und es wird sehr viel schwieriger für die OPEC, die Ölpreise zu kontrollieren.«[30] Das ist der wahre Grund für diesen Krieg.

Ein Land, das seit dem Einmarsch der Amerikaner 1991 Monat für Monat 5000 Kinder verliert, die an Krankheiten in Folge von verunreinigtem Wasser und Unterernährung oder auch an Leukämie, Krebs und Geburtsfehlern sterben, ist nicht in der Lage, einen weiteren schrecklichen Krieg zu überstehen. Aber weder das US-Militär noch die Regierung Bush ziehen das Schicksal der Menschen in Betracht. Im Krieg geht es ums Töten, nicht um Öl. Wird Amerika das Schlachten Zehntausender unschuldiger Menschen, einschließlich Frauen und Kinder, gutheißen, damit es weiter in dem Überfluss leben kann, der ihm vermeintlich zusteht? In einem Land, das von sich behauptet, zutiefst religiös zu sein, steht dieses Verhalten im Widerspruch zu den Lehren aller Religionen – auch zur Lehre Jesu.

Einleitung

Noch bevor am 11. September 2001 der größte Teil der Welt überhaupt wusste, was in New York, Washington und Pennsylvania passiert war, hatte die Regierung Bush die Alarmbereitschaft für Atomwaffen auf Defcon zwei erhöht. Das ist die höchste Alarmstufe, bevor der Abschusscode in Kraft tritt. (Wie lange dieser Zustand aufrechterhalten wurde, ist nicht bekannt.[1]) Russland, das Land mit dem zweitgrößten Atomwaffenarsenal der Welt, reagierte aller Wahrscheinlichkeit nach ähnlich. Infolgedessen befanden sich Tausende von Atomwaffen in ständiger Alarmbereitschaft – bereit, vom Präsidenten des jeweiligen Landes nach einer Bedenkzeit von lediglich drei Minuten abgefeuert zu werden. Die Flugzeit der von diesen Codes gesteuerten Interkontinentalraketen beträgt dreißig Minuten von Russland nach Amerika und umgekehrt. Sie können nicht zurückgerufen werden. Und sie stellen eine ständige Bedrohung in Form eines weltweiten atomaren Massensterbens dar.

Seit den Terroranschlägen bedienen sich US-Verteidigungsminister Donald Rumsfeld und andere Regierungsmitglieder des 11. Septembers, um beliebige Maßnahmen zu rechtfertigen – von der Forderung nach einem Raketenabwehrschild (wenngleich ein solcher Schild rein gar nichts gegen Selbstmordattentäter ausrichten könnte, die mit Teppichmessern und Flugtickets bewaffnet sind) über den Rückzug aus langjährigen Rüstungskontrollverträgen bis hin zu einer massiven Steigerung der Verteidigungsausgaben. In einer durch die Ereignisse der jüngsten Zeit destabilisierten Welt verspüren die meisten Amerikaner zwar den Wunsch nach mehr Si-

cherheit. Aber vielen ist nicht bewusst, dass die neuen
»Sicherheitsmaßnahmen« und der »konventionelle«
Krieg, den die Vereinigten Staaten gegen Afghanistan geführt haben, eng mit einer enormen atomaren Bedrohung
verknüpft sind, die von der gegenwärtigen amerikanischen Position ausgeht. Eine aggressive Militarisierung,
deklariert als Verteidigung gegen den Terrorismus,
droht, eine Kettenreaktion bei den – großen und kleinen
– Atomnationen auszulösen. Einmal in Gang gesetzt,
könnte sie sich als unkontrollierbar erweisen. Keine militärische Auseinandersetzung auf dieser Welt ist frei von
dieser schrecklichen und allgegenwärtigen Gefahr.

Die Vereinigten Staaten selbst kamen in Afghanistan
dem Einsatz von Atomwaffen bedrohlich nahe, was
leicht einen atomaren Gegenschlag hätte provozieren
können. Über den Einsatz der schrecklichsten bekannten
konventionellen Waffen hinaus empfahl das US-Verteidigungsministerium die Verwendung taktischer Atomwaffen,[2] und einige Kongressmitglieder rieten dringend zum
Einsatz kleiner atomarer »Bunker Busters« (»Bunkerkna-
cker«).[3] Bushs Berater – darunter auch Stephen Hadley,
William Schneider und der stellvertretende US-Sicherheitsberater Stephen Cambone – sprachen sich ebenfalls
für die Verwendung von Atomwaffen aus.[4] Samuel Cohen, der Erfinder der Neutronenbombe, erklärte sogar,
seine Waffe würde sich für einen Einsatz in Afghanistan
eignen.[5] (Die Neutronenbombe hat eine relativ geringe
Sprengkraft im Verhältnis zur Strahlung. Sie tötet meist
sehr viele Menschen, die an der schrecklichen Strahlenkrankheit sterben. Gebäude bleiben dagegen unver-
sehrt.) Die Vereinigten Staaten hatten früher zwar deutlich gemacht, dass man nur Atommächte mit Atomwaffen angreifen würde. Verteidigungsminister Rumsfeld
weigerte sich jedoch hartnäckig, die Verwendung von
Atomwaffen im nicht atomar bewaffneten Afghanistan
auszuschließen.[6]

Einige der konventionellen Waffen, mit denen Amerika die Nordallianz bei ihrem Vormarsch gegen die Taliban unterstützte, haben eine so gewaltige Wirkung, dass sie vom Pentagon als »Beinahe«-Atomwaffen bezeichnet werden. Dazu gehören:

6800-KILO-TREIBSTOFF/LUFTGEMISCHSPRENGSYSTEME (BENZIN-BOMBEN): Im Militärjargon werden sie »Daisy Cutters« genannt. Das Foreign Military Studies Office in Fort Leavenworth äußerte über sie: »Eine Benzinbombe kann die gleiche Wirkung wie eine taktische Atomwaffe entfalten, allerdings ohne die Strahlung.«[7] Es gibt viele verschiedene Typen von Benzinbomben, in der Regel bestehen sie jedoch aus einem Treibstoffbehälter und zwei getrennten Sprengladungen. Sie werden mit dem Fallschirm aus riesigen MC-130-Combat-Talon-Flugzeugen abgeworfen, explodieren knapp über dem Boden und hinterlassen ein riesiges Gebiet der Zerstörung.[8] Die erste Ladung sprengt in zuvor festgelegter Höhe den Treibstoffbehälter. Der Treibstoff wird freigegeben und vermischt sich mit dem Sauerstoff der Luft. Die zweite Sprengladung bringt dann dieses Benzin-Luftgemisch zur Explosion. Die gewaltige Druckwelle tötet Menschen und zerstört nicht bewehrte Gebäude. Die Menschen in der Nähe der Explosionsstelle werden förmlich ausgelöscht. Sie werden von einem Überdruck von 30 Kilogramm pro Quadratzentimeter zu Tode gequetscht und verglühen bei Temperaturen von 2500 bis 3000 Grad Celsius. Darauf folgt eine Unterdruckwelle, es entsteht ein Vakuum-Effekt. Die Menschen in der zweiten Zerstörungszone erleiden starke Verbrennungen und schwere innere Verletzungen, bevor der Tod eintritt. Jenen in der dritten Zone werden die Augen aus den Höhlen gepresst, ihre Lungen und Trommelfelle platzen, die Menschen erleiden schwere Gehirnerschütterungen. Die Brennstoffe selbst – Ethylen- und Propylen-Oxide – sind hochgiftig.[9]

Bei dem US-Luftangriff auf den Höhlenkomplex Tora Bora in Afghanistan, in dem man Osama bin Ladens Versteck vermutete, starben in 30 Kilometern Entfernung ungefähr 200 Zivilisten. Sie hatten ein Explosionstrauma – ihre Lungen waren geplatzt, sie waren blind, Arme und Hände waren weggerissen, höchstwahrscheinlich von Benzinbomben.[10]

CLUSTER- oder STREUBOMBEN: Die Vereinigten Staaten setzten sie in Afghanistan in großer Zahl ein. Jede dieser entsetzlichen, tödlichen Bomben besteht aus 202 Kleinbomben, die mit rasiermesserscharfen Splittern gefüllt sind. Diese schießen mit rasender Geschwindigkeit über ein Gebiet hinweg, das in etwa die Größe von 16 Fußballfeldern hat, und zerfetzen die Körper der Menschen. Nach dem Genfer Protokoll sind diese Waffen verboten.[11] Zwangsläufig wurden überall in Afghanistan auch Zivilisten von diesen illegalen und schrecklichen Bomben getötet. Bekannt wurde ein Fall, als die Vereinigten Staaten eine Moschee in Jalalabad während des Gebets bombardierten. Noch während die Nachbarn 17 Opfer ausgruben, töteten weitere Bomben über 120 Menschen.[12]

Wie man aus Erfahrung weiß, explodieren zwischen fünf und 30 Prozent dieser Kleinbomben nicht sofort, sondern bleiben als Minen im Gelände liegen. Bei Berührung explodieren sie mit unglaublicher Wucht und reißen ihre Opfer in Stücke. Tragischerweise sind diese kleinen Bomben gelb, ähneln in Größe und Form Getränkedosen und sind daher besonders für Kinder »reizvoll«.[13] Die von den Vereinigten Staaten über ganz Afghanistan abgeworfenen Nahrungsmittelpakete mit Erdnussbutter, Frühstücksriegeln, Reis und Kartoffeln sind ebenfalls gelb und haben die gleiche Größe und Form wie die Kleinbomben. (Ein paar dieser Nahrungsmittelpakete gingen ebenfalls fehl, zerstörten Häuser und töteten noch mehr Menschen.[14]) Die Menschenrechtsorganisation Human

Rights Watch schätzt, dass über 5000 bislang nicht explo-
dierte Kleinbomben über ganz Afghanistan verstreut
sind – zusätzlich zu den Hunderttausenden von Minen,
die aus dem russisch-amerikanischen Krieg von 1979 bis
1989 übrig geblieben sind.[15] Afghanistan ist derzeit das
am stärksten verminte Land der Welt.

KAMPFFLUGZEUGE: Die schwerfälligen, von Lockheed
Martin gebauten Flugzeuge vom Typ Hercules C-130
wurden in fliegende Kampfmaschinen verwandelt. Sie
sind in der Lage, ein Furcht erregendes Waffensortiment
abzufeuern, verheerende Schäden anzurichten und mit
bis zu 2000 Salven in der Minute ein Gebiet von der
Größe mehrerer Fußballfelder dem Erdboden gleichzu-
machen. Sie sind ausgestattet mit: 25-mm-Gattling-
Bordkanonen mit bis zu 1800 Schuss in der Minute, 40-
mm-Bofors-Flak mit bis zu 120 Schuss in der Minute
und 105-mm-Howitzer-Kanonen mit acht bis zehn
Schuss in der Minute.[16] Verteidigungsminister Rumsfeld sagte, in Afghanistan gebe es »nicht sehr viele Ziele«, und viele Militärexperten hatten den Eindruck, dass
diese Angriffe ihre Erwartungen bei weitem übertrafen.
Am 22. Oktober wurden in dem Dorf Chowkar-Karez
unzählige Zivilisten von diesen Kampfflugzeugen nie-
dergemäht. CNN zitierte einen »nicht namentlich genannten« Pentagon-Mitarbeiter mit der Aussage: »Die
Menschen sind tot, weil wir das so wollten.«[17] Höchstwahrscheinlich wurden deshalb zahlreiche Zivilisten
verletzt und getötet.[18, 19]

BUNKER BUSTER: Diese 2,7 Tonnen schweren Kolosse, die
aus den Geschützrohren ausgedienter Marineschiffe hergestellt und von B-1- oder B-2- Flugzeugen abgeworfen
werden, sind so schwer, dass sie beim Aufschlag sechs
bis 30 Meter tief in die Erde eindringen, bevor der hochexplosive Sprengstoff explodiert. Die meisten sind laser-

gesteuert, einige verfügen auch über ein Satellitennavigationssystem (GPS).[20]

FLÄCHENBOMBARDEMENTS: Darunter versteht man den Abwurf von tonnenweise Bomben aus B-52-Bombern aus 12 000 Metern Höhe. Das ist so hoch, dass die Piloten sicher sind, aber zu hoch für den Schutz von Zivilisten. Es handelt sich um wahllose Bombardements, und die Piloten haben keine Ahnung, wen ihre Bomben treffen werden. Die von Kissinger und Nixon 1969 während des Vietnam-Kriegs in Kambodscha angeordneten Flächenbombardierungen führten zur völligen Zerstörung des historischen Bewässerungssystems, der Wasserversorgung und des größten Teils der Reisanbauflächen des Landes, was wiederum die völlige Auflösung der Kultur Kambodschas zur Folge hatte. Die Angriffsserien waren nach den Mahlzeiten »Breakfast«, »Lunch« und »Supper« benannt.[21]

DROHNEN: Das sind unbemannte, mit Hellfire-Raketen bestückte und über GPS gesteuerte Flugzeuge, die es dem Militär erlauben, die Zeit zwischen »Identifikation und Zerstörung eines Ziels« zu verringern.[22] Diese Flugzeuge bringen zwar keine Piloten in Gefahr, stellen aber eine schreckliche Bedrohung für die Zivilbevölkerung am Boden dar, die in der Nähe eines »militärischen Ziels« lebt oder sich darin befindet. Das kann eine Fabrik, ein Elektrizitätswerk oder ein Bahnhof sein.

Die Vereinigten Staaten haben sich noch nicht dazu geäußert, ob in Afghanistan uranhaltige Munition eingesetzt wurde (wie das in den jüngsten Kriegen andernorts der Fall war) oder nicht, aber die Wahrscheinlichkeit dessen ist ziemlich hoch. Sicher werden wir es erst wissen, wenn unabhängige Stellen die Kriegsgebiete betreten und auf dieses radioaktive Element hin untersuchen dürfen.

In den ersten vier Kriegswochen wurden eine halbe Million Tonnen Bomben auf Afghanistan abgeworfen. Das sind 20 Kilogramm für jeden Mann, jede Frau und jedes Kind.[23] Während der achteinhalb Wochen andauernden US-Bombardements wurden 3763 Zivilisten getötet.[24]

Welche internationalen Folgen könnte dieses Verhalten haben?

Seit dem Krieg zwischen den Vereinigten Staaten und Russland von 1979 bis 1989 besteht eine enge Bindung zwischen Pakistan und Afghanistan. Damals ließ Amerika den Mudschahedin, den Taliban und Osama bin Laden über das pakistanische Militär und den pakistanischen Geheimdienst Waffen, Ausbildung und Gelder für den Kampf gegen die Russen zukommen. Nach dem 11. September 2001 wechselte Amerika die Seiten und setzte Pakistan unter Druck, sich mit ihnen gegen ihre früheren Freunde und Verbündeten, die Taliban, bin Laden und El Kaida zu verbünden, denn für ihren Krieg brauchten die Vereinigten Staaten die pakistanischen Flugplätze. Bei den Tausenden von Anhängern, die bin Laden und die Taliban in Pakistan haben, stieß dieser Schritt auf Ablehnung. Darunter sind auch viele pakistanische Soldaten, die sich durchaus erheben, die Kontrolle über die Armee sowie deren 20 bis 50 Atomwaffen an sich reißen und diese Atomwaffen an die Taliban und El Kaida in Afghanistan oder deren globale Netzwerke weiterreichen könnten.

Der Einsatz pakistanischer Atomwaffen könnte eine Kettenreaktion auslösen. Der alte Feind, die Atommacht Indien, könnte ebenso antworten. Kämen die indischen Atomwaffen zum Einsatz, könnte wiederum China, Indiens verhasster Feind, reagieren und ein atomares Massensterben auf dem indischen Subkontinent verursachen. Wenn es daraufhin gewollt oder ungewollt zum Abschuss einiger der 2250 in höchste Alarmbereitschaft versetzten russischen oder amerikanischen strategischen Waffen käme, wäre ein nuklearer Winter die Folge, und mit dem Leben auf der Erde wäre es so gut wie vorbei.

Weitere atomare Bedrohungen

Atomwaffen in Terroristenhand

Im Laufe der Jahre gingen bis zu hundert russische atomare Kofferbomben verloren. Einige davon könnte das El-Kaida-Netzwerk besitzen. Es wäre durchaus möglich, diese Waffen auf einem kleinen Schiff oder mit dem Lastwagen auf dem Landweg über Kanada oder Mexiko nach Amerika zu schmuggeln. Ein atomarer Anschlag ähnlich dem Bombenanschlag von Oklahoma City lässt sich nicht völlig ausschließen. Die Zahl der Menschen, die sofort tot wären, ginge in die Zehntausende. In weiteren Zehntausenden von Überlebenden würden im Laufe der Jahrzehnte heimlich, still und leise Krebsgeschwüre wachsen. Auch Großbritannien, Europa und Australien, um nur einige Länder zu nennen, blieben nicht verschont.

Schmutzige Bomben

In Russland stehen stark Krebs erregendes Plutonium und angereichertes Uran tonnenweise unbewacht herum. Von 1993 bis 2000 verzeichnete die Internationale Atomenergie-Behörde der Vereinten Nationen – sie wacht über die atomare Sicherheit – 153 bewiesene Diebstähle von radioaktivem Material.[25] Terroristen hätten sich etwas davon beschaffen können, um damit primitive Atomwaffen, so genannte schmutzige Bomben, zu bauen. In diesem Fall gibt es keine Atomexplosion, sondern man verwendet konventionelle Sprengstoffe, um Plutonium oder Uran über ein großes Gebiet zu verteilen. Alle, die sich dort befinden, werden mit diesen Krebs erregenden Elementen verseucht. Auch andere radioaktive Elemente aus wieder aufbereiteten Kernbrennstoffen wie Cäsium-137, Strontium-90 und Cobalt-60 könnten zum Einsatz kommen.[26]

Obwohl es nicht ganz einfach ist, könnten Terroristen aus gestohlenem Plutonium oder Uran ihre eigenen Atombomben basteln. Die Pläne für eine primitive Bombe sind im Internet zu finden. Die Möglichkeiten des Atomterrorismus sind schier unerschöpflich.

Kernschmelze*

Eigentlich brauchen Terroristen gar keine Atomwaffen. Bequemerweise stehen ihnen 103 Atomkraftwerke zur Verfügung, die über die gesamten Vereinigten Staaten verteilt sind (weltweit gibt es 438 dieser tödlichen Einrichtungen).[27] Eine absichtlich herbeigeführte Kernschmelze in einem von ihnen würde die Angriffe auf das World Trade Center wie eine Bagatelle aussehen lassen. Die massiven Schutzhüllen aus Beton, welche die Reaktoren schützen, sind nicht stark genug, um dem Aufprall eines Jumbojets Stand zu halten.

Es wäre auch möglich, dass jemand, der als Arbeiter eingeschleust wurde, eine Kernschmelze herbeiführt, indem er den Kontrollraum in seine Gewalt bringt, so wie es die Entführer am 11. September 2001 mit den Flugzeugen gemacht haben. Auch die Wasserversorgung (zur Kühlung

---

* Auch »GAU« (Größter Anzunehmender Unfall) oder »Auslegungsstörfall« genannt (Anm. d. Übers.)

eines Reaktorkerns braucht man 3,7 Millionen Liter Wasser pro Minute) oder die äußere Stromversorgung könnten unterbrochen werden. Beides würde innerhalb von Stunden zur Kernschmelze führen. Die Abklingbecken für die ausgebrannten Brennelemente neben dem Reaktor enthalten 20- bis 30-mal mehr Langzeitstrahlung als der Reaktorkern.[28] (Ein 1000-Megawatt-Atomreaktor enthält ebenso viel Langzeitstrahlung, wie bei der Explosion von 1000 Bomben von der Größe der Hiroshima-Bombe freigesetzt würde.)

Hier die Beschreibung der gesundheitlichen Folgen der Kernschmelze in einem 1000-Megawatt-Atomkraftwerk bei New York City (es befinden sich zwei Reaktoren in Indian Point, 55 Kilometer nördlich von Manhattan):

Von den zehn Millionen gefährdeten Menschen würden 3300 innerhalb weniger Tage an schweren Strahlungsschäden sterben; 10 000 bis 100 000 Menschen würden innerhalb von zwei bis sechs Wochen, nachdem sie der Strahlung ausgesetzt waren, an akuter Strahlenkrankheit erkranken und daran sterben; 45 000 Menschen würden auf Grund der beim Einatmen hochradioaktiver Gase erlittenen Lungenschäden kurzatmig; 240 000 Menschen bekämen eine Schilddrüsenunterfunktion, deren Begleitsymptome Gewichtszunahme, Abgespanntsein, Verlangsamung des Denkens, Appetitverlust, Verstopfung und Ausbleiben der Monatsregel sind; 350 000 Männer würden vorübergehend zeugungsunfähig, die übrigen Spermien wären genetisch verändert; bei 40 000 bis 100 000 Frauen bliebe die Monatsregel aus, in vielen Fällen für immer. Bis zu 100 000 Babys kämen schwachsinnig und geistig zurückgeblieben auf die Welt, da ihre Schilddrüsen (die Schilddrüse ist für die neurologische Entwicklung unverzichtbar) von radioaktivem Jod zerstört wurden, und 3000 Kinder würden bereits im Mutterleib sterben. Fünf bis 60 Jahre später würden 270 000

Menschen an Krebs der verschiedensten Organe erkranken, und Schätzungen gehen von 28 000 Fällen von Schilddrüsenkrebs aus.[29]

Außer den Atomkraftwerken gibt es in den Vereinigten Staaten zahlreiche militärische Atomanlagen mit riesigen Mengen von Atommüll, die alle anfällig für Terroranschläge sind. Nach dem 11. September verhängte die US-Flugaufsichtsbehörde in einem Umkreis von 20 Kilometern um alle Atomanlagen ein Flugverbot. Die US-Atomaufsichtsbehörde (Nuclear Regulatory Commission, NRC) riet, in allen Reaktoren die höchste Alarmstufe auszurufen,[30] und investierte erstmals 800 000 Dollar in einen riesigen Vorrat an Kaliumjodid-Tabletten, die im Falle einer Kernschmelze an die Bevölkerung ausgegeben werden sollen. Bestimmte Staaten werden die Tabletten erst beantragen müssen. Das Medikament muss innerhalb weniger Stunden nach der Kernschmelze eingenommen werden, wenn damit die Aufnahme von radioaktivem Jod in die Schilddrüse verhindert werden soll. (Diese Maßnahme reicht möglicherweise nicht aus, da bei der Kernschmelze über hundert verschiedene tödliche radioaktive Substanzen freigesetzt werden, die sich in anderen Organen des Körpers ansammeln.)[31]

Politische Folgen

Im Hinblick auf die internationalen Reaktionen könnte sich das Ausmaß der US-Vergeltungsschläge für den 11. September als ebenso bedeutend erweisen wie die Waffen, die die Vereinigten Staaten dabei einsetzen. In Washington kämpft die Regierung Bush ihren eigenen internen Krieg um dieses Thema. Einerseits schmiedete US-Außenminister Colin Powell zusammen mit dem

US-Außenministerium eine harmonische, wenn auch zerbrechliche internationale Koalition mit Europa, Russland, China und den arabischen Staaten, um den Terrorismus in Afghanistan – und nur dort – zu »bekämpfen«. Andererseits haben im US-Verteidigungsministerium erzkonservative kalte Krieger aus der Reagan-Ära das Sagen, deren Ziel es ist, den Krieg von Afghanistan aus auch in andere Länder zu tragen.[32] Diese Politik ist höchst gefährlich. US-Vizepräsident Cheney hat eine Liste von 50 Staaten oder Ländern erstellt, welche die Vereinigten Staaten als Ziele diplomatischer, finanzieller oder militärischer Aktionen ins Auge fassen könnten. Dazu gehören Nordkorea, Somalia, Jemen, Iran, Sudan, Libyen, Syrien, Libanon, Indonesien, die Philippinen, Saudi-Arabien und Länder in Südamerika. Pentagon-Sprecherin Victoria Clarke warnte: »Afghanistan ist weder der Anfang noch das Ende im Kampf gegen den Terrorismus. Der Präsident wird über das nächste Angriffsziel entscheiden.«[33]

Der Irak steht ganz oben auf der Liste. Seit dem Krieg der Vereinigten Staaten gegen den Irak 1991, als es Amerika »nicht gelang, Hussein zu eliminieren«, brennt die politische Rechte geradezu darauf, die Aufgabe zu Ende zu bringen. Der Vorwand: Der Irak wollte keine Waffeninspektoren ins Land lassen und verwehrte ihnen seit Dezember 1998 die Überprüfung atomarer, biologischer oder chemischer Waffenaktivitäten. Unter dem enormen Druck der Vereinten Nationen und der Resolution 1441 hat der Irak inzwischen wieder Waffeninspektoren ins Land gelassen. Unterdessen setzen die USA auf einen »schwer wiegenden Verstoß« von Resolution 1441, um den Irak angreifen zu können. Angeführt wird die Gruppe der Befürworter eines Irakangriffs vom stellvertretenden US-Verteidigungsminister Paul Wolfowitz und seinem engen Kollegen Richard Perle, der unter Reagan Staatssekretär im US-Verteidigungsministerium war.

Perle ist der Vorsitzende einer nicht offiziellen Gruppe namens Defense Policy Board, der Mitglieder beider Parteien angehören. Diese Gruppe setzt sich energisch für den Sturz Husseins ein, obwohl es keinerlei Hinweise darauf gibt, dass er etwas mit den Anschlägen vom 11. September zu tun hatte.[34,35] (Das Defense Policy Board kommt in einem Raum zusammen, der direkt an das Büro des US-Außenministers grenzt, und hat so illustre Mitglieder wie den früheren US-Außenminister Henry Kissinger, den früheren US-Verteidigungsminister Harold Brown, den früheren Mehrheitsführer im US-Repräsentantenhaus Newt Gingrich und den früheren CIA-Chef James Woolsey. Mit der Billigung von Minister Rumsfeld bekam die Gruppe halboffiziellen Status.) Offenbar herrscht diese Ansicht jedoch innerhalb der Regierung vor, und trotz der Empörung der Internationalen Gemeinschaft über solche Vorschläge scheint Powells Einfluss zu schwinden.

Ein Angriff auf den Irak würde die arabische Bevölkerung in Rage versetzen. Die von den Vereinigten Staaten angeführte Allianz gegen El Kaida[36] würde auseinander brechen, und die Welt würde in einem von Terroristen regierten Chaos versinken. Ein erfahrener Mitarbeiter der Abteilung für Geheimoperationen des CIA sagte:»Der CIA würde sich niemals offiziell zu diesen Leuten [Perle u.a.] äußern. Aber wenn man sich unter den einzelnen Mitarbeitern umhört, erfährt man, dass sie diese Typen für mehr als nur ein bisschen verrückt halten.« Ein weiterer langjähriger CIA-Mitarbeiter meinte:»Ein Angriff auf diese Länder wird Konsequenzen haben, die wir einfach nicht werden bewältigen können. Aber Perle und Wolfowitz sind Absolutisten, und sie sind dumm.«[37]

Unterdessen schmiedet die Regierung Bush weiter Pläne zur Destabilisierung der Lage:

• Die Regierung wird die Tests für ihr Raketenabwehrsystem (alias Star Wars) auch gegen den heftigen Widerstand Russlands und Chinas aggressiv fortsetzen. Nach dem freundschaftlichen Treffen zwischen Bush und Putin auf der Crawford Ranch in Texas im November 2001 sagte US-Sicherheitsberaterin Condoleezza Rice: »Am Zeitplan hat sich eigentlich nichts geändert. Der Präsident ist noch immer der Ansicht, dass die Tests energisch fortgesetzt werden müssen, damit wir mit der Beurteilung des tatsächlichen Potenzials einer Raketenabwehr beginnen können.« Die Vereinigten Staaten haben sich im Juni 2002 offiziell aus dem ABM-Vertrag zurückgezogen. Dieser Schritt wird weltweit die Rüstungskontrolle und die damit verbundenen Abkommen ins Wanken bringen und ein massives neues atomares Wettrüsten einleiten.

• Im November 2001 boykottierte die Regierung Bush die Konferenz zum Vertrag über das umfassende Verbot von Nuklearversuchen (Comprehensive Test-Ban Treaty oder Atomteststoppvertrag, CTBT) und besaß sogar die Dreistigkeit, das Namensschild von ihrem Platz im Konferenzraum zu entfernen. Eine Woche zuvor hatten es die Vereinigten Staaten in einer UNO-Generalversammlung als einziges Land abgelehnt, den Atomteststoppvertrag auf die Tagesordnung der UNO-Generalversammlung für 2002 zu setzen. Washington hat den Vertrag, der alle unter- und überirdischen Atomtests verbieten würde, zwar unterzeichnet. Allerdings hat ihn der US-Senat nicht verabschiedet. Eine Gruppe von Nichtregierungsorganisationen formulierte es so: »Wenn wir nicht handeln, kann es zu einem explosionsartigen Zuwachs an Atomwaffen kommen, was es künftigen Terroristen ermöglicht, Atomwaffen einzusetzen.«[38]

• In Bushs Lager gibt es starke Bestrebungen, die Versuche auf dem Atomtestgelände in Nevada wieder aufzunehmen, denn, wie Verteidigungsminister Rumsfeld sagte: »Es könnte nötig werden, neue Atomwaffen zu

entwickeln.« Das könnte unter anderem zur Wiederaufnahme der Atomversuche in Russland, China, Indien und Pakistan sowie zu einem neuen atomaren Wettrüsten führen.[39]
- Im Juli 2001 verhinderten die Vereinigten Staaten eine UNO-Konferenz zur Einschränkung des Exports von Kleinwaffen. Sie beharrten darauf, dass dadurch der zweite Zusatzartikel zur US-Verfassung bedroht würde.
- Ebenfalls im Juli 2001 weigerten sich die Vereinigten Staaten nach zehnjährigen Verhandlungen, einem Protokoll zur Genehmigung eines Verbots biologischer Waffen zuzustimmen. Sie sagten, es gefährde die nationale Sicherheit sowie die Geheimhaltung von Geschäftsinformationen.
- Im Februar 2001 sagte der amerikanische UNO-Botschafter in einer Debatte zum Kampf gegen den Terrorismus, eine solche Konferenz hätte keinerlei praktischen Nutzen.[40]
- Im November 2001 strich der US-Kongress 69 Millionen Dollar aus einem Programm zum Schutz russischer Atommaterialien, das Terroristen daran hindern soll, Plutonium und angereichertes Uran für den Bau eigener Bomben zu stehlen. Bush wollte das Programm noch um weitere 29 Millionen kürzen.[41]
- Gleichzeitig stockte der US-Kongress die Mittel für Atomwaffen um 300 Millionen Dollar auf und genehmigte 8,3 Milliarden Dollar für die Raketenabwehr.[42] Joseph Cirincione von der Stiftung Carnegie Endowment for International Peace sagte dazu:»Leider nutzen manche Leute die schreckliche Tragödie [vom 11. September 2001], um bestehende Programme zu rechtfertigen, indem sie der Raketenabwehr und den Steigerungen des Militärhaushalts einen ›Anti-Terror‹-Stempel verpassen.«[43]
- Der Terroranschlag gab dem Militär-Industrie-Komplex starken Aufschwung. Wie aus Mittelzuweisungen

für das Pentagon ersichtlich wird, wurde der Militärhaushalt der Vereinigten Staaten für das Jahr 2003 um
48 Milliarden Dollar auf 379 Milliarden erhöht. Dies ist
der größte Anstieg seit 20 Jahren. Der stellvertretende
Verteidigungsminister Paul Wolfowitz meinte, die bisher bewilligten Mittel seien »lediglich eine Anzah-
lung« für die erheblichen langfristigen Erhöhungen,
die das Pentagon braucht, um eine neue Art von Krieg
zu führen,[44] »dessen Ende wir vielleicht nicht mehr erleben werden«, wie Vizepräsident Cheney es formulierte.[45]
• Der Krieg in Afghanistan kostete eine Milliarde Dollar
pro Monat.[46] Zwei Drittel aller Kinder weltweit sind
unterernährt und leiden Hunger.

Loren Thompson, Verteidigungsexpertin des Lexington
Institute, sagte: »Am 11. September entstand eine völlig
neue Einstellung zu den Verteidigungsausgaben. Grundsätzlich ist zu sagen, dass Bedrohungen immer zu einer
Anhebung des Verteidigungshaushalts führen. Jetzt wird
sich beinahe alles leichter finanzieren lassen.« In der Tat.
Vom 11. September bis 11. November 2001 stiegen die Aktien von Lockheed Martin von 39,39 auf 48,11 Dollar. Von
den 40 Milliarden Dollar, die der US-Kongress für den
Kampf gegen den Terrorismus bereitgestellt hat, soll das
Pentagon 20 Milliarden bekommen. Dieser Betrag kommt
zu den für das Haushaltsjahr 2001 veranschlagten 343,3
Milliarden Dollar hinzu. Es ist der größte Militärhaushalt
seit der Regierung Reagan auf dem Höhepunkt des Kalten Krieges. Er umfasst mehr als 50 Prozent der frei verfügbaren Mittel für den US-Inlandsbedarf. Unter anderem profitieren Firmen wie Lockheed Martin, Grumman,
Raytheon und Boing bereits von dieser überaus extrava-
ganten und unnötig großzügigen Gabe. Der Löwenanteil
der Gelder wird nicht für den Krieg in Afghanistan, sondern für neue Kampfflugzeuge wie die F/A-18E Hornet,

die F-22 Raptor und den Joint Strike Fighter, für ein neues U-Boot der Virginia-Klasse, das die inzwischen von der Bildfläche verschwundenen sowjetischen U-Boote auf ihrem Weg um den Erdball verfolgen soll, sowie zwölf weitere ballistische Trident-D5-U-Boot-Raketen verwendet werden. In diesem Zusammenhang dürfte es erwähnenswert sein, dass die Afghanen nur sehr wenige Flugzeuge hatten und diese bereits in den ersten Kriegstagen bei massiven US-Bombardements vernichtet wurden. Paul Nisbet, ebenfalls Verteidigungsexperte, kommentierte dies so:»Unter der Regierung [Bush] werden wir einen Wiederaufbau des Militärs erleben, der es wieder auf das Niveau von vor acht Jahren bringen wird. Wie schon unter Reagan, werden wir einen erheblichen Wertzuwachs bei den Verteidigungsaktien sehen.«[47, 48]

Jüngste internationale Waffenentwicklungen

Es mag beruhigen, dass Präsident Bush bei seinem Treffen mit Präsident Putin in Texas im November 2001 anbot, den amerikanischen Vorrat an strategischen Waffen in den nächsten zehn Jahren von rund 7000 auf 2220 bis 1700 abzubauen. Doch dieses Angebot erfolgte ohne die Garantie eines offiziellen schriftlichen Vertrags und kann deshalb jederzeit zurückgezogen oder widerrufen werden. Ohne eine Verifizierung wird sich nicht feststellen lassen, ob tatsächlich Kürzungen erfolgt sind, und der Zeitraum von zehn Jahren lässt viel Spielraum für Veränderungen und Umschwünge.

In Wirklichkeit sind diese Kürzungen, die zwar auf dem Papier gut aussehen, bedeutungslos. Die Vereinigten Staaten haben auch dann noch genügend Waffen, um an ihrer Politik festzuhalten, nach der ein Atomkrieg im Falle eines amerikanischen Erstschlags zu gewinnen sei. Zudem werden die Waffen nicht zerlegt, sondern für eine

mögliche spätere Verwendung aufbewahrt. Der im
START-II-Vertrag geforderte Abbau von Mehrfachsprengköpfen (die Russen besitzen eine monströse, zehnköpfige
SS-18-Rakete mit Codenamen »Satan«) ist davon nicht
betroffen. Ebenfalls ausgenommen sind die US-Trident-
U-Boot-Flotte mit ihrem unantastbaren atomaren Erst-
schlagsarsenal, die Waffen auf Langstreckenbombern, die
gerade überholt werden, und alle taktischen Atomwaffen.[49]
Ist Russland mit von der Partie, dann macht es dieser
Abbau auf beiden Seiten den Vereinigten Staaten in
Wahrheit nur noch leichter, einen Atomkrieg zu gewinnen. Die Zahl der Angriffsziele schrumpft, und das derzeit im Aufbau befindliche Raketenabwehrsystem »sammelt« all jene russischen Raketen »ein«, die dem Überraschungsangriff entgehen. Darüber hinaus werden die
US-Satellitenabwehrwaffen benötigt, die derzeit entwickelt werden, um die »Augen und Ohren« des russischen
Frühwarnsystems auszuschalten. Es handelt sich hier um
ein Furcht erregendes, aber realistisches Szenario, eine logische Weiterführung der aktuellen Politik des Pentagon,
derzufolge man einen Atomkrieg »führen und gewinnen« könne.
Bushs einseitiges Abrüstungsangebot ist demnach ein
Trick, der die Welt von seinem Star-Wars-Projekt ablenken soll, das Simon Tisdall von der Londoner Zeitung
Guardian als »einen rücksichtslosen Akt der Weiterverbreitung« bezeichnete, der ein internationales Wettrüsten
auslösen, Drittländer wie Großbritannien und Australien
einbeziehen und, wie dieses Buch deutlich macht, direkt
zur Militarisierung des Weltraums führen wird – wenn
nicht noch vorher der nukleare Winter eintritt.
Tisdall warnt: »Derzeit wird die höchst umstrittene militärische und geostrategische Basis für das 21. Jahrhundert gelegt – und kaum jemand sieht hin.«[50]
Aus diesem Grund habe ich dieses Buch geschrieben.

Die Tragödie
der verpassten Gelegenheiten

Die verborgene Hand des Marktes wird niemals ohne eine verborgene Faust arbeiten. Ohne McDonnell Douglas, den Erfinder der F-15-Kampfflugzeuge, kann McDonald's nicht gedeihen. Und die verborgene Faust, die dafür sorgt, dass die Welt sicher bleibt für Technologie aus Silicon Valley, das ist die US-Army, die US-Air Force, die US-Navy und das Marine Corps.

Thomas Friedman, New York Times Magazine,
28. März 1999

Stellen Sie sich vor: Der Kalte Krieg ist vorbei. 1992 wird ein junger, weiser, visionärer amerikanischer Präsident gewählt, der beschließt, es sei nun an der Zeit, die Welt von Atomwaffen zu befreien. Ein halbes Jahr nach Amtsantritt fliegt er nach Moskau, um sich dort mit einem entgegenkommenden russischen Präsidenten zu treffen, der sich bereit erklärt, einen Vertrag zur Vernichtung aller russischen und amerikanischen Atomwaffen in den nächsten fünf Jahren zu unterzeichnen. Die Regierungen von Frankreich, China, England und Israel schließen sich an. Indien und Pakistan beschließen, ihre Atomwaffenprogramme aufzugeben und nicht, wie ursprünglich geplant, weiterzuverfolgen. Die internationale Gemeinschaft erteilt den Vereinten Nationen die Befugnis und die finanziellen Mittel, um eine horizontale Verbreitung von Atomwaffen zu verhindern. In den nächsten fünf Jahren werden mehrere hundert Tonnen tödliches Plutonium aus den weltweit insgesamt 52 972 Atomwaffen entfernt.[1] Die überwältigende Erleichterung, dass die

Welt bald nicht mehr von einer Sekunde auf die andere vernichtet werden kann, beschleunigt eine effektive internationale Planung und Zusammenarbeit bei der Suche nach einer Lösung für das Problem, wo und wie das Plutonium gelagert werden soll.

Von den riesigen Pentagon- und Rüstungsbudgets werden amerikanische Steuerdollars abgezogen und in Projekte investiert, die den Menschen des Landes helfen. Es wird eine aus Regierungsmitteln finanzierte allgemeine Gesundheitsfürsorge eingerichtet, und die Menschen im ganzen Land bekommen die Möglichkeit einer kostenlosen Ausbildung vom Kindergarten bis zur Universität. Der US-Kongress verabschiedet ein Gesetz, nach dem alle Autos einen konstruktionsbedingten Benzinverbrauch von drei Litern auf hundert Kilometer haben müssen, und stellt Gelder für Initiativen zum Ausbau der öffentlichen Verkehrsmittel in allen US-Bundesstaaten bereit. Es wird ein weiteres Gesetz erlassen, demzufolge die meisten Gebäude nachträglich mit einer Solaranlage auszustatten sind und alle neuen Gebäude mit Solarenergie betrieben, geheizt und klimatisiert werden müssen. Ein großzügiges Sicherheitsnetz für die Alten, Armen, Kranken und Mittellosen wird eingerichtet, und die Sozialversicherung ist gegen die »Kräfte des freien Marktes« gefeit. Jedes amerikanische Kind erhält alle erforderlichen Impfungen, und kein Kind muss mehr unter der Armutsgrenze leben.

Fast fünf Jahrzehnte nach Anbruch des Atomzeitalters sind die Vereinigten Staaten von Amerika auf dem Weg zu wahrer Sicherheit und müssen sich zu ihrem Schutz nicht mehr auf Atomwaffen verlassen. Beim Eintritt ins 21. Jahrhundert sind die USA allen anderen Ländern Vorbild und Inspiration.

Nun öffnen Sie langsam die Augen und kehren Sie in die Realität zurück.

Der junge, neu gewählte Präsident – paradoxerweise sowohl ein wenig überheblich als auch ein wenig schüchtern –, der sich in Militär- oder Atomfragen niemals ein fundiertes Wissen angeeignet hatte, besaß ein ernstes Führungshandicap: Er hatte sich geweigert, den Kriegsdienst in Vietnam anzutreten. Über diese vermeintliche Charakterschwäche kam er niemals hinweg, und das angeblich unter seinem Kommando stehende Militär sorgte dafür, dass er sie auch niemals vergaß. Einige dringliche und höchst peinliche – nicht zu vergessen, kompromittierende – persönliche Probleme verschärften die Lage noch und beschäftigten den Präsidenten so sehr, dass er sogar über einen möglichen Rücktritt nachdachte und ihm tatsächlich ein Amtsenthebungsverfahren drohte.

Unter anderem, um diesen »Makel« auszugleichen, setzte Bill Clinton die US-Streitkräfte häufiger als jeder andere US-Präsident der letzten zwanzig Jahre in Übersee ein – unter anderem in Bosnien, im Irak und im Kosovo. Zudem war seine Regierung die erste seit Eisenhower, die nicht einen einzigen entscheidenden Rüstungskontrollvertrag aushandelte.[2]

Clintons grundsätzliches Desinteresse, sein Abgelenktsein, das Handicap als Kriegsdienstverweigerer und das Fehlen einer Vision erlaubten es dem Militär – Pentagon, Atomwissenschaftlern und Rüstungsunternehmen –, dieses präsidiale Vakuum zu füllen. Man umwarb, verführte und kaufte den US-Kongress und die Verwaltung, und die Gelegenheit zur atomaren Abrüstung verstrich tragischerweise ungenutzt.[3] Es war eine Ironie, dass die Welt nun, beim Eintritt ins 21. Jahrhundert, nach acht Jahren einer von den Demokraten geführten Regierung in noch größerer Gefahr schwebte als auf dem Höhepunkt der atomaren Aufrüstung und der Star-Wars-Träume unter Reagan. Vor diesem ungünstigen Hintergrund fanden die Ereignisse des 11. September 2001 statt und erhöhten das Risiko eines internationalen Atomkriegs oder atomarer Unfälle, als das US-Atomwaffenarsenal in höchste Alarmbereitschaft versetzt wurde und die internationalen Spannungen wuchsen. Nie waren die US-Atompolitik und ihre Waffen so aggressiv wie heute:

- Die Vereinigten Staaten verfügen über 2000 Wasserstoffbomben auf landgestützten Interkontinentalraketen, 3456 Atomwaffen auf U-Booten, die 15 Minuten von ihren Zielen entfernt die Meere durchstreifen, und 1750 Atomwaffen auf Interkontinentalflugzeugen – sie alle sind sofort einsatzbereit. Ungefähr 2500 dieser 7206 Waffen befinden sich in ständiger Alarmbereitschaft. Ein Knopfdruck genügt und sie sind unterwegs.[4] Russland verfügt über eine ähnlich hohe Zahl strategischer Waffen. Etwa 2000 davon befinden sich in ständiger Alarmbereitschaft.[5, 6] Alles in allem haben die Atomwaffenarsenale der ganzen Welt zusammengenommen eine so große Sprengkraft, dass man jeden Menschen auf unserem Planeten 32-mal töten könnte.[7]
- Die Vereinigten Staaten verfügen derzeit über Pläne, wie sie einen Atomkrieg führen und gewinnen können. Falls nötig sind sie auch bereit, als Erster Atomwaffen einzusetzen. Um beispielsweise einen Atomkrieg gegen Russland zu gewinnen, sind Satellitenabwehrwaffen zur Vernichtung der russischen Frühwarnsysteme vonnöten sowie ein geheimer atomarer Präventivschlag zur Zerstörung der russischen Raketen, bevor diese ihre Silos verlassen, und eine präventive Vernichtung russischer Atom-U-Boote in den Häfen und auf See. Die Vereinigten Staaten verfügen über alle diese Fähigkeiten. (Sollten einige russische Raketen dem ersten Angriff entgehen, so müssten sie auf ihrem Weg in die Vereinigten Staaten im Weltraum mit Hilfe eines neu entwickelten Systems zur Abwehr von Flugraketen vernichtet werden.)

- Die offizielle Zielplanung des Pentagon, der Single Integrated Operational Plan (SIOP), wurde seit 1989 ergänzt: Statt der ursprünglich 2500 gibt es nun 3000 Angriffsziele, 2260 davon befinden sich in Russland. Davon sind 1100 angeblich »atomare Anlagen«, 160 »Führungseinrichtungen« – Regierungsbüros und militärische Kommandozentralen (in einem Land, das nahezu führungslos ist) – und 500 Fabriken, die in Auflösung begriffen sind und im vergangenen Jahr fast keine Waffen produziert haben.[8]

- Zum ersten Mal seit 20 Jahren wurde auch China wieder in den SIOP aufgenommen, obwohl der US-Senat Schritte zu einer Normalisierung der Beziehungen unternommen hat, indem er China im September 2000 den Status einer dauerhaften Normalisierung der Handelsbeziehungen zugestand. (Das Land mit seinen 1,3 Milliarden Einwohnern, für die Vereinigten Staaten ein riesiger potenzieller Markt, besitzt nur 20 Atomraketen, die es bis nach Amerika schaffen können.)

- Zum ebenfalls ersten Mal werden Atomwaffen auf Nicht-Atommächte (bzw. nicht eindeutig als solche überführte) wie den Irak, Iran und Nordkorea gerichtet.[9] (Vor den neunziger Jahren hatten die Vereinigten Staaten nur andere Atommächte ins Visier genommen.)

- Die Atomlabors des US-Energieministeriums – Los Alamos und Sandia in New Mexico, Lawrence Livermore in Kalifornien – arbeiten unter dem Vorwand, für Sicherheit und Zuverlässigkeit des vorhandenen US-Atomwaffenbestands zu sorgen, an einem neuen »Manhattan-Projekt«. Dabei handelt es sich um ein gewaltiges wissenschaftliches Unternehmen zur Planung, Entwicklung und zum Test neuer Atomwaffen, das in den nächsten zehn bis 15 Jahren jedes Jahr fünf bis sechs Milliarden Dollar verschlingen wird.[10] Die Kosten sind doppelt so hoch wie die des ersten Manhattan-Projekts, im Rahmen dessen Anfang der vierziger Jahre die ersten drei Atombomben entwickelt wurden. Sie liegen deutlich über den durchschnittlich 3,8 Milliarden Dollar, die während des Kalten Krieges jedes Jahr für Atomwaffen ausgegeben wurden.[11]

- Die Regierung Bush hat versprochen, die Entwicklung eines neues US-Raketenabwehrsystem zu beschleunigen. Es besteht die Gefahr, dass dies die vielen bereits zwischen Russland und Amerika ausgehandelten Rüstungskontrollverträge ins Wanken bringen könnte.

Wer sind die Feinde, gegen die sich Amerika Anfang des 21. Jahrhunderts so fieberhaft und mit so großem finanziellen Aufwand rüstet? Bis zum 11. September 2001 hatte Amerika keine Feinde, die in der Lage gewesen wären, dem Land oder seinen Einwohnern tatsächlichen Schaden zuzufügen. Im Norden und Süden befinden sich befreundete Staaten, im Osten und Westen weite Ozeane. Wie die Dinge liegen, käme kein fremdes Land auch nur auf die Idee, die Vereinigten Staaten anzugreifen. Aber offenbar hat Amerika terroristische Feinde. Sie sind gestaltlos, schwer ausfindig zu machen und aufzuspüren, und es ist nahezu unmöglich, sie mit Feuerkraft oder riesigen Waffenarsenalen auszulöschen.

Das Pentagon und das US-Außenministerium rechtfertigen die außergewöhnlich hohen US-Militärausgaben – sie belaufen sich inzwischen auf 310 Milliarden Dollar jährlich – mit einer möglichen Bedrohung durch Nordkorea, den Irak, Iran, China, Russland oder auch Libyen. Aber nur die 5000 strategischen Atomwaffen Russlands – die Hälfte davon könnten 30 Minuten nach dem Start in den amerikanischen Städten einschlagen – stellen eine tatsächliche Bedrohung für die amerikanische Sicherheit dar. Noch wichtiger ist, das haben die jüngsten Ereignisse nur zu deutlich gemacht, dass das größte Atomwaffenarsenal der Welt kaum etwas gegen Terroristen mit Teppichmessern ausrichten kann. Es sei denn, die Möglichkeit einer

Furcht erregenden Eskalation im Falle eines Folgekonflikts zwischen den Staaten hätte eine abschreckende Wirkung. Zur Zeit gibt Amerika 22-mal so viel für sein Militär aus wie alle so genannten Schurkenstaaten oder »Besorgnis erregenden Staaten« – Irak, Iran, Syrien, Nordkorea, Kuba und Libyen – zusammen, obwohl sich jede eventuell von diesen Ländern ausgehende Gefahr bereits mit einem Bruchteil dieser Summe bannen ließe.[12, 13]

Weitere mögliche Erklärungen für die gewaltigen US-Militärausgaben sind:

- Sie füllen die Schatztruhen der Waffenhersteller.
- Sie sind eine direkte Folge der Rivalität zwischen der US-Air Force, der US-Army, der US-Navy und den US-Marines, die alle eigene Waffensysteme fordern.
- Sie steigern das Ansehen der Spitzenpolitiker im US-Kongress und im Weißen Haus, die riesige Spenden von den Waffenherstellern bekommen, während sie Gesetze zum Bau von noch mehr Waffen erlassen.
- Mit einem riesigen Arsenal konventioneller Waffen und Atomwaffen kann Amerika auf der ganzen Welt ungestraft tun und lassen, was es will – es ist die eiserne Hand im Samthandschuh der Globalisierung der US-Konzerne.

Aus all diesen Gründen ist es auch so tragisch, dass es Clinton nicht gelang, die Gelegenheit zu nutzen, die vorhandenen Atomwaffen mittels schneller und realistischer Verhandlungen mit Russland ganz und gar abzubauen oder ihre Zahl zu verringern, als sie sich bot. Ironischerweise ist es gut möglich, dass gerade die Angriffe vom 11. September und die Notwendigkeit, die sich daraus für die Vereinigten Staaten ergab, eine versöhnlichere Haltung gegenüber Russland einzunehmen, George W. Bush dazu veranlassen, jenen Abbau der Atomwaffenbe-

stände einzuleiten, den Clinton in ruhigeren Zeiten ge-
scheut hatte.

Das US-Atom-Establishment hat vier Arme – die
Atomwissenschaftler, die Rüstungskonzerne, den US-
Kongress mitsamt dem Weißen Haus und das Pentagon.
In den folgenden Kapiteln werde ich mich nacheinander
mit jedem Einzelnen davon auseinander setzen. Doch
schaffen wir zuerst die Voraussetzungen dafür, indem
wir uns vorstellen, wie ein Atomkrieg tatsächlich aussä-
he.

Die Realität eines Atomkrieges

Was wird bei den endlosen Atomkriegsplanungen wohl letzten Endes herauskommen? Die Zerstörung des Planeten. Und schon heute oder morgen könnte menschliches Versagen, ein Computerfehler oder gar ein Terroranschlag sie auslösen. Wie würde ein Atomkrieg aussehen?

Die medizinischen Folgen eines Atomkrieges

In Russland abgeschossene Atomraketen würden 30 Minuten nach dem Start über amerikanischen Städten explodieren. (Die 20 chinesischen Raketen sind Flüssigstoff-, keine Feststoffraketen. Es dauert viele Stunden, sie zu betanken. Sie wären nicht für einen Überraschungsangriff geeignet, würden aber im Falle ihres Abschusses ähnliche Schäden anrichten. Die anderen Atommächte wie Indien und Pakistan verfügen nicht über die Raketentechnologie, um die Vereinigten Staaten anzugreifen.) Man geht davon aus, dass die meisten Städte mit über 100 000 Einwohnern Angriffsziele russischer Raketen sind. Innerhalb dieser 30 Minuten melden die Infrarotsensoren der US-Frühwarnsatelliten den Angriff dem strategischen Luftwaffenkommando in Colorado. Das wiederum setzt den Präsidenten davon in Kenntnis. Diesem bleiben nun ungefähr drei Minuten für die Entscheidung, ob ein Gegenangriff erfolgen soll oder nicht. Nach dem Gegenangriffsszenario, dem die US-Regierung derzeit den Vorrang gibt, erfolgt der Gegenangriff, die Raketen fliegen im Weltraum aneinander vorbei, und eine Stunde später ist die ganze Operation vorbei.

Die Atomraketen erreichen ihre Ziele mit zwanzigfacher Schallgeschwindigkeit, und wenn sie über den Städten explodieren, entstehen Temperaturen wie im Kern der Sonne. Bis auf die Meldungen im Radio und Fernsehen gibt es so gut wie keine Warnungen, und der Öffentlichkeit bleiben nur wenige Minuten, um sich in den nächsten Atomschutzbunker zu flüchten – vorausgesetzt, es gibt einen. Zeit, die Kinder oder nächsten Angehörigen mitzunehmen, bleibt nicht.

Die Bombe oder Bomben – in den meisten größeren Städten wird es mehr als eine Explosion geben – sprengen 60 Meter tiefe Krater von 300 Metern Durchmesser in die Erde, wenn sie in Bodennähe explodieren. Die meisten Bomben sind jedoch so programmiert, dass sie in der Luft detonieren. Das vergrößert den Radius der Zerstörung, der Krater dagegen wird flacher. Im Umkreis von 800 Metern um das Epizentrum der Explosion werden alle Häuser zerstört, und in 2,7 Kilometern Entfernung bleiben nur die Stahlbetongebäude stehen.

In 4,3 Kilometern Entfernung stehen nur noch die bloßen Gebäudeskelette, die Einfamilienhäuser sind verschwunden, 50 Prozent der Menschen sind tot, 40 Prozent schwer verletzt.[1] Ziegelsteine und Mörtel verwandeln sich in Hunderte von Stundenkilometern schnelle Geschosse. Auch Menschen werden aus Gebäuden gesaugt, in Geschosse verwandelt und fliegen mit 150 Stundenkilometern durch die Luft. Der starke Überdruck (ein Vielfaches des normalen Luftdrucks) bringt Fenster zum Bersten und Millionen von Glassplittern fliegen umher, enthaupten Menschen und verursachen entsetzliche Schnittverletzungen. Der Überdruck tritt auch durch Nase, Mund und Ohren ein, lässt Lungen und Trommelfelle platzen.

Die meisten Menschen erleiden schwere Verbrennungen. In Hiroschima, das von einer sehr kleinen Bombe – mit einer Sprengkraft von 13 Kilotonnen im Vergleich zu jetzt 1000 Kilotonnen – verwüstet wurde, löste sich ein Kind tatsächlich in Luft auf. Es wurde pulverisiert. Zurück blieb nur sein Schatten auf dem Betonboden hinter ihm. Eine flüchtende Mutter wurde mitsamt ihrem Baby, das sie im Arm hielt, in eine Kohlestatue verwandelt. Die Hitze ist so groß, dass sich trockene Gegenstände – Möbel, Kleider und trockenes Holz – spontan entzünden. Menschen werden zu laufenden Fackeln.

40 oder 50 Meilen vom Ort der Explosion entfernt erblinden Menschen, die in den Atomblitz sehen, sofort auf Grund von Verbrennungen der Netzhaut. Riesige Feuerstürme – angefacht von den Winden, die bei der Explosion entstehen und die zeitweilig Geschwindigkeiten von mehr als 1000 Stundenkilometern erreichen – verschlingen Tausende von Quadratkilometern. Die Menschen in den Atomschutzbunkern ersticken, weil das Feuer den Sauerstoff aus den Bunkern saugt. (So geschehen in Hamburg bei den Bombardements der Alliierten im Zweiten Weltkrieg, als konventionelle Bomben die Temperaturen in den Bunkern auf 800 Grad Celsius steigen ließen.)[2]

Radioaktiver Niederschlag

Die Stadt und ihre Bewohner zerfallen größtenteils zu radioaktivem Staub, der als Atompilz in die Luft geschleudert wird. Wie groß das Gebiet ist, über dem der radioaktive Niederschlag aus dieser Wolke niedergeht, hängt von den vorherrschenden Wind- und Wetterbedingungen ab. Es kann sich über Tausende von Quadratkilometern erstrecken. Dosen von 5000 rad (rad ist eine Maßeinheit für absorbierte Strahlung) oder mehr, denen die Menschen in der Nähe des Explosionsortes ausgesetzt sind, lösen – sofern diese Menschen noch leben – ein akutes enzephalopathisches Syndrom aus. Die Gehirnzellen werden so stark geschädigt, dass sie anschwellen. Da das Gehirn von einem festen Knochen umgeben ist, ist kein Platz für eine Schwellung. Der Druck im Schädel steigt an, was zu Reizbarkeit, akuter Übelkeit, Erbrechen, Durchfall, starkem Kopfschmerz und Anfällen führt. Innerhalb von 24 Stunden fällt der Patient ins Koma und stirbt.

Bei einer niedrigeren Dosis von 1000 rad tritt der Tod in Folge von Magen-Darm-Erkrankungen ein. Die Darmschleimhaut stirbt ab, ebenso wie die Zellen des Rückenmarks, die für die Bekämpfung von Entzündungen und die Blutgerinnung zuständig sind. Innerhalb von sieben bis 14 Tagen kommt es zu Geschwüren im Mund, Appetitverlust, heftigen kolikartigen Bauchschmerzen, Übelkeit, Erbrechen und blutigem Durchfall. Der Tod tritt durch starken Flüssigkeitsverlust, Entzündungen, Blutungen und Verhungern ein.

Bei 450 rad stirbt die Hälfte der Bevölkerung. Es kommt zu Haarausfall, Erbrechen und blutigem Durchfall, begleitet von Zahnfleischblutungen und Blutungen unter der Haut. Die Patienten sterben an inneren Blutungen, Blutvergiftung und Entzündungen. Schwere Traumata und Verletzungen verschlimmern die Strahlungssymptome, so dass auch geringere Strahlendosen tödlich sein können. Säuglinge, Kinder und alte Menschen reagieren auf Strahlung empfindlicher als gesunde Erwachsene. Die Menschen in den bombardierten Gebieten sterben an einer Mischung aus dem Trauma, Verbrennungen, der Strahlenkrankheit und Hunger. Es wird so gut wie keine medizinische Versorgung geben, nicht einmal zur Linderung der Schmerzen, da die meisten Ärzte in den Zielgebieten praktizieren.

Atomkraftwerke

In den Vereinigten Staaten gibt es 103 Atomkraftwerke sowie zahlreiche weitere gefährliche radioaktive Anlagen, Überreste der Aktivitäten des Kalten Krieges. Fiele eine 1000-Kilotonnen-Bombe (eine Megatonne) auf einen 1000-Megawatt-Standardreaktor und die Abklingbecken mit den stark radioaktiven ausgebrannten Brennelementen, wäre ein Gebiet so groß wie Westdeutschland – also ohne die Neuen Bundesländer – für immer radioaktiv verseucht.[3] Die Internationale Atomenergie-Behörde (IAEA, International Atomic Energy Agency) hält diese Anlagen seit dem 11. September 2001 für attraktive Angriffsziele für Terroristen.

Krankheiten

Millionen verwesender Körper – von Menschen und Tieren – zersetzen sich. Sie sind mit Viren und Bakterien infiziert, die in der radioaktiven Umgebung mutieren und noch tödlicher werden. Trillionen von Insekten – Fliegen, Flöhe, Kakerlaken und Läuse –, die von Natur aus resistent gegen radioaktive Strahlung sind, übertragen Krankheiten von den Toten auf die Lebenden. Auf Menschen, deren Abwehrkräfte durch die starke Hintergrundstrahlung geschwächt sind. Zwischen den Leichen und in den zerstörten Abwassersystemen vermehren sich Nagetiere millionenfach. Krankheiten, die wir mit Impfungen und guter Hygiene unter Kontrolle gebracht haben, kehren als Seuchen zurück: Masern, Polio, Typhus, Cholera, Keuchhusten, Diphterie, Pocken, Pest, Tuberkulose, Hirnhautentzündung, Malaria und Hepatitis.

Wer es in einen Atombunker schafft und nicht darin erstickt, muss mindestens sechs Monate dort bleiben, bis die Strahlung so weit zurückgegangen ist, dass man im Freien überleben kann. Es wurde vorgeschlagen, möglicherweise die älteren Menschen draußen auf Nahrungssuche zu schicken, da sie nicht mehr lange genug leben, um vom radioaktiven Niederschlag Krebs zu bekommen (Krebs und Leukämie haben lange Inkubationszeiten von fünf bis sechzig Jahren). Aber die Lebensmittel, die trotz allem wachsen, sind verseucht, denn die Pflanzen nehmen radioaktive Substanzen auf und speichern sie.[4]

Nuklearer Winter

Schließlich müssen wir uns noch die allgemeinen weltweiten Folgen eines Atomkriegs ansehen. Feuersbrünste werden Ölquellen, Chemiefabriken, Städte und Wälder vernichten und die Erde in eine Decke aus dickem, schwarzem radioaktiven Rauch hüllen, der nur 17 Prozent der normalen Sonneneinstrahlung durchlässt. Es wird ein Jahr oder länger dauern, bis Sonneneinstrahlung und Temperaturen wieder ihre normalen Werte erreicht haben. Möglicherweise liegen sie auch darüber, da sich die Stärke der Sonneneinstrahlung sowie ihre Intensität im ultravioletten Spektrum auf Grund der dünner gewordenen Ozonschicht erhöhen könnte. Bei Temperaturen unter dem Gefrierpunkt könnte die Versorgung der Bevölkerung zusammenbrechen, was dazu führen würde, dass zahllose Menschen unter Hunger, Durst und Unterkühlung leiden.[5]

Hier ein Zitat aus einem 1985 vom White House Office of Science and Technology Policy veröffentlichten SCOPE-Dokument:»Der völlige Verlust landwirtschaftlicher und gesellschaftlicher Versorgungssysteme hätte den Verlust beinahe allen menschlichen Lebens auf der Erde zur Folge. Dabei spielt es im Grunde keine Rolle, ob ein Land an dem Krieg beteiligt war oder nicht ... diese Verletzlichkeit ist ein Aspekt, der derzeit aus dem Verständnis eines Atomkriegs ausgeklammert wird. Die Bedrohung macht nicht bei den wichtigen Kriegsparteien halt. Im Grunde gefährdet ein groß angelegter Einsatz von Atomwaffen die gesamte Menschheit ...«

Selbst wenn der geplante START-III-Vertrag zwischen Russland und Amerika umgesetzt würde, dürften auch weiterhin 3000 bis 5000 Wasserstoffbomben in Alarmbereitschaft bleiben.[6] Die Schwelle für den nuklearen Winter? Tausend 100-Kilotonnen-Bomben, die 100 Städte in die Luft jagen[7] – angesichts der derzeitigen Möglichkeiten und Zielpläne ist das durchaus möglich.

Der unbeabsichtigte Atomkrieg

Am 25. Januar 1995 fingen Militärtechniker nordrussischer Radarstationen Signale von einer amerikanischen Rakete auf, die gerade mit einer Forschungssonde an Bord vor der norwegischen Küste gestartet war. Russland war von diesem Start zwar vorab in Kenntnis gesetzt worden, aber man hatte dieser Warnung entweder keine Beachtung geschenkt oder sie vergessen. Da sie wussten, dass amerikanische U-Boote 15 Minuten von Moskau entfernt eine mit acht tödlichen Wasserstoffbomben bestückte Rakete abschießen konnten, gingen führende russische Politiker davon aus, dass Amerika einen Atomkrieg begonnen hatte. Zum ersten Mal in der Geschichte wurde der russische Computer mit den Aktivierungs- und Abschusscodes für die Atomwaffen hochgefahren.

Vor diesem Computer saß Boris Jelzin und wurde von den Offizieren des Militärs beraten, wie man einen Atomkrieg beginnt. Für seine Entscheidung blieben ihm nur drei Minuten. In letzter Sekunde wechselte die US-Rakete den Kurs. Jelzin wurde klar, dass sich Russland nicht unter Beschuss befand.[8]

Wenn Russland seine Raketen gezündet hätte, hätten die amerikanischen Frühwarnsatelliten sie sofort entdeckt und diese Information an die Kommandozentrale im Cheyenne Mountain weitergegeben. Der Präsident wäre benachrichtigt worden und hätte ebenfalls drei Minuten Zeit gehabt, um seine Abschussentscheidung zu fällen, dann wären amerikanische Raketen aus ihren Silos aufgestiegen. An jenem Tag waren wir also nur Minuten von der Vernichtung der Erde entfernt.

Heute verfallen die Frühwarn- und Steuersysteme Russlands. Das russische Frühwarnsystem fällt bis zu sieben Stunden am Tag aus, weil nur ein Drittel der Radaranlagen funktioniert und in zwei der weltweit neun geographischen Zonen, die von den Frühwarnsatelliten abgedeckt werden, *keine Raketenüberwachung stattfindet*.[9] Verschlimmert wird dies alles noch dadurch, dass die Lenk- und Steuermechanismen der Atomwaffen häufig Fehlfunktionen aufweisen und wichtige elektronische Geräte und Computer manchmal ohne ersichtlichen Grund in den Kampfmodus wechseln. Nach Angaben des CIA kam es in einigen russischen Atomeinrichtungen zu erheblichen Betriebsausfällen, als Diebe versuchten, sich des Kupfers wichtiger Kommunikationskabel zu bemächtigen.[10] Eine innen- oder außenpolitische Krise könnte das anfällige russische System leicht überfordern, und die Gefahr eines versehentlichen oder auch beabsichtigten Atomkriegs würde sehr real.

Auch die Vereinigten Staaten sind vor Fehlern nicht gefeit. So installierte zum Beispiel die National Imagery and Mapping Agency, die US-Behörde für Bildmaterialien und Kartographie, im August 1999 ein neues Computersystem, das mögliche Probleme bei der Umstellung auf das Jahr 2000 verhindern sollte. Dabei trat ein Computerfehler auf, und die Agency »erblindete« tagelang. Es dauerte über acht Monate, bis der Fehler vollständig behoben war. Wie die *New York Times* berichtete, war das atomare Frühwarnsystem der Vereinigten Staaten beinahe ein Jahr lang lahm gelegt.[11] (Ich befand mich zum Zeitpunkt des akuten Ausfalls in einer Sitzung im Westflügel des Weißen Hauses. Wir sprachen über eine mögliche Gefährdung durch Pannen bei Atomwaffen in Folge der Jahr-2000-Problematik. Mehrere Pentagon-Mitarbeiter versicherten mir unbekümmert, dass während der Umstellung alles normal arbeiten würde. In Wirklichkeit war das Überwachungssystem bereits außer Betrieb.) Eine solche Situation kann sich zu einer Katastrophe entwickeln. Wenn Amerika nicht sehen kann, was die Russen mit ihren Atomwaffen anstellen – oder umgekehrt –, besteht gerade während einer ernsten internationalen Krise die Gefahr, dass im Namen der »Sicherheit« über das Ziel hinausgeschossen wird. Etwas so Harmloses wie der Start eines Wettersatelliten könnte dann in der Tat die Zerstörung des ganzen Planeten auslösen. Die Anschläge vom 11. September 2001 haben das nur noch deutlicher gemacht.

Die Atomwissenschaftler, das Pentagon und ihr tödliches Spielzeug

Wir waren von der abstrakten Gewalt riesigen Ausmaßes fasziniert. Ich wurde süchtig nach der Arbeit mit Atomwaffen. Sie gab mir ein Gefühl großer Macht. Ich erinnere mich daran, dass ich sogar von einem Waffendesign träumte, an dem ich arbeitete – wenn es nicht funktionierte, war es ein Albtraum. Wenn ich Erfolg hatte, erlebte ich ein Hochgefühl – dieses Gefühl, zu wissen: Ich kann das. Das ist meine Bombe. Nur sagten wir niemals Bombe dazu. Bei uns hieß das Spielzeug.

Ted Taylor, ehemaliger Bombenkonstrukteur

Atomwissenschaftler wurden von den Medien und der Öffentlichkeit, denen ihre Erfindungen Ehrfurcht einflößen, als Priester oder Mönche bezeichnet.[1] Die meisten Journalisten und Meinungsmacher nehmen daher an, die wissenschaftlichen Aktivitäten in den Waffenlabors seien sakrosankt und dürften nicht in Frage gestellt werden.[2] Auf Grund der beinahe mystischen Macht, die diesen Menschen verliehen wurde, beherrschen sie seit Beginn des Manhattan-Projekts den Bereich der nationalen Sicherheit. Im Laufe von 50 Jahren haben sie fast gänzlich ungehindert 56 verschiedene Atomwaffentypen entworfen, 1030 Bomben auf dem Testgelände in Nevada zur Explosion gebracht und die Produktion von über 70 000 Bomben gesteuert.[3] (Wie zuvor erwähnt, reichten 1000 Bomben, die über 100 Städten explodieren, aus, um einen nuklearen Winter auszulösen und nahezu das gesamte Leben auf der Erde auszulöschen.)[4]

Diese Wissenschaftler arbeiteten stets unter absoluter Geheimhaltung. Das gab ihnen die Anonymität, die sie für ihre Arbeit brauchten. Sie bedienten sich einer Sprache, die nur noch für die Allergebildetsten verständlich war, und genau wie die Mediziner versteckten sie sich hinter einer geheimnisvollen wissenschaftlichen Komplexität und traten niemals an die Öffentlichkeit, um die Welt von dem, was sie taten, in Kenntnis zu setzen.

Noch immer betreiben sie die drei wichtigsten Atomwaffenlaboratorien – Los Alamos und Sandia in New Mexico und Lawrence Livermore in Kalifornien. Derzeit unterstehen alle drei Labors dem US-Energieministerium und werden von der Universität Kalifornien geleitet. (Die meisten Amerikaner wissen zwar, dass das Energieministerium für die amerikanische Energiepolitik verantwortlich ist. Nur wenigen ist bewusst, dass dieses Ministerium auch die gesamte Atomwaffenforschung unter sich hat.)

Nach dem Ende des Kalten Krieges sahen die Atomwissenschaftler ihre Felle davonschwimmen. Das euphemistisch benannte Stockpile Stewardship and Management Program (SS&M) zur »Verwaltung« des Atomwaffenbestandes war eine Möglichkeit, die Weiterbeschäftigung zu sichern. Angeblich soll es sicherstellen, dass die alten Waffen bei Bedarf auch in Zukunft noch explodieren. In Wirklichkeit werden in den Labors zahlreiche neue Atomwaffen entworfen, getestet und gebaut – viele davon verstoßen gegen vorhandene Verträge und Verbote. (Eine ausführliche Erörterung der SS&M-Scharade finden Sie im Kapitel »Manhattan II« ab Seite 101.)

Auf politischer Ebene können die Wissenschaftler ihre Arbeit dem Nationalismus sowie dem Schutz und Erhalt der Vereinigten Staaten zuordnen. Dennoch bleibt zweifelhaft, ob die einzelnen Beteiligten überhaupt verstehen, welche philosophischen, moralischen, spirituellen oder biologischen Probleme dadurch entstehen, dass man gigantische außerirdische Kräfte einfängt, wie man sie sonst nur in der Sonne und den Sternen findet. Die Liste der Beteiligten reicht von den Politikern, die bevollmächtigt sind, diese Wissenschaftler in unserem Namen zu führen und zu leiten, bis hin zu den Wissenschaftlern selbst, dem Militärpersonal oder den Geschäftsleuten, die von der Herstellung von Atomwaffen profitieren.

Beginnen wir mit den Atomwissenschaftlern. Tausenden von Physikern, Chemikern und Ingenieuren. Der Crème de la crème, die seit 60 Jahren von den amerikanischen Universitäten abgeworben wird. Brillant, nüchtern, vorsichtig, streng wissenschaftlich. Damit beschäftigt, die Bestandteile der Schöpfung selbst zu erforschen. Und alle sind sie dem Entwurf, Bau und Test von Atomwaffen verpflichtet.

Es mag überraschen, dass viele von ihnen zwar auf der rechten Seite des politischen Spektrums angesiedelt sind, andere aber liberale Ansichten vertreten. Diese Forscher halten die Entwicklung von Bomben nicht für einen Akt des Patriotismus wie ihre Kollegen des rechten Flügels, sondern werden von der Kultur einer beherrschten, sachlichen Sprache angezogen (einer streng rationalen Diskussion ohne emotionale Untertöne), und es bereitet ihnen Freude, wissenschaftliche Probleme zu lösen.[5]

Im Lawrence Livermore Laboratorium wird Angestellten, die ihre Besorgnis über die Folgen des Einsatzes von Atomwaffen (d. h. die mögliche Zerstörung der Welt) zum Ausdruck bringen, grundsätzlich zum Besuch bei einem psychologischen Berater geraten – manchmal werden sie sogar dazu gezwungen. Wie in einem Szenario aus dem Roman *1984* muss jeder, der die nackte Wahrheit ausspricht, beraten werden, damit er die Lüge der Labors glaubt (was darüber hinaus ein klassisches Erkennungsmerkmal einer Kultmentalität ist).[6]

Zudem ist es typisch für Kulte, potenziellen Neumitgliedern Informationen vorzuenthalten, um die wahre Natur der Gruppe oder der Arbeit, mit der sie sich beschäftigt, zu verschleiern.[7] Als der promovierte Chemiker Andreas Toupadakis 1988 im Lawrence Livermore Atomwaffenlaboratorium anfing, machte man ihn glauben, er würde an der Sanierung der Umwelt und der atomaren Abrüstung mitarbeiten. Allmählich erkannte er, dass er Teil eines unaufhörlichen atomaren Wettrüstens war. Das wühlte ihn auf, und er war zutiefst besorgt. Kurz bevor er das Livermore Labor im Januar 2000 verließ, legte man Topuadakis nahe, einen psychologischen Berater aufzusuchen.[8]

Seit den vierziger Jahren gibt der wissenschaftliche Bombenkult einzelnen Forschern die Möglichkeit, ihre ganz persönliche Bombe zu bauen und zu testen. Wenn der Test erfolgreich ist, ist das eine Art Initiationsritus für den Neuling. Erfahrenere Teammitglieder bestätigten, dies gebe ihnen ein Gefühl der Macht über die Naturgewalten und sichere gleichzeitig ihr Ansehen.[9] Die Erfinder der Bomben schliefen oft allein mit dem Steuermechanismus, der am nächsten Tag die Explosion auslösen würde,[10] in einem Zimmer über dem Testgelände von Nevada, wie Rennwagenfahrer, die mit dem Tod flirten – nur flirteten sie in diesem Fall nicht nur mit dem eigenen Tod, sondern mit dem Tod von Millionen Menschen, dem Tod des Lebens selbst.

Auf einer noch tieferen Ebene glaubten diese Wissenschaftler, weil sie die Bombe technisch beherrschten, seien sie gleichzeitig auch in der Lage, die bevorstehende Vernichtung zu kontrollieren, für die ihre Arbeit stand. Aber aus psychologischer Sicht verriet die Meisterschaft, zu der sie es gebracht hatten, eine starke Furcht vor der Bombe und vor dem Tod.[11] Es ist interessant, dass sich die Sprache der Wissenschaftler der Bilderwelt von Geburt und neuem Leben bediente und damit auf eine noch tiefer gehende psychologische Dynamik hinweist. Die erste Atombombe, die 1945 getestet wurde, mit dem Codenamen Trinity (»Dreieinigkeit« – nach dem Vater, dem Sohn und dem Heiligen Geist), hieß zu Ehren des wissenschaftlichen Leiters des Manhattan-Projektes »Oppenheimers Baby«. In dem Telegramm, das Edward Teller 1945 nach dem ersten erfolgreichen Atombombentest nach Los Alamos schickte, stand: »Es ist ein Junge.«[12] Die Bombe wird beim Atomversuch mit dem Gerät zur Ermittlung der Testdaten »verheiratet«, und wenn sie explodiert, »vereinigt« sie sich mit dem Boden, produziert »Tochter-Spaltprodukte«, die sich über »Generationen« fortpflanzen.[13] Einer der Wissenschaftler meinte, ein Atomversuch sei, »als bekäme man ein Kind«. Er beschrieb die Anspannung, die er während des Tests verspürte, und dass er sich fragte, »ob ich pressen sollte oder nicht«.[14] Ein anderer Bombenkonstrukteur verglich seine Gefühle nach dem Test mit dem Zustand der »Wochenbettdepression«.[15]

Der Anthropologe Hugh Gusterson stellt in seinem Buch *Nuclear Rites* die Vermutung an, dass Atomwaffentests für die Wissenschaftler »nicht Verzweiflung, Zerstörung und Tod symbolisieren, sondern Hoffnung, Erneuerung und Leben«, und Atomwaffen deshalb Teil der natürlichen Ordnung sein müssten. Vielleicht streben diese Wissenschaftler – es sind fast ausschließlich Männer – nach einem archetypischen Verständnis für die Erfahrungen der Empfängnis und der Geburt, die ihnen sonst verwehrt bleiben. In ihren Augen ist die ultimative Zerstörung der Schöpfung gleichbedeutend mit der Schöpfung selbst. Als er Zeuge der Explosion von Trinity, der ersten Atombombe wurde, zitierte Oppenheimer die *Bhagavadgita*, einen der wichtigsten heiligen Texte des Hinduismus: »Der alles dahinraffende Tod bin ich.«

Andererseits spiegelt die Sprache der Wissenschaftler ganz und gar nicht die nährenden Instinkte einer jungen Mutter, sondern häufig eine tiefe Entmenschlichung.

Menschen sind für sie »menschliche Ressourcen« und »Bestandteile« eines Systems. Menschliche Kommunikation verläuft über eine »Schnittstelle«. Missverständnisse sind »Unterbrechungen« der Kommunikation. Der Schmerz, den Menschen bei Verletzungen erleiden, wird als »Schaden« bezeichnet, und wenn eine Frau ums Leben kommt, wird sie »zerlegt«.[16] Auch das Pentagon bedient sich dieser Sprache. Wenn Städte zu Angriffszielen werden, heißt das »Zielerfassung von Ballungsräumen«. Menschen sind »weiche Ziele« (Raketensilos sind harte Ziele). Die 15 Millionen Zivilisten, die bei einem Schlag gegen die harten Ziele der strategischen Streitkräfte in Russland getötet würden, sind »Kollateralschäden«.[17]

Gusterson schreibt: »Kennzeichnend für die technostrategische Sprache sind ihr Mangel an Gefühl, ihre spielerisch-theoretischen Modelle menschlicher Motivation, ihre Vorliebe für Abstraktionen und Passivsätze, ihre Konzentration auf Waffen statt auf Menschen. Und die grundlegende, unbestrittene und unbestreitbare Annahme, dass die Entwicklung von Waffen weitergehen muss.«[18] Indem sie Schmerz und Angst aus ihrem Wortschatz streichen, wollen die Wissenschaftler vermutlich die eigene Psyche vor den Konsequenzen schützen, die ihre Arbeit für den Menschen hat. Gleichzeitig werden sie in ihrer Verehrung für ihre Waffen geradezu lyrisch. Sie bezeichnen nukleare Gerätschaften als schön und ihre Beziehung zur Technologie als Zen. Waffen heißen auf Englisch »arms«, Bomben sind »Sprengköpfe«, ein Atomangriff ist ein »Enthauptungsschlag«, die strategischen Atomstreitkräfte haben »drei Beine«, Frühwarnsatelliten sind »Augen und Ohren«, Raketen haben eine »Haut«, und alternden Waffen wächst ein »Schnurrbart«, der sich nachteilig auf ihre »Gesundheit« auswirken kann.[19]

Über dieser Humanisierung der Atomwaffen und der Mechanisierung menschlicher Körper liegt die Kultur eines sorgsam gepflegten, fachlichen Rationalismus, die große Ähnlichkeit mit der nüchternen Sprache hat, deren sich die Ärzte bedienen, um sich von dem beinahe unerträglichen menschlichen Leid und dem Schmerz zu distanzieren, mit dem sie täglich in Berührung kommen. Ein offensichtlicher Unterschied liegt freilich darin, dass der Schmerz, mit dem es Ärzte zu tun haben, bereits in ihren Patienten existiert. Diese Wissenschaftler dagegen erschaffen die Quelle ihres Schmerzes selbst. Der psychologische Schmerz, dem sie sich stellen müssen, ist selbst auferlegt.[20]

Militärischer Wahnsinn und der Pentagon-Kult[21]

Man redet über Angriffsziele oder das strategische Kommando- und Kontrollsystem, und, Baby, da geht's ans Eingemachte.

General Jack Merritt, früherer US-Generalstabschef

Laut Eugene Carroll, Admiral im Ruhestand, ist die Rivalität zwischen den einzelnen Waffengattungen die wahre Motivation für das atomare Wettrüsten. Die drei dem Pentagon unterstehenden Waffengattungen buhlen allesamt um den Atomdollar. Es geht um den Ausbau von Macht. Alle wollen, alle fordern noch mehr Flugzeuge, Bomben und Schiffe.[22]

Dieser Konkurrenzkampf zwischen den Waffengattungen – ein Verhalten, das dem geistigen und psychologischen Alter meiner acht-, sieben- und fünfjährigen Enkel entspricht, die stets heftigst um ihre Spielsachen streiten, von denen jeder seine eigenen haben möchte und nie genug bekommt – mag vor Anbruch des Atomzeitalters, im Ersten und Zweiten Weltkrieg, gesellschaftlich und politisch akzeptabel gewesen sein. In einer vor Atomwaffen strotzenden Welt hat eine solche Rivalität verheerende

Auswirkungen. In einer Welt, in der einer vom anderen abhängig ist, könnte jedes militärische Geplänkel, an dem die US-Navy, die US-Army oder die US-Air Force beteiligt sind, eskalieren und eine thermonukleare Massenvernichtung auslösen. Und in der Tat enden die »Atomkriegsspiele« des Pentagon stets mit der Vernichtung der Sieger wie der Besiegten. Vor diesem Hintergrund ist es interessant, die bedeutende politische Rolle zu durchleuchten, die das Pentagon seit dem Ende des Kalten Krieges spielt.

Die internationale Situation, in der das Pentagon 1989 nach dem Ende des Kalten Krieges ohne einen ernst zu nehmenden Feind zurückblieb, war ein Schock für das festgefahrene Militär, das eine Art posttraumatisches Stresssyndrom entwickelte. Viele beklagten offen den Verlust ihres einst so vorhersehbaren früheren Feindes.[23]

Im Gegensatz dazu zeigte Präsident George Bush senior angesichts der neuen Möglichkeiten, die sich boten, lobenswerte Führungsqualitäten. Er widersetzte sich dem Druck aus dem Pentagon und begann einseitig und entschlossen mit dem Abbau aller bodengestützten taktischen Flugkörper, der Entfernung aller taktischen Atomwaffen aus Schiffen und U-Booten der US-Navy und aller Wasserstoffbomben aus Langstreckenbombern. Darüber hinaus gab er gewisse landgestützte Raketenprogramme auf. Diese Deeskalation war sowohl eine Geste des guten Willens als auch ein strategisches Verteidigungsmanöver. Einem seiner Berater erklärte er damals: »Ich will, dass alle taktischen Atomwaffen aus Europa verschwinden. Gorbatschow braucht die Hilfe der Vereinigten Staaten, damit er seine Atombomben aus den Republiken holen kann, bevor sie zusammenbrechen.«[24] Gleichzeitig leiten Dick Cheney, damals US-Verteidigungsminister, und Colin Powell, damals Vorsitzender der Vereinigten US-Stabschefs, eine vollständige Überprüfung des Single Integrated Operational Plan (SIOP), der nuklearen Zielpla-

nung, in die Wege, die dem Pentagon als Richtschnur
diente und inzwischen überholt war.[25]
Der Bericht, der im Zuge dessen entstand, erschreckte
beide. Der SIOP war nicht nur undurchsichtig und hoff-
nungslos veraltet, es mangelte ihm auch an Logik und einer klaren Ausrichtung. Laut Aussagen»kam Cheney zu
dem Schluss, dass der SIOP keine Zielplanung für einen
Atomkrieg war ... er ähnelte vielmehr einem wilden Da-
tensalat ... Jedesmal, wenn das Pentagon ein neues Atom-
waffensystem gekauft hatte, um mit den Sowjets gleich-
zuziehen ... hatte Omaha [der Sitz des strategischen Luft-
waffenkommandos befindet sich in Omaha, Nebraska]
den zusätzlichen Sprengköpfen einfach neue Angriffsziele zugeordnet und die mathematischen Formeln des
SIOP geändert. Das ging viele Jahre so, während die für
den SIOP zuständigen Hauptmänner und Majore kamen
und gingen.«[26] 1986 war diese Entwicklung so weit außer
Kontrolle, dass der SIOP 16 000»atomare Einrichtungen«
in der Sowjetunion zu den Angriffszielen zählte[27] (zum
Vergleich: Auf der gesamten Nordhalbkugel der Erde
gibt es nur 240 größere Städte). Infolge der Cheney-Po-
well-Untersuchung wurden Tausende von Angriffszielen
in den ehemaligen Sowjetrepubliken aus den SIOP-Plä-
nen gestrichen, und alle anvisierten Ziele befanden sich
nun in Russland,[28] das schnell zum Verbündeten wurde.
Zusätzlich zu den atomaren Streitkräften selbst gehörten
noch immer Befehls- und Steuerzentralen, konventionelle Streitkräfte und die gesamte kriegsnotwendige Industrie, einschließlich solcher Betriebe wie Schuhfabriken sowie die meisten anderen Fabriken, Öl- und Gaswerke,
Kraftwerke, Bahnhöfe, Schulen und Universitäten zu den
Angriffszielen. Es gab also noch einen Overkill, aber er
war nicht mehr ganz so groß.[29]
   Bush behielt auch weiterhin die Kontrolle über die
Atomwaffenpolitik und überließ der Militärbürokratie
bei keiner Entscheidung die Oberhand. Er vertraute dar-

auf, dass seine wichtigsten Berater, scharfsinnige Insider, seine Ziele verwirklichen würden, und angesichts des Widerstandes aus dem Pentagon stärkte ihnen der Präsident gewaltig den Rücken.[30] Vor der Regierung Bush hatte sich weder ein Präsident noch ein Berater des Präsidenten oder ein Mitarbeiter des US-Verteidigungsministers mit den SIOP-Planern im Pentagon beschäftigt oder auch nur versucht, ihre Logik zu verstehen. Ein Angehöriger des Militärs und des Joint Strategic Planning Service behauptete sogar, die fehlende Kontrolle früherer Regierungen über den SIOP »war in kriminellem Maße fahrlässig«. Alle Einzelheiten der nuklearen Zielplanung seien untergeordneten Offizieren im Pentagon überlassen gewesen.[31]

In *An Elusive Consensus* beschreibt Janne Nolan die Zeit vor der ersten Regierung Bush folgendermaßen:

> Die typischen SIOP-Lagebesprechungen mit hochrangigen Amtsträgern waren oberflächlich und oft unverständlich. Aus den vielen tausend mit Daten und Computercodes gefüllten Seiten der SIOP-Pläne machte man einen einstündigen Vortrag und ein paar Dutzend Graphiken. »Bei diesen Lagebesprechungen stellte normalerweise keiner gerne Fragen, weil sich niemand blamieren wollte«, so eine Aussage über die militärischen und politischen Führungskräfte. »Wir, die dienstjüngeren Offiziere [der verschiedenen Waffengattungen] handelten die Verteilung der Waffen aus ... manchmal ergaben sich daraus bemerkenswerte Änderungen bei der Steuerung, die von höchster Ebene hätten geprüft werden müssen.«[32]

Bei einer SIOP-Information rutschte der damalige Verteidigungsminister Cheney unruhig auf seinem Stuhl hin- und her, als er sah, wie sich Moskau – die Stadt war das Ziel von 200 Wasserstoffbomben, was einen enormen Überschuss an Megatonnen bedeutete – langsam in eine durchgehende rote Fläche verwandelte, als ein lächerliches Angriffsziel auf das andere folgte.[33] Was die Atomstrategie angeht, so hat das Pentagon eine sonderbare und krankhafte Art zu denken. (Man könnte die vom Pentagon vertretenen Ansichten ohne weiteres für krank im medizinischen Sinn befinden und erklären, dass alle, die damit übereinstimmen, dringend der Beratung und der Therapie bedürfen.) Wie Janne Nolan in ihrem Buch schreibt, soll die Drohung, Millionen Menschen in die Luft zu jagen, die »Aggression« eines Feines »abschrecken«. Die Grundüberlegung ist folgende: Die für die Atomwaffen zuständigen Offiziere müssen in der Lage zu sein, alles zu »bedrohen«, was ein Gegner »am meisten schätzt«. Aber weil diejenigen, die mit der Wahl der Angriffsziele betraut sind, nicht wissen können, was das ist, wird nahezu alles »bedroht«. Ein Angehöriger des Militärs soll dazu gesagt haben: »Wenn er seine Großmutter schätzt, dann müssen wir auf Großmütter zielen.«[34]

Die Regierung Bush hinterließ dem nächsten Präsidenten das aktivistische Erbe einer starken Rüstungskontrolle und einseitiger Abrüstungsprogramme, aber Präsident Clinton setzte diese Tradition nicht fort. Clinton schwankte, und er zögerte stets, sich direkt mit atomaren Fragen zu befassen. Und Clinton brachte das Pentagon einfach niemals unter seine Kontrolle. Einer der Bush-Ratgeber kommentierte dies folgendermaßen: »Clinton diskutiert mit seinen Untergebenen über seine Ziele. Bush hat über Strategien, aber niemals über Ziele diskutiert.«[35]

Clintons erster Verteidigungsminister Les Aspin, der frühere Vorsitzende des Ausschusses des US-Repräsentantenhauses für die Streitkräfte, kannte sich auf dem Gebiet der Atomwaffenstrategie hervorragend aus. Aspin bezweifelte, dass eine atomare Abschreckung nach dem Ende des Kalten Krieges noch sinnvoll war. Er erklärte: »Eine Welt ohne Atomwaffen wäre tatsächlich besser.

... Atomwaffen sind noch immer der große Gleichmacher, nur sind die Vereinigten Staaten hier nicht der Gleichmacher, sondern der Gleichgemachte.«[36]

Also leitete Aspin eine Überprüfung der Haltung der Vereinigten Staaten zur Atompolitik in die Wege, den Nuclear Posture Review, der auf den Konzepten »gegenseitige Sicherheitsgarantien« und »gemeinsame atomare Abrüstung« beruhte. Diese Überprüfung sollte alle Grundsätze und Doktrinen, die Struktur der Streitkräfte, militärische Operationen, Sicherheit, Schutz und Rüstungskontrolle erfassen. Auch die kritische Stellungnahme einer Gruppe von Experten, die nicht aus dem Pentagon stammten, war vorgesehen. Aspins erklärtes Ziel war es, mit dieser Überprüfung den grundsätzlich politischen Charakter der Atompolitik zu betonen. Im Pentagon regte sich auf jeden Fall heftiger Widerstand. Führende Pentagon-Mitarbeiter hielten die Einmischung Außenstehender weder für wünschenswert noch für notwendig. Wie einer von ihnen sagte:»Wir hatten ganz gewiss nicht vor, irgendwelche Spinner von der US-Rüstungskontrollbehörde [ACDA, Arms Control and Disarmament Agency] reinzulassen.«[37]

1994 legte Aspin kurz vor seinem Tod sein Amt nieder, und die Verantwortung für den Nuclear Posture Review ging auf den stellvertretenden Verteidigungsminister John Deutch über, einen relativ unerfahrenen Mann, der erst kurz vorher aus dem privaten militärischen Bereich berufen worden war. (Später wurde er zum CIA-Chef ernannt.) Er teilte sich die Verantwortung für die weitere Organisation der Überprüfung mit Ashton Carter, Abteilungsleiter für nationale Sicherheit und Counterproliferation im US-Verteidigungsministerium, und Generalleutnant Barry McCaffrey[38] (später Clintons erster Mann in der Drogenbekämpfung).

Aspin hatte hinsichtlich des Nuclear Posture Review Anweisung gegeben, das festgefahrene US-Atom-Establishment – einschließlich des Pentagon – von seiner nicht mehr zeitgemäßen Besorgnis aus der Zeit des Kalten Krieges zu befreien und ein angemesseneres Verständnis für die Realität nach dem Kalten Krieg zu fördern. Aspin glaubte, das Militär müsse verstehen und akzeptieren, welch große Gefahr von der US-Atomstrategie ausging. Aber nach Aspins Rücktritt fehlte es an einer disziplinierten Führung und der Kontrolle durch einen erfahrenen Politiker, und der Nuclear Posture Review scheiterte. Präsident Clinton lehnte es ab, sich einzumischen. US-Außenminister Warren Christopher war gleichgültig, und US-Sicherheitsberater Anthony Lake hatte kein Interesse. Also blieb die Sache weit gehend Deutch und Carter überlassen.[39]

Carter hatte die besten Absichten und glaubte aufrichtig, eine logische Analyse hätte Einfluss auf die erzkonservativen Ansichten des Militärs zur Atomwaffenpolitik. Also richtete er sechs Arbeitsgruppen ein, die aus Offizieren der unteren und mittleren Dienstgrade sowie Berufsbeamten bestanden. Die meisten besaßen kaum atomstrategisches Hintergrundwissen, und die Arbeitsgruppen kamen stets im Pentagon hinter verschlossenen Türen zusammen. Sie hielten nichts von einer »Analyse Außenstehender«, und neue Vorschläge wurden höflich, aber kühl aufgenommen.[40]

Die Pentagon-Mitarbeiter lehnten eine Veränderung der Triade der atomaren Streitkräfte ebenso vehement ab wie den Vorschlag, die Alarmbereitschaft für strategische Atomwaffen aufzuheben. Auch die US-Air Force weigerte sich standhaft, ihre landgestützten Interkontinentalraketen abzubauen. Die anderen Waffengattungen behaupteten, jede Veränderung ihrer Strategie, die darin bestand, sich eine Vielzahl von Abschussmöglichkeiten offen zu halten, gefährde Amerikas Fähigkeit, im Falle eines Atomangriff effektiv zu reagieren. Ein paar Militärs empfanden es auch als Eingriff in ihre internen Abläufe und Befehlsstrukturen. Ein Offizier mittleren Ranges behauptete:»Wir wissen, wie man einen Atomkrieg plant. Wir kennen die Methoden, wir können den zu erwartenden Schaden analysieren.«[41] Admiral William Owens, stellvertretender Vorsitzender der Vereinigten US-Stabschefs und Leiter der Komitees, war ein einflußreicher Atomwaffenkritiker. Leider stellte er sich nicht gegen seine Kollegen, als sich diese dem Auftrag des Nuclear Posture Review so heftig widersetzten. (Selbst wenn das Pentagon zu einem Konsens gekommen wäre – das Weiße Haus hatte zu keinem Zeitpunkt versucht, den US-Kongress über diese außerordentlich wichtigen Themen zu informieren oder ihn einzubinden.) Nach zehn Monaten sabotierten die Arbeitsgruppen schließlich Aspins Originalkonzept, indem sie selbst geringfügige Veränderungen und Neuerungen ablehnten. Dafür legten sie Analysen und eine Reihe von Diagrammen vor, welche Struktur, Doktrin und Truppenstärken der derzeitigen Atomdoktrin in vollem Umfang bestätigten.[42]

Carter war so frustriert, dass er die Arbeitsgruppen umging und zwei Experten von außen holte, die die Untersuchung retten sollten – Steve Fetter, Physiker und Professor an der Universität Maryland, und Korvettenkapitän Leo Mackay, der in Harvard über das Thema Atomstrategie promoviert hatte. Er sorgte dafür, dass sie weit reichende Befugnisse bekamen, um vollen Zugang zu den notwendigen Dokumenten zu erhalten. Diese»Gegen-Untersuchung« war so angelegt, dass der mögliche Abbau landgestützter Interkontinentalraketen, die im Falle eines Erstschlags gefährdet wären, die Aufhebung der Alarmbereitschaft für strategische Waffen, der Abbau der letzten US-Atomwaffen in Europa (es befinden sich noch immer 200 dort) und eine Anpassung der nuklearen Zielplanungsdoktrinen analysiert werden sollten. Nach dem Kalten Krieg war es zumindest für Carter offensichtlich, dass Amerika mit einem sehr viel kleineren Arsenal strategischer Atomwaffen auskommen würde, sofern das überhaupt nötig war.[43] Deutch äußerte sich zustimmend, aber als die Vereinigten US-Stabschefs Wind von den Plänen bekamen, probte das Pentagon den Aufstand. Obwohl Carter vom Büro des Verteidigungsministers mit der Leitung des Nuclear Posture Review beauftragt worden war, ließ man ihn letzten Endes im Stich, und er musste sich der gewaltigen Macht des Pentagons allein stellen. Eine von den Stabschefs einberufene Sitzung, »um über Ash zu sprechen«, wurde zur brutalen Machtprobe. Carter sei erst dann befugt, dem Verteidigungsminister Alternativen vorzulegen, wenn diese zuvor von den »Arbeitsgruppen« abgesegnet worden seien.[44]

Obwohl Carter zu seiner Verteidigung anführte, dass es nicht richtig sei, wenn Offiziere vom Rang eines Oberst und nicht sonderlich hoch gestellte Pentagon-Mitarbeiter die US-Politik bestimmten, war die Politik, zu der ein gleichgültiger Präsident schließlich seine Zustimmung erteilte, ein absoluter Triumph für das Pentagon. Diese Politik verlangte nach einer Strategie des »Lead and Hedge« (Führens und Sicherns). Die Vereinigten Staaten sollten sich zwar weiterhin an der atomare Rüstungskontrolle beteiligen, sich aber gleichzeitig »gegen den Fall ... eines neuen, Amerika-feindlichen autoritären Militärregimes in Russland absichern.« Letzten Endes ermöglichte es diese neue Politik Amerika, seine Atomwaffen zu behalten, falls es erneut zum Kalten Krieg käme, und die Zahl der nach dem Start-II-Vertrag erlaubten strategischen Interkontinentalraketen von 3000 auf 6000 zu verdoppeln. Zudem gab es keinerlei Einschränkungen für nicht stationierte Sprengköpfe (Atomwaffenlagerbestände) oder taktische Atomwaffen (taktische Atomwaffen befinden sich nicht auf Interkontinentalraketen oder Interkontinentalflugzeugen, sondern auf Kurzstreckenraketen oder Kurzstreckenflugzeugen). Zu guter Letzt stärkte diese Politik noch die Triade der land-, see- und luftgestützten Waffen. Ashton Carter bestreitet, dass jemals ein ernsthafter Versuch unternommen worden sei, die Struktur der US-Streitkräfte oder die Atompolitik im Ganzen zu verändern.[45] Das Pentagon hatte gesiegt. Die Atompolitik blieb, wie sie war, und man kehrte zum Status quo atomarer Behaglichkeit zurück.

Ein russischer Kommentator kritisierte angesichts des Wutanfalls, den das Pentagon im Anschluss an die Veröffentlichung des Berichts hingelegt hatte, den Mangel an Führungsstärke: »Clintons Außenpolitik wird von der unmittelbaren Reaktion auf innere und – zu einem geringeren Grad – äußere Faktoren bestimmt.«[46]

Der Wahnsinn der Konzerne und die Todeshändler

Ich sehe in naher Zukunft eine Krise auf uns zukommen, die mir die Nerven raubt und mich um mein Land zittern lässt ... Die Firmen sitzen auf dem Thron und eine Ära der Korruption in hohen Ämtern wird folgen, und die Finanzmächte des Landes werden versuchen, ihre Herrschaft zu verlängern, indem sie sich der Vorurteile der Menschen bedienen, bis der gesamte Reichtum in den Händen einiger weniger liegt und die Republik zerstört ist.

Abraham Lincoln, 21. November 1864

Wer beherrscht den US-Kongress all die Jahre später? Die internationalen Konzerne, deren leitende Angestellte die Amtsinhaber im Weißen Haus und im US-Kongress – vom Präsidenten und Vizepräsidenten bis fast zum letzten gewählten Kongressmitglied – zum Essen ausführen, sie umwerben, bestechen und korrumpieren. Diese allmächtigen Konzerne manipulieren und kontrollieren den überwiegenden Teil der amerikanischen Gesetzgebung zur Innen- und Außenpolitik, die den Kongress durchläuft. Sie bedienen sich dazu der unterschiedlichsten Mittel: Denkfabriken (so genannter Think Tanks), Firmenfusionen, Lobbyarbeit und Parteispenden.

Denkfabriken

In den siebziger Jahren gründeten und finanzierten führende internationale Konzerne gemeinsam eine Reihe von Denkfabriken – ihre eigenen »Kampf-Management-

Organisationen«. Diese waren in erster Linie dazu da, die öffentliche und politische Meinung so zu lenken, wie es den Firmensponsoren der Denkfabriken nützlich war. In diesen Denkfabriken arbeiten erfahrene Wissenschaftler, die Leitartikel, Fernsehbeiträge, Zeitschriften, Pressemeldungen und Informationsmaterial zur Gesetzgebung herausgeben. Die Texte sind wohl durchdacht, gut recherchiert, gut geschrieben, leicht verständlich, und Medien und Kongress nehmen sie gerne an.[1] Die Produktion dieser Materialien wird so gesteuert, dass sie immer genau dann erscheinen, wenn auf ein bestimmtes Gesetz Einfluss genommen werden soll. Die meisten dieser Denkfabriken befinden sich in Washington. Sie sind ständig in den Medien präsent, und ihre Sprecherinnen und Sprecher treten regelmäßig als politische Kommentatoren in den Sonntagmorgen-Talkshows und in den Zeitungen in Erscheinung.

Spitzenpropaganda

Wenn die Allgemeinheit die Fesseln aus Eisen abstreifen will, muss sie den Fesseln aus Silber gehorchen .... Wenn sie sich weigert, zu lieben, zu ehren und zu gehorchen, darf sie nicht erwarten, der Verführung zu entkommen.

Harold Lasswell, führender amerikanischer
Propagandaforscher, 1939[2]

Diese weit reichende, raffinierte Manipulation der so genannten freien und demokratischen Medien und der Gesetzgebung auf hohem Niveau wird mit dem Begriff »Spitzen«-Propaganda bezeichnet. Sie ist von außerordentlichem Nutzen für die Konzerne, die sie bezahlen, und die Standpunkte, die diese vertreten. In vielen Ländern – in den Vereinigten Staaten allemal – werden so die Agendas der Regierungen effektiv gesteuert, und abgesehen von den wenigen Themen, die Millionen besorgter Bürger mobilisieren, liefert diese Methode bei weitem bessere Ergebnisse als die Basisarbeit. Die Denkfabriken des rechten Flügels brachten fast im Alleingang die neue konservative Bewegung der siebziger Jahre hervor. Aber diese Denkfabriken sind weder frei noch demokratisch. Sie sind nicht gewählte, private Organisationen, die von reichen und mächtigen Konzernen kontrolliert werden. Eigentlich sind es Werbeagenturen, die im Interesse der Konzerne handeln, die sie gegründet haben und die für sie aufkommen. Sie vertreten eine Wirtschaftsphilosophie der Deregulierung und Privatisierung, die für die Übernahme aller öffentlichen Betriebe – vom Gesundheits- und Bildungswesen bis hin zur Versorgung mit Wasser und Strom – durch Privatkonzerne eintritt. Und sie verfolgen ein Programm, das den Abbau oder die Abschaffung von Regierungsvorschriften für große Unternehmen, eine Senkung der Körperschaftssteuer und der Steuern für die Reichen, die Vernichtung der Gewerkschaften und eine Steigerung der Unternehmensgewinne vorsieht.[3] Der Internationale Währungsfonds (IWF), die Weltbank, das Allgemeine Zoll- und Handelsabkommen (GATT), das Nordamerikanische Freihandelsabkommen (NAFTA), die Asiatisch-Pazifische Wirtschaftliche Zusammenarbeit (APEC), die Freihandelszone der Amerikas (FTAA) und die Welthandelsorganisation (WTO) – sie alle ließen sich von diesen Denkfabriken beeinflussen.*

Eine der einflussreichsten Denkfabriken ist die Heritage Foundation. Die Einnahmen der von multinationalen

---

* Im Januar 1998 erregte Joseph Stiglitz, Chefökonom der Weltbank, weltweite Aufmerksamkeit mit einem Vortrag in Helsinki, in dem er den so genannten »Washington-Konsens« kritisierte. Stiglitz erklärte, der von Washington ausgehende Impuls zu Sparmaßnahmen, Privatisierung und Deregulierung – inzwischen in weiten Teilen der Welt das politische

Konzernen und wohlhabenden Einzelpersonen einschließlich Amway, Hyundai, Exxon, Phillip Morris, United Parcel Service Foundation, Joseph Coors, Timothy Mellon und der Sarah Scaife Foundation finanzierten Heritage Foundation beliefen sich 1999 auf 43,6 Millionen Dollar.[5] Die Heritage Foundation erstellte eine umfassende Liste von Tagesordnungspunkten für die Regierung Reagan, der man den Titel »Mandate for Leadership – Policy Management in a Conservative Administration« gab. Auf dieser Liste stand auch, Amerika sei so zu rüsten, dass man einen Atomkrieg führen und gewinnen könne, und dass man eine »Überlegenheit gegenüber der Sowjetunion« entwickeln müsse. Die meisten Punkte auf dieser Liste wurden Gesetz.[6] (In Reagans zweiter Amtszeit schob die Heritage Foundation ein weiteres »Mandate for Leadership« nach.)

Denkfabriken und der Militär-Industrie-Komplex

Die Denkfabriken üben einen sehr großen Einfluss im Interesse des Militär-Industrie-Komplexes aus. Die Heritage Foundation rührt noch immer allerorten kräftig die Werbetrommel für das atomare Wettrüsten und leistet aktive Lobbyarbeit für Star Wars.[7] Andere einflussreiche

---

Standardrezept – sei falsch und hätte oft katastrophale Folgen. Er sagte, Marktideologen nutzten Wirtschaftskrisen in verschiedenen Ländern als Vorwand, um ein Eingreifen seitens der Regierung in Verruf zu bringen und eine weitere Liberalisierung des Marktes voranzutreiben. Er widersprach der vorherrschenden ökonomischen Auffassung und argumentierte, dass eine geringe Inflation relativ harmlos sei, Haushaltsdefizite nicht unbedingt schlecht seien, die Privatisierung nicht allein selig mache, und die Deregulierung der amerikanischen und internationalen Finanzmärkte ernsthaften Schaden anrichten könne. Es überrascht nicht, dass er Ende 1999 von der Weltbank gefeuert wurde.[4]

Denkfabriken des rechten Flügels, die sich mit der »atomaren Sicherheit« Amerikas beschäftigen, sind das American Enterprise Institute und das CATO Institute.[8] Ein weiterer Think Tank, das Center for Security Policy (CSP), ist das Nervenzentrum der Star-Wars-Lobby. Es wurde von Frank Gaffney gegründet, der unter Reagan im Pentagon arbeitete und als »Raketenabwehrpapst« gilt. (Darüber hinaus steht Gaffney der Coalition to Protect Americans Now vor. Diese Gruppe produziert Werbespots und macht damit im Fernsehen Werbung für die Raketenabwehr und ein Star-Wars-Programm ohne Abstriche. Ein Spot zeigt Babys in ihren Bettchen und Kinder beim Baseballspielen, dazwischen sieht man Raketen vom Himmel fallen und den Untertitel: Wo werden Sie sein, wenn die Raketen starten?)[9]

Das CSP wird von Unternehmen der Rüstungsindustrie finanziert, einschließlich Lockheed Martin, Boeing, TRW, General Dynamics, Rockwell International und Northrop Grumman. Im CSP-Aufsichtsrat sitzen sechs ehemalige leitende Angestellte von Lockheed Martin, Mitglieder der Heritage Foundation,[10] Präsident Reagans Wissenschaftsberater George Keyworth, zwei eiserne republikanische Raketenabwehrbefürworter, der Senator John Kyl aus Arizona und der Abgeordnete Kurt Weldon aus Pennsylvania, sowie der berüchtigte – und inzwischen betagte – Edward Teller, der Erfinder der Wasserstoffbombe. (Teller bezeichnete Star Wars als die »dritte Generation« von Atomwaffen. Die erste Generation war die Atom-, die zweite die Wasserstoffbombe. Seit 32 Jahren drängt Teller die Atomwaffenlabors, ihre Forschungen zur Entwicklung von »Verteidigungswaffen« zu verstärken.) Das CSP weiß zuzuschlagen: Es gibt jedes Jahr über 200 Pressemitteilungen heraus, die euphemistisch als »Informationen zu Entscheidungen der Nationalen Sicherheit« bezeichnet werden.[11] (1998 ehrte das Center for Security Policy Donald Rumsfeld, der bereits unter Ford Verteidigungsminister war und nun der Verteidigungsminister der Regierung Bush ist, mit der Auszeichnung »Keeper of the Flame«. Weitere bekannte Preisträger sind Ronald Reagan und Newt Gingrich.) Aber bereits 1983, als sich Reagan – beeinflusst von Edward Teller – in seiner Rede für Star Wars aussprach, wussten die meisten glaubwürdigen Wissenschaftler, dass die wissenschaftliche Hypothese, auf der die Theorie basierte – nämlich dass man einen geschlossenen, effektiven Raketenabwehrschild bauen könne – einfach nicht umsetzbar war. Trotz 70 Milliarden Dollar und einer ununterbrochenen Serie technischer Misserfolge später, stehen das Center for Security Policy, die Heritage Foundation, Lockheed Martin, TRW, Raytheon und Boing noch immer hinter dem Star-Wars-Konzept, und das Land versucht noch immer, einen Raketenabwehrschild zu bauen.

Wie die Denkfabriken Star Wars neues Leben einhauchten

Als die Sowjetunion 1991 zusammenbrach, mussten sich die Konzerne, ihre Denkfabriken, das US-Außenministerium und das Pentagon etwas Neues einfallen lassen, um dieses aussichtslose und sündhaft teuere militärwissenschaftliche Abenteuer zu rechtfertigen.

Zuerst musste ein neuer Erzfeind her, und Nordkorea (ein Land, das nicht einmal die eigene Bevölkerung ernähren kann) war die erste Wahl der Propagandamaschinerie. Das Land war ursprünglich (genau wie der Irak) vom US-Außenministerium als »Schurkenstaat« eingestuft worden und wird jetzt als »Besorgnis erregender Staat«[12] bezeichnet. Die Bush-Administration verletzte das Abkommen aus dem Jahr 1994, indem sie – unter der Bedingung, das Nordkorea aufhöre, Atomwaffen zu entwickeln – zwei Leichtwasserreaktoren für das Land bauen ließ. Im Oktober 2002 beschloss Nordkorea jedoch, seine nukleare Forschung wieder aufzunehmen. Es ist zweifelhaft, ob das Land inzwischen tatsächlich über eine nukleare Waffe verfügt, aber die nordkoreanische Führung hat die Welt wissen lassen, dass an ihrem Atomwaffenprogramm aktiv gearbeitet wird. John Pike, damals Mitglied der Federation of American Scientists, meinte zum nordkoreanischen Raketentestgelände:»Die Anlage war nicht für umfassende Tests gedacht und ist in vielerlei Hinsicht nicht geeignet, das umfassende Testprogramm zu bewältigen, das zur Entwicklung eines zuverlässigen Raketenprogramms nötig wäre.« Das Gelände verfügt über keine Verkehrsanbindungen, keine Teerstraßen, kein Treibstofflager und keine Personalunterkünfte.[13]

Trotzdem ist die Dämonisierung Nordkoreas auch weiterhin wichtig für das Pentagon, da sie als Rechtfertigung für den einzigen US-Militäreinsatz auf dem asiatischen Festland (die Vereinigten Staaten haben 37 000 Soldaten in Südkorea) diente und dient. Es ist von entscheidender Bedeutung, dass dieser politische Kurs beibehalten wird, denn er gibt den Vereinigten Staaten einen Grund, ihre aggressive Politik und ihre militärische Präsenz in einem asiatischen Land aufrechtzuerhalten, während sie gleichzeitig daran arbeiten, demnächst China die Rolle des Erzfeindes zuzuweisen. Nach Afghanistan richtete das Pentagon sein Augenmerk auf den Irak und plante für Ende Februar / Anfang März 2003 eine massive Invasion. In einer Operation namens »Shock and Awe« (»Schockieren und Ehrfurcht einflößen«) sollten in den ersten zwei Tagen des Einmarsches 3000 Präzisionsraketen abgefeuert werden. Das Pentagon denkt wie bereits erwähnt auch offen über den Gebrauch nuklearer »Bunker Busters« nach.

Doch kehren wir nach Nordkorea zurück: Das Pentagon, das US-Außenministerium und die Rüstungsindustrie arbeiteten zusammen mit den führenden Denkfabriken daran, der Öffentlichkeit triftige Gründe zu liefern, warum sich die Vereinigten Staaten vor dem »Schurken-

staat« Nordkorea schützen müssen. Die nordkoreanische
»Bedrohung« war ein so wichtiger Bestandteil der US-
Militärpolitik, dass William Cohen, als er 1994 US-Verteidigungsminister wurde, als Erstes fragte:»Wie können
wir der Auffassung entgegenwirken, die US-Soldaten
würden abgezogen, wenn auf der koreanischen Halbin-
sel Frieden eingekehrt ist?«[14]
Leider verhielt sich der »Feind« Nordkorea nicht nach
Plan. Zum einen unterzeichneten der nordkoreanische
Präsident Kim Jong Il und sein südkoreanischer Amts-
kollege Kim Dae Jung am 15. Juni 2000 einen Friedens-
vertrag, in dem sie übereinkamen, dass Versöhnung und
Frieden Not taten. (Ein Offizier, der die Situation genau
beobachtet hatte, meinte:»Die Vereinigten Staaten sind
vom Status quo besessen.« Er fuhr fort, das Pentagon
unterschätze das Potenzial für einen Durchbruch in den
Friedensverhandlungen und widersetze sich jeder Veränderung hinsichtlich der amerikanischen Streitkräfte in
Südkorea, obwohl das die Spannungen weiter abbauen
könne.)[15] Nordkorea ließ sogar den russischen Präsidenten Putin wissen, dass es im Austausch gegen westliche
Hilfe beim Bau von Forschungssatelliten bereit wäre,
sein neues Raketenprogramm aufzugeben.
Aber das US-Außenministerium war noch immer nicht
überzeugt. Ein Sprecher des Außenministeriums beharr-
te:»Die Kriegsgefahr ist noch nicht gebannt. Wenn man
sich die militärische Leistungsfähigkeit [Nordkoreas] an-
sieht, so haben sie eine Million einsatzbereiter Soldaten.«[16] Und im Frühjahr 1999 waren die Anhänger des
Star-Wars-Programms trotz der »Probleme«, die der koreanische Friedensschluss verursacht hatte, erfolgreich.
Ihre gewaltigen Anstrengungen bei der Lobbyarbeit, ihre
Propagandaübungen und die Parteispenden der Konzerne brachten das US-Repräsentantenhaus und den US-Senat dazu, ein Gesetz zu verabschieden, das den Einsatz
einer nationalen Raketenabwehr zur offiziellen Regie-

rungspolitik der Vereinigten Staaten erhob, sobald das
»technisch machbar« sei.[17] Ein Bericht des Nachrichtendienstes des Pentagons, den die *New York Times* im September 2000 zitierte, kam zu dem Schluss: »Nordkorea ist
auch weiterhin eine gefährliche militärische Bedrohung.«
Und als der Nobelpreisträger Kim Dae Jung George W.
Bush bald nach seinem Amtsantritt einen Besuch abstat-
tete, wurde er vom Präsidenten und seinem Stab praktisch geschnitten.[18]

Als Nordkorea im Oktober 2001 ankündigte, es arbeite
an einem Programm zur Anreicherung von Uran für die
Herstellung von Atomwaffen, löste eine Reihe von Entwicklungen weltweit Besorgnis aus, obwohl es keine
klaren Beweise dafür gab, dass Nordkorea tatsächlich
eine Bombe gebaut hatte. Infolge dieses Eingeständnisses
stellten die Vereinigten Staaten die dringend benötigten
Öllieferungen nach Nordkorea von einem Tag auf den anderen ein.

Nordkorea zwang Amerika, Farbe zu bekennen, indem
es verkündete, es werde die Anlage zur Herstellung von
Plutonium wieder in Betrieb nehmen. Kurz darauf zog
sich das Land aus dem Atomwaffensperrvertrag zurück
und schickte die Inspektoren der Internationalen Atomenergie-Behörde nach Hause. Dieses Vorgehen rüttelte
die Regierung Bush aus ihrer Haltung der »feindseligen
Missbilligung« Nordkoreas auf.

Einige Regierungsmitglieder schlugen vor, das Pluto-
niumwerk zu bombardieren. Bei einer Bombardierung
würden viele Kilogramm Plutonium in der näheren und
weiterer Umgebung verstreut. Dies würde bei der Bevölkerung, die dem Plutonium bis ans Ende aller Tage ausgesetzt wäre, zu Krebs- und Leukämieerkrankungen führen
(Plutonium-239 hat eine Halbwertszeit von 24400 Jahren
und ist so giftig, dass theoretisch ein gleichmäßig verteiltes Pfund davon genügen würde, dass alle Menschen
auf der Erde an Lungenkrebs erkranken). Schließlich

stellte Nordkorea einige Bedingungen, die erfüllt sein müssen, damit es seine Atompolitik überdenkt: 1. Anerkennung der Souveränität Nordkoreas durch die Vereinigten Staaten, 2. Nichtangriffspakt mit den Vereinigten Staaten, 3. Keine Behinderung der wirtschaftlichen Entwicklung Nordkoreas.

Auf Grund der tiefen Besorgnis, die Japan, China, Südkorea und Russland hinsichtlich der nordkoreanischen Atompläne zum Ausdruck brachten, willigten die Vereinigten Staaten erneut in Gespräche mit Nordkorea ein. Doch diese Entwicklungen kamen für Bushs Leute zu einem höchst ungünstigen Zeitpunkt. Sie bereiteten sich nämlich gerade auf ihren militärischen Einmarsch im Irak vor (obwohl die Waffeninspekteure der Vereinten Nationen keine eindeutigen Beweise für irakische »Massenvernichtungswaffen« gefunden hatten).[19]

Firmenfusionen und Atompolitik

Lockheed Martin, das mächtigste Rüstungsunternehmen der Welt, entstand 1993 durch eine Reihe von Firmenfusionen. In den achtziger und frühen neunziger Jahren gab es in den Vereinigten Staaten zehn bis 15 größere Waffenhersteller. Allerdings kam US-Verteidigungsminister Les Aspin 1993 zu dem Schluss, das Pentagon könne die riesigen Waffenbudgets der verschwenderischen Reagan-Jahre nicht mehr aufrechterhalten.[20] In einem Meeting Anfang 1993 setzte William Perry, Staatssekretär im US-Verteidigungsministerium, die leitenden Angestellten der Unternehmen davon in Kenntnis, dass man Firmenfusionen im Pentagon künftig befürworte.

Norman Augustine – er war damals Generaldirektor von Martin Marietta und übernahm später die führende

Rolle bei den Fusionen – nannte dieses zukunftsweisende Meeting spöttisch »das letzte Abendmahl«. Martin Marietta fusionierte mit Lockheed und wurde Lockheed Martin, ein 35-Milliarden-Dollar-Koloss und die Nummer eins der von Pentagon, NASA und US-Energieministerium beauftragten Firmen.[21] Boeing schluckte McDonnell Douglas, und Raytheon kaufte die Rüstungsabteilungen von Hughes Aircraft und Texas Instruments, und so wurden Boeing und Raytheon Nummer zwei und drei.

Kleinere Firmen wie TRW, Northrop Grumman und United Defense überlebten, aber sie verdienten bedeutend weniger als die großen Drei.[22] (Ironischerweise hat das Pentagon seit den Fusionen nicht auf eine einzige größere Waffenproduktionslinie verzichtet. Nun, da weniger Firmen um die Rüstungsaufträge konkurrieren, sind die Preise gestiegen statt gesunken, und letzten Endes wurden keine Einsparungen an die Steuerzahler weitergegeben.)

Zwei Regierungsmitarbeiter, William Perry und sein Pentagon-Kollege John Deutch, die beide früher als Berater auf der Gehaltsliste von Martin Marietta standen, machten für die Fusionen den Weg durch die Regierungsbürokratie frei. Offiziell verstieß es gegen das Gesetz, dass Perry und Deutch im Interesse ihres ehemaligen Arbeitnehmers handelten. Aber sie bekamen von US-Verteidigungsminister Aspin die Bestätigung, dass kein Interessenkonflikt vorlag.

Perry und Deutch gingen sogar so weit, die im Pentagon geltenden Vorschriften für die Auftragsvergabe zu ändern. Damit erreichten sie, dass die fusionierenden Firmen für die Ausgaben entschädigt wurden, die ihnen durch die Verlegung von Fabriken, Anwalts- und Gerichtskosten sowie Prämien für leitende Angestellte entstanden (ein Verfahren, das der Kongressabgeordnete Bernie Sanders aus Vermont mit dem griffigen Namen

»payoffs for layoffs« bezeichnete). Diese Art firmenge-steuerter Fusion und Prämienzahlung ist ein typisches Beispiel für ein Phänomen, das in Amerika als »Drehtür-syndrom« bezeichnet wird: Die Beschäftigung in der In-dustrie führt zu einer Position im Pentagon, wo der Be-treffende das Nest für seine Kollegen bereiten kann. Wenn dann die Amtszeit der Regierung abgelaufen ist, kehrt so mancher mit unschätzbaren Beziehungen zum Pentagon in die freie Wirtschaft zurück.

Lockheed Martin erzielte bei der Fusion einen vom Steuerzahler finanzierten Gewinn von 1,2 Milliarden Dollar. Zudem entwickelte sich der Konzern in seinem Bestreben, seine Regierungsaufträge für den Bau von Waffen in Milliardenhöhe (1997 waren es 18 Milliarden Dollar) abzusichern, zum größten Fürsprecher für eine aggressive Atomentwicklung im Land.*

Geburt eines Todeshändlers

Mit Lockheed Martin kam Norman Augustine an die Macht, der Generaldirektor des frisch fusionierten Unter-nehmens und vielleicht die Schlüsselfigur auf der wirt-schaftlichen Seite der Gleichung aus Militär und Indust-rie. Die Fusion brachte Augustine privat 8,2 Millionen Dollar an Regierungsgeldern ein. Wie ein Informant aus dem Pentagon meinte: »Wenn Sie sich um das Wohlerge-hen der Konzerne sorgen, sollten Sie sich St. Norman Au-gustine ansehen.«[23] (Lamar Alexander, der frühere Gou-verneur von Tennessee, bekam ebenfalls 250 000 Dollar für die »Unbilden«, die er ertragen musste, als man von

---

* Nicht einmal zwei Monate nach den Anschlägen vom 11. Sep-tember vergab das Pentagon einen Mammutauftrag für den Bau von 3000 Jagdbombern vom Typ F-35 an Lockheed Mar-tin. Er wird dem Konzern in den nächsten Jahrzehnten 200 Milliarden Dollar einbringen.[22]

ihm verlangte, den Aufsichtsrat der durch die Fusion entstandenen Gesellschaft zu verlassen.)

Wer ist der Mann, der eine solch wichtige Schlüsselrolle
in der Rüstungsindustrie spielt? Augustine war ursprünglich Ranger und hatte im Hauptfach Geologie studiert. Im
ersten Jahr nach seinem Abschluss hatte ihn jedoch der
Start der sowjetischen Sputnik »zutiefst erschüttert« –
»Ich konnte nicht glauben, dass wir nur Zweiter sein sollten«, sagte er – und wenige Monate später fing er bei der
Douglas Aircraft Corporation an. Seitdem ist er der Waffenindustrie treu geblieben.[24] Er sieht in der Waffenproduktion eine patriotische Pflicht und bezeichnet die Rüstungsunternehmen als »vierte Waffengattung«. Immer
höhere Rüstungsausgaben sind für ihn eine nationale
Notwendigkeit, nicht nur eine Möglichkeit zur Steigerung der Konzernprofite.[25]

Als er das Rüstungsunternehmen mit dem landesweit
größten Auftragsvolumen leitete, übte er auch in anderen Bereichen Einfluss aus. Als Vorsitzender des Defense
Science Board (DSB) des US-Verteidigungsministeriums
half er mit, über Multimilliarden-Dollar-Waffenprojekte
zu entscheiden. Er war Präsident der Association of the
United States Army, einer politisch einflussreichen
Gruppe ehemaliger Armeeangehöriger, und er fungierte
als Vorsitzender des Defense Policy Advisory Committee on Trade, einem Ausschuss, der den Verteidigungsminister hinsichtlich der Waffenexporte vertraulich be-
rät.[27] (Abgesehen von seinem militärischen Engagement
war Augustine auch Vorsitzender des Amerikanischen
Roten Kreuzes und Präsident der Amerikanischen Pfad-
finder.)

Augustine, ein ehrgeiziger und in allen wichtigen
technischen und politischen Fragen, die Lockheed Martin betrafen, bewanderter Mann, war ein Lobbyist, der
um hohe Gewinne spielte und sich zu einem inoffiziellen
– und einschüchternden – politischen Meinungsmacher

entwickelte. Er engagierte sich erfolgreich für Initiativen, die seinem Konzern Regierungsgelder in Milliardenhöhe einbrachten.[28] Ehemalige Mitarbeiter der Regierung ließen die Gelegenheit, sich gegen die Empfehlungen des Pentagon bei den Waffenkäufen auszusprechen, mit der Begründung verstreichen:»Norman Augustine will das wirklich.«

Im Sommer 1994 war er zu einer solchen Größe auf dem Capitol Hill geworden, dass ihn ein Angestellter sarkastisch als »Verteidigungsminister« bezeichnete.[29] (Augustine spielte seine dynamische und einflussreiche Rolle als Generaldirektor von Lockheed Martin bis 1998, dann wurde er von Vance Coffman abgelöst. Aber Augustine sitzt noch immer im Aufsichtsrat, leistet effektive Lobbyarbeit für sein Unternehmen und beteiligt sich auch weiterhin an militärbezogenen Aktivitäten. Er saß in einem vom Kongress beauftragten Ausschuss, der sich aus Mitgliedern beider Parteien zusammensetzte und die wachsende terroristische Bedrohung für die Vereinigten Staaten untersuchen sollte. 2001 gehörte er einem Komitee an, das feststellen sollte, wie effizient das vom Pech verfolgte V-22-Osprey-Kipprotorflugzeug wirklich war.)[30]

Was Norman will ...

Eine Möglichkeit, wie sich Rüstungsunternehmen bei den Abgeordneten einschmeicheln können, besteht darin, Arbeitnehmer in vielen verschiedenen Wahlkreisen zu beschäftigen. Die Abgeordneten zeigen sich für die gestiegene Beschäftigung in ihren Wahlkreisen erkenntlich, indem sie Gesetze erlassen, die das Pentagon dazu zwingen, Geld für Waffen auszugeben, die es weder unbedingt will noch braucht.

Lockheed Martin mit Firmenhauptsitz in Bethseda, Maryland, betreibt große Militärforschungs- und Pro-

duktionszentren in acht weiteren Staaten: Moorestown
(New Jersey), Marietta (Georgia), Oak Ridge (Tennessee),
Colorado Springs (Colorado), Fort Worth (Texas), Albuquerque (New Mexico), Vandenberg Air Force Base und
Sunnyvale (Kalifornien) sowie auf dem Atomtestgelände
in Nevada. In Wirklichkeit hat das Unternehmen aber Betriebe in 50 Staaten.[31] John Pike, früher Mitglied der Federation of American Scientists, sagte, Lockheed Martin
werfe einen »großen politischen Schatten«.[32]

Seit die Republikaner 1994 die Führung in beiden Häusern des US-Kongresses übernahmen, wurde das Militär-
budget jedes Jahr über die Forderungen des Pentagon hinaus um Milliarden von Dollars aufgestockt. In den Jahren
1996 bis 1998 beispielsweise gab es 20 Milliarden Dollar
zusätzlich. Drei Viertel der Summe waren für Waffen bestimmt, von denen lediglich die Unternehmen profitieren
würden, die sie herstellten.[33] In der Ära Gingrich stopfte
man das Budget des Pentagon mit dutzenden unnötiger
Waffensysteme voll. Es war wie ein Dreingabespiel, das da
heißt: »Das gute Geld dem schlechten nachwerfen.«[34]

Ein ungeheuerliches Beispiel ist das riesige Militär-
transportflugzeug vom Typ C-130 Hercules, das Lockheed
Martin knapp außerhalb von Newt Gingrichs Wahlkreis
in Georgia herstellte. Seit 1978 hatte die US-Air Force nur
fünf dieser Flugzeuge angefordert, der US-Kongress aber
256 Flugzeuge in Auftrag gegeben – ein Verhältnis von 50
zu eins! Der republikanische US-Senator John McCain aus
Arizona soll gesagt haben, es gebe so viele überflüssige
C-130-Hercules-Flugzeuge, »wir könnten darin die Obdach-
losen unterbringen«. Die US-Air Force war sogar gezwungen, mehr als ein Dutzend C-130-Hercules-Flugzeuge aus-
zurangieren, weil man keine Verwendung für sie hatte.
(Und der US-Kongress berücksichtigt im Haushalt noch
nicht einmal die Kosten für den Betrieb der Flugzeuge, die
sich in den nächsten sechs Jahren auf eine Milliarde Dollar
belaufen sollen.) Diese C-130-Hercules-Flugzeuge werden

wie Trophäen mit Einheiten der US-Nationalgarde in die US-Bundesstaaten wichtiger Kongressmitglieder verlegt – auf der Keesler Air Force Base in Trent Lotts Heimatstaat Mississippi sind zum Beispiel mehr als ein Dutzend C-130-Hercules-Flugzeuge stationiert.

Wer zahlt, schafft an

Parteispenden zeigen noch deutlicher die Bemühungen der riesigen neuen Rüstungskonzerne um politische Einflussnahme. 1997 gaben die Rüstungsunternehmen zum Beispiel 2,4 Millionen Dollar für Partei- und Wahlspenden aus. Zwischen 1991 und 1997 lagen ihre Parteispenden bei 32,3 Millionen Dollar, also noch über denen der Tabakunternehmen, die sich auf 26,9 Millionen Dollar beliefen. Lockheed Martin führte das Feld an.[35] Der für Lockheed agierende Bernard Schwartz, früher Mitglied des Aufsichtsrats und vor der Fusion mit Lockheed 1996 Eigentümer von Loral Industries, unterstützte den Sonderfonds der Demokraten 1996 mit 601 000 Dollar und die Demokratische Partei 2000 mit mehr als 1,1 Millionen Dollar.[36] Und in nur zwei Jahren – 1997 und 1998 – gaben die sechs größten US-Waffenhersteller 51 Millionen Dollar für aktive Lobbyarbeit für ihre Tötungsinstrumente aus. Lockheed Martin allein ließ sich die Lobbyarbeit 1997 und 1998 10,2 Millionen Dollar kosten.[37] (Natürlich sind die Kosten für Lobbyarbeit größtenteils von der Steuer absetzbar.)

Lockheed Martin brachte sogar eigene Mitarbeiter in Schlüsselpositionen des Präsidentschaftswahlkampfs der Demokraten und Republikaner unter. Bruce Jackson, Lockheeds Vizepräsident, unterstützte beispielsweise als stellvertretender Vorsitzender die Wahlspendenkampagne für Bob Doles Präsidentschaftswahlkampf 1996. Später bekleidete er im Jahr 2000 bei Gouverneur George W.

Bush die gleiche Position. Auf dem Parteitag der Republikaner im Jahr 2000 teilte sich Lockheed Martin das Rampenlicht mit anderen angesehenen US-Konzernen, einschließlich der United States Tobacco Company, AT&T, Freddie Mac und Southern Co. Jede dieser Firmen steuerte 60 000 Dollar zu der Rock'n Roll Party von Trent Lott bei, des Mehrheitsführers im US-Senat, die im Stil der fünfziger Jahre gehalten und »Lott Hop« tituliert worden war. Später festigte Lockheed diese politische Verbindung, indem man dem »Trent Lott Leadership Institute« eine Million Dollar zusicherte.[38] Wie sich herausstellte, hatte Lott Ende der neunziger Jahre geholfen, das millionenschwere F-22 Kampfjet-Projekt zu retten, als sich für das Projekt riesige Mehrkosten ergaben und es nicht nach Plan vorwärts ging. Er half auch, den Bau vieler überflüssiger C-130-Hercules-Flugzeuge zu finanzieren, und setzte sich energisch für das Theater High Altitude Area Defense System (THAAD) zur Flächenverteidigung gegen Kurz- und Mittelstreckenraketen ein, für das Lockheed vier Milliarden Dollar bekommen hatte. (Sechs von acht THAAD-Tests waren erfolglos.)[39]

Doch damit hatte sich Lotts Großzügigkeit noch nicht erschöpft. Im September 2000 brachte er einen Gesetzesentwurf durch den US-Senat, der der Tabak-, Rüstungs- und Pharmaindustrie in den nächsten zehn Jahren Steuererleichterungen zwischen vier und sechs Milliarden Dollar bescheren würde. William Hartung, ein hochrangiger Mitarbeiter des World Policy Institute, schreibt: »Besonders empörend ist der Teil der Gesetzesvorlage, der Waffenexporteuren wie Boeing, Raytheon und Lockheed Martin doppelte Steuererleichterungen garantieren würde. Diese Unternehmen bekommen bereits jährlich von der Regierung über sieben Milliarden Dollar in Form von Subventionen, Darlehen und Werbemaßnahmen zur Förderung der amerikanischen Rüstungexporte ... Wenn es je einen Industriezweig gab, der gewiss keine weitere

Regierungssubventionen nötig hat, so ist das die US-Rüstungsindustrie.«[40]

Auch Tom DeLay, der Einpeitscher der republikanischen Mehrheit im US-Repräsentantenhaus, gehörte auf dem Parteitag der Republikaner zum Kreis derer, die unter dem Einfluss der Konzerne standen. Ohne erkennbare Verlegenheit nahm er die Auszeichnung von Boeing und Lockheed in Empfang. Als DeLay später zu den allgegenwärtigen Parteispenden befragt wurde, meinte er:»Wir treiben an allen Ecken und Enden Geld auf, und nach diesem Parteitag wird uns eine hübsche Summe zur Verfügung stehen.« Dann fügte er hinzu:»Es ist zynisch, wenn die Medien das als schlecht hinstellen. Es ist besser, Spenden zu sammeln, als die Regierung für die Wahlen zur Kasse zu bitten.«[41] 97 Prozent der Amerikaner spenden für keine politische Partei.[42] Lockheed Martin, TRW, Raytheon und Boeing spendeten im Zuge der Wahl 2000 sechs Millionen Dollar für den Wahlkampf. (Seit die Republikaner 1994 die Mehrheit im US-Kongress erlangten, werden sie von diesen Rüstungsunternehmen konsequent doppelt so großzügig unterstützt wie die Demokraten.)[43]

Und das ist noch lange nicht alles. George W. Bush versuchte, Lockheed Martin gar mit der Leitung des texanischen Sozialwesens zu betrauen. Angesichts des starken öffentlichen Widerstandes lenkte Bush ein.[44] Lynne Cheney, die Frau des US-Vizepräsidenten, saß jahrelang im Aufsichtsrat von Lockheed und erhielt dafür eine Aufwandsentschädigung von 120 000 Dollar im Jahr.

Dick Cheney selbst war unter George Bush senior Verteidigungsminister und ging dann von 1993 bis 1995 zum American Enterprise Institute.[45] In den achtziger Jahren gab ihm die konservative Lobby American Conservative Union 100 Prozent, von der liberalen Organisation Americans for Democratic Action bekam er null Prozent.[46] 1995 wurde er zum leitenden Direktor des Halliburton-Konzerns ernannt und verdoppelte die Größe des Unternehmens sowohl durch eine Reihe von Fusionen als auch auf Grund von Geschäften mit dem Pentagon. Unter Cheneys Führung wurde Halliburton zum landesweit größten Vertragsunternehmen im Rüstungsbereich. Im Januar 2001 befand sich das Unternehmen bei der Vergabe der Spitzenaufträge des Pentagon an 22. Stelle.[47] Cheney verschaffte Halliburton einen 1,1-Milliarden-Auftrag zur Unterstützung der Militäroperationen auf dem Balkan[48] sowie Staatsanleihen in Höhe von 2,3 Milliarden Dollar, was im Vergleich zu den vergangenen Jahren eine Steigerung von 1,2 Milliarden Dollar bedeutet. Über einen Zeitraum von fünf Jahren spendete das Unternehmen 1,2 Millionen Dollar an beide Parteien sowie den US-Kongress. 1999 gab es 600 000 Dollar für Lobbyarbeit aus – ein deutlicher Anstieg im Vergleich zu den 280 000 Dollar im Jahr 1996. Als Cheney sich zurückzog, um für das Amt des Vizepräsidenten zu kandidieren, ging er mit einem »Paket« von Aktienoptionen im Wert von 20 Millionen Dollar. Alles in allem war er 50 Millionen Dollar schwer.[49]

Auch Joseph Lieberman, sein demokratischer Gegner im Rennen um den Posten des Vizepräsidenten, war nicht frei vom Makel der Konzerne. Sowohl Gore als auch Lieberman setzten sich leidenschaftlich für Wahlspenden von Lockheed Martin und Raytheon ein. Lieberman war einer der ersten Demokraten im Senat, der zusammen mit Trent Lott, dem Mehrheitsführer im US-Senat, und Senator Thad Cochran das Star-Wars-Projekt unterstützte. Er engagierte sich für das mit Problemen behaftete F-22-Flugzeug von Lockheed Martin (mit 200 Millionen Dollar pro Flugzeug das teuerste, das je gebaut worden war). Die Triebwerke werden in seinem Heimatstaat Conneticut von einem Tochterunternehmen des Konzerns United Technologies hergestellt. Im Jahr 2000 erhielt er über 96 000 Dollar Parteispenden von Rüstungsunternehmen.[50]

Liebermann setzte sich auch dafür ein, Darlehensprogramme für Länder aufzulegen, die amerikanische Waffen kaufen, und stimmte gegen die Waffenexportrichtlinien, die verhindern sollten, dass Waffen in Länder exportiert werden, in denen es um die Einhaltung der Menschenrechte schlecht bestellt ist oder die möglicherweise an der Entwicklung von Atomwaffen arbeiten. Er stimmte konsequent gegen Initiativen zur Kürzung des US-Militärbudgets und unterstützte Initiativen, die eine Umverteilung von Geldern von militärischen auf innenpolitische Programme verhindern sollten.[51] Seit fünf Jahren steht er dem promilitärischen Democratic Leadership Council vor, das unternehmensfreundlich, promilitärisch und finanzpolitisch konservativ ausgerichtet ist. Liebermann äußerte sich im Wahlkampf zwar lautstark zu Fragen der Religion und zum Verhalten des Einzelnen. Dennoch wurde bei den demokratischen Kandidaten, wie William Hartung kommentierte, »ein Mangel an öffentlicher, nicht privater Moral« deutlich.[52]

Dem Sieger die Beute

Um eine Vorstellung davon zu geben, wie Lockheed Martin von Lobbyarbeit, dem Drehtürsyndrom, Parteispenden usw. profitiert hat, folgt hier eine kurze Liste mit einer Auswahl von Aufträgen, die in den Bereich der Atomwaffenherstellung fallen:

Lockheed Martin produziert derzeit die Trident-II-U-Boot-Rakete, die mit acht 100-Kilotonnen- oder 475-Kilotonnen-Wasserstoffbomben bestückt ist. (Zum Vergleich: Die Hiroschima-Bombe hatte die Sprengkraft von 13 Tonnen TNT). Jedes Trident-U-Boot verfügt über 24 dieser Raketen. (18 Trident-U-Boote, die zusammen eine Zerstörungsgewalt haben, die die Schwelle für den nuklearen Winter um das Dreifache übersteigt, gleiten lautlos und unsichtbar durch die Weltmeere: eine unterbewusste globale Maschinerie des Massenmordes.)

Aber damit nicht genug.

Lockheed Martin hat Regierungsaufträge in Milliardenhöhe erhalten für:

- Die Trägerrakete für das Abfangsystem
- Das Space-Based Infrared System (SBIRS high – Infrarot-Frühwarn- und Bahnverfolgungssatelliten in hoher Umlaufbahn)
- Das Theater High Altitude Area Defense System (THAAD – System zur Flächenverteidigung gegen Kurz- und Mittelstreckenraketen)
- Den Airborne Laser (ABL – luftgestützter Laser), in Zusammenarbeit mit Boeing und TRW
- Das Navy Theater-Wide System (NTW – regionales mobiles Raketenabwehrsystem der US-Navy)
- Das Medium Extended Air Defense System (MEADS – mobiles Raketenabwehrsystem zur Punktverteidigung), in Zusammenarbeit mit Alenia in Italien und DaimlerChrysler in Deutschland.

Nebenbei entwickelt Lockheed Martin auch noch zusammen mit der Bechtel Corporation eine Möglichkeit, Atomtests auf dem Testgelände in Nevada zu simulieren, und leitet für zwei Milliarden Dollar im Jahr das Sandia National Labor (New Mexico) des US-Energieministeriums.[53]

Zwei Fallstudien

Früher war ich so naiv zu glauben, die US-Außenpolitik würde von der jeweiligen Regierung und dem US-Kongress bestimmt. Ich hatte Unrecht. Es folgen zwei Bei-

spiele für außenpolitische Vereinbarungen, die in jüngster Zeit getroffen wurden und von der Rüstungsindustrie
eingefädelt worden waren.

NATO-Erweiterung

In den Jahren des Kalten Krieges war das Nordatlantische
Verteidigungsbündnis (NATO) in Westeuropa das militärische Bollwerk gegen eine Invasion der Sowjetunion. Die
westeuropäischen Länder genossen den »Schutz« des
amerikanischen Atomschirms: Sollten die Sowjets einmar-
schieren, würde Amerika den Angriff atomar abwehren.
Falls nötig, wären die Vereinigten Staaten sogar bereit, einen Atomangriff auf eigenem Territorium in Kauf zu nehmen, um seine NATO-Verbündeten zu verteidigen. (Die
Vereinigten Staaten haben seit jeher in der NATO das Sagen.)
   Nach dem Fall der Berliner Mauer versprach die Regierung Bush dem russischen Präsidenten Gorbatschow,
die NATO nicht nach Osten zu erweitern, wenn Russland
seine Zustimmung zum NATO-Beitritt des wieder vereinten Deutschland geben würde. Aber nach seiner Wahl
beschloss Clinton, die NATO zu erweitern und damit gegen die von Präsident Bush erzielte Übereinkunft zu verstoßen. Mit der Aufnahme der Tschechischen Republik,
Ungarns und Polens in die NATO und der Aufrüstung
dieser ehemaligen Ostblockländer – zwei davon grenzen
direkt an Russland – schuf Amerika erneut eine feindselige Situation mit Russland. Zur Begründung hieß es, auf
diese Weise würden die demokratischen Reformen hin
zur freien Marktwirtschaft gestärkt, und eine Erweiterung des Marktes um die ehemaligen Ostblockländer
würde sich günstig auf den Handel und die US-Wirt-
schaft auswirken. Aber die Wirklichkeit sah anders aus.
Die amerikanischen Rüstungsunternehmen wussten,
dass die NATO-Erweiterung eine riesige Marketingchan-

ce war. Jedes neue NATO-Mitglied wäre gezwungen, seine Waffensysteme dem NATO-Standard anzupassen.

Lockheed Martin war unter den Lobbyisten zahlreich vertreten. Bruce Jackson, ein Vizepräsident, meldete sich freiwillig für das Amt des Präsidenten des Committee to Expand NATO, einer Organisation für Lobbyarbeit und Aufklärung, die aus den Büros des American Enterprise Institute heraus arbeitete. Diese Organisation schaltete eine Reihe von Anzeigen im *Roll Call*, dem Magazin des US-Kongresses, in denen behauptet wird, »die Amerikaner sind einer Meinung« in der Frage der NATO-Erweiterung. (»Die Amerikaner«, für die man sich entschieden hatte, waren »Stormin« Norman Schwarzkopf sowie drei frühere US-Außenminister, einschließlich Henry Kissinger.) Das Committee to Expand NATO hielt Reden, organisierte Informationsveranstaltungen für den Kongress, veröffentlichte Artikel, verfasste Weißbücher und finanzierte Werbekampagnen in den Vereinigten Staaten, die allesamt die »größtmögliche Erweiterung der NATO« propagierten.

1997 bereiste Norman Augustine die angehenden NATO-Staaten und setzte sich eifrig für die Aufnahme Rumäniens in den Club ein – eines Landes mit einer langen gemeinsamen Grenze mit Russland, an das sein Unternehmen bereits Radargeräte im Wert von 82 Millionen Dollar verkauft hatte. Lockheed Martin, Textron und McDonnell Douglas finanzierten Organisationen wie die American Friends of the Czech Republic und Stiftungen, die Rumäniens NATO-Beitritt vorantreiben sollten. Darüber hinaus stellten sie 1997 die finanziellen Mittel für eine Volksbefragung zur NATO-Erweiterung in Ungarn zur Verfügung. Sie arbeiteten emsig daran, die oberste Führungsspitze Polens, der Tschechischen Republik, Rumäniens und Ungarns davon zu überzeugen, dass der Kauf amerikanischer Waffen die beste Möglichkeit sei, die Fürsprache der Vereinigten Staaten für einen NATO-Beitritt zu gewinnen.

Trotz offizieller Beteuerungen, dass dem nicht so sei, ging es bei der Erweiterung der NATO nur um den Verkauf von Waffen. Die Kosten dafür werden sich in den nächsten zwölf bis 15 Jahren in einer Größenordnung von ungefähr 500 Milliarden Dollar bewegen. Das sind 2500 Dollar pro US-Haushalt, da ein Großteil dieser Militärausgaben letzten Endes von Amerika finanziert wird. Der Handel mit ausländischen Regierungen ist für Waffenhersteller stets besonders lukrativ. Bis die Waffen so weit sind, dass sie exportiert werden können, hat der amerikanische Steuerzahler bereits Forschung, Entwicklung und die anfänglichen Produktionsschwierigkeiten bezahlt. Aber die verarmten Länder des ehemaligen Ostblocks dazu zu zwingen, hoch entwickelte Waffen zu kaufen, als sie gerade ihre ersten Erfahrungen mit der Freiheit machten, war ein Akt des Zynismus und der Ausbeutung. Darüber hinaus verstößt es gegen die guten Sitten, wenn sich ausländische Unternehmen oder fremde Regierungen in die Innenpolitik eines Landes einmischen. (Ich erinnere nur an den Aufruhr, als es hieß, China habe 1996 die Kampagne zur Wiederwahl Clintons unterstützt.)

1998 stimmte der US-Senat mit 81 zu 19 Stimmen für die Erweiterung der NATO. Polen, Ungarn und die Tschechische Republik traten bei (Rumänien schaffte es in dieser Runde noch nicht). Russland war aus verständlichen Gründen wütend. Man hielt die Vereinigten Staaten für feindselig und unehrlich und zog sich aus den Abrüstungsgesprächen zurück. Im April 1999 wurde das 50-jährige Bestehen der NATO mit einem verschwenderischen Fest in Washington, D.C., gefeiert. Auf der Party, zu der Boeing, Lockheed Martin und United Technologies jeweils 250 000 Dollar beisteuerten, trafen internationale Politiker auf Waffenproduzenten.

Es gab noch einen weiteren Grund zum Feiern: Der Krieg in Jugoslawien hatte seinen Höhepunkt erreicht. Obwohl er die amerikanischen Steuerzahler jeden Monat ungefähr eine Milliarde Dollar kostete, war er gut für die Unternehmen. Die Ersatzproduktion für die in der Schlacht eingesetzten Rayhteon Tomahawk-Marschflugkörper und Lockheed Martin F-16- und F-22-Raptor-Kampfflugzeuge würde den Waffenherstellern Aufträge in Milliardenhöhe einbringen.[54] Bei seinem Europa-Besuch 2001 warb auch Bush aktiv für die NATO-Erweiterung.

Die Aufhebung des Verbots von Waffenverkäufen an Lateinamerika und andere Militärexporte

20 Jahre lang hatten die Vereinigten Staaten eine Politik gemacht, die den Export von Waffen nach Lateinamerika verbot, da es von brutalen Diktatoren bevölkert war. Aber als die Amtszeit Reagans zu Ende ging und im Inland die Gelder für die Rüstung spärlicher flossen, sah man in den ausländischen Märkten eine Möglichkeit, die Unternehmensgewinne zu steigern. Lockheed Martin, Boeing und andere beschlossen, Einschränkungen auszuräumen, die sich auf die Menschenrechtssituation oder eine mögliche Verbreitung von Atomwaffen in einem Land gründeten, um so neue Absatzmärkte für ihre Waffen zu erschließen. Zudem fassten sie den Entschluss, sich um neue Regierungssubventionen zu kümmern, damit andere Länder ihre Waffen mit den Dollars des amerikanischen Steuerzahlers kaufen konnten.

Clintons Verteidigungsminister William Perry (ein ehemaliger Berater Norman Augustines) schloss sich Lockheed Martin an und verwandte sich trotz heftigen Widerstands aus dem US-Außenministerium innerhalb der Regierung für eine Aufhebung des Verbots von Waffenverkäufen an Lateinamerika. Die US-Air Force führte auf der Flugshow 1996 in Santiago de Chile das F-16-Kampfflugzeug vor, und brasilianische Generäle wurden zum Probeflug in die Cockpits gebeten. Anschließend sorgten die Lobbyisten der Luft- und Raumfahrtindustrie dafür, dass 38 US-Senatoren und 78 Mitglieder des US-Repräsentantenhauses Briefe an US-Außenminister Warren Christopher (einen ehemaligen Direktor von Lockheed) schrieben, in denen sie sich für eine Aufhebung des Verbots aussprachen. (Das war für sie eine lukrative Angelegenheit. In der Folgezeit bekamen sie insgesamt eine Million Dollar Parteispenden von den entsprechenden Unternehmen.) Eine Broschüre von Lockheed Martin wurde im Internet veröffentlicht und auf Rüstungskonferenzen und dem Capitol Hill verteilt, in der der lateinamerikanische Waffenmarkt als eine Drei- bis 15-Milliarden-Dollar-Chance für die nächsten zehn Jahre angepriesen wurde.

Zur gleichen Zeit setzte sich der ehemalige Präsident Costa Ricas und Friedensnobelpreisträger Oscar Arias Sánchez tatkräftig für ein Moratorium bezüglich des Verkaufs hoch entwickelter Waffen an die Länder Lateinamerikas ein, um so Konflikten vorzubeugen und einen Truppenabbau zu unterstützen.[55] Doch Präsident Clintons Loyalität gehörte der Rüstungsindustrie. (Jimmy Carter dagegen zeigte auch angesichts der Missbilligung der Unternehmen moralische Stärke. In seinem berüchtigten Telegramm an das US-Außenministerium, das später als »Leprosy Letter« (Lepra-Brief) bekannt wurde, forderte er die Diplomaten auf, den Kontakt mit Waffenexporteuren zu meiden.)[56] Im Mai 1993 wies US-Außenminister Christopher die amerikanischen Botschaften an, den Rüstungsunternehmen beim Ausbau des internationalen Handels zur Hand zu gehen. Zwei Jahre später, im Februar 1995, untermauerte Präsident Clinton diese Politik mit seiner 41. Direktive. Darin erklärte er, Rüstungsexporte seien für den Erhalt von Arbeitsplätzen in der Industrie unerlässlich. Die Direktive wies das diplomatische Korps an, die Waffenexporte anzukurbeln.[57]

Das US-Außenministerium rief ein halb offizielles Gremium ins Leben, die Defense Trade Advisory Group

(DTAG), das in der Frage der Waffenexporte beratend tätig werden sollte. Unter den 40 Mitgliedern waren auch Vertreter der Unternehmen Boeing, United Technologies, Hughes, Allied Signal, Litton Industries, Raytheon, General Dynamics, Loral Space Systems, der Electronic Industries Association und der Aerospace Industries Association, was einen direkten Interessenkonflikt darstellte.[58] 1995 legte die US-Bundesregierung das 15-Milliarden-Dollar-Programm Defense Export Loan Guarantee Programm (DELG) sowie weitere Förderprogramme auf.

Diese neue Rüstungsexportpolitik ergänzt Artikel XXI des Allgemeinen Zoll- und Handelsabkommens (GATT), das die Länder dazu anhält, alle Schritte zu unternehmen, die sie zum Schutz ihrer grundlegenden Sicherheitsinteressen für nötig erachten. Dies bezieht sich auch auf den »Handel mit Waffen, Munition und Kriegsmaterial und auf jeden Handel mit anderen Waren, die unmittelbar oder mittelbar zur Versorgung der bewaffneten Streitkräfte bestimmt sind.«[59] Das GATT-Abkommen wurde 1993 von Anwälten verschiedener Nationalitäten verfasst. Einige von ihnen vertraten die Interessen der Rüstungsindustrie.

Rüstungsexporte bringen Lockheed Martin und anderen Unternehmen riesige Gewinne. Es ist typisch für die Amerikaner, dass sie bei regionalen Konflikten beide Seiten mit Waffen versorgen – eine Praxis, die ausgesprochen gut fürs Geschäft ist. Man rüstet alte Feinde auf: Griechenland und die Türkei für den Konflikt auf Zypern, Indien und Pakistan, Peru und Ecuador, Taiwan und China sowie Israel und alle anderen Länder im Nahen Osten – dem größten Waffenmarkt der Welt. Es ist eine Ironie des Schicksals, wenn ein Land wie der Irak, das zuvor Waffen aus Amerika erhielt, zum »Feind« wird, und amerikanische Soldaten mit amerikanischen Waffen getötet werden.

1999 holte sich Amerika 39 Prozent aller neuen Rüstungsverträge und erzielte damit einen Reingewinn von 11,8 Milliarden Dollar. Das war mehr als Russland, Frankreich, Großbritannien und China zusammen verkauften.[60] Die Reisen von US-Verteidigungsminister William Cohen in die ganze Welt ähnelten Werbetouren für den Waffenhandel. Er ermutigte Chile und Argentinien, langjährige Feinde, ihre Arsenale auf den neuesten Stand zu bringen. Er rührte bei den Staaten im Persischen Golf, in Osteuropa, in den westeuropäischen Ländern, in Japan und in Australien die Werbetrommel. Kein Land ist für die Vereinigten Staaten unerreichbar.[61]

Hier eine Auswahl der Waffen, die Lockheed Martin zwischen 1994 und 2000 ins Ausland verkaufte:

- Advanced Gunnery-Training Systems nach Ägypten
- Taktische Raketen (ATACM, Army Tactical Missile) und Startvorrichtungen nach Griechenland und Südkorea
- C-130-Hercules-Transportflugzeuge und/oder diverse Ersatzteile nach Bangladesch, Brasilien, Südkorea, Kuwait, Saudi-Arabien und Taiwan (die Türkei und Simbabwe bekamen ebenfalls Ersatzteile für C-13-9-Flugzeuge
- C-130-Hercules-Transportflugzeuge nach Bolivien, Botswana, Bulgarien, Äthiopien, Griechenland, die Philippinen, Rumänien, Südafrika, Tunesien und Simbabwe und C-130H/H-30-Hercules-Transportflugzeuge nach Malaysia
- F-16-Kampfjets nach Südkorea und Taiwan (die F-16-Kampfjets der Türkei und Ägyptens wurden nachgerüstet)
- F-16-A/B-Kampfflugzeuge nach Bahrain und Jordanien; F-16-C/D-Kampfflugzeuge und Nachrüstpakete nach Bahrain, Ägypten und Singapur; F-104-Starfighter nach Simbabwe

- Hellfire-II-Luft/Boden-Raketen nach Ägypten, Israel, Kuwait und Taiwan
- LANTIRN-(low-altitude navigation and targeting infrared for night) Navigationsbehälter für die Tiefflugnavigation und Infrarot-Zielerfassung bei Nacht nach Ägypten, Singapur und in die Türkei
- MK-41 Vertical-Launch System (Senkrechtstartanlage für Flugkörper) nach Südkorea
- Multiple-Launch Rocket Systems (MLRS, Mehrfachraketensystem) nach Israel, Südkorea und in die Türkei
- Multiple-Launch Rocket Systems-Extended Range (MLSRS-ER) nach Südkorea
- P-3B-Orion-Seeüberwachungs-/U-Jagd-Flugzeuge nach Argentinien und Griechenland
- Gefechtsfahrzeuge für die Infanterie nach Ägypten
- T-33-Jagdflugzeuge nach Simbabwe und in die Türkei
- Walleye Missile Tube Vidicons (Kameras) nach Israel[62]

Manhattan II

SS&M ist eine vielleicht ebenso große wissenschaftliche
und technische Herausforderung wie das Manhattan-
Projekt.

Victor Reis, Abteilungsleiter der Verteidigungsprogramme
im US-Energieministerium

In den vergangenen sechs Jahren schickten sich die
Atomwaffenlabors – Los Alamos und Sandia in New Me-
xico und Lawrence Livermore in Kalifornien – zum größten wissenschaftlichen Vorhaben an, das je unternommen
wurde. Angeblich sollte dieses neue Projekt, das Stockpi-
le Stewardship and Management Program (SS&M) zur
Verwaltung der Atomwaffenlagerbestände mit dem
Spitznamen »Manhattan II«, auch nach Ende des Kalten
Krieges das reibungslose Funktionieren der vorhandenen
US-Atomwaffen sicherstellen. Aber diese wohlmeinende
Darstellung verschleiert die Wahrheit. In Wirklichkeit
werden Atomwissenschaftler in den nächsten zehn bis
15 Jahren mit einem Jahresbudget von fünf Milliarden
Dollar neue Atomwaffen planen, entwickeln, testen und
bauen.
Die Genehmigung von Manhattan II war die Gegen-
leistung, die das US-Energieministerium 1995 dafür verlangte, dass es einer Erweiterung des Vertrags zur Nichtverbreitung von Atomwaffen (Atomwaffensperrvertrag)
zumindest pro forma zustimmte. Offiziell leisteten die
Vereinigten Staaten engagiert Überzeugungsarbeit dafür,
dass 180 weitere Staaten den Zusatz unterzeichneten, in
dem unter anderem stand:

Jede Vertragspartei verpflichtet sich, in redlicher Absicht Verhandlungen zu führen über wirksame Maßnahmen zur Beendigung des nuklearen Wettrüstens in naher Zukunft und zur nuklearen Abrüstung sowie über einen Vertrag zur allgemeinen und vollständigen Abrüstung und strenger und wirksamer internationaler Kontrolle.[1]

1996 kamen fünf Atommächte – Russland, Frankreich, Großbritannien, China und die Vereinigten Staaten (ohne Indien, Pakistan und Israel) – sowie 44 weitere Staaten, die das Potenzial zum Bau von Atomwaffen haben, überein, den Vertrag über das umfassende Verbot von Nuklearversuchen einzuhalten. In der Präambel steht:

... in der Erkenntnis, dass die Einstellung sämtlicher Versuchsexplosionen von Kernwaffen und aller anderen nuklearen Explosionen durch Einschränkung der Weiterentwicklung und qualitativen Verbesserung von Kernwaffen und Beendigung der Entwicklung besserer neuer Arten von Kernwaffen eine wirksame Maßnahme zur nuklearen Abrüstung und jeder Form der Nichtverbreitung darstellt ...

Dies waren die hehren Ideale der internationalen Gemeinschaft, und sie waren der Zeit nach dem Kalten Krieg durchaus angemessen. Innerhalb des US-Atom-Establishments provozierten diese Verträge freilich einen erbitterten Kampf um die Macht. Es ist bittere Ironie, dass die Atomlabors und ihre Kontrollinstanz, das US-Energieministerium, Amerika die Zustimmung zum Atomwaffenteststopp nur unter der Bedingung gaben, dass den Labors im Gegenzug die finanziellen Mittel zur Ausweitung ihrer Atomwaffenprojekte gewährt wurden. Der Verstoß gegen die beiden internationalen Verträge, die eine Kontrolle der Verbreitung von Atomwaffen ermöglichen sollten, war bei ihrer Billigung also schon programmiert.

Der offizielle Name des neuen »Stockpile Stewardship and Management Program« wurde zu SS&M verkürzt (eine amüsante Parallele zum Akronym für Sadomasochismus und somit ganz und gar im Einklang mit der sexualisierten Sprache der Atomlabors). Nach Aussagen der Labors soll SS&M die Sicherheit und Zuverlässigkeit der US-Atomwaffenlagerbestände gewährleisten. Aber im Februar 1996 machte eine Bekanntmachung des US-Energieministeriums deutlich, dass der Auftrag der Labors in Wirklichkeit weit über Sicherheit und Zuverlässigkeit hinausgeht: »Das Energieministerium wird sich in den Laboratorien seines Verteidigungsprogramms – Los Alamos National Laboratory (LANL), Lawrence Livermore National Laboratory (LLNL) und Sandia National Laboratory (SNL) – die Fähigkeit bewahren, neue Sprengköpfe zu entwickeln.«[2] Das wahre Ziel von SS&M ist folgendes:

- Die wissenschaftlichen Erkenntnisse über und das Verständnis für Atomwaffenphysik und Atomwaffenbau zu erweitern, wofür eine Reihe neuer, hoch entwickelter Forschungsanlagen eingerichtet und ausgestattet wird.
- Das Verhalten explodierender Atomwaffen mit Hilfe der schnellsten Computer der Welt zu simulieren.
- Alle Waffen in den Lagerbeständen zu erneuern und zu modernisieren, indem man Teile davon durch aktuelle Modelle ersetzt. In manchen Fällen sollen sogar völlig neue Atomwaffen entwickelt und hergestellt werden.[3]

Auf dem Höhepunkt des Kalten Krieges gaben die Vereinigten Staaten im Durchschnitt 3,8 Milliarden Dollar im Jahr für Entwicklung, Test und Herstellung von Atomwaffen aus. Nun, zwölf Jahre nach Ende des Kalten Krieges, werden sich die Ausgaben für ein Projekt, das so-

wohl gegen den Atomteststoppvertrag als auch gegen
den Atomwaffensperrvertrag verstößt, in den nächsten
zehn bis 15 Jahren auf fünf Milliarden jährlich belaufen.[4]* Amerika betreibt »vertikale Verbreitung« – den Bau
von immer mehr Atomwaffen –, was andere Atommächte dazu ermutigt, das Gleiche zu tun. Zudem löst Amerika dadurch eine »horizontale Verbreitung« aus, da Nicht-
Atommächte seinem Beispiel nacheifern und mit großer
Wahrscheinlichkeit eigene Atomwaffen entwickeln werden. Zu den Nebenwirkungen solch verbohrter Bemühungen gehören unter anderem die gesundheitlichen
Probleme, mit denen Zehntausende von Arbeitern in der
Atomindustrie Jahr für Jahr konfrontiert werden, und die
Umweltgefährdung durch Abfallprodukte und stillgelegte Anlagen, die ich zum Schluss dieses Kapitels erörtern
werde.

Die Infrastruktur von SS&M

Atomwaffenlagerbestände

Atomwaffen sind extrem komplexe Systeme, die sich aus
mehr als 5000 Teilen zusammensetzen. Im Grunde bestehen sie aus einem Primär- und einem Sekundärmechanismus. Beim Primärmechanismus handelt es sich gewöhnlich um eine Hohlkugel aus Plutonium oder
manchmal auch aus hoch angereichertem Uran, die von
konventionellem Sprengstoff umgeben ist. In die Kugel
wird Tritium eingespritzt, um die Sprengkraft des Pri-

---

* 2000 verschärfte sich diese instabile Situation weiter, als Jesse
  Helms, der einflussreiche Vorsitzende des außenpolitischen
  Ausschusses des US-Senats, sehr zur Besorgnis der restlichen
  Welt den US-Senat, in dem die Republikaner die Mehrheit ha-
  ben, davon überzeugte, den Atomteststoppvertrag nicht zu
  ratifizieren.

märmechanismus zu steigern. Der konventionelle Sprengstoff löst die Kettenreaktion aus, indem er das Plutonium zu einer kritischen Masse verdichtet.

Bei der Explosion des Primärmechanismus kommt es zu einem starken Fluss von Gamma- und Röntgenstrahlen, der dann reflektiert und auf den Sekundärmechanismus gerichtet wird, der aus Uran, Lithium und Deuterium besteht. Es kommt zur Kernfusion. Wie stark die Explosion ist, hängt von der Fusionsreaktion im Sekundärmechanismus ab. Wasserstoffbomben lassen sich billig herstellen – sie kosten sehr viel weniger als der Einsatz von Truppen. Außerdem können sie sehr groß sein – 50 Megatonnen, d. h., sie haben die Sprengkraft von 50 Millionen Tonnen TNT. (Die Hiroschima-Bombe, die eine ganze Stadt zerstörte, hatte die Sprengkraft von 13 000 Tonnen TNT.)

Im Laufe der Jahre haben die Vereinigten Staaten 70 302 Atomwaffen nach 65 verschiedenen Plänen gebaut. Von 1945 bis 1991 fanden in den Vereinigten Staaten 1030, in der Sowjetunion 715, in Frankreich 210, in China 45, in Großbritannien 45 und in Indien fünf Atomtests statt.[5]

Die Rechtfertigung für SS&M

Angeblich soll SS&M Sicherheit und Zuverlässigkeit des stetig älter werdenden US-Atomwaffenarsenals gewährleisten. *Sicherheit* definiert sich normalerweise als verbriefte Garantie, dass eine Bombe bei einem Unfall nicht versehentlich explodiert – zum Beispiel, wenn sie von einem Kran fällt oder in ein Feuer gerät. Der Alterungsprozess der Bombe hat keinerlei Auswirkungen auf ihre Sicherheit. Tatsächlich werden die Waffen mit zunehmendem Alter sogar sicherer, da die Metalle verrosten, die Klebstoffe sich zersetzen und Teile der Komponenten brechen. All das verringert die Wahrscheinlichkeit einer

versehentlichen Explosion. Das US-Energieministerium
fand auch keine Hinweise darauf, dass die chemischen
Sprengstoffe mit zunehmendem Alter reaktionsfreudiger
werden.
Zuverlässigkeit ist die Garantie, dass die Bomben wie
programmiert explodieren.[6] Im Rahmen einer kürzlich
vom US-Energieministerium in Auftrag gegebenen Studie stellten die JASONS (eine Gruppe bekannter Wissenschaftler, die für die Mitre Corporation arbeiten und das
US-Verteidigungs- sowie das US-Energieministerium in
Fragen der nationalen Sicherheit beraten) Folgendes fest:
Selbst wenn das US-Energieministerium Defekte in Bom-
benteilen weder aufspürte noch behöbe, würden höchs-
tens zwei Prozent der vorhandenen Sprengköpfe in den
ersten 30 Jahren nach Herstellung versagen. Die JASONS
fanden auch keine Anzeichen dafür, dass sich die Aus-
fallquote bei älteren Waffen erhöht.[7] Bei Waffen aus dem
vorhandenen Bestand, die unterirdischen Atomversuchen unterzogen wurden, hat man seit 1970 keine Funkti-
onsstörungen mehr festgestellt. Seit 1991 wurde keine
US-Waffe aus Altersgründen ausrangiert.

Viele Experten sind sich einig, dass hundert Wasserstoffbomben ausreichen würden, um die amerikanische
Abschreckung zu gewährleisten. Wenn also der derzeitige Bestand von über 10 000 Bomben unangetastet bliebe,
würden im Laufe einer sehr langen Zeit nur einige wenige ausfallen. Schadhafte Bomben wären bei einer Überprüfung leicht zu erkennen und könnten dann aus dem
Arsenal entfernt werden.[8]

Der wahre Grund
Sicherheit und Zuverlässigkeit sind nicht unbedingt der
Grund für die Existenz des Stockpile-Stewardship-and-
Management-Programms. Entgegen der vom US-Ener-
gieministerium vorgeschobenen Beweggründe wissen

die beschäftigten Wissenschaftler, dass Atomtests kaum Einfluss auf diese beiden Punkte haben. (Wenn infolge von SS&M die Waffenpläne ohne umfassende Tests geändert werden, könnte das die Sicherheit in Wirklichkeit sogar *gefährden*.[9] Manhattan II könnte also eben jene Sicherheit gefährden, für die es angeblich sorgen soll.) Der wahre Grund für SS&M ist die Entwicklung von Atomwaffen, und interne Dokumente des US-Energieministeriums lassen keinen Zweifel daran. Laut dem Stockpile Stewardship and Management Program, das am 29. Februar 1996 vom Büro für Verteidigungsprogramme des US-Energieministeriums herausgegeben wurde, soll SS&M dafür sorgen, dass die Vereinigten Staaten »auch weiterhin in der Lage sind, ihre Bestände in kurzer Zeit zu vergrößern.«

Neue Konstruktionspläne und Veränderungen

In Wirklichkeit haben die Wissenschaftler unter Verletzung des Atomwaffensperrvertrags bereits eine neue Atomwaffe gebaut. Es handelt sich dabei um den B61-11 »Bunker Buster«, eine Bombe, die sich in die Erde bohrt. Es ist die erste neue Waffe, die seit 1989 hergestellt wurde. Ihre Sprengkraft liegt bei rund 300 Tonnen. Diese 3,6 Meter lange und rund 540 Kilogramm schwere Bombe soll die alte B-53-Bombe mit einer Sprengkraft von neun Megatonnen ersetzen. Sie besitzt eine Ummantelung aus Uran-238 (abgereichertes Uran), das eine 1,7-mal höhere Dichte hat als Blei.[10] Auf Grund ihres Gewichts soll diese Bombe in der Lage sein, sich vor der Explosion viereinhalb bis sechs Meter tief in die Erde zu bohren. Sie eröffne, so sagen die Wissenschaftler, »eine neue Möglichkeit, stark befestigte Ziele tief in der Erde zu bedrohen«[11] – zum Beispiel Saddam Husseins Bunker. (Dieses Beispiel ist stark übertrieben. Jede Atombombe, die in Bodennähe explodiert, sprengt einen riesigen Krater in die Erde. Sie muss sich dazu nicht erst in den Boden »bohren«. Darüber hinaus macht die Entwicklung solch kleiner Atomwaffen ihre Verwendung »vorstellbar« und überschreitet die traditionelle Grenze zwischen einem konventionellen Krieg und einem Atomkrieg.)

Zwei neue Bomben sind in Planung. Die eine ist eine weitere aktualisierte Version des Typs B-61. Sie verfügt über Flügel und gleitet nach dem Abwurf aus dem Flugzeug noch eine Weile weiter. Dadurch hat der Flieger Zeit, sich aus der unmittelbaren Umgebung der Atomexplosion zu entfernen. Diese Bombe trägt den Namen BIOS (Bomb Impact Optimization System).[12] Bei der zweiten Bombe handelt es sich um einen neuen Gefechtskopf für Trident-Raketen, aber noch hüllt man sie in den Mantel des Schweigens.

Die Labors konstruieren auch neue Waffen für die Mark-5-Raketen der Trident-U-Boote. In einem Fall werden vorhandene Plutoniumblöcke verwendet, im zweiten müssen die Blöcke neu entworfen werden. (Die Herstellung neuer Plutoniumblöcke ist für die beteiligten Arbeiter gesundheitsschädlich, da sie dabei Krebs erregenden Plutoniumdosen ausgesetzt werden.) Das Los Alamos National Lab möchte jedes Jahr zwischen 80 und 500 neue Blöcke herstellen – was einen Zuwachs um 80 bis 500 neue Atomwaffen im Jahr bedeutet.[13]

Diese neuen Trident-Waffen sollen den START-II-Vertrag unterwandern, der besonders darauf angelegt war, Waffen für den atomaren Erstschlag auszurotten, die in der Lage sind, Raketensilos, so genannte »harte Ziele«, zu zerstören. Die meisten amerikanischen Gefechtsköpfe für harte Ziele befinden sich ebenso wie die russischen auf landgestützten Interkontinentalraketen. Wenn aber die Trident-Raketen verbessert werden, so dass man damit zielgenau treffen kann, können die Vereinigten Staaten auch in Zukunft harte Ziele zerstören, obgleich es den Anschein hat, als würden sie dem START-II-Vertrag nachkommen. Kein Wunder, dass der Rest der Welt der amerikanischen Atompolitik mit Zynismus begegnet.

Im Oktober 2000 stimmte der US-Kongress für einen Gesetzesentwurf, die Defense Authorization Bill, über Forschung und möglicherweise auch die Entwicklung einer »anwenderfreundlichen« Mini-Atombombe. Laut Plan hat sie eine Sprengkraft von weniger als fünf Kilotonnen und einen Explosionsradius von eineinhalb Kilometern. (Der Explosionsradius der 13-Kilotonnen-Bombe von Hiroschima betrug etwas mehr als zwei Kilometer.)[14] Stephen Younger, Leiter des Atomwaffenprogramms im Los Alamos National Lab, schrieb, diese Bomben mit geringer Sprengkraft hätten den »Vorteil geringerer Kollateralschäden« – allerdings verringert sich der Radius nur um einen guten halben Kilometer. In einer Abhandlung mit dem Titel »Nuclear Weapons in the Twenty-First Century« schwärmte Younger, man brauche die Mini-Atombomben nicht zu testen, da man angereichertes Uran statt Plutonium und zur Zündung die bekannte Geschützmethode verwenden könne, wie das auch bei Little Boy, der Hiroschima-Bombe, der Fall gewesen war. (Die Kombination aus angereichertem Uran und der Geschützmethode ist eine Konstruktion, die getestet und für gut befunden wurde und daher weitere Versuche überflüssig macht.) Wie der Bunker Buster wäre die Mini-Atombombe höchstwahrscheinlich eine Waffe, die auf dem Schlachtfeld zur »Vernichtung stark befestigter Ziele tief unter der Erde« verwendet würde, womit erneut die Grenze zwischen konventionellen Waffen und Atomwaffen überschritten würde.

Vor Jahren setzte das US-Militär Davy Crocketts ein. Das waren ähnliche taktische Waffen, die so klein waren, dass Soldaten sie auf den Schultern aufs Schlachtfeld tragen konnten. Diese Waffen bereiteten dem US-Kongress solches Kopfzerbrechen, dass sie 1994 im Rahmen eines Defense Authorization Act verboten wurden. 2000 wurde der Einsatz von Mini-Atombomben freilich mit Unterstützung der republikanischen Mehrheit im Senat genehmigt,[15] und unter dem Deckmantel der Sicherheits- und Zuverlässigkeitstests war eine neue Waffe entstanden.

Seit den Anschlägen vom 11. September wird sowohl in den Reihen der Regierung Bush als auch an anderer Stelle häufig der Vorschlag laut, Atomwaffen in Afghanistan einzusetzen. US-Verteidigungsminister Donald Rumsfeld distanzierte sich in diesem Krieg niemals kategorisch vom Einsatz von Atomwaffen. Andrew Card, Stabschef im Weißen Haus, antwortete auf die Frage nach einem möglichen Atomwaffeneinsatz: »Ich werde nicht über Operationen sprechen, die das Verteidigungsministerium und der Präsident möglicherweise in Betracht ziehen. Aber wir werden tun, was wir können, um die Vereinigten Staaten zu verteidigen.«[16] Im Einzelnen wurden Bunker Buster, Mini-Atombomben und Neutronenbomben für den Einsatz in diesem Krieg vorgeschlagen.[17] Die letztgenannte Anregung von Sam Cohen, dem Erfinder der Neutronenbombe, fand bei einigen Mitgliedern der politischen Führungsschicht in Washington wohlwollende Aufnahme.[18]

In den Labors denkt man auch noch über andere »Upgrades« für Atomwaffen nach. Im US-Energieministerium gibt es ausgeklügelte Pläne, nach denen die vielen Tausend Teile jeder Atomwaffe, einschließlich der Plutoniumblöcke, in regelmäßigen Abständen ausgetauscht werden sollen. Sie werden mit neu entwickelten Komponenten nachgerüstet und modernisiert.[19] Eine Reihe schnellerer, besser getarnter Langstrecken-Startplattformen (Flugzeuge und Raketen) wird mit einem riesigen Arsenal unterschiedlicher verbesserter Atomsprengköpfe bestückt. Diese »Plattformen« verfügen über eine hoch entwickelte Elektronik und sind voll in die Vision des US-Militärs vom Schlachtfeld des 21. Jahrhunderts integriert – einem Schlachtfeld, das von Satellitenüberwachung, ferngesteuerten Sensoren und Präzisionswaffen beherrscht wird.[20] Bei all dem scheint man aus den Augen verloren zu haben, dass es nach der Detonation der ersten Atombomben kein »Schlachtfeld« mehr geben wird.

Die Anlagen

In sieben Staaten arbeiten 25 000 Menschen in atomaren Anlagen und untersuchen, testen und bauen unter dem Deckmantel von SS&M Teile für Atomwaffen. Zu diesen Einrichtungen gehören unter anderem die Labors Lawrence Livermore und Sandia National in Kalifornien, Los Alamos und Sandia National in New Mexico, das Pantex-Werk in Texas, das Kansas City Plant (KCP), das Y-12-Werk in Tennessee, das Savannah River Plant in South Carolina und das Testgelände in Nevada (Nevada Test Site). In allen diesen Einrichtungen wurden zuvor im Kalten Krieg Atomwaffen entworfen, getestet und gebaut. Nun dienen sie angeblich dem SS&M-Programm, aber die meisten dieser Einrichtungen werden im Augenblick auf einen neuerlichen Anstieg in der Produktion hoch entwickelter Atomwaffen vorbereitet.

Allgemein gesprochen widmet man sich in diesen Anlagen einer Reihe damit verknüpfter Bemühungen, zum Beispiel den folgenden:

- Mehr über das Verhalten von Plutonium zu erfahren: Man erzeugt stereoskopische Darstellungen implodierender Plutoniumblöcke und simuliert das Verhalten dieses wichtigen radioaktiven Elements in »virtuellen« Experimenten;
- Fusionsexperimente: Man baut Maschinen wie die X-1, die eine Fusion herbeiführen können; man forscht im Bereich der Laserfusion; verschiedene »Zünder« werden getestet;

- Atomwaffentests: Es finden subkritische Tests statt, die schwer nachzuweisen sind; als sich die Vereinigten Staaten noch mit dem Gedanken trugen, wenige Monate nach dem 11. September 2001 aus dem Atomteststoppvertrag auszusteigen, wurden bereits Anlagen gebaut, damit umfassende Testprogramme wieder aufgenommen werden können; mit Hilfe hoch entwickelter Computermodelle finden virtuelle Tests statt;
- Bau neuer Atomwaffen: Man entwickelt die nächste Generation verbesserter Atomwaffenkomponenten – das schließt Entwurf, Integration, Herstellung von Prototypen sowie Bau und Qualifizierung von Mikrosystemen für Waffenkomponenten ein.

Das Verhalten von Plutonium

Hydrodynamische Testanlagen und Anlagen für Tests mit hochexplosiven Sprengstoffen
Der Begriff *hydrodynamisch* beschreibt die Bewegung des Plutoniums im Block, kurz bevor es die kritische Masse erreicht. Wie wir gesehen haben, wird es mit Hilfe von konventionellen Sprengstoffen in einer Millionstelsekunde unter extrem hohem Druck verdichtet, und offenbar verhält es sich unter Druck wie eine Flüssigkeit. Derzeit testet man ein Verfahren mit hochenergetischen Röntgenstrahlen, die tief in den implodierenden Plutoniumblock eindringen, die Vorgänge bildlich darstellen und elektronische und optische Messungen vornehmen. Die Wissenschaftler fertigen daraus dann Bilder des explodierenden Plutoniums.

Sechs dieser hydrodynamischen Messanlagen sind bereits in Betrieb. Zwei neue, hoch entwickelte Anlagen befinden sich im Bau oder in der Planung: Eine trägt den Namen Dual-Axis Radiographic Hydrodynamic Test

(DARHT), die andere heißt Advanced Hydrotest Facility (AHF). Vor kurzem wurde im Labor in Los Alamos eine DARHT fertig gestellt, die stereoskopische Bilder von implodierenden Plutoniumblöcken erzeugt. Die mit zwei Röntgengeräten ausgestattete Anlage macht Aufnahmen aus zwei Richtungen. Dazu kommt eine weitere Achse für eine stereoskopische Darstellung (3-D) der implodierenden Blöcke. Auf diese Weise entstehen in vier Nanosekunden vier Aufnahmen des Plutoniumblocks.

Die AFH ist eine Weiterentwicklung der DARHT und wird die Protonenradiographie einsetzen, um noch tiefer in den Block einzudringen. Vier Achsen sollen 3-D-Bilder aus mehreren Richtungen erzeugen, pro Achse 20 Bilder in schneller Folge. Die AHF wird in Los Alamos oder auf dem Testgelände in Nevada entstehen.

Puls-betriebene Anlagen

Derzeit simuliert man das Verhalten von Plutonium in virtuellen Experimenten, für die das Element selbst gar nicht gebraucht wird. Man richtet kurze, intensive Stromstöße auf Zielobjekte, um extrem hohe Temperaturen und/oder extrem hohen Druck zu erzeugen und sich den Bedingungen im Inneren einer Atomexplosion anzunähern. Dort herrschen mehrere Millionen Grad Celsius, und der Druck ist um ein Vielfaches höher als der normale Luftdruck. Mit diesen Experimenten sollen die grundlegenden physikalischen Eigenschaften von Materie bei hoher Energiedichte erforscht werden. Die Daten dienen der Verbesserung und dem Test von Computerprogrammen, die das Verhalten von Atomwaffen simulieren. Sieben dieser Plutonium-Testanlagen sind bereits in Betrieb. Eine weitere ist geplant.

Joint Actinide Shock Physics Experimental Research (JASPER)

Hierbei handelt es sich um ein zweistufiges Gasgewehr, das in der Lage ist, Geschosse mit einer Geschwindigkeit von acht bis 15 Kilometern in der Sekunde auf Zielobjekte aus Plutonium und Uran zu feuern. Es wird vom Lawrence Livermore Labor betrieben und befindet sich auf dem Testgelände in Nevada im Bau. Man möchte damit die Eigenschaften dieser und ähnlicher Materialien unter hohem Druck, hohen Temperaturen und hoher Belastung untersuchen.

Fusionsexperimente

Hierbei baut man Maschinen, die eine Fusion auslösen können, erforscht das Auslösen einer Fusion mit Hilfe eines Lasers und testet verschiedene »Zünder«.

Die X-1 Maschine

Dieses Gerät, das von den Sandia-National-Laboratorien gebaut werden soll, soll Temperaturen über drei Millionen Grad Kelvin und genügend Röntgenenergie sowie elektrische Energie erzeugen, um Fusionskapseln aus Deuterium und Tritium zur Implosion zu bringen und so eine Fusion mit hoher Sprengkraft auszulösen. Die Wissenschaftler von Sandia glauben, dass eine solche Maschine für »nur« eine Milliarde Dollar zu bauen sei.

Trägheitseinschlussfusion

Dieses wichtige Programm des US-Energieministeriums soll die Trägheitseinschlussfusion (Laserfusion) erforschen und zur Produktionsreife bringen. Auf Tritium- und Deuteriumziele werden intensive Laserstrahlen gerichtet, die diese Elemente erhitzen und verdichten, bis sie verschmelzen und eine riesige Energiemenge frei wird. Es kam bereits zu einer primitiven Fusion. Eine tatsächliche »Zündung«, bei der die Energie simuliert wird, die in der Sonne und den Sternen freigesetzt wird, ist aber noch nicht gelungen. In den Laboratorien sind bereits fünf solche Anlagen in Betrieb, aber offenbar ist das noch nicht genug.

National Ignition Facility (NIF)

Das Lawrence Livermore Laboratorium baut derzeit diese Anlage von der Größe eines Stadiums. Der laut Entwurf stärkste Laser der Welt sollte ursprünglich 1,2 Milliarden Dollar kosten, doch diese Grenze wurde inzwischen weit überschritten – was zu gewaltigen Auseinandersetzungen führte. Man schätzt nun, dass die Fertigstellung rund vier Milliarden Dollar kosten wird. Auf die gesamte Lebensdauer von 30 Jahren gerechnet, könnten sich die Kosten, einschließlich Demontage und Sanierung, der Zehn-Milliarden-Dollar-Grenze nähern.

Diese Anlage – deren Entwicklung von technischem Missmanagement, abgebrochenen und unangemessenen Peer Reviews*, endlosen Forderungen für Forschung und Entwicklung und explodierenden Kosten beeinträchtigt wird – zählt zu den Projekten des SS&M-Programms.[21, 22] Die Kosten für die Ermittlung und Auswertung der Testdaten wurden bei diesem Kostenvoranschlag noch gar nicht berücksichtigt.[23]

Die National Ignition Facility (NIF) wird aus 192 einzelnen Laserstrahlen bestehen. Richtet man diese auf ein gemeinsames Ziel, so beträgt die in Stößen von nur drei Milliardstel Sekunden freigesetzte Energie 1,8 Millionen Joules (eine Energieeinheit). Die Laserstrahlen werden

---

* Der Peer Review ist eine Form der externen Qualitätskontrolle, bei der die Qualität einer Leistung durch einen Berufsangehörigen (Peer) überprüft wird. (Anm. d. Übers.)

gleichzeitig abgefeuert und treffen auf einem kleinen Kügelchen zusammen, das etwa so groß ist wie die Munition eines Luftgewehrs und das die thermonuklearen Brennstoffe Tritium und Deuterium enthält. Für einen kurzen Augenblick steigen die Temperaturen auf 100 Millionen Grad Celsius, und der Druck ist 100 Milliarden Mal so hoch wie der Luftdruck – es herrschen Bedingungen wie im Sonnenkern.

Aber es gibt für die Forscher noch einiges zu tun. Noch fehlt das geeignete Material für zündungsfähige Zielobjekte. Zudem werden die teuren optischen Teile bei der Umwandlung der Laserstrahlen in ultraviolettes Licht stark in Mitleidenschaft gezogen und explodieren nach nur ein paar Dutzend Versuchen.

Wenn die NIF ein Erfolg ist, könnte sie die Entwicklung einer reinen Fusionsbombe vorantreiben. Solange keine Spaltprodukte bei der Produktion von Atomwaffen entstehen, lässt sich deren Herstellung weder mit Hilfe von Satelliten noch von anderen technischen Hilfsmitteln feststellen. Damit würde jede Überprüfung von Rüstungskontrollvorschriften hinfällig.

Ted Taylor, ein angesehener Physiker und früherer Bombendesigner in Los Alamos, vertritt die Ansicht, dass der NIF-Laser das wissenschaftliche »Mittel« sein könnte, mit dem die Vereinigten Staaten die nächste Stufe der Waffenentwicklung erreichen könnten. Wenn das Projekt erfolgreich sei, hätten die Vereinigten Staaten eine vollkommen neue Gefahr für unseren Planeten entfesselt, so Taylor.

Mit der Sicherheit und Zuverlässigkeit von Atomwaffen hat der NIF-Laser rein gar nichts zu tun. Bob Puerifoy, Vizepräsident der Sandia National Labs im Ruhestand, der über einen Zeitraum von 39 Jahren Atomwaffen plante, testete und beurteilte, äußerte dazu: »Die NIF ist wertlos ... [sie] kann nicht zur Instandhaltung der Atomwaffenbestände verwendet werden, basta.«

Edward Teller, Physiker und führender Entwickler der Wasserstoffbombe, antwortete auf die Frage, welche Rolle die NIF bei der Instandhaltung der Atomwaffenbestände spiele:»Nicht die geringste.«

Darüber hinaus verfügen die Atomwaffenlabors über fünf Anlagen zur Atomspaltung – seien es nun Atomreaktoren oder Beschleuniger; in Kürze soll eine sechste gebaut werden.

Atomwaffentests

In Artikel 1 des Vertrages über das umfassende Verbot von Nuklearversuchen steht:»Jeder Vertragsstaat verpflichtet sich, keine Versuchsexplosion von Kernwaffen und andere nukleare Explosionen durchzuführen und solche nuklearen Explosionen an jedem Ort unter seiner Hoheitsgewalt oder Kontrolle zu verbieten und zu verhindern.« Aber solche so genannten subkritischen Tests sind nur schwer feststellbar und finden in den Vereinigten Staaten (und vermutlich auch in anderen Ländern) statt. Es werden Anlagen für die Wiederaufnahme umfassender Versuche gebaut, und auf ausgeklügelten Computermodellen laufen virtuelle Tests.

Das Testgelände in Nevada

1995 vergab das US-Energieministerium einen Fünfjahresvertrag über 1,5 Milliarden Dollar an die Bechtel Corporation. Das Unternehmen sollte das Versuchsgelände in Nevada für eine mögliche Wiederaufnahme umfassender unterirdischer Atomtests vorbereiten. Lockheed Martin ist, wie zuvor erwähnt, ebenfalls auf dem Versuchsgelände in Nevada vertreten. Unterdessen finden jedes Jahr vier unterirdische Atomtests mit unterkritischen Mengen Plutonium statt. Hochexplosive Sprengstoffe verdichten das Plutonium. Man beobachtet sein Verhalten und trägt die Daten seiner physikalischen Eigenschaften zusammen. Diese Daten werden dann in die Computermodelle zur Simulation der Funktion von Atomwaffen eingearbeitet.

Seit 1996 fanden auf dem Testgelände in Nevada neun subkritische Versuche statt. Das US-Energieministerium vergab dafür Codenamen wie *rebound, oboe, bassoon* und *holog*. Diese Versuche stellen ganz klar einen Verstoß gegen den Wortlaut und den Geist des Vertrages über das umfassende Verbot von Nuklearversuchen dar. Weil sie auf Grund ihres geringen Ausmaßes nur schwer festzustellen sind, erschweren sie eine seismische Überprüfung des Vertrages.[24]

Wie man weiß, finden auch in Russland und Frankreich subkritische Tests statt. Andere Länder werden zweifellos nachziehen.

Das Testgelände in Nevada ist riesig. Es gibt mehr als 1100 Gebäude und Labors, Dutzende von Löchern wurden für unterirdische Tests vorbereitet, und für die Wiederaufnahme umfassender Atomtests stehen eine große Ausrüstung sowie umfangreiches Personal bereit. Das US-Energieministerium ist dabei, 60 Kilometer Straßen auszubessern und tauscht derzeit ein Unterwerk sowie andere elektrische Anlagen aus.

Los Alamos National Laboratory

Auch im Labor in Los Alamos finden subkritische Versuche statt. Das Programm mit dem Codenamen Appaloosa läuft unter höchster Geheimhaltung ab. Zum Einsatz kommt ein nicht wieder verwendbarer Behälter mit einem Durchmesser von 2,40 Metern und einer fünf Zentimeter dicken Wand aus einem zur Herstellung von U-Boot-Rümpfen entwickelten Spezialstahl.

Laut Greg Mello, dem Leiter der Los Alamos Study Group, dienen die Versuche in Los Alamos vermutlich gleich mehreren Zwecken. Fest steht jedenfalls, dass sich hier die einzigartige Möglichkeit bietet, die Implosion kompletter Primärmechanismen aus Plutonium-242 zu studieren. Nach Angaben Mellos kommen diese Versuche einer Atomexplosion am nächsten, ohne dass eine wirkliche nukleare Detonation stattfindet. Das scheint der Verwendungszweck für die neu hergestellten Blöcke für die W-88-Sprengköpfe und den W-76-Ersatzsprengkopf zu sein. In beiden Fällen handelt es sich um neu entwickelte Bomben.[25]

Bau neuer Atomwaffen und Nachrüstungseinrichtungen

Der SS&M-Jargon tarnt die Entstehung der nächsten Generation verbesserter Atomwaffenkomponenten, die Entwurf, Integration, Herstellung von Prototypen sowie Bau und Qualifizierung von Mikrosystemen für Waffenkomponenten einschließt, was auf nagelneue Atomwaffen hinausläuft.

Accelerated Strategic Computer Initiative (ASCI)

In allen drei Atomwaffenlabors ist ein gewaltiges Projekt im Gange: Man arbeitet an der Entwicklung extrem schneller Computer, die einen weit größeren Arbeitsspeicher haben als die Rechner, die bis jetzt existieren. Mit diesen Computern möchte man das Verhalten einer explodierenden Atomwaffe in allen ihren Stadien genauestens simulieren, um so extrem komplexe Atomwaffencodes für virtuelle Atomversuche zu entwickeln. Darüber hinaus werden sie im Waffendesign, in der Produktion und Unfallanalyse, zur Zertifizierung und zur Planung der Herstellungsabläufe eingesetzt.[26]

Zu den vorhandenen Anlagen gehören unter anderem der ASCI Red Terascale, der schnellste Computer der Welt im Atomlabor in Sandia, der ASCI Blue Mountain, der drittschnellste Computer der Welt, in Los Alamos, und der *ASCI* Blue Pacific im Lawrence Livermore Labor, dessen Arbeitsspeicher 80 000-mal so groß ist wie der eines durchschnittlichen PCs.

Der Red Terascale und der Blue Mountain haben vor kurzem erstmals eine 3-D-Explosion im Sekundärmechanismus einer Wasserstoffbombe simuliert. Der *Blue Pacific* simulierte zum ersten Mal eine 3-D-Explosion im Primärmechanismus der konventionellen Plutoniumbombe, die als Zünder dient.[27] Diese Serie von Experimenten des US-Atom-Establishments ist also bereits in vollem Gange. Und noch leistungsfähigere Computer sind in Planung.

IBM und das Lawrence Livermore Labor bauen derzeit für 110 Millionen Dollar den ASCI Option White TeraOPS, den dann schnellsten und leistungsstärksten Computer der Welt. Das Labor in Los Alamos soll einen 30-TeraOPS, Lawrence Livermore einen 100-TeraOPS bekommen. Offenbar braucht jedes Labor seinen eigenen Computer.

All diese neuen Supercomputer werden von der Intel Corporation, der Silicon Graphics Corporation (und ihrem Tochterunternehmen Cray) und IBM hergestellt.

Weitere Testanlagen für Forschung und Entwicklung

Die Atomwaffenlabors betreiben neun große Anlagen, die mit Plutonium, Tritium, Uran und Beryllium arbeiten, es gibt mikroelektronische Einrichtungen, Chemieanlagen, Flugtest-Einrichtungen und Anlagen für hochexplosive Sprengstoffe. Sie alle haben auf die eine oder andere Weise mit der Entwicklung von Atomwaffen zu tun.

Zwei weitere Anlagen sollen noch gebaut werden. Bei der ersten handelt es sich um ein Forschungszentrum für Chemie und Metallurgie in Los Alamos. Dort soll in den

Bereichen analytische Chemie, Metallurgie sowie Pluto-
nium- und Uranchemie geforscht und experimentiert
werden. Die Kosten? Eine Milliarde Dollar. Das Gebäude
wird mit so genannten »heißen Zellen« (abgeschirmten
Kammern) und »Handschuhkästen« ausgestattet, zum
Schutz der Mitarbeiter bei der Handhabung und Verarbeitung von Plutonium auf Drehbänken. Alles in allem
will man in Los Alamos jedes Jahr 80 bis 500 neue Plutoniumblöcke für ebenso viele Wasserstoffbomben herstellen.[28]

Die zweite ist die Anlage Microsystems and Engineering Science Applications (MESA), die in Sandia entstehen soll. Dort soll die nächste Generation von nachrüst-
baren Atomwaffenkomponenten gefertigt werden, was
den Bau von Prototypen und der Herstellung und Qualifizierung von Mikrosystemen für Waffenkomponenten
einschließt. Die Anlage wird 400 Millionen Dollar kosten.

Fertigungsanlagen

Neben den Atomwaffenlabors, die bereits seit Jahrzehnten in Betrieb sind, gibt es sieben große Atomwaffenkom-
plexe. Im Laufe vieler Jahre wurden diese Anlagen extrem stark verunreinigt. Betroffen sind unter anderem das
Kansas City Plant (KCP), das Y-12-Werk in Oak Ridge in
Tennessee, das Pantex-Werk in Texas, das Savannah River Plant (SRP) in Aikin, South Carolina, das Plutonium-
werk TA-55 in Los Alamos, die nicht atomaren Ferti-
gungsbetriebe in Los Alamos und die Neutron Generator
Facility (NGF) der Sandia-Laboratorien.

Sieben weitere Anlagen sind geplant, damit noch mehr
Wasserstoffbomben hergestellt werden können. Das sind
unter anderem eine Tritium Extraction Facility (TEF) in
Savannah River, neue Anlagen zur Anreicherung von
Uran im Y-12-Werk, ein Lager für angereichertes Uran
und zwei weitere Betriebe zur Herstellung von Plutoni-

umblöcken für Bomben. Die größte davon wird das Werk in Los Alamos sein, in dem große Mengen von Plutoniumblöcken hergestellt werden sollen. Es wird drei Milliarden Dollar kosten.

Es lässt sich kaum so tun, als würden alle diese Anstrengungen, oder auch nur eine einzige davon, im Namen von Sicherheit und Zuverlässigkeit der bereits vorhandenen Atomwaffenbestände unternommen.

Die Gefahren von SS&M

Computerchaos

In manchen Fällen könnte die Arbeit dieser Einrichtungen die Sicherheit und Zuverlässigkeit vorhandener Waffen sogar noch gefährden. Viele Jahre lang überbrückten Computerberechnungen die Kluft zwischen experimentellen Teilmessungen, die man bei tatsächlichen Atomversuchen gewann, und dem unvollständigen theoretischen Verständnis des Bombenmechanismus. Diese Berechnungen sorgten bei der Planung und Herstellung vieler Generationen von Atomwaffen für eine gewisse Grundvorhersehbarkeit. Als die Computer immer leistungsstärker wurden, nahm offensichtlich auch der Bedarf an tatsächlichen Atomversuchen ab. Somit wurden Computercodes in den vielen unterschiedlichen Bereichen des Forschungs- und Ingenieurwissens, die bei Bau und Funktion von Atomwaffen eine Rolle spielen, zu einem festen Bestandteil. Bei der Entwicklung bestimmter Waffen wurden sie sogar zum Hauptwerkzeug. Ziel des SS&M-Programms ist eine geometrisch-physikalische 3-D-Computersimulation der Explosion einer Atomwaffe. Das Problem ist nun: Wenn man diese Supercomputer mit immer mehr neuen und hoch entwickelten Daten füttert, werden die alten, bei Atomversuchen gewonnenen Codes unklar. Mit anderen Worten, die neuen Daten ver-

ringern allmählich die Vorhersehbarkeit der alten Atomwaffencodes. Jede Abweichung vom erprobten Design
für Wasserstoffbomben unterminiert deren Betriebssi-
cherheit. Je mehr Veränderungen im Laufe einer langen
Versuchsreihe vorgenommen werden, desto größer wird
also die Verlockung neuer und umfassender unterirdischer Atomversuche.

Das Academic Strategic Alliance Programm (ASAP) und der internationale Zugriff auf die Waffenpläne

Der vielleicht gefährlichste Aspekt des SS&M-Programms
ist, dass dadurch durchaus sensible Atomwaffendaten in
die Hände von Nicht-Atommächten gelangen könnten.
Da SS&M eine Zusammenarbeit mit einer Reihe von Universitäten aufgebaut hat und deren Studenten und Personal Zugang zu bislang vertraulichem Material gewährt,
könnten auf diese Weise erstmals auch Nicht-Amerikaner
freien Zugriff auf die amerikanischen Atomwaffenpläne
bekommen. Diese Situation wird Nicht-Atommächte
schneller in die Lage versetzen, moderne Atomwaffen zu
entwickeln und zu bauen. (Das US-Energieministerium
räumt dieses Problem ein. In einem Bericht aus dem Jahr
1995 mit dem Titel »The National Ignition Facility and the
Issue of Nonproliferation« heißt es: »Einem modernen,
hoch entwickelten Verbreiter von Atomwaffen mit Zugang zu Trägheitsfusionscomputercodes und handelsüb-
lichen Computeranlagen stünden weit mehr Werkzeuge
zur Verfügung, um einen Sekundärmechanismus [der
wichtigste Bestandteil einer Wasserstoffbombe] zu entwickeln, als den Vereinigten Staaten, Großbritannien oder
der Sowjetunion in den fünfziger Jahren, oder Frankreich
und China in den sechziger Jahren.«)[29] Seit dem Aufruhr
um einen mutmaßlichen chinesischen Spion in Los Alamos wurde dieses mögliche Risiko etwas verringert. Wen
Ho Lee war im Dezember 1999 angeklagt worden, sensi-

ble Atomwaffencodes auf nicht sichere Computer herun-
tergeladen zu haben. Er wurde später in allen Punkten
von der Anklage freigesprochen. Aber seit dem 11. September werden die Auflagen für das ASAP-Programm sicher strenger geworden sein, um zu verhindern, dass ausländische Studenten Zugriff auf sensible Atomwaffendaten bekommen.[30]

Am 31. Juli 1997 gab das US-Energieministerium die
Vergabe von Millionenaufträgen an fünf Universitäten
bekannt, die sich über mehrere Jahre hinziehen würden.
Sie sollten der Grundlagenforschung dienen, dem Studi-
um der Computerwissenschaften und Mathematik sowie
dem Zweck technischer Forschungen für das US-Atom-
waffenprogramm.[31] Auf diese Weise sollten zum ersten
Mal seit dem Manhattan-Projekt zivile Wissenschaftler in
die Atomwaffenentwicklung einbezogen werden.[32]

Die glücklichen Hochschulen sind: das California Institute of Technology, die Universität Stanford, die Universität von Chicago, die Universität von Illinois in Urbana-Champaign und die Universität von Utah. Alles in allem nehmen bereits insgesamt 14 Universitäten und Colleges in mehr oder weniger großem Maße an ASAP teil.
Jede dieser Universitäten wird über einen Zeitraum von
fünf Jahren hinweg 20 bis 30 Millionen Dollar erhalten.
Eine Verlängerung um weitere fünf Jahre und eine Erhöhung um weitere 20 bis 30 Millionen ist möglich.

Die Universitäten richten so genannte Kompetenzzent-
ren ein, die im Rahmen der *Accelerated Strategic Computer
Initiative* mit den Atomwaffenlabors zusammenarbeiten
werden. Dies gilt als finanzielle Förderung der »Stufe
eins«. Die Stufen zwei und drei sind in Vorbereitung. Die
Hochschulen werden im Bereich Forschung und Entwicklung auf bestimmten Aufgabengebieten, die mit der
Entwicklung von Atomwaffen zusammenhängen, eng
mit Los Alamos, Lawrence Livermore und Sandia zusammenarbeiten, und zwar wie folgt:

- Das California Institute of Technology (Caltech) wird eine »Virtual Shock Tube« entwickeln. Mit dem Computer wird die Detonation hochexplosiver Sprengstoffe und die Wirkung der anschließenden Druckwelle auf bestimmte Testmaterialien simuliert, die beim Atomwaffenbau verwendet werden – Plutonium und Uran. Zu diesem Zeitpunkt ist noch nicht klar, ob die Daten aus dieser Virtual Shock Tube als Atomwaffencode in die Supercomputer der Labors eingespeist werden können. Ein Bombencode müsste – zwingend – Angaben über die Spalt- und Fusionsprozesse sowie die bei der Explosion freigesetzte Energiemenge enthalten.

  Caltech wird mit Hilfe von Kombi-Simulationen von hochexplosiven Sprengstoffen und mit Stoß- und Schockwellen angeregten Materialien das Verhalten verschiedener Materialien (unter anderem von Plutonium und weiteren zum Bau von Atomwaffen verwendeten Substanzen) bei der Detonation hochexplosiver Sprengstoffe untersuchen. Es wird auch die physikalischen Prozesse beim Kontakt zwischen diesen Metallen sowie kompressible Turbulenzen und die Vermischung dieser Testmaterialien erforschen.

  Das Caltech-Programm ist eine zweischneidige Sache. Einerseits wird verlangt, dass es öffentlich zugängliche Forschungsergebnisse beschert und in seinem Rahmen ausländische Studenten unterrichtet werden. Andererseits muss es Daten liefern, die für die Explosion von Atomwaffen von Bedeutung sind. Das heißt, Ausländer werden freien Zugriff auf Atomwaffenpläne haben, die früher strengstens gehütet wurden. Es ist klar, dass diese Ansprüche einen Interessenskonflikt zwischen Universität und Labors heraufbeschwören werden, wenn man eine horizontale Verbreitung von Atomwaffen vermeiden will.[33]
- Die Universität von Chicago plant, thermonukleare Reaktionen zu simulieren, wie sie in der Sonne und

den Sternen ablaufen. Diese Forschungen könnten das Caltech-Programm ergänzen.

- Die Universität Stanford soll die Dynamik von Gasturbinen erforschen, besonders die Turbulenzen im gasförmigen und festen Zustand, und dabei den zum Bau von thermonuklearen Waffen verwendeten Materialien besondere Aufmerksamkeit schenken.
- Die Universität von Illinois in Urbana-Champaign wird die festen Treibstoffe untersuchen, die in Raketen Verwendung finden. Dieses Programm wird sich auf breite Simulationsthematiken konzentrieren und dabei mit Systemen arbeiten, die aus verschiedenen Komponenten bestehen, sowie verschiedene Phänomene und verschiedene Größenordnungen berücksichtigen.
  Raketentreibstoffe sind komplexe, mit vielen Problemen behaftete Materialien. Die neuen Informationen werden deshalb sowohl für eine neue Atomkriegsplanung als auch für den Raketenabwehrschild von großem Nutzen sein.
- Die Universität von Utah wird Daten über Brände und Explosionen in Verbindung mit Atomwaffenunfällen zusammentragen.

Wissenschaftliche Ziele des Academic Strategic Alliances Program

Allgemein wurden dem Academic Strategic Alliances Program vom US-Energieministerium fünf große Ziele vorgegeben:

1. Das Verfahren der umfassenden Simulation und Berechnung als realistische wissenschaftliche Methode zu etablieren und zu bestätigen, und zwar für wissenschaftliche und technische Schlüsselanwendungen zur Unterstützung der Ziele und Absichten der wissen-

schaftlichen Verwaltung der Atomwaffenbestände des
US-Energieministerium.
2. Die Fortschritte in den wichtigen Bereichen der Grundlagenforschung, der Mathematik und der Informatik,
in Computerwissenschaften und Technik, bei Hoch-
leistungscomputersystemen und Problem Solving Environments (Computersysteme zur Lösung wissenschaftlicher Problemstellungen) zu beschleunigen, die
den langfristigen Interessen von ASCI dienen.
3. Weitere wissenschaftliche Grundlagenforschungen,
Hochleistungscomputersysteme und Forschungen im
Bereich der Problem Solving Environments fremdzufi-
nanzieren.
4. Eine technische Koppelung der Bemühungen des Aca-
demic-Strategic-Alliances-Programms und der fortlau-
fenden ASCI-Projekte der Laboratorien des US-Energieministeriums herbeizuführen.
5. Ausbildung und Forschung in Bereichen auszubauen,
die für ASCI und SBSS (wissenschaftliche Verwaltung
der Atomwaffenbestände – Science-Based Stockpile
Stewardship) von Interesse sind und die Beziehungen
zwischen dem Lawrence Livermore National Labor,
dem Los Alamos National Labor, den Sandia National
Laboratorien und den Universitäten zu stärken.[34]

Diese letzte Bedingung zielt speziell darauf ab, eine neue
Generation intelligenter junger Menschen für die
»Kunst« des Bombenbaus anzuwerben. Einige Programme werden so angelegt sein, dass die Professoren und
Studenten möglicherweise erst dann erfahren, wofür ihre
Forschungen tatsächlich verwendet werden, wenn sie
schon fest in die Arbeit an geheimen Atomwaffenprojek-
ten eingebunden sind.[35]
  Der Kanzler der Universität von Illinois, Michael Aikin,
begeisterte sich für den Gedanken des SS&M-Programms,
als er schrieb:»Die nationale Bedeutung einer Simulation

des wissenschaftlichen Programms zur Verwaltung der Atomwaffenbestände kann nicht genug betont werden, und es handelt sich um einen Bereich, in dem wir willens und mehr als nur in der Lage sind, einen Beitrag zu leisten ... Ich glaube, dass die interdisziplinären Forschungen und die Aussbildungspartnerschaften, die das Academic-Strategic-Alliance-Programm des US-Energieministeriums ausmachen, und das von uns [der Universität von Illinois] vorgeschlagene Zentrum von entscheidender Bedeutung für die US-Verteidigungspolitik und die Vorbereitung der Vereinigten Staaten sind. Wir freuen uns sehr darauf, bei diesem Vorhaben mitzuwirken.«[36]

Das ASAP gibt Universitätsstudenten einen noch nie da gewesenen Zugriff auf die Supercomputer der Waffenlabors. Darüber hinaus sollen der Öffentlichkeit mehr geheime Informationen zugänglich gemacht werden als je zuvor. Es ist wiederholenswert, dass Ausländer zwar von der Arbeit in diesem Bereich ausgeschlossen sind, man auf diese Weise aber nicht verhindern wird, dass wertvolle Waffeninformationen in fremde Hände gelangen, da wichtige Informationen über Atomwaffenentwicklungsprogramme an eine große Gruppe von Waffen- und Nicht-Waffenwissenschaftlern weitergegeben und die Computer über Standardleitungen angebunden sein werden. Demzufolge dürfte es schwierig oder unmöglich sein, ASCI-Informationen geheim zu halten. Diese undichte Stelle wird dafür sorgen, dass es Nicht-Atommächten schneller gelingen wird, moderne Atomwaffen zu planen und zu bauen.[37]

Umweltgefährdung durch SS&M

Plutonium – benannt nach Pluto, dem Gott der Unterwelt – bleibt 500 000 Jahre radioaktiv und ist eine Gefahr für den Organismus. Es ist nachweislich die am stärksten Krebs erregende Substanz, die der Mensch kennt. Hypothetisch gesprochen, könnte ein Pfund, gleichmäßig verteilt, Lungenkrebs bei der gesamten Weltbevölkerung auslösen. Der Zuwachs an Atomlabors und atomaren Anlagen im Rahmen des SS&M-Programms konfrontiert die Menschen, die in den Atomfabriken arbeiten oder in deren Umgebung leben, mit einer gleich bleibend langen und beängstigenden Liste von Gesundheits- und Umweltproblemen. Zudem verursacht Plutonium Mutationen in den Genen der Fortpflanzungszellen – den Ei- und Samenzellen –, was alle künftigen Generationen gefährdet. Es ist eine Art erzwungene Gentechnik nach dem Zufallsprinzip.

Aber das Plutonium ist nicht die einzige Bedrohung. Die Abfälle aus der Atomwaffenproduktion enthalten weitere tödliche radioaktive Elemente, die sich bei jedem Schritt tausendfach in der Nahrungskette anreichern. Da man radioaktive Elemente weder sehen noch riechen noch schmecken kann, ist es unmöglich zu wissen, ob Nahrungsmittel, die ihnen ausgesetzt waren, verseucht sind oder nicht. Cäsium-137 reichert sich im Fleisch an und verursacht Muskelkrebs. Strontium-90 reichert sich in der Milch an und verursacht Knochenkrebs und Leukämie. Radioaktives Jod reichert sich im Gemüse und in der Milch an und wandert in die Schilddrüse, wo es Schilddrüsentumore und Krebs verursacht. Tritium verbindet sich mit Wassermolekülen und wird direkt in die Gene selbst eingebaut. Es ist stark Krebs erregend. Obendrein bleiben viele dieser Elemente mehrere hundert Jahre radioaktiv – viel länger, als wir leben.

Aus diesen und anderen Materialien setzt sich Atommüll zusammen – der Abfall der Waffenproduktion und des Atomkraftzeitalters. Riesige Mengen konzentrierter Sondermüll, in flüssiger und fester Form, verteilen sich auf die atomaren Einrichtungen. In der Tat sind die über das ganze Land verstreuten Waffenfertigungsbetriebe des US-Energieministeriums verseucht und fallen unter das so genannte Superfund-Sanierungsprogramm, da dort die allergefährlichsten radioaktiven chemischen Verseuchungsstoffe in die Erde, die Flüsse, die Seen, das Meer und die Wasserversorgung rinnen und sickern.

Ein besonders anschauliches Beispiel für einen stark verseuchten Standort des US-Energieministeriums ist das alte Werk Rocky Flats. Zwischen 1953 und 1989 wurden dort ungefähr 70 000 Plutoniumblöcke gefertigt – also durchschnittlich fünf Plutoniumblöcke am Tag. Im Rahmen einer 7,7 Millionen Dollar teuren »Sanierung« wurden einige Männer dazu abgestellt, 171 Fässer mit Uran aus einem Graben zu bergen, der seit 40 Jahren unberührt geblieben war. Einer der Männer wurde angewiesen, eine unbeschriftete Tonne mit einem Schaufelbagger auszugraben. Sie hatte sich zersetzt und Uranschlamm sickerte heraus. Plötzlich gab es einen blauen Blitz und der Schlamm entzündete sich. Das Feuer musste mit einer Ladung Sand gelöscht werden. Die *Denver Post* schrieb dazu: »Ein Fass erledigt – da waren's nur noch 1 099 956.«

Die Regierung bemüht sich, dieses Atomwaffenwerk zu sanieren. Seit Anbruch des Atomzeitalters ist das der erste Versuch dieser Art.

Dabei sind unter anderem folgende Probleme zu bewältigen:

1. Es müssen rund 500 Kilogramm Plutonium gefunden werden, die in den Gängen des Werks, in Fässern und »Handschuhkästen« (sie werden zur Verarbeitung von Plutonium verwendet) »verloren« gegangen sind. Das ist genug Plutonium, um 150 Bomben von der Größe der Nagasaki-Bombe zu bauen. Es ist auch mehr als genug, um die kritische Masse zu erreichen (sie liegt bei fünf Kilogramm), eine riesige Atomexplosion auszulösen und dabei den Großteil von Denver und Boulder entweder bei der Explosion und/oder durch den radioaktiven Niederschlag auszulöschen.

2. 13 so genannte »Unendlichkeitsräume« müssen gesäubert werden, die so stark radioaktiv verseucht sind, dass die Zeiger der Messinstrumente über die Skala hinaus ausschlugen. Ein Raum in dem Werk strahlt so stark radioaktiv, dass die Manager 1972 die Tür zuschweißen ließen. In einen anderen Raum schaffte man Plutonium-verseuchte Maschinen und goss ihn anschließend mit Beton aus.

3. 7200 Kilogramm Plutonium müssen mit dem Lastwagen durch Denver nach South Carolina transportiert werden. Zusätzlich zu den Plutoniumtransporten müssen jeden Tag drei Wagenladungen radioaktiver Müll abtransportiert werden, wenn der 2006-Termin für die Sanierung eingehalten werden soll. Die Sanierung kostet zwei Millionen Dollar am Tag und hinkt dem Plan zwei Jahre hinterher. Der Abriss von Rocky Flats kostet doppelt so viel wie der Bau des neuen Flughafens in Denver.

In einem vor kurzem erschienenen Bericht der National Academy of Sciences heißt es, dass zwei Drittel der an der Atomwaffenproduktion beteiligten Regierungsanlagen niemals saniert werden. Von den 144 Einrichtungen müssen 100 langfristig verwaltet werden, und viele werden zehn- oder gar hunderttausend Jahre lang hoch radioaktiv sein. Diese Landstriche werden zu »nationalen Opferzonen« – oder werden bereits jetzt als solche bezeichnet.

In der Tat fehlen der US-Bundesregierung die Technologie, das Geld oder die Managementtechniken, um zu verhindern, dass sich die Verseuchung weiter ausbreitet. Viele radioaktiv verseuchte Strömungen in den unterirdischen Wasserläufen haben sich bereits bis weit über die Grenzen der Werksgelände ausgebreitet, und es ist unmöglich, die Rückstände vernünftig zu überwachen. Das US-Energieministerium ließ zum Beispiel an einem Bach

in der Nähe des Oak Ridge National Labors »Angeln-
verboten«-Schilder aufstellen, aber Kinder haben die
Schilder gestohlen. Das geschah in dieser Generation.
Was wird passieren, lange, nachdem wir vergessen sind?
In dem Bericht der National Academy of Sciences heißt
es auch, dass alle bekannten Barrieren für radioaktiven
Müll wie Beton und Stahl irgendwann überwunden würden, und sich der Großteil dessen, was man über das Verhalten von Verseuchungsstoffen in der Luft, in der Erde
und im Wasser weiß, »letzten Endes als falsch erweisen«
könnte.[38, 39] Selbst das US-Energieministerium stimmte
schließlich im Oktober 2000 dem Institute for Energy and
Environmental Research darin zu, dass die der Regierung offiziell vorliegenden Informationen über die Menge und Radioaktivität von vergrabenem Plutonium und
ähnlichen Materialien »höchst widersprüchlich« seien.

Es gelangten zehnmal mehr Plutonium und andere
vom Menschen geschaffene radioaktive Elemente – Produkte der Atomwaffenproduktion – in die Erde oder
wurden in unzureichenden Behältnissen wie Pappkartons vergraben als ursprünglich angenommen.[40] Sogar
das US-Energieministerium gab zu: »Es gibt wenig bis
gar keine Informationen darüber, wie viel Grund möglicherweise dadurch verseucht wurde, dass vergrabener
Atommüll ausgeschwemmt wurde, noch ist etwas über
die gefährlichen Müllbestandteile bekannt, von denen
man weiß, dass sie sich mit den radioaktiven Komponenten vermischt haben.« Zum Teil handelt es sich dabei um
Sprengstoffe, was die Bergung erschwert. Dieser vergra-
bene Müll macht 30 Prozent der Radioaktivität des Landes aus.[41]

Lediglich an sechs Standorten überprüfte das US-Energieministerium die Aufzeichnungen über Produktion
und Entsorgung – in Handford, dem Idaho National Engineering and Environmental Laboratory bei Idaho Falls,
im Los Alamos National Lab, im Oak Ridge National La-

bor in Tennessee, am Standort Savannah River in South
Carolina und auf dem Testgelände in Nevada.[42]
Es gibt neue Hinweise darauf, dass sich Plutonium
sehr viel schneller durch die Erdschichten bewegt, als zuvor angenommen. Die Grundwasser führende Schicht
des Snake River zum Beispiel liegt 180 Meter unter der
Anlage in Idaho. Plutonium, das ursprünglich sechs Meter tief vergraben worden war, wurde nun in einer Tiefe
von 73 Metern gefunden. Wenn es mit dieser Geschwindigkeit weiterwandert, wird es in 25 Jahren die Grund-
wasserschicht erreicht und im Snake River angekommen
sein. Americium, ein Plutonium-Zerfallsprodukt, nur
noch tödlicher, hat den Fluss bereits erreicht.[43]
Das US-Energieministerium hat zum ersten Mal zuge-
geben, dass auf dem Testgelände in Nevada vier Tonnen
Plutonium in die Erde gelangt sind. Dazu kommen Spaltprodukte in großen Mengen, von denen sich einige in
den Wassersystemen schnell auf die nahe liegenden be-
wohnten Gebiete zubewegen.[44]

Brände in Atomwaffenlabors

Aus einer Laune der Natur heraus – möglicherweise besteht ein Zusammenhang mit dem Phänomen der globalen Erwärmung – fingen im Jahr 2000 die verseuchten
Gelände der drei größten amerikanischen Atomwaffen-
anlagen in Los Alamos, Hanford und Idaho Feuer. Insgesamt verbrannten in den Vereinigten Staaten 26 000 Quadratkilometer Grund. Das waren 14 000 Quadratkilometer mehr als im Zehnjahresmittel.

LOS ALAMOS NATIONAL LABORATORY: Am 4. Mai 2000 fegte
ein Feuer, das Ranger im Rahmen von Abbrennmaßnah-
men in Wäldern in der Nähe des Labors gelegt hatten,
über insgesamt 194 Quadratkilometer hinweg und ver-
brannte 30 Quadratkilometer bzw. ein Drittel des Labor-

geländes. Das 1093 Grad Celsius heiße Feuer verschlang
stillgelegte verseuchte Gebäude aus der Zeit des Manhattan-Projekts, die Maschinenhalle der wichtigsten For-
schungs- und Entwicklungseinrichtung (DARHT) sowie
Lagerräume. Alles in allem zerstörte es 112 Laborgebäu-
de und unterbrach in 237 Anlagen den Betrieb. Über 600
Müllhalden und verseuchte Anlagen sowie mehrere verseuchte Canyons, die das Laborgelände durchziehen,
brannten.

Die Müllhalden von Los Alamos sind mit den tödlichsten Materialien verseucht – Plutonium-238 und -239, Ame-
ricium-241, Tritium, Uran, Strontium-90, Cäsium-137, Beryllium und Krebs erregenden organischen Zusammenset-
zungen (polychlorierte Biphenyle und Lösungsmittel).
Viele Jahre lang entsorgte man den Großteil des Labor-
mülls mit Vorliebe in Pappkartons. An über 2120 möglicherweise radioaktiv verseuchten Orten auf dem Laborgelände könnte nun Strahlung freigesetzt werden. Das US-
Energieministerium versäumte es während des Brandes,
Luftmesssysteme einzusetzen, um die giftigen und radioaktiven Substanzen im Rauch zu messen. Man versuchte
auch nicht herauszufinden, wo sich mögliche Hot Spots
(stark radioaktiv verseuchte Stellen) befanden.

Die Feuerwehrmänner hatten weder Strahlenmessge-
räte noch waren sie ähnlich sorgfältig geschützt wie die
Arbeiter, die mit radioaktiven Materialien zu tun haben.
In der Tat waren sie sich vielfach der Gefahren, denen sie
ausgesetzt waren, gar nicht bewusst. Brände in Atomanlagen bergen besondere Risiken. In erster Linie deshalb,
weil sie die Sicherheitssysteme außer Betrieb setzen, was
zur Folge hat, dass Strom und wichtige Lüftungsgeräte
ausfallen. Zum Zweiten auch deshalb, weil sie die verseuchte Vegetation zu Asche verwandeln, starker Wind
die radioaktiven Teilchen aufwirbelt und sehr weit mit
sich trägt. Plötzliche Überschwemmungen spülen große
Mengen radioaktiver Substanzen aus den Canyons in

Los Alamos zu den Wasserscheiden. Die Wasserläufe münden in den Rio Grande, wo sie das Trinkwasser und das Wasser zur Bewässerung für ganz New Mexico und Mexiko verseuchen.

Drei Canyons sind in Los Alamos besonders gefährdet:

1. Der Parajito Canyon – Codename TA-18. Zu den Einrichtungen dort gehören der stillgelegte und verseuchte Omega-West-Reaktor, Atomwaffenversuchsanlagen (Kivas) mit Materialien für Implosionszünder, ein Gewölbe, in dem große Mengen Plutonium und hoch angereichertes Uran lagern. Direkt flussabwärts befindet sich die Gemeinde White Rock.
2. Der Los Alamos Canyon – Codename TA-41, TA-2. Zu den gefährdeten Anlagen in diesem Canyon gehört der stillgelegte und verseuchte Omega-West-Reaktor. Er befindet sich am Ende des Canyons und ist von Erdrutschen, Muren und Steinschlag bedroht.
3. Der Pueblo Canyon mit der Diamond Road Crossing und den Versorgungsbetrieben für die Stadt Los Alamos.

Weitere radioaktive Canyons – die seit Jahrzehnten als Müllhalden dienen – sind: der Mortandad Canyon, der DP Canyon und der Acid Canyon. Um ein paar von diesen radioaktiven Canyons herum siedeln Indianerstämme.

77 weitere Mülldeponien und verseuchte Standorte in Los Alamos befinden sich in überschwemmungsgefährdeten Gebieten.

Nach den lediglich mäßigen Regenfällen, die auf den Brand im September 2000 folgten, war in dem mit feinen Schwebstoffen, Lehm und Erdreich gemischten ablaufenden Wasser die Konzentration von Cäsium-137 fünf- bis 20-mal, von Plutonium fünf- bis zehnmal und von Strontium-90 zwei- bis fünfmal höher als vor dem Feuer. In der Region kommt es beinahe jedes Jahr zu blitzartigen Überschwemmungen.[45, 46, 47]

HANFORD NUCLEAR RESERVATION: Am 28. Juli 2000 verursachte ein tödlicher Autounfall einen Brand bei Richland, Washington, der 770 Quadratkilometer Land sowie Teile der Hanford Nuclear Reservation zerstörte.

Eine zweieinhalb Meter hohe Feuerwand kam bis auf 366 Meter an 330 mit Uranpulver, (Computer-)Chips sowie anderen toxischen und gesundheitsgefährdenden Abfällen gefüllte 190-Liter-Müllcontainer heran. Wenn ein einziger davon Feuer gefangen hätte, hätten sechs bis neun Meter hohe Flammen in die Luft schießen und den gesamten radioaktiven und toxischen Inhalt freisetzen können.[48]

Die Brände breiteten sich auch in einem Gebiet mit nicht gekennzeichneten radioaktiven Mülldeponien aus. Die Löscharbeiten wurden behindert, weil es keine genauen Karten gab, auf denen die radioaktiv verseuchten Stellen detailliert verzeichnet waren.[49] Die Brände fraßen sich durch die »B/C Cribs«, die stark verseuchten Lagerräume der »200 West Area«, die vermutlich stärker radioaktiv sind als der gesamte Bestand von Los Alamos.

Geräte zur Messung gas- und staubförmiger Luftinhaltsstoffe stellten Plutonium rund um das gesamte Gebiet fest, aber die Überwachung war nicht ausreichend. Weil Bundesbeamte den Ernst der Lage verkannt hatten, waren die Plutoniummessungen unvollständig. Die zuverlässigsten Tests machte nach dem Brand die US-Umweltschutzbehörde. Die zu diesem Zeitpunkt gemessenen Werte waren immer noch 100-mal höher als normal. Wie hoch die Werte waren, als das Feuer seinen Höhepunkt erreicht hatte, ist nicht bekannt.

Plutonium könnte, je nach Windrichtung, auch in die Lungen von Menschen gelangen, die Hunderte von Kilometern vom Brandherd entfernt sind. Plutonium ist bereits in einer Dosis von einem Millionstel Gramm Krebs erregend.⁵⁰

IDAHO NATIONAL ENGINEERING & ENVIRONMENTAL LABORA-TORY: Im Juli 2000 vernichtete ein Brand knapp 200 Quadratkilometer in und um das Idaho National Lab. Die Folge war, dass die in der Luft gemessene Radioaktivität über den Normalwert anstieg. Der Brand erreichte auch das Gelände eines Testreaktors, woraufhin die Evakuierung der Anlage angeordnet wurde.

Im September verschlang ein weiterer Brand auf denselben Laborgeländen 32 Quadratkilometer und gipfelte in einem Unfall, von dem Mitarbeiter später zugaben, dass er sehr gefährlich war. Eine Kammer einer Verbrennungsanlage, die dazu verwendet wurde, radioaktiven und toxischen Müll zu »verbrennen«, der Plutonium enthielt, hatte nach der Evakuierung der Arbeiter über Nacht unbeaufsichtigt weitergebrannt. Mitarbeiter des Labors behaupten, die Arbeiter hätten die Verbrennungsanlage abgeschaltet, bevor sie gingen, eine Kammer hätte sich jedoch auf Grund des Feuers wieder neu entzündet. Die Sicherheitsvorschriften verlangten, dass die Verbrennungsanlage nur unter Aufsicht betrieben werden durfte, aber man hielt sich nicht daran. Die von Bechtel – einem der Unternehmen, die für das US-Energieministerium arbeiten – betriebene Verbrennungsanlage wurde inzwischen geschlossen.⁵¹

Es ist offensichtlich, dass man radioaktives Material niemals verbrennen sollte, da es unverändert an die Luft abgegeben und vom Wind weitergetragen wird.

WEITERE ATOMARE EINRICHTUNGEN: In den vergangenen Jahren wurden mehrere große atomare Einrichtungen geschlossen. Zurück blieb unbeaufsichtigtes und instabiles Atommaterial in großen Mengen, unter anderem 189 Tonnen leicht entzündliches, hoch angereichertes Uran im Oak Ridge Y-12-Waffenwerk in Tennessee. Es lagert in alten Holzhäusern. Wenn ein Brand das Uran entzünden würde, würde beim Löschen mit Wasser Wasserstoff entstehen, und das Feuer würde ein Massensterben verursachen.[52] Das US-Energieministerium räumte kürzlich erstmals ein, dass auf dem Testgelände in Nevada im Lauf von vier Jahrzehnten vier Tonnen Plutonium in die Erde gelangt sind. Riesige Mengen von tödlichen Spaltprodukten begleiten das Plutonium. Diese Substanzen bewegen sich schnell durch das unterirdische Wassersystem auf die Gemeinden in der näheren Umgebung zu.[53]

Entschädigungszahlungen der Regierung

Zum ersten Mal sollen die vielen tausend Menschen, die früher in den Atomwaffenfertigungsbetrieben gearbeitet haben, von der US-Bundesregierung dafür entschädigt werden. Diese Menschen haben Uran abgebaut, verarbeitet und angereichert, Atomreaktoren betrieben, tödliche radioaktive Materialien wieder aufbereitet, Plutonium, Uran und Thorium verarbeitet und mit radioaktivem Müll hantiert. Trotzdem leugnete die Regierung 60 Jahre jeden Zusammenhang zwischen der Strahlung, der diese Menschen bei der Arbeit in der Atomwaffenindustrie ausgesetzt waren, und ihren späteren Erkrankungen. Wenn überhaupt, so wussten nur wenige Arbeiter um die medizinischen Risiken ihrer Beschäftigung. Stattdessen stand die durch den Kalten Krieg bedingte Notproduktion von Atomwaffen im Mittelpunkt. Schließlich handelte es sich dabei um eine Pflicht, die die Sicherheit der Nation gebot. Die Gesundheit der Arbeiter war nur zweitrangig.

Am Ende bot der US-Kongress allen, die Schäden davongetragen haben, eine Einmalzahlung von 150 000 Dollar sowie kostenlose Gesundheitsfürsorge an. Die Gesamtkosten, die der US-Regierung in den nächsten fünf Jahren dadurch entstehen, werden auf eine Milliarde

Dollar geschätzt – verglichen mit den Milliarden, die der US-Kongress an die Rüstungsunternehmen, das Pentagon und die Atomlabors verteilt.

Eine weitere und möglicherweise noch größere Gruppe von Menschen, die in den vierziger und fünfziger Jahren radioaktiver Strahlung ausgesetzt waren, hat für die mehr als 200 Privatfirmen im ganzen Land gearbeitet. Diese Anlagen, von kleinen Familienbetrieben bis hin zu großen Chemiefirmen, wurden in aller Stille auf die Produktion von Atomwaffenkomponenten umgestellt. Vollkommen arglos hantierten die Arbeiter mit Tonnen von gefährlichem Uran, Thorium, Polonium, Beryllium und anderen toxischen und radioaktiven Substanzen herum.

Viele dieser Fabriken befanden sich im Industriegürtel von New England, New York, Pennsylvania, New Jersey, um die Großen Seen herum und entlang der Täler des Ohio und Mississippi sowie in den Städten Detroit, Chicago, St. Louis und Cleveland. In allen diesen Fabriken wurden viele tausend Menschen Strahlendosen ausgesetzt, die viele hundert Mal höher waren als die damals willkürlich festgesetzten Höchstgrenzen. Seither hat sich gezeigt, dass diese Grenzwerte um ein Vielfaches zu hoch waren. Die Arbeiter mit den risikoreichsten Aufgaben waren Lungendosen von 130 rem oder mehr ausgesetzt – zehnmal mehr, als heute erlaubt ist. (Ein *rem* ist eine Maßeinheit für die biologische Wirkung von Strahlung.)

Strahlung ist niemals ungefährlich, und sie summiert sich im Körper – jede Dosis erhöht das Risiko einer Krebserkrankung in späteren Jahren. Einige dieser Arbeiter waren so verstrahlt, dass sie ein 200 Prozent höheres Risiko hatten, auf Grund der Strahlung an Krebs zu sterben als Menschen, die keiner Strahlung ausgesetzt gewesen waren. Regierungsberichte über die medizinischen Risiken waren vertraulich und wurden unter Verschluss gehalten.

Der neue Gesetzesentwurf des Kongresses über eine Entschädigung gilt ausdrücklich nur für Angestellte der Regierung und schließt diejenigen aus, die für private Arbeitgeber gearbeitet haben. Viele privat betriebene Atomfabriken wurden inzwischen geschlossen, und die Aufzeichnungen wurden verlegt oder gingen verloren. In den umliegenden Orte ist man sich der bleibenden radioaktiven und toxischen Verseuchung größtenteils nicht bewusst – ein tragisches medizinisches Erbe dieser geheimen Waffenproduktion. Als einziges Beispiel – eines von vielen – soll die Harshaw Chemical Company in Cleveland dienen, die 160 bis 225 Kilogramm radioaktiven Uranstaub von ihren Regalen blies.

In Anbetracht dieser andauernden Gefahr werden durch das SS&M-Programm bereits katastrophale Umwelt- und Gesundheitsprobleme fortbestehen und noch weiter verschärft. Der Kalte Krieg ist vorbei. Es gibt keine Feinde, nur Terroristen, und die werden sich von Atomwaffen nicht aufhalten lassen. Wir, die Menschen, müssen fordern, dass die Labors ihre Arbeit einstellen: Sie bringen uns um, um Bomben herzustellen, damit sie uns *noch besser* umbringen können.

Die Geschichte der US-Raketenabwehrsysteme: Sentinel, Star Wars, NMD

Wenn die Vereinigten Staaten nicht aufhören, den ABM-Vertrag [ABM Anti Ballistic Missiles] zu untergraben ... können und werden wir uns nicht nur aus dem START-II-Vertrag zurückziehen ... sondern aus dem gesamten Vertragssystem zur Einschränkung und Kontrolle strategischer und konventioneller Waffen.

Wladimir Putin, russischer Präsident, 2001

Jede Veränderung des Vertrags, oder gar seine Abschaffung, wird katastrophale Folgen haben. Es wird die atomare Abrüstung zwischen den Russen und den Amerikanern jetzt sowie eine künftige multilaterale Abrüstung zum Stillstand bringen.

Sha Zukang, Abrüstungsbeauftragter der chinesischen Regierung, 2001

Ungefähr zu der Zeit, als sich die Atomwissenschaftler ein »Stockpile Management Program« zur Verwaltung der Atomwaffenbestände ausdachten, damit ihre Karrieren das Ende des Kalten Krieges überdauerten – und die Entwicklung neuer Atomwaffen getarnt bliebe – bemühten sich sowohl Bill Clinton als auch George W. Bush auf Druck der Waffenproduzenten parallel um ein Raketenabwehrsystem.

Der Plan, wie immer ein Produkt der Politik seiner Zeit, entwickelte sich von Lyndon Johnsons Sentinel über Ronald Reagans Programm mit dem einprägsamen Namen Star Wars zu George W. Bushs nationaler Raketenabwehr (NMD, National Missile Defense). Mit jeder Wiedergeburt kamen neue Ideen für den Bau eines umfassenden Raketenabwehrschirms für die Vereinigten Staaten hinzu. Es ist wichtig, sowohl die Entwicklungsgeschichte der Raketenabwehr als auch die verschiedenen Bestandteile des von George W. Bush vorgestellten neuesten Projekts zu verstehen – einschließlich seines Vorschlags, Atomreaktoren und möglicherweise Atomwaffen sowohl im Weltraum als auch auf der Erde und in der unmittelbaren Erdatmosphäre zu stationieren. Nur dann kann man beurteilen, ob unsere aktuelle Politik auch umsetzbar ist und welche Folgen sie haben wird. Dieses Kapitel beschäftigt sich mit der Geschichte der Raketenabwehr und den Komponenten, aus denen sie im Augenblick besteht. Das nächste Kapitel befasst sich mit den Plänen zur Militarisierung des Weltraums.

Von Sentinel zur nationalen Raketenabwehr

Alle Militärwaffen, die je gebaut wurden, hatten den Bau weiterer Waffen zur Folge, die diese abwehren sollten. In dem Augenblick, als Wissenschaftler Raketen entwickelten, die in der Lage waren, Atomwaffen durch den Weltraum zu transportieren, wurde im nächsten Schritt ein Raketenabwehrsystem erforderlich. Zu diesem Zweck regte Präsident Lyndon Johnson 1967 den Bau eines Systems namens Sentinel an. Präsident Richard Nixon nannte seine hypothetische Version Safeguard, und das Modell Ronald Reagans wurde unter dem Namen Star Wars bekannt. Letzten Endes gab man all diese Pläne wieder auf, weil keiner davon funktionierte. Es war sehr viel einfacher, Tausende von Wasserstoffbomben zu bauen, als ein System zu entwickeln, um sie aufzuhalten.[1] Dennoch beeinflussten Reagans Charisma und seine Überzeugungskraft die öffentliche Meinung zu Gunsten von Star Wars – einem

»Schutzschild«, der über dem amerikanischen Kontinent errichtet werden sollte, um ihn vor anfliegenden sowjetischen ballistischen Raketen zu schützen. Mit seiner Star-Wars-Rede 1983 billigte Reagan ein Vorhaben, von dem angesehene Wissenschaftler wussten, dass es nicht realisierbar war. Darüber hinaus prägte Reagan in seiner Rede einen unvergesslichen Begriff für das Gesamtkonzept einer Raketenabwehr, und viele Menschen – ich eingeschlossen – verwenden nun trotz der Bemühungen aller nachfolgenden Regierungen um eine neue Namensgebung den Begriff »Star Wars« für Raketenabwehrpläne aller Art.

70 Milliarden Dollar »später« und nachdem in zahlreichen Universitäten, Colleges und Unternehmen des Landes hart gearbeitet und geforscht worden war, zeigte noch immer keine der Techniken, die sich in der Entwicklung befanden, gegen ankommende ballistische Raketen Wirkung. Nach seiner Wahl zum Präsidenten wies Clinton 1992 seinen Verteidigungsminister Les Aspin an, das Star-Wars-Programm (oder die strategische Verteidigungsinitative SDI, Strategic Defense Intiative, wie es damals hieß) einzustellen. Im Mai 1993 schuf Aspin als Alternative dazu die neue US-Raketenabwehrbehörde, die Ballistic Missile Defense Organization (BMDO). Der neue Plan ging vom Konzept weltraumgestützter Waffen ab.

Stattdessen sollten bodengestützte Systeme zum Schutz der amerikanischen Streitkräfte vor Gefechtsfeldraketen entwickelt und angeschafft werden. 80 Prozent des BMDO-Budgets waren für die »Gefechtsfeld-« oder Kurzstreckenraketenabwehr, 20 Prozent für die Erforschung einer nationalen oder Langstreckenraketenabwehr vorgesehen.[2] Aber da Kurz- und Langstreckensystemen die gleiche Technik zu Grunde liegt, war die republikanische Rechte mit Aspins Vorhaben eigentlich recht zufrieden.[3] Frank Gaffney, unter Reagan Abteilungsleiter im US-Verteidigungsministerium, sagte, Aspin verändere im Grunde nur »Äußerlichkeiten«.

Bereits 1991 hatten die US-Navy, die US-Army und die US-Air Force in aller Stille begonnen, ihre eigenen Gefechtsfeld-Abwehrsysteme zu entwickeln. Die US-Navy und die US-Army arbeiteten an zwei ähnlichen Systemen – einem Verteidigungssystem für den unteren Abfangbereich, mit dem Kurzstreckenraketen in der unteren Atmosphäre abgefangen werden sollen, und einem Verteidigungssystem für den oberen Abfangbereich, mit dem Raketen in der oberen Atmosphäre abgefangen werden sollten.[4] Die US-Air Force hatte unterdessen an mehreren Programmen zur Gefechtsfeldabwehr (TMD, Theater Missile Defense) gearbeitet, einschließlich eines Laserabfangsystems für Flugkörper in der Antriebsphase, das auf einem bemannten Flugzeug stationiert werden sollte. Aspins BMDO gab zu dreien dieser Systeme ihre ausdrückliche Zustimmung: dem Patriot-PAC-3-System der US-Army für den unteren Abfangbereich, dem Aegis-Programm der US-Navy, das an Bord von Aegis-Schiffen stationiert werden sollte, und dem Theater-High-Altitude-Area-Defense (THAAD) System zur Flächenverteidigung gegen Kurz- und Mittelstreckenraketen der US-Army.[5] (Generell herrscht die Auffassung, eine Gefechtsfeld- oder Kurzsstreckenraketenabwehr verstoße nicht gegen den ABM-Vertrag. THAAD kommt in einer Höhe von 40 Kilometern – beinahe außerhalb der Atmosphäre – zum Einsatz und verstößt sehr wohl gegen den ABM-Vertrag.)

Doch der Schock des politischen Verlustes von US-Repräsentantenhaus und US-Senat an die Republikaner im Jahr 1994 hatte dramatische Auswirkungen auf Clintons Widerstand gegen Star Wars. Zu den von Newt Gingrich im »Contract with America« aufgestellten Forderungen gehörte auch der Wunsch nach einer »höchst effektiven Abwehr« für den amerikanischen Kontinent zum frühestmöglichen Zeitpunkt.[6] Um den nun erstarkten republikanischen Kongress versöhnlich zu stimmen, sprach sich Clinton klar für Star Wars aus und taufte das

Programm noch einmal neu auf den scheinbar harmloseren Namen Nationale Raketenabwehr (NMD).

Die amerikanische Rechte machte sich weiterhin für die Star-Wars-Idee stark, obwohl eine Beurteilung durch die US-Nachrichtendienste 1995 zu dem Ergebnis kam: »Abgesehen von den bekannten Atomgroßmächten wird in den nächsten 15 Jahren kein Land in der Lage sein, ballistische Raketen zu entwickeln oder anderweitig zu erwerben, die die 48 Bundesstaaten und Kanada gefährden könnten.«[7] Beunruhigt ob dieses Berichts, ernannte der von der republikanischen Mehrheit regierte US-Kongress Donald Rumsfeld, den Verteidigungsminister der Regierung Ford (nun George W. Bushs Verteidigungsminister), zum Vorsitzenden einer »unabhängigen« Kommission, die diese Behauptungen widerlegen sollte. Laut Bob Aldridges Hintergrundpapier zur Nationalen Raketenabwehr, das den Titel »Son of Star Wars« trägt, war die Kommission angewiesen, bei ihren Überlegungen von den schlimmstmöglichen Fällen auszugehen, die wahrscheinlichsten Szenarien aber auszuklammern.

Man forderte die Kommission auf zu beurteilen, welche tatsächlichen oder möglichen Gefahren von ballistischen Raketen ausgingen, die mit atomaren, biologischen oder chemischen Waffen bestückt waren. Darüber, wie realistisch oder wahrscheinlich diese Bedrohung war, durften sie jedoch nicht entscheiden. Zudem sollte die Kommission außer Acht lassen, dass es unter Umständen einfachere Wege außer als Gefechtskopf auf einer ballistischen Rakete gibt, derartige Waffen ihrer Bestimmung zuzuführen. Mit anderen Worten, die Kommission hatte die Aufgabe, konkrete Gefährdungen festzustellen, damit der US-Kongress seine NMD-Wünsche vorantreiben konnte.[8] General Henry Shelton, der Vorsitzende der Vereinigten US-Stabschefs, setzte den Rumsfeld-Bericht in seinem Brief an Senator James Inhofe vom 24. August 1998 ins Verhältnis: »Die [Rumsfeld] Kommission weist darauf hin, dass terroristische Staaten auf Grund unkonventioneller, riskanter Entwicklungsprogramme und Unterstützung aus dem Ausland in kurzer Zeit die Fähigkeit zum Bau von Interkontinentalraketen erlangen und die US-Nachrichtendienste das möglicherweise nicht entdecken könnten. Wir halten diese Entwicklung für unwahrscheinlich.«[9]

Leider traf Sheltons Brief just in dem Augenblick ein, als eine nordkoreanische Taepo-Dong-Rakete mit einem Satelliten an Bord im August 1998 das japanische Festland überquerte. Das Ereignis verlieh der nationalen Raketenabwehr neuen Auftrieb. Diese Rakete basierte auf einer primitiven Weiterentwicklung der Scud-Raketen-Technologie und war von einem Land gebaut worden, dessen Bruttoinlandsprodukt kleiner ist als das des US-Bundesstaates Delaware. Die primitive koreanische Mittelstreckenrakete, die von ihrer Konstruktion her gar nicht in der Lage gewesen wäre, das amerikanische Festland zu erreichen, stürzte vor der japanischen Küste ins Meer. Trotzdem lieferte sie der amerikanischen Rechten enormen Nachschub an moralischer Munition. Zudem veranlasste sie Japan, das zuvor gezögert hatte, sich den amerikanischen Raketenabwehrpläne anzuschließen, im August 1999 ein gemeinsames Abkommen über die Entwicklung einer Gefechtsfeldraketenabwehr zu unterzeichnen. Im Oktober 2002 gab Nordkorea zu, im Rahmen eines Atomwaffenprogramms Uran angereichert zu haben. Atomwaffen wurden aber offenbar nicht hergestellt. Im Gegenzug kürzten die USA die Lebensmittel-Hilfslieferungen für das von Dürre heimgesuchte Land, in dem ein Drittel der 23 Millionen Einwohner verarmt ist. Darüber hinaus stoppen die USA die dringend benötigten Öllieferungen, im Januar 2003 boten sie allerdings wieder Hilfe bei der Energieversorgung an, nachdem Nordkorea den Atomwaffensperrvertrag gekündigt hatte.[10]

Dem Rumsfeld-Bericht folgte nun eine Stellungnahme des National Intelligence Council, die am 9. September

1999 veröffentlicht wurde. In diesem neuen Bericht wurde gewarnt, dass die Verbreitung von ballistischen Mittelstreckenraketen, die in erster Linie durch nordkoreanische Raketenexporte vorangetrieben werde, eine »ernste, unmittelbare und wachsende Bedrohung« darstelle. (In dem Bericht wurde nicht einmal behauptet, dass Nordkorea eine Gefahr sei, sondern dass es Raketenteile an *andere* Länder verkaufe, die zur Gefahr werden *könnten*.) Unter anderem wurde auch die Behauptung aufgestellt, der Iran könne mit Russlands Hilfe noch vor 2010 eine Rakete testen, die in der Lage wäre, die Vereinigten Staaten mit einem Sprengkopf von mehreren Hundert Kilotonnen zu beschießen.[11] Und dass die Vereinigten Staaten in den nächsten 15 Jahren »höchstwahrscheinlich der Bedrohung durch Interkontinenalraketen aus Russland, China und Nordkorea, vermutlich Iran und möglicherweise dem Irak ausgesetzt sein werden«.

Diese Berichte sollten zwar umfassend und kompetent klingen. Bei all dem Eifer, ein Multi-Milliarden-Dollar-Verteidigungsprogramm zu rechtfertigen, wurde jedoch mit keinem Wort erwähnt, dass jedes Land oder jeder Mensch der Welt atomare, biologische oder chemische Waffen an Bord eines Schiffs, in einem Koffer oder mit einem kleinen Privatflugzeug in die Vereinigten Staaten schmuggeln könnte. Ein Lastwagen voller Waffen könnte über Mexiko oder Kanada ins Land gelangen. Ein Marschflugkörper, der – unsichtbar für jedes Raketenabwehrsystem – unter dem Radar hindurchfliegt, wäre vielleicht ebenfalls geeignet. Oder, wie wir am 11. September 2001 gesehen haben, kann ein amerikanisches Flugzeug mit Zivilisten und Tausenden Litern Flugzeugtreibstoff an Bord als ballistische Rakete dienen – die wichtigsten Waffen waren einfache, billige Teppichmesser. Wie die Zeitung *Mercury News* am 10. September 1999 ausgeführt hatte, ist ein Anschlag mit solchen Mitteln sehr viel wahrscheinlicher als ein Angriff aus dem All.

Joseph Cirincione, der Direktor der Stiftung Carnegie Endowment for International Peace, stellte treffend fest, der neue Bericht »offenbart eine Senkung der zuvor festgesetzten nachrichtendienstlichen Standards zur Beurteilung einer Bedrohung«. Der Bericht dehnte die Raketenbedrohung willkürlich auf alle fünfzig Staaten aus, statt es bei den vorgesehenen 48 Staaten (wie im ABM-Vertrag, von dem Hawaii und Alaska ausgeschlossen waren) zu belassen, und setzte den möglichen Termin für den Einsatz von Langstreckenraketen durch einen »Schurkenstaat« mindestens fünf Jahre zu früh an. In dem Bericht selbst wird eingeräumt: »Einige Experten glauben, wenn man den Raketen, die ein Land unter Umständen entwickeln ›könnte‹, eine so große Bedeutung beimisst, gibt man einer Entwicklung, die sich als unwahrscheinlich erweisen könnte, mehr Glaubwürdigkeit, als sie verdient.«[12]

Unterdessen gab in Washington ein unabhängiger Untersuchungsausschuss unter der Leitung von Larry Welch, dem früheren US-Air-Force-Stabschef und Viersternegeneral im Ruhestand, einen weiteren Bericht heraus. Der Ausschuss setzte sich aus zwölf Raketenabwehrexperten zusammen und war als »die Ansammlung der erfahrensten Zivilisten und Offiziere im Ruhestand, die sich je mit den Bemühungen zur Raketenabwehr auseinander gesetzt haben«, gepriesen worden. Sie fanden heraus, dass unzureichende Tests, Ersatzteilprobleme und Managementfehler das Raketenabwehrprojekt erschwerten. Der Bericht kritisierte, die Regierung und die beauftragten Unternehmen hätten ihre Fähigkeit, ein zuverlässiges Raketenabfangsystem zu entwickeln, zu optimistisch eingeschätzt. Er beanstandete Fehler auf Grund von schlechtem Design und schlechter Produktion, nachlässigem Management und nicht ausreichend strenger Kontrolle durch die Regierung. Außerdem rügte er, die Versuche seien so stark gestrafft worden, dass das Programm im Grunde »auf direktem Weg ins Verderben«

steuere.[13, 14] Der Ausschuss wies zudem darauf hin, dass noch nie ein echtes Kill Vehicle (Abfangmodul) mit einer echten Trägerrakete getestet worden sei (sondern lediglich Sprengkopf-Prototypen mit Ersatz-Trägerraketen), und man große Bedenken hätte, das Kill Vehicle könnte die stärkeren Erschütterungen nicht aushalten, da die echte Trägerrakete sehr viel schneller und die Vibrationen »um mehr als eine Stufe stärker als bei der derzeit verwendeten Ersatz-Trägerrakete« seien. Der Ausschuss empfahl Clinton, seine Entscheidung über den Bau eines nationalen Raketenabwehrsystems zu vertagen.[15]

Doch im Januar 1999 lief ein Amtsenthebungsverfahren gegen Präsident Clinton, und seine politische Position war äußerst prekär. Ende des Monats erhöhte US-Verteidigungsminister William Cohen in Clintons Auftrag – Cohen selbst stimmte im Prinzip aber ebenfalls zu – das Raketenabwehrbudget der nächsten vier Jahre um 6,6 Milliarden Dollar und kündigte einen Zeitplan an, der eine Entscheidung über die Stationierung vorsah, noch bevor Clinton aus dem Amt scheiden würde.[16] Obwohl die Regierung Clinton anfangs nur ein bescheidenes Raketenabwehrsystem zum Schutz gegen einen rein theoretischen und eher kleinen Interkontinentalraketenangriff eines »Schurkenstaates« gebilligt hatte, erlaubte es die von Cohen angekündigte Erhöhung des Verteidigungsbudgets der Star-Wars-Lobby, ihren sprichwörtlichen Fuß in die Tür zu bekommen. Es folgte eine lebhafte Debatte über die Wirksamkeit, technische Relevanz und Machbarkeit des geplanten Raketenabwehrsystems. Während die Wissenschaftler beider Seiten einander attackierten, misslangen drei Tests, näherten sich Nord- und Südkorea einander an und löste sich der Grund für ein Raketenabwehrsystem in Luft auf.

Ursprünglich hatte Clinton vier Kriterien für die Entscheidung über den Einsatz einer nationalen Raketenabwehr genannt: die Bedrohung, die Kosten, die Technik und die allgemeine amerikanische Sicherheit. Die Bedrohung war verschwunden, die Kosten waren unvergleichlich hoch, die Technik funktionierte offensichtlich nicht, und viele hatten das Gefühl, dass der Einsatz von NMD die Sicherheit Amerikas eher gefährden als verbessern würde. Ein vertraulicher nachrichtendienstlicher Bericht zum Thema »Foreign Responses to U.S. National Missile Defense Deployment«, der zu jener Zeit herausgegeben wurde, stützte diese Auffassung. In dem Bericht wurde davor gewarnt, NMD würde China dazu veranlassen, sein Atomwaffenarsenal zu verzehnfachen, und Russland würde Raketen, die derzeit nur mit einer Bombe bestückt waren, mit mehreren Wasserstoffbomben nachrüsten. Zudem legte der Bericht dar, dass China dazu veranlasst würde, bis 2015 200 Sprengköpfe einsatzbereit zu machen (wie bereits erwähnt, verfügt China derzeit lediglich über 20 Wasserstoffbomben, die in der Lage sind, Amerika zu treffen), was dazu führen würde, dass Indien und Pakistan ihrerseits atomar aufrüsten.[17]

Auf Grund dieses Berichts (und mit offensichtlicher Erleichterung) reichte Clinton das Star-Wars-Problem an den nächsten Präsidenten weiter und vermied es so, als der Präsident bekannt zu werden, der den ABM-Vertrag zum Scheitern brachte. (Obwohl es ihm nicht gelang, eine endgültige Entscheidung über die Zukunft von NMD zu fällen, wies er in typischer Clinton-Manier seinen Verteidigungsminister an, ein »solides technisches Entwicklungsprogramm« zu verfolgen. Inoffiziell wurde das Programm also ohne Einschränkung fortgesetzt.)

Dem steht nun George W. Bushs enthusiastische Zustimmung zu einem umfassenden, mehrschichtigen nationalen Raketenabwehrsystem mit allen Extras gegenüber.[18] Die Heritage Foundation hat die Sache in die Hand genommen und schafft fleißig die Voraussetzungen dafür. Sie brachte während der Präsidentschaftswahl

2000, ein paar Monate, bevor Bush zum Präsidenten erklärt wurde, unter anderem die folgende Petition in Umlauf:

Petition zum sofortigen Schutz Amerikas

Weil China und Russland die Vereinigten Staaten atomar bedrohen und Schurkenstaaten wie der Irak, Nordkorea und Iran Raketen besitzen oder sich verschaffen, die mit Massenvernichtungswaffen ausgestattet sind;

weil die Vereinigten Staaten derzeit nicht in der Lage sind, auch nur eine einzige Rakete aufzuhalten, nachdem sie gezündet wurde;

weil die Regierung erklärt hat, dass sie zuerst die Einwilligung der russischen Regierung benötigt, bevor sie über den Einsatz einer Raketenabwehr in den Vereinigten Staaten entscheiden kann;

weil das eingeschränkte, landgestützte Raketenabwehrsystem, über dessen Einsatz die Regierung angeblich später in diesem Jahr entscheiden wird, frühestens 2005 unsere Familien schützen kann;

weil man der US-Navy sofort die Anweisung geben könnte, mit dem Aufbau einer seegestützten Abwehr zu beginnen, die noch vor 2005 einen teilweisen Schutz vor Raketen bieten würde;

weil hochrangige Pentagon-Mitarbeiter zu dem Schluss gekommen sind, dass eine umfassende Raketenabwehr das amerikanische Volk am effektivsten vor einem Raketenangriff schützen würde;

und weil die Regierung derzeit mit Russland über einen Vertrag verhandelt, der den Vereinigten Staaten den Einsatz einer see-, luft- oder weltraumgestützten Abwehr verbieten würde;

deshalb fordere ich, [setzen Sie hier Ihren Namen ein] aus [setzen Sie hier Ihren Bundesstaat ein], die ge-

wählten Volksvertreter und die Kandidaten für ein öf-
fentliches Amt auf, meiner Familie und allen Familien
in den Vereinigten Staaten zu versprechen, dass sie den
sofortigen Beginn des Aufbaus einer seegestützten Raketenabwehr als ersten Schritt zum Schutz amerikanischer Familien unterstützen; und dass sie weiterhin zu-
sagen, sich gegen die Vorstellung zu verwehren, dass
ein anderes Land mit einem Veto das US-Militär daran
hindern kann, das amerikanische Volk bestmöglich zu
schützen.

Jack Spenser und Michael Scardaville, Mitglieder der Heritage Foundation, verfassten einen Kommentar für den
Miami Herald vom 17. Oktober 2000, in dem sie ein derar-
tiges Engagement für NMD rechtfertigten. Sie riefen den
Lesern ins Gedächtnis, dass der Iran am 21. September
2000 eine Shahab-Rakete mit einer Reichweite von knapp
1300 Kilometern getestet habe, und verkündeten, der
Iran sei »der Entwicklung von Atomwaffen gefährlich
nahe«.

Sie erwähnten auch, dass Syrien am 23. September ein
neues Scud-Raketen-Modell von Nordkorea erworben
habe, mit dem es Israel von Stützpunkten angreifen könne, die tief im eigenen Land lagen. Libyen, so sagten sie,
habe vom 24. September an nordkoreanische Nodong-
Raketen bekommen, mit denen es Israel und Südeuropa
angreifen könne. Sie schrieben, Pakistan und Indien
planten ebenfalls neue Raketentests für ballistische Mittelstreckenraketen, und sie schlossen mit der eindringli-
chen Warnung, die Bedrohung für »unsere Truppen und
Freunde im Ausland wächst«, die Vereinigten Staaten
bräuchten ein Raketenabwehrsystem und es sei töricht,
auf den ABM-Vertrag zu vertrauen.[19]

Steve LaMontagne, ein Raketenabwehrexperte der Organisation *Council for a Livable World*, schrieb daraufhin,
Spenser und Scardaville hätten vergessen zu erwähnen,

dass sich die Vorgänge in Libyen, Iran und Syrien in der Woche nach und als Reaktion auf Israels erfolgreichen Test seines neuen Raketenabwehrsystems»Arrow 2« zur Abwehr taktischer Raketen ereignet hatten, und dass keine der oben erwähnten Raketen den Vereinigten Staaten gefährlich werden könne. In seinem Artikel fragte er, »warum sich Iran, Syrien und Libyen von der israelischen Raketenabwehr dann offenbar nicht beirren lassen, sondern sich sogar herausgefordert fühlen, wenn Raketenabwehrsysteme – wie die Heritage Foundation behauptete – abschreckend auf eine Weiterverbreitung wirkten?« Und »warum ist Russland entschlossen, sich die Möglichkeit eines Vergeltungsschlages gegen mögliche US-Abwehrsysteme offen zu halten? ... Was wir vom Nahen Osten und Russland lernen können ist, dass Raketenabwehrsysteme die Weiterverbreitung ankurbeln.«[20]

Während weitere Debatten darüber stattfinden, ob eine nationale Raketenabwehr nötig oder machbar ist, sind die Konzerne und das Pentagon bereits dabei, in aller Stille den Großteil der Bestandteile zu entwerfen, in Auftrag zu geben und zu bauen. Es gibt keine öffentliche Diskussion, keine informativen Debatten in den Medien oder seitens der Medien, und die amerikanische Öffentlichkeit muss die Rechnung in Höhe von vielen Milliarden Dollar bezahlen und die katastrophalen Risiken eingehen, die eine solche Entwicklung mit sich bringt. Clintons Vertcidigungsminister William Cohen hatte NMD begeistert zugestimmt, als er das Budget für die Raketenabwehr im Januar 1999 erhöhte, und sich mit den Worten:»Wir bestätigen, dass eine Gefahr besteht und diese Gefahr wächst«, auf Nordkorea bezogen. Der US-Kongress verstärkte den Druck zwei Monate später, als er einen von dem republikanischen Senator Thad Cochran eingebrachten Gesetzesentwurf billigte, der zum Einsatz einer nationalen Raketenabwehr aufforderte, »sobald das technisch möglich ist«,[21] und verkündete:»Der Einsatz einer nationalen Raketenabwehr gehört zur Politik der Vereinigten Staaten.« Man hatte Star Wars wieder belebt. Am 2. Oktober 2001 – 21 Tage nach dem 11. September – stimmte der US-Senat einstimmig für die Bereitstellung von gewaltigen 345 Milliarden Dollar für die Verteidigung, wobei auch George W. Bushs Forderungen nach Flexibilität bei der Raketenabwehr berücksichtigt wurden (was allein 8,3 Milliarden Dollar ausmacht).[22]

Die Bestandteile der Raketenabwehr

Die Kategorisierung von Star-Wars- oder Raketenabwehrsystemen ist vielschichtig und verworren, und die Bezeichnungen wechseln ständig. Als Reagans Star-Wars-Konzept in den neunziger Jahren zu neuem Leben erwachte, ersann man eine weniger aggressive Terminologie, die das Gesamtkonzept annehmbarer erscheinen lassen sollte. Man entschied sich für die Bezeichnung Raketenabwehr, und wie bereits erwähnt, bestand diese aus zwei Teilen: der Gefechtsfeldabwehr (TMD) und der Nationalen Raketenabwehr (NMD). Mit TMD sollten niedrig fliegende Kurzstreckenraketen – sie werden auch als»taktische Raketen« bezeichnet – in der Luft abgefangen werden, zum Beispiel die Scud-Raketen, die der Irak bei der Konfrontation im Golf einsetzte. (Die Flugzeit dieser Raketen beträgt nur wenige Minuten.) Für das Abfangen von ballistischen Interkontinentalraketen, die üblicherweise mit Atomwaffen bestückt sind, zauberte man die Bezeichnung NMD aus dem Hut. (Die Flugzeit von seegestützten ballistischen Raketen – sie werden auch als»Mittelstreckenraketen« bezeichnet – beträgt 15 Minuten; die Flugzeit von landgestützten ballistischen Raketen – auch»strategische Raketen« genannt – beträgt 30 Minuten.)

Star Wars und alle seine Nachfolger sehen Pläne zum Schutz gegen das gesamte Waffenspektrum vor – von den primitivsten bis hin zu den gefährlichsten und höchstentwickelten Waffen. Politiker, Lobbyisten und andere befürworten mehr oder weniger umfassende Versionen der Raketenabwehr, wobei sie sich angeblich an dem Ausmaß der von ihnen ermittelten Bedrohung orientieren (oft aber eindeutig von eigennützigen Faktoren bestimmt):

Eingeschränkte Raketenabwehr

So mancher ist der Ansicht, Amerika müsse sich nur gegen »Schurkenstaaten« oder »Besorgnis erregende Staaten« wie Nordkorea, Irak, Iran, Libyen, usw. schützen. Diese Länder besitzen konventionelle Waffen, aber keines davon verfügt über Raketen, die in der Lage wären, die Vereinigten Staaten zu erreichen, und keines davon befindet sich augenblicklich im Besitz von Atomwaffen. Die Befürworter dieser Variante geben land-, see- und luftgestützten Abwehrraketen gegenüber ballistischen Flugkörpern den Vorzug.

Umfassende Raketenabwehr

Andere argumentieren, China sei die neue globale Bedrohung, obwohl es nur 20 primitive atomare Interkontinentalraketen besitzt. Sie werden mit Flüssigtreibstoff angetrieben, und die Vorbereitungen für einen Einsatz gegen die Vereinigten Staaten würden sich über mehrere Tage erstrecken. Aber das Pentagon stellt es so hin, als würde China in Kürze seine atomaren Interkontinentalraketen aufrüsten, und spricht sich deshalb für eine Raketenabwehr aus, die umfassender ist als die derzeit zur Abwehr von »Schurkenstaaten« geplante Version.

Russland hält seinerseits an einem Atomwaffenarsenal fest, das die Vereinigten Staaten zerstören und einen nuklearen Winter auslösen könnte. Es ist offensichtlich, dass kein Raketenabwehrsystem der Welt die Vereinigten Staaten je vor 5000 russischen Atombomben schützen könnte, die aus dem Weltall auf das Land herabstürzen. Aber zusammen mit den anderen Bestandteilen der offiziellen US-Politik, die darauf abzielt, einen Atomkrieg gegen Russland »zu führen und zu gewinnen«, bekommt das Raketenabwehrsystem Sinn: Die Vereinigten Staaten werden mit einem Überraschungsangriff einen Erstschlag einleiten. Das heißt, sie werden zuerst zuschlagen und den Atomkrieg gewinnen, indem sie den Großteil der russischen Raketen ausschalten, bevor sie aus ihren Silos aufsteigen. Star Wars wird dann die paar Raketen »aufsammeln«, die der Zerstörung entkommen sind und tatsächlich in den Weltraum geschossen wurden. Danach wird es keine russischen Raketen mehr geben, die die Vereinigten Staaten noch treffen könnten. Natürlich wird dieses Szenario zum nuklearen Winter führen.

Weltraumgestützte Abwehr

Eine noch aggressivere Fraktion innerhalb des offiziellen US-Establishments drängt auf ein noch umfangreicheres weltraumgestütztes System, das nicht nur eine bessere Raketenabwehr gewährleisten, sondern auch die amerikanischen Wirtschaftsinteressen im Weltraum wahren soll. Diese Fraktion möchte nicht nur die derzeitigen amerikanischen Landesgrenzen vor einem Raketenangriff schützen, sondern auch die im Weltraum vorhandenen natürlichen Ressourcen ausbeuten, indem man auf dem Mond, den Asteroiden und den Planeten seltene Mineralien abbaut. Natürlich müssen die Vereinigten Staaten, wenn sie schon Milliarden Dollar in die Weltraumforschung und -entwicklung stecken, auch bereit sein, diese Investition zu »schützen«. Diese Logik führte dazu, dass eine neue militärische Größe entstand – das US-

Weltraumkommando, das die vereinigten US-Stabschefs 1985 ins Leben riefen, um mitzuhelfen,»die Nutzung des Weltraums im Rahmen der US-Abschreckung zu institutionalisieren«.[23]

Das US-Weltraumkommando erklärt explizit, dass die Vereinigten Staaten »die Weltraum-Dimension militärischer Operationen [beherrschen müssen], um US-Interessen zu wahren und Investitionen zu schützen«. Diese Herrschaft will man durch eine Militarisierung des Weltraums mit Satellitenabwehrwaffen, Raketenabwehrwaffen, Laserwaffen, Atomraketen, Atomreaktoren und möglicherweise sogar Atomwaffen, die auf einer Umlaufbahn um die Erde kreisen, erreichen. (Die übrige Welt war darüber so besorgt, dass am 20. November 2000 138 Länder bei den Vereinten Nationen für eine Resolution mit dem Titel »Verhütung eines Wettrüstens im Weltraum« stimmten.

Darin wird das »gemeinsame Interesse der gesamten Menschheit an der Erforschung und Nutzung des Weltraums zu friedlichen Zwecken« anerkannt, und »dass es der Wille aller Staaten ist, dass die Erforschung und Nutzung des Weltraums ... friedlichen Zwecken dient und zum Vorteil und im Interesse aller Länder ... durchgeführt wird«. Zudem wurde festgehalten,»dass die Verhütung eines Wettrüstens im Weltraum eine ernste Gefahr für den Weltfrieden und die internationale Sicherheit abwenden würde«. Lediglich die Vereinigten Staaten und Israel lehnten es ab, für diese Resolution zu stimmen.[24])

Drei Möglichkeiten, eine ballistische Interkontinentalrakete zu zerstören

Eine ballistische Rakete ähnelt einer Kugel, die von einem Gewehr abgefeuert wurde. Sie verlässt die Abschussrampe oder den Silo auf einer vorherbestimmten

Flugbahn, kann nicht zurückgerufen werden und kommt am angepeilten Ziel an. Raketenabwehrsysteme werden je nach dem Flugzeitpunkt, an dem sie die feindlichen Raketen abfangen, in drei Gruppen eingeteilt:

- *Abwehrsysteme für die Antriebsphase* (boost-phase systems) zerstören »feindliche« Raketen sofort nach dem Start in ihrer Antriebsphase – das sind die fünf Minuten nach dem Start und bevor die Rakete die Atmosphäre verlässt.

- *Abwehrsysteme für die mittlere Flugphase* (midcourse systems) zerstören die Raketen während der Übergangsphase im Weltraum, in der sich die Bomben oder »Passagiere« von den Trägerraketen lösen und mit extrem hoher Geschwindigkeit durch den Weltraum fliegen.

- *Abwehrsysteme für die Endflugphase* (terminal systems) zerstören Raketen beim Wiedereintritt in die Erdatmosphäre, bevor sie an ihrem Ziel einschlagen und es zerstören.

Die Zerstörung einer ballistischen Rakete hat zu jedem Zeitpunkt – ob in der Antriebsphase, der mittleren oder der letzten Flugphase – schwer wiegende Folgen für die Gesundheit der Menschheit.

Antriebsphase

Die Antriebsphase ist der womöglich beste Zeitpunkt für die Zerstörung der Rakete, besonders wenn sie mit unabhängig zielfähigen Mehrfachgefechtsköpfen (MIRV, Multiple Independent Reentry Vehicles) ausgestattet ist. Sie hat dann mehrere Wasserstoffbomben an Bord, die sehr viel schwerer zu finden sind, wenn sie sich erst abgelöst haben. Ist die Rakete mit großen Mengen chemischer oder biologischer Submunition bestückt, so stellt die Antriebsphase den einzig sinnvollen Zeitpunkt für ihre Zerstörung dar. In der Antriebsphase ist die Rakete selbst groß und langsam, verglichen mit den kleinen Sprengköpfen, die mit mehrfacher Lichtgeschwindigkeit durch den Weltraum rasen. Während ihres rasanten Steigflugs stößt die Rakete einen großen Feuerstrahl aus, der von einem Infrarot-Frühwarn- und Bahnverfolgungssatelliten leicht auszumachen ist, was sie zu einem »leichten« Ziel macht.

Die Zerstörung in der Antriebsphase hat drei Nachteile. Erstens, die Rakete muss spätestens zwei Minuten nach ihrem Start entdeckt werden, was weder bei der Erfassung noch beim Angriff der Rakete Zeit für menschliche Interventionen oder Entscheidungen lässt. Das bedeutet, der Dritte Weltkrieg könnte von einem Computer ausgelöst werden, entweder auf Grund eines Fehlers oder vorsätzlich, und die Entscheidung über unsere Zukunft liegt bei irgendwelchen Programmen.

Die Zerstörung während der Antriebsphase stellt zum Zweiten ein medizinisches Problem großer Tragweite dar. Wenn zehn Wasserstoffbomben in einer Rakete in der Atmosphäre zerstört würden, würden ungefähr 45 Kilogramm Krebs erregendes Plutonium auf die Bevölkerung niederregnen, was über einen langen Zeitraum hinweg für Chaos und Zerstörung sorgen würde. Die vorherrschenden Winde würden die tödliche, langlebige und Krebs erregende Substanz Hunderttausende von Kilometern weit tragen. Die verseuchte Erde wäre für immer verstrahlt. Wenn die Rakete biologische oder chemische Waffen an Bord hätte, würden tödliche, genetisch veränderte Viren und Bakterien oder hochgiftige Chemikalien auf die Bevölkerung darunter herabfallen.

Der dritte Nachteil der Zerstörung während der Antriebsphase liegt darin, dass die abgefangene Atomwaffe bei dem Manöver aus Versehen explodieren könnte.

Mittlere Flugphase

Wenn die Rakete mit ihren unabhängig zielfähigen Mehrfachgefechtsköpfen durch den Weltraum rast, löst sich der Vorderteil oder »Bus« mit den »Passagieren« – den zehn Wasserstoffbomben – von der Trägerrakete. Diese Transitphase dauert ungefähr 25 Minuten. Die Wasserstoffbomben, die bei extremer Kälte durch den Weltraum flitzen, sind sehr schwer aufzuspüren. Da die Metallbomben aber aus der Erdatmosphäre kommen, behalten sie ihre Wärme im Verhältnis zu den eisigen Temperaturen im Weltall. Die Wärmesensoren des Abfangmoduls oder Kill Vehicle sind so konstruiert, dass sie den Temperaturunterschied feststellen und der Flugkörper sein Ziel ausmachen kann.

Es ist aber seit langem bekannt, dass sich Raketenabwehrsysteme relativ leicht in die Irre führen lassen. Die Bomben könnten von zahlreichen Täuschkörpern begleitet werden – zum Beispiel von Ballons aus Kunststoff (Mylar), die auf Bombengröße aufgeblasen und mit einer dünnen Aluminiumschicht oder mit kleinen Aluminiumstücken überzogen wurden, damit sie einer Bombe ähneln und die Radarsysteme des Abfangmoduls verwirren. Die Ballons können die gleiche Form wie der Sprengkopf haben, und wenn sich eine Glühbirne und eine Batterie darin befinden, haben sie die gleiche Temperatur wie der Sprengkopf und bringen so die Sensoren der Abfangrakete durcheinander. Oder die echte Bombe wird mit einem Kühlballon umgeben, damit sie einem Täuschkörper ähnelt. Die Wahrheit ist, dass das Pentagon noch kein Abfangsystem mit einer großen Auswahl von Täuschkörpern getestet hat. Burton Richter, der Physik-Nobelpreisträger von 1976, vergleicht es damit, eine Stechmücke mit Gewehren töten zu wollen, die mit Stecknadeln schießen und von denen jedes Gewehr nur eine Stecknadel enhält. Es dürfte nicht überraschen, dass die Mehrheit der vom Pentagon angeordneten Tests mit so genannten »Hit-to-Kill«-Flugkörpern, die ihr Ziel durch die Wucht eines direkten Zusammenstoßes zerstören, misslangen. Richter und andere bekannte Wissenschaftler halten den Einsatz von Atomwaffen im Weltraum für die einzige Möglichkeit, Raketen und Bomben erfolgreich aufzuhalten oder abzufangen. Täuschkörper würden dann keine Rolle spielen, da die Atomexplosion Bomben und Täuschkörper in einem weiten Umkreis zerstören würde.[25] Aber selbst eine erfolgreiche weltraumgestützte Raketenabwehr hätte so genannte exotische Effekte, einschließlich elektromagnetischer Pulse (EMP). 1962 brachten die Vereinigten Staaten eine Wasserstoffbombe in 400 Kilometern Höhe im Weltraum zur Explosion. Auf Grund der unvorhergesehenen Folgen entdeckte man dabei, dass die zerstörerische elektromagnetische Strahlung, die von einer Atomexplosion im Weltraum ausgeht, große Entfernungen überwinden kann.

Seither hat man errechnet, dass eine einzige Bombe, die mehr als 300 Kilometer über dem amerikanischen Festland explodiert, ganz Nordamerika lahm legen könnte. Die meisten elektronischen Systeme würden zerstört, unter anderem auch lange Kabel, Rohr- und Leitungsverläufe, große Antennen und deren Versorgungskabel, Spannungsdrähte und deren Versorgungsleitungen, Eisenbahnschienen, Flugzeugkörper aus Aluminium, Computer, Stromversorgung, Alarmanlagen, Gegensprechanlagen, die Steuerung lebenserhaltender Apparate, Transistorempfänger und -sender, Funkstationen, Satelliten und Teile des Telefonsystems. Weniger als fünf Explosionen könnten die Vereinigten Staaten mit bis zu 100 000 Volt pro Quadratmeter überziehen.[26]

Ted Taylor, einer der Erfinder der Mini-Wasserstoffbombe, schätzt, dass jede Atomexplosion etwa 50 exotische Effekte auslösen würde, einschließlich verschiedener Arten von EMP, Gammastrahlung, Röntgenstrahlung und Elektroneneffekten, die von den Bombentrümmern ausgehen.

Endflugphase
Es ist sehr schwierig, die Wasserstoffbomben zu zerstören, wenn sie mit 20-facher Lichtgeschwindigkeit wieder in die Erdatmosphäre eintreten. Selbst wenn man ein paar von ihnen erfolgreich abfangen könnte, würden sie ihr Plutonium über dem gesamten Zielgebiet verstreuen.

Trotz all dieser Nachteile sind die Raketenabwehrsysteme offenbar dazu bestimmt, in Produktion zu gehen. Es sei denn, die Menschen in Amerika erkennen, dass ihr Leben in großer Gefahr ist, erheben sich und retten sich selbst, ihre Kinder und alle kommenden Generationen.

Ich habe versucht, einen genauen Überblick über die Raketenabwehrsysteme zu geben, doch im August 2001 hat das Pentagon die Terminologie erneut geändert, was in der Öffentlichkeit – wie angenehm für das Pentagon – weiter für Verwirrung sorgt. TMD und NMD sind nun miteinander verwoben, die Unterschiede unklar. Dieses Verwirrspiel hinsichtlich der Namensgebung hat zur Folge, dass diejenigen, die zuvor nur TMD unterstützten – einschließlich vieler demokratischer Politiker – nun möglicherweise gezwungen sind, das gesamte System zu unterstützen. Es sei denn, sie haben den Mut, das Pentagon zur Rede zu stellen.[27]

Waffensysteme zur Raketenabwehr[28]

Ich möchte Sie bitten, beim Lesen der folgenden Seiten skeptisch zu bleiben und nie zu vergessen, welche Gefahren die Technik für unsere Welt mit sich bringt. Sie müssen verstehen, was die US-Regierung mit den Steuergeldern macht und wie diese Verschwendungssucht zur Destabilisierung einer bewaffneten Welt beiträgt, in der uralte Animositäten zwischen den Ländern schwären. Behalten Sie im Auge, dass die allgemeine Strategie des Pentagons hinsichtlich der Anzahl der benötigten Waffensysteme darauf abzielt, sich auf zwei konventionelle Kriege gleichzeitig vorzubereiten (obwohl Verteidigungsminister Donald Rumsfeld vor dem 11. September beabsichtigt hatte, die Auslegung auf einen großen Krieg zurückzuschrauben). Ich werde das jeweilige Waffensystem beschreiben, die Kosten für den Steuerzahler angeben und zeigen, wer von seiner Herstellung profitieren wird. Ich beurteile Nutzen, Leistung, Machbarkeit usw. der Waffe und beziehe mich dabei auf Berichte des US-Rechnungshofes und anderer Stellen, die jedes System eingehend analysiert haben.

Ich werde auch versuchen zu zeigen, welche Systeme gegen bestehende Verträge verstoßen, aber da der ABM-Vertrag nicht absolut eindeutig ist und die Gefechtsfeldabwehr nicht miteinschließt, ist unklar, ob einige in der Entwicklung befindliche Systeme nun einen Verstoß darstellen oder nicht. So mancher Amerikaner würde behaupten, eine Gefechtsfeldabwehr verstoße zum Beispiel nicht gegen den ABM-Vertrag, aber in Russland ist man sich da nicht so sicher. Einige Systeme für beide Anwendungsbereiche (TMD und NMD) verletzen definitiv den ABM-Vertrag, da sie die Grenze zwischen Gefechtsfeldabwehr und nationaler Raketenabwehr überschreiten. Es ist zutiefst Besorgnis erregend, dass der US-Militär-Industrie-Komplex viele dieser Systeme bereits produziert, ohne Rücksicht auf mögliche Vertragsverletzungen.

Viele Amerikaner glauben, Waffen, die für die »Raketenabwehr« entwickelt werden, zählten eigentlich nicht als Waffen oder seien im Rahmen der aktuellen Rüstungskontrollverträge erlaubt. So sah das auch ein Mann von der Nationalgarde in Alaska, der mir erzählte, er arbeite in der Nähe von Fairbanks mit am Bau der Fundamente für die ersten hundert Raketen – dem ersten Teil des von Clinton ins Leben gerufenen exoatmosphärischen Raketenabwehrsystems. Der Mann war sehr überrascht von einer Anti-Star-Wars-Rede, die ich gehalten hatte. Er sagte, er habe geglaubt, NMD diene allein der Verteidigung. Tatsächlich verstoßen die in der Raketenabwehr verwendeten Raketen gegen alle Rüstungskontrollverträge und werden wahrscheinlich ein massives neues atomares Wettrüsten auslösen, an dem sich China, Russland, Indien, Pakistan und andere beteiligen werden, obwohl das dem erklärten Zweck des ABM-Vertrags und anderer internationaler Abkommen zuwiderläuft.

Abwehrsysteme für den unteren Abfangbereich (endoatmosphärisch)

Die US-Army und die US-Navy haben die Befehlsgewalt über diese speziellen Systeme, die Raketen oder Bomben in den niedrigen Schichten der Atmosphäre abfangen sollen. Zu den Systemen gehören nicht nur die Abfangraketen selbst, sondern auch die Zielerfassungs- und Zielverfolgungssysteme, die die feindlichen Raketen aufspüren und ihnen nachgehen.

Patriot-PAC-3-System der US-Army

Hier handelt es sich um einen Hit-to-Kill-Sprengkopf auf einer von aerodynamischen Steuerschwänzen gesteuerten Rakete. Das aktuelle Modell ist eine verbesserte Version der Patriot-PAC-2-Abwehr, die im Golfkrieg gegen irakische Scud-Raketen eingesetzt wurde. Trotz der verblüffenden Propaganda, die damals im Fernsehen lief, musste das Pentagon zugeben, dass die Patriot-Raketen nicht eine Scud-Rakete abgefangen hatten.[29] Das verheißt nichts Gutes für die weitere Entwicklung und Verbesserung der Patriot-Raketen. Es schien zwar, als würden die Raketen die Scuds treffen. Aber diese Bilder, die wir immer und immer wieder zu sehen bekamen, zeigten ganz offensichtlich nicht das, was in »Echtzeit« im Golfkonflikt geschah.

Die neue, verbesserte Version der Patriot-Rakete, PAC-3, wird fünf Meter lang und 290 Kilogramm schwer sein, und eine Reichweite von 33 Kilometern haben. Der Sprengkopf ist mit Sensoren ausgestattet, mit denen er sein Ziel erfassen und automatisch ansteuern kann. Antriebsaggregate steuern die Bombe auf Kollisionskurs. Die feindliche Rakete wird durch die Energie des Aufpralls zerstört. Eine Patriot-Abschussvorrichtung soll mit 16 dieser Abfangraketen ausgestattet werden.

KOSTEN: Der ursprüngliche Kostenvoranschlag für die verbesserten Patriot-Raketen belief sich auf fünf Millionen Dollar pro Abfangrakete. Diese Berechnungen basierten auf der Herstellung von 2200 PAC-3s, um das Kriterum der zwei Kriege zu erfüllen. Inzwischen haben sich diese Angaben auf 1200 PAC-3s zu zwei Millionen Dollar das Stück verringert.

Die veranschlagten Gesamtkosten für das PAC-3-System liegen bei 7,4 Milliarden Dollar. Aber laut US-Rechnungshof könnte das zu niedrig angesetzt sein, da die Kosten der beauftragten Unternehmen die aktuellen Voranschläge überschreiten und möglicherweise zwölf bis 15 zusätzliche Flugtests erforderlich werden, was zwölf bis 15 Ersatzraketen bedeuten würde.

NUTZNIESSER: Generalunternehmer sind Lockheed Martin Missiles and Fire Control für den Bau der Abfangraketen und Raytheon Company für die Abschussvorrichtungen und das Feuerleitfahrzeug mit seinem kleinen phasengesteuerten Radar sowie das Führungs- und Waffeneinsatzfahrzeug mit Computern und Anzeigen. Es gibt fünf Subunternehmer.

BEURTEILUNG: Geht man vom Erfolg des Vorgängers aus, dann gibt es keine Garantie dafür, dass diese Waffen auch funktionieren werden. Beachten Sie, dass die Vernichtung einer Rakete zwei Millionen Dollar – der Preis für nur eine Abwehrrakete – kosten wird und dass diese Summe weder die Infrastruktur einschließt noch die Forschung und Entwicklung, die zur Herstellung nötig ist.

Navy Area Defense

Die Raketen dieses Systems – sie heißen Block-4A – haben eine Reichweite von 100 bis 200 Kilometern. Sie reichen also weiter als die PAC-3s der US-Army und befinden sich in einer Senkrechtstartanlage an Bord von Aegis-Zerstörern. Es handelt sich um eine verbesserte Version der Standard-2-Luftabwehrrakete, die bereits im Einsatz ist. Die Raketen sollen mit einem Hit-to-Kill-Sprengkopf für endoatmosphärische Abfangmanöver, einem Infrarotsucher als Ergänzung des Radarsuchers und einem zustätzlichen Hochfrequenz-Sensor (Radio-Frequency Adjunct Sensor) ausgestattet werden.

Entwicklung und Funktionstests sind bereits abgeschlossen. Das System befindet sich in der Anfangsproduktion, die allerdings nicht sehr groß ist.

KOSTEN: Die Gesamtkosten belaufen sich für den amerikanischen Steuerzahler auf geschätzte 8,98 Milliarden Dollar.

NUTZNIESSER: Generalunternehmer Raytheon beschäftigt fünf Subunternehmer.

BEURTEILUNG: Der US-Rechnungshof warnt:»Die US-Navy hat vor, noch vor Abschluss realistischer Funktionstests im Rahmen einer geringen Anfangsproduktion 185 Block-4A-Raketen für geschätzte 568,2 Millionen Dollar in Auftrag zu geben .... Wir sind besorgt darüber, dass sich die US-Navy voreilig zur Produktion unerprobter Raketen verpflichten wird.«

Selbstverständlich ist die US-Navy überzeugt, dass ihr System dem Patriot-System der US-Army überlegen ist, da für die Stationierung eines einzigen Patriot-Bataillons (194 Raketen) zum Beispiel in Korea über 126 Flüge mit C-5A-Flugzeugen nötig wären, nur, um die US-Soldaten zu »schützen«. Die US-Navy würde nur drei bis vier Aegis-Schiffe benötigen, um die meisten US-Soldaten in Korea und Japan zu »schützen«. (Trotzdem möchte die US-Navy 1500 Raketen bauen lassen und bis 2011 75 Aegis-Zerstörer und 22 Aegis-Kreuzer damit ausrüsten.)

Taktisches Luftverteidigungssystem (MEADS, Medium Extended Air Defense System)

MEADS soll ein schnell verlegbares, hoch mobiles Gefechtsfeldabwehrsystem zum Schutz der Soldaten auf dem Schlachtfeld sein. Es begleitet die Soldaten im Gelände, manövriert mit ihnen und sorgt für einen 360-Grad-Rundumschutz.

Eine Feuereinheit kann, beginnend mit einer Basiseinsatzfähigkeit, bestehend aus einem Führungs- und Waffeneinsatzfahrzeug, einem Feuerleitradar und einem Werfer mit zwölf Flugkörpern, je nach Bedrohung erweitert werden.

KOSTEN: Unter dem Druck der US-Regierung ließen sich Deutschland und Italien überreden, dieses Raketenabwehrsystem mitzufinanzieren. Die Vereinigten Staaten werden für 55 Prozent, Deutschland für 28 Prozent und Italien für 17 Prozent der Kosten aufkommen. 1996 veranschlagte man die Gesamtkosten für MEADS mit 40 Milliarden Dollar, aber neue Kostenschätzungen gehen inzwischen von einem Vielfachen dieser Summe aus.

NUTZNIESSER: Generalunternehmer sind Lockheed Martin Missiles and Fire Control, Alenia Marconi Systems in Rom und die DaimlerChrysler Aerospace AG in München.

BEURTEILUNG: Der Kostenvoranschlag von 1996 für Entwicklung und Produktion von 100 kompletten MEADS-Systemen – 60 für die Vereinigten Staaten und 40 für Europa – ging von 40 Milliarden Dollar, verteilt auf 15 Jahre, aus. Man hatte die Kosten von zwei Millionen Dollar pro PAC-3-Rakete zu Grunde gelegt. Die spätere Erhöhung auf drei Millionen Dollar pro Rakete sorgte für Aufruhr im MEADS-Programm.

Luftgestütztes Frühwarn- und Kontrollsystem (AWACS, Airborne Warning and Control System)

Die US-Air Force verfügt bereits über eine Flotte von 34 AWACS – eigenartige Flugzeuge vom Typ Boeing 707, auf deren Rücken sich untertassenförmige Radarschüsseln befinden – ebenso wie Großbritannien und Saudi-Arabien. Die NATO hat 18 AWACS im Einsatz. Südkorea, die Türkei und Italien sind am Kauf interessiert. Die AWACS-Flugzeuge werden von Boeing verbessert, um insbesondere im Rahmen von Star-Wars-Operationen die Flugbahn von Raketen zu verfolgen und Zielinformationen zu liefern.

KOSTEN: Die Nachrüstung kostet 60 Millionen Dollar, das Infrarot-Bahnverfolgungssystem soll pro Flugzeug zwischen acht und 15 Millionen Dollar liegen.

NUTZNIESSER: Boeing Defense and Space Group.

BEURTEILUNG: Dieses Radar wird bei der Verfolgung von Raketen sehr nützlich sein und wurde so verändert, dass damit nun auch die schwer zu erfassenden Marschflugkörper verfolgt werden können.

Joint Surveillance and Target Attack Radar System (J-STARS)

Das J-STARS-Gefechtsfeldüberwachungsflugzeug soll bei einem Angriff aus 193 Kilometern Entfernung die Erkennung, Verfolgung und Klassifizierung von beweglichen und unbeweglichen Zielen unterstützen. Die als Ge-

meinschaftsprojekt der US-Army und US-Air Force entstandenen Flugzeuge werden entweder gezielt mobile
Raketenbatterien bombardieren und sie zerstören, noch
bevor diese ihre Raketen abfeuern, oder eine Früherken-
nung von Raketen direkt nach dem Start ermöglichen.
KOSTEN: 11 Milliarden Dollar.
NUTZNIESSER: Northrop Grumman Corp.
BEURTEILUNG: Diese neuen Flugzeuge wurden während
des Krieges in Bosnien 1995/1996 getestet, und man befand, dass sie für ihre Aufgabe ungeeignet seien. Trotzdem
segnete ein Staatssekretär im Verteidigungsministerium
die Produktion im vorgesehenen Umfang ab. Der US-
Rechnungshof kritisierte diese Entscheidung scharf. Sie sei
voreilig und vergrößere das Risiko des Programms.

Abwehrsysteme für den oberen Abfangbereich (exoatmosphärisch)

Auch hier treten US-Army und US-Navy in Konkurrenz
zueinander. Abwehrsysteme für den oberen Abfangbereich sollen anfliegende Flugkörper und Bomben hoch
oben in der Erdatmosphäre oder knapp darüber im Weltraum angreifen.

Theater High Altitude Area Defense (THAAD)

THAAD ist ein bodengestützter Werfer für Abfangraketen für den oberen Abfangbereich – also für Raketen, die
vom Boden aus abgeschossen werden, um andere Flugkörper hoch oben in der Atmosphäre abzufangen. Es ver-
teidigt ein 193 Kilometer großes Gebiet aus über 145 Kilometern Höhe und hat damit eine größere Reichweite als
die Abwehrsysteme für den unteren Abfangbereich.
   Die Raketen werden eine Reichweite von 1050 Kilometern haben und einen Hit-to-Kill-Gefechtskopf verwenden, der sein Ziel mit Hilfe der Kollisionsenergie, nicht

durch Sprengkraft zerstört. THAAD ist allerdings nicht eigenständig, da es anfällig für Angriffe durch Marschflugkörper oder Waffen ist, die von Flugzeugen aus abgefeuert werden. Es muss daher von einem Patriot-System oder einem anderen Abwehrsystem für den unteren Abfangbereich geschützt werden. Man schützt eine Rakete mit einer anderen Rakete, damit erstere eine Rakete zerstören kann. Jeder THAAD-Werfer soll mit zehn Abfangraketen ausgestattet werden. Neun bis 13 Werfer bilden eine Batterie. Darüber hinaus werden ein Taktisches Operationszentrum (TOC, Tactical Operations Center) und ein bodengestütztes X-Band-Radar für die Gefechtsfeldabwehr (X-band TMD-GBR, Theater Missile Defense Ground-Based Radar) benötigt.

KOSTEN: Der aktuelle Kostenvoranschlag für die Anschaffung von THAAD und seine Einsatzdauer von 20 Jahren beläuft sich auf 23 Milliarden Dollar.

NUTZNIESSER: Lockheed Martin Missiles and Space ist der Generalunternehmer. Das Unternehmen baut 65 Kilometer westlich von Huntsville (Alabama) ein Werk, das auschließlich für die Arbeit an THAAD gedacht ist. Am 28. Juni 2000 unterzeichneten Lockheed Martin und die US-Army einen Vier-Milliarden-Dollar-Vertrag, der auf acht Jahre angelegt ist und die komplette Technik, Herstellung und Entwicklung von»Configuration 1« – der ersten Phase von THAAD – umfasst. Sie wird 27 Testflüge einschließen. Das Unternehmen hofft darauf, dass sich die Exporte in einer Größenordnung von mehreren Milliarden Dollar bewegen werden und die Bestellungen des Pentagon übertreffen könnten. THAAD hat zwölf Subunternehmer, einschließlich Raytheon, Boeing, United Technologies, Northrop Grumman, Honeywell und Westinghouse.

BEURTEILUNG: Bei den ersten beiden Versuchsflügen der THAAD-Abfangraketen auf dem White-Sands-Testgelände in New Mexico im April und Juli 1995 wurden nur deren Flug- und Manövrierfähigkeit getestet, und ob das Ablösen des Gefechtskopfes funktioniert. Ein Test war erfolgreich, der andere misslang. Ein dritter Test im Oktober soll ein Erfolg gewesen sein. Nachfolgende Flugtests, bei denen die Infrarotsensoren der Rakete im Mittelpunkt standen, lieferten trostlose Ergebnisse: sechs Versuche und sechs Misserfolge in vier Jahren. Im Laufe dieser Serie von Misserfolgen rechtfertigte die US-Army immer weitere Tests, um mit der US-Navy im Wettstreit um das Abfangsystem für den oberen Abfangbereich, das letztendlich das Rennen machen wird, mithalten zu können.

Der US-Rechnungshof sieht THAAD kritisch. »Ein geeignetes Zielobjekt für die Tests des THAAD-Systems gegen Langstreckenraketen gibt es nicht, und es wurden weder für die Entwicklung noch für die Produktion von Zielobjekten Gelder beantragt. Ohne ein Langstreckentest-Zielobjekt, das den mächtigen Hochgeschwindigkeitsraketen ähnelt, mit denen es THAAD zu tun bekommen könnte, bleibt die Effektivität des Systems im Einsatz zweifelhaft, und das US-Verteidigungsministerium hat keine ausreichende Gewissheit, dass es sich in einem wirklichen Konflikt auf THAAD verlassen kann.«

Als THAAD schließlich 1999 ein Zielobjekt abfing, entschied die US-Army optimistisch, das Programm sei so erfolgreich, dass weitere Flugtests unnötig seien. Phillip E. Coyle III., der die Versuche leitete und die Ergebnisse für das Pentagon beurteilte, übte jedoch vernichtende Kritik: Bei den auf dem White-Sands-Testgelände eingesetzten THAAD-Raketen habe es sich um Prototypen und nicht um das Modell gehandelt, das später verwendet werden würde. Er bezeichnete die Versuche als »in höchstem Maße durchgeplant« und meinte, sie hätten nicht einmal annähernd Ähnlichkeit mit der Situation, mit der man bei einem tatsächlichen Angriff feindlicher Flugkörper konfrontiert würde.

Larry Welch, Generalleutnant der US-Air Force im Ruhestand, vertrat die Ansicht, der außerordentlich große

Druck, THAAD und andere Systeme mit Hit-to-Kill-Technologie einzusetzen, führe »auf direktem Weg ins Verderben«. Der Assistent eines hochrangigen demokratischen Senators erklärte: »Die Steuerzahler haben für etwas gezahlt, das wir noch immer nicht haben.« Bob Aldrige (Autor von »Son of Star Wars«), der einen Großteil dieser Informationen zusammengetragen hat, bezeichnete das System als goldene Gans für die Unternehmen.

Naval Theater Wide (NTW) Missile Defense

NTW, ein regionales mobiles Raketenabwehrsystem für den oberen Abfangbereich, das auf Aegis-Schiffen stationiert werden soll, bedient sich der Standard-3-Missile zum Transport eines neun Kilogramm schweren Hit-to-Kill-Gefechtskopfes namens Lightweight Exoatmospheric Projectile (LEAP). Dieses System mit einer Reichweite von 600 bis 1000 Kilometern soll Raketen außerhalb der Atmosphäre abfangen und gehört damit zur Gruppe der exoatmosphärischen Abwehrsysteme. NTW ist auf weltraum- und luftgestützte Frühwarnsensoren angewiesen, die bei der Erfassung und Zerstörung der ballistischen Raketen helfen. NTW soll in zwei Teilen entwickelt werden: Block-1 und Block-2.

Block-1 wird aus 80 Abfangraketen auf vier Schiffen bestehen. Sie sollen 2010 stationiert werden und zur Abwehr von primitiven Raketen wie der nordkoreanischen Nodong-1 mit Reichweiten von bis zu 1000 Kilometern verwendet werden. Block-2 soll der Abwehr von Raketen mit Reichweiten von bis zu 3000 Kilometern dienen – Raketen aus China und russischen ballistischen Raketen –, und stellt somit einen klaren Verstoß gegen den ABM-Vertrag dar.

Block-3 oder Standard-3 ist eine vierstufige Rakete. Die ersten beiden Stufen schießen die Abfangrakete in den Weltraum, die dritte verleiht ihr zusätzlichen Schub. Die vierte Stufe ist schließlich das LEAP-Kill-Vehicle, das mit Hilfe von Infrarotsensoren das Ziel erfassen und anschließend vernichten soll. In Phase drei holt sich die Rakete zur Kurskorrektur Daten vom NAVSTAR-Satellitennavigationssystem.

KOSTEN: 1,9 Milliarden Dollar sind für das Naval Theater Wide Missile Defense System zwischen 2000 und 2005 eingeplant.

NUTZNIESSER: Generalunternehmer sind Lockheed Martin, Raytheon und Boeing. Die US-Navy hat zur Umsetzung von NTW eine eigene Abteilung für die Raketenabwehr (MDO, Missile Defense Office) eingerichtet. Der Aegis-Kreuzer USS *Lake Erie* mit Heimathafen Pearl Harbour wurde für die nächsten zwei Jahre für Tests der Raketenabwehrsysteme der US-Navy abgestellt.

Die US-Navy wird zweifellos weitere Aegis-Schiffe (und Besatzungen) brauchen, um den Verlust der Schiffe auszugleichen, die in der nationalen Raketenabwehr eingesetzt werden. Der Bau neuer Schiffe würde eine Milliarde Dollar, ihr Betrieb 20 Millionen Dollar im Jahr kosten.[30]

BEURTEILUNG: In einem Bericht schrieb das Council for a Livable World, seegestützte Alternativen zu NMD und Alternativsysteme für die Antriebsphase könnten zwischen 30 und 36 Milliarden Dollar kosten, wären anderen Operationen der US-Navy abträglich und würden nicht vor 2014 stationiert. Diese Schätzung berücksichtigt weder die versteckten Kosten für die US-Navy noch die Kosten für die Anschaffung von weltraumgestützten Bahnverfolgungssensoren. Zusätzliche sieben Schiffe, mit denen man an mehreren Orten gleichzeitig einer Bedrohung begegnen kann, könnten die Kosten auf 43 Milliarden ansteigen lassen, heißt es in dem Bericht.[31] Darin wird auch darauf hingewiesen, dass es nicht möglich ist, Abfangraketen für die Antriebsphase mit sehr starker Beschleunigung und einer hohen Brennschlussgeschwindigkeit aus den Modulen der vorhandenen Senkrechtstartanlage der

Aegis-Schiffe abzuschießen. Man würde neue bauen müssen. Trotz der Begeisterung der US-Navy warnte der US-Rechnungshof, es gebe bei NTW erhebliche technische und zeitliche Probleme. Darüber hinaus stellt er in Frage, dass die US-Navy einen Gefechtskopf entwickeln kann, der in der für die Tests vorgesehenen Zeit zwischen Bomben und Täuschkörpern unterscheiden kann.

Noch beunruhigender ist Folgendes: Man muss wissen, dass sich die Schiffe, auf denen sich die Raketen befinden, die für Abfangmanöver in der Antriebsphase eingesetzt werden sollen, in der Nähe des feindlichen Landes aufhalten müssen, was sie zu leichter Beute macht. Darüber hinaus bliebe dem Kommandeur so gut wie keine Zeit abzuschätzen, welche Bedrohung vom Start einer feindlichen Rakete ausgeht, so dass ein Computer den Abschuss der Abwehrraketen veranlassen würde. Ein Vorgang, der mit dem treffenden Begriff »Tyrannei der Reaktionszeit« umschrieben wird.

Erst ab 2010 sind Funktionstests vorgesehen. Trotzdem sollen mehr als die Hälfte der Abfangraketen bis 2008 stationiert sein.

Hochleistungslaser

Auch eine völlig neue Kategorie von Laserwaffen mit dem passenden Namen »Killerlaser« soll Teil der Gesamtraketenabwehr sein. Diese Waffen verstoßen direkt gegen den ABM-Vertrag, weil sie gegen Interkontinentalraketen eingesetzt werden sollen. Sie befinden sich seit dem Beginn von Reagans Star-Wars-Programm in der Entwicklung und werden nun in drei Gruppen unterteilt.

Luftgestützter Laser (ABL, Air Force Airborne Laser)

Dieser luftgestützte Laser, der sich an Bord einer Boeing 747 befindet, soll Interkontinentalraketen in ihrer Antriebsphase zerstören. Die 747-Flugzeuge sollen mit passiven Infrarotsensoren und chemischen Sauerstoff-Jod-Lasern (COIL) der Megawattklasse ausgestattet werden, die in einer Höhe von 12 000 bis 21 000 Metern intensive Laserenergie auf »feindliche« Raketen richten. Die Intensität des gebündelten Lichtstrahls bringt die Raketenhülle zum Zerbersten. Jedes Flugzeug hat Chemikalien für 20 bis 40 Schuss an Bord, jeder Schuss kostet 1000 Dollar. Es ist geplant, dass zwei Flugzeuge ständig in einer Höhe von 12 000 Metern kreisen – allzeit bereit für einen Angriff.

KOSTEN: 11 Milliarden Dollar.

NUTZNIESSER: Lockheed Martin, Boeing und TRW.

BEURTEILUNG: Chemische Laserwaffen haben noch ernste technische Hindernisse zu überwinden, einschließlich der Streuung des Lichtstrahls in der Atmosphäre, der genauen Zielverfolgung bei Luftturbulenzen und der Verkleinerung und Anordnung der Ausrüstung, damit sie in ein Flugzeug passt. David Collier, Chefwissenschaftler des Space and Strategic Defense Command der US-Army, äußerte dazu: »Laserfreaks überschätzen gerne die Effektivität von Lasern ... Hinsichtlich der Effektivität beinahe jedes Lasersystems gehen die Meinungen stark auseinander.« Schließlich wird – je nachdem, ob die Rakete Wasserstoffbomben, chemische oder biologische Waffen transportiert – auch noch das Land, das die Raketen abgefeuert hat und/oder dessen Nachbarn entweder mit Plutonium, hochgiftigen Chemikalien oder genetisch veränderten tödlichen Bakterien oder Viren verseucht.

Weltraumgestützter Laser (SBL, Space-Based Laser)
Der weltraumgestützte Laser, ein Reagan-Konzept aus dem Jahr 1977, wurde zu neuem Leben erweckt. Er soll die erste weltraumgestützte Waffe des Pentagon sein, die sowohl in der Abwehr ballistischer Raketen als auch bei Gefechtsfeldabwehrprogrammen – beides unverhohlene

Verletzungen des ABM-Vertrags – Verwendung finden soll. Das von der BMDO und der US-Air Force gemeinsam finanzierte und von der US-Air Force betriebene weltraumgestützte Lasersystem soll aus 20 bis 25 Satelliten bestehen, von denen jeder mit einem zylinderförmigen chemischen Wasserstoff-Fluor-Laser ausgestattet ist, der hundert Raketen aus einer Entfernung von 4300 Kilometern zerstören kann. Der erste SBL-Start ist für 2012 geplant.

KOSTEN: Man rechnet mit Gesamtkosten in Milliardenhöhe.

NUTZNIESSER: Lockheed Martin, Boeing und TRW erhielten im Februar 1999 einen Erstauftrag über 125 Millionen Dollar, um mit einem integrierten Testflug des weltraumgestützten Lasers zu beginnen.

BEURTEILUNG: Eine für Herbst 2001 angesetzte technische Versuchsphase soll in einer Beurteilung und Definition des Systems gipfeln. Gewöhnlich erhöhen sich mit jeder solchen Überprüfung und mit jeder Veränderung die Kosten für das System.

Taktischer Hochenergie-Laser
(THEL, Tactical High Energy Laser)

THEL ist ein bodengestützter Laser mit integriertem Führungs- und Waffeneinsatzsystem, der darüber hinaus über Feuerleit- und Zielradar sowie einen Laser-Tracker verfügt. Jeder Schuss kostet 3000 Dollar. THEL soll die israelische Nordgrenze gegen kleine Katjuscha-Raketen verteidigen, die von Hisbollah-Guerillas aus dem Libanon abgefeuert werden. (Katjuscha-Raketen sind lange nicht so teuer, und zu viele Raketen könnten das THEL-System leicht überwältigen.) THEL wird von Israel und den Vereinigten Staaten gemeinsam finanziert, das Management liegt bei der US-Army, aber THEL ist nicht für Amerika bestimmt.

KOSTEN: Seit 1996 wurden 201,8 Millionen in das Programm gesteckt. Israel steuerte 67,5 Millionen Dollar bei. NUTZNIESSER: TRW Space and Electronics. BEURTEILUNG: Yiftah Shapir vom Jaffee Center for Strategic Studies in Tel Aviv sagte am 26. Mai 2000, THEL sei weder wirtschaftlich noch praktisch. Jedes Einsatzfahrzeug kann nur 40 Schuss mit einem Durchmesser von 120 Millimetern abfeuern ohne nachladen zu müssen. Eine Katjuscha-Batterie besteht dagegen aus sechs Einsatzfahrzeugen, die ohne Unterbrechung 240 Raketen abfeuern können. Generalmajor Gabi Ashkenazi, Kommandant des Nordkommandos der Israelischen Streitkräfte, sagte: »Es ist, als wolle man den gesamten Norden Israels mit einem einzigen Schirm vor Regen schützen.«

Battle Management/Command, Control, and Communications (BM/C3)

Dieses komplizierte Computersystem zur Gefechtsfeldkoordinierung wird das Nervenzentrum der gesamten Raketenabwehr sein. Es bezieht seine Informationen von den unzähligen Sensoren und Quellen, die die Vereinigten Staaten rund um den Globus auf dem Land, im Meer und im Weltraum betreiben. Die Informationen werden sofort von einem Computer verarbeitet, dessen Aufgabe es ist, ein detailliertes Bild des Raketenangriffs zu liefern. Weil Raketen so schnell sind, wird für ein menschliches Eingreifen keine Zeit bleiben. Der Computer wird deshalb darauf programmiert werden, den Raketenabwehrangriff einzuleiten (es dürfte klar sein, dass der Computer niemals unter realistischen Angriffsbedingungen getestet werden kann).

Zu den Komponenten, die vorhanden sein müssen, damit BM/C3 funktionieren kann, gehören folgende Raketen, Radarsysteme, Satelliten, Sender und Steuerzentren:

Ground-Based Interceptor(s) (GBI)
Hierbei handelt es sich um das bodengestützte NMD-System. Es besteht aus einer dreistufigen Trägerrakete, an deren Spitze sich ein exoatmosphärisches Kill Vehicle (EKV) befindet. Die bodengestützte Abfangrakete bewegt sich mit einer Geschwindigkeit von 40 200 Kilometern in der Stunde und schießt das EKV in den Weltraum, wo es die feindliche Rakete durch die Wucht des Aufpralls zerstören soll.

TRÄGERRAKETENSYSTEM
Im Juli 1998 entschied sich das US-Verteidigungsministerium für ein Trägerraketensystem, das mit kommerziellen Brennstufen herkömmlicher Art funktioniert.
KOSTEN: Die geschätzten Kosten für den Antrieb einer Rakete belaufen sich auf drei Millionen Dollar.
NUTZNIESSER: Generalunternehmer ist Boeing, die Subunternehmer sind Alliant Tech Systems und United Technologies.
BEURTEILUNG: Die Tests für das erste Trägerraketensystem waren für August/September 2001 vorgesehen. Das heißt, Clinton wurde zu der Entscheidung gedrängt, NMD fortzusetzen, noch bevor die Raketen gebaut, geschweige denn getestet worden waren.

Exoatmosphärisches Kill Vehicle (EKV)
Die nachfolgende Beschreibung des EKV stammt von Generalunternehmer Raytheon. Das EKV »verfügt über einen eigenenen [Infrarot-] Sucher, einen [Flüssigstoff-] Antrieb, ein Kommunikations- und Steuersystem sowie Computer zur Unterstützung der Abfang-Entscheidungen und -Manöver.« Mit Kaltgastriebwerken können die Höhe (Position) des 1,40 Meter langen und knapp 60 Kilogramm schweren EKV eingestellt und die Sucher ausgerichtet werden, während es sich mit 7200 Stundenkilometern auf sein Ziel zubewegt.

Dem EKV bleiben sechs bis acht Minuten, um sein Ziel anzusteuern und es in einer Höhe von 225 Kilometern mit einer Aufprallgeschwindigkeit von zusammengenommen 20 000 bis 32 000 Stundenkilometern zu zerstören.

KOSTEN: Insgesamt sind 24 integrierte Flugtests geplant (sechs davon fanden bereits statt). Jeder Test kostet um die 100 Millionen Dollar, so dass lediglich die Tests vor Einsatz des Systems bereits rund 2,6 Milliarden Dollar kosten werden.

NUTZNIESSER: Raytheon und der Subunternehmer Axsys Technologies.

BEURTEILUNG: Die Regierung Clinton hatte angekündigt, dass zwei von drei Flugtests mit einem GBI-EVK-Prototyp erfolgreich sein müssen, damit der Präsident der Entwicklung einer nationalen Raketenabwehr zustimmt. Der erste Versuch fand am 2. Oktober 1999 statt. Alles war so arrangiert, dass er erfolgreich verlaufen musste, so wie das auch bei einigen seiner Vorgänger der Fall war. Die von der Vandenberg Air Force Base in Kalifornien abgeschossene feindliche Rakete hatte einen großen Ballon an Bord, der neben der Zielbombe herflog. Weil es im Weltraum keine Reibung gibt, flog der Ballon ebenso schnell wie die Bombe. Er war aber so gebaut, dass sein Infrarotsignal konstant und nicht unbeständig war, wie das bei einer herabstürzenden Bombe üblich ist. Das Pentagon behauptete zwar, der Ballon sei ein Täuschkörper. In Wirklichkeit diente er aber als Markierungsboje, um das EKV nahe genug an sein Ziel heranzulocken, damit es dieses erfassen konnte. Das EVK hatte nämlich bei der korrekten Orientierung an den Sternen versagt und war vom Kurs abgekommen.[32]

Irgendwann »sah« es den Ballon schließlich quasi aus dem Augenwinkel und konnte, nachdem es Kurs auf ihn genommen hatte, das unbeständige Signal der Bombe erkennen und sie vernichten. Diese merkwürdige Abfolge der Ereignisse beschrieb Jacques Gansler, Staatssekretär im US-Verteidigungsministerium, folgendermaßen:

Wir wollten, dass dieser frühe Test funktionierte, und so haben wir etwas benutzt, das noch größer und noch auffälliger war. Wir sind davon ausgegangen, dass es die Abfangrakete zum Ziel hinlenkt, was im Flug tatsächlich der Fall war. Sie bemerkte zuerst den Täuschkörper, weil er größer war und stärker strahlte. Sie sagte sich:»Ah, da ist ja das Ziel«, und steuerte darauf zu ... Und ihre Software sagte:»Das ist aber das falsche Ziel«, dann nahm sie Kurs auf das Ziel, das die Eigenschaften hatte, die es haben sollte ...«[33]

Der *Washington Post* zufolge benutzten sowohl die Abfang- als auch die Zielrakete das NAVSTAR-Satellitennavigationssystem, um auf Kollisionskurs zu steuern. Eine »feindliche« Rakete würde zweifellos nicht so zuvorkommend ihre Position und Flugbahn verkünden und noch einen Markierungsballon mit ihrer Bombe hinaufschicken.

Der nächste Test fand am 19. Januar 2000 statt. Weil der Flüssigstickstoff ausgelaufen war, mit dem die Infrarotsensoren des EKV gekühlt werden, gelang es dem EKV nicht, die Bombe abzufangen. Wie im vorangegangenen Test gab es einen großen Ballon, und das NAVSTAR-Satellitennavigationssystem brachte Abfang- und Zielrakete genau auf Kurs. Hinzu kamen weltraumgestützte Sensoren, das BM/C3, und man hatte das Sichtfeld des EKV um 210 Prozent vergrößert. Der Test scheiterte trotzdem.

Der letzte Test, bevor Clinton seine Entscheidung treffen sollte, war am 8. Juli 2000. Das Scheitern des Tests hatte drei Gründe: Der Ballon füllte sich nicht, die Abfangrakete kam vom Kurs ab, und das EKV löste sich nicht von der Trägerrakete.

Von diesen Problemen einmal abgesehen, hatten die Tests keinerlei Ähnlichkeit mit den Bedingungen, die im Kampf herrschen würden. Russische, nordkoreanische oder chinesische Raketen würden von Westen nach Osten fliegen. Die in den Tests verwendeten »Angriffsraketen« aber starten in Kalifornien und werden von Gefechtsköpfen abgefangen, die von einem Atoll mitten im Pazifik kommen. Von dem Zeitpunkt an, an dem ich diese Zeilen schreibe, sind noch 14 weitere Flugtests geplant. Sie alle werden, wie schon die Tests zuvor, von künstlichen Behelfsmaßnahmen unterstützt. Ein hochrangiger Mitarbeiter soll bei einer Einsatzbesprechung gesagt haben:»Ich versuche, eine Definition des Begriffs ›Erfolg‹ zu vermeiden.« Aber nach dem letzten gescheiterten Test sagte US-Verteidigungsminister Cohen mit, wie es Journalistin Mary McGrory von der *Washington Post* nannte,»bemerkenswerter Spiegelfechterei«:»Der Test an sich war enttäuschend, aber es war einer dieser Misserfolge, mit denen man am wenigsten rechnet ... Das passiert von Zeit zu Zeit – dass etwas scheitert, das eigentlich fast schon Routine ist.« Die tatsächliche Erfolgsrate bei den Abfangtests für die mittlere Flugphase lag bei lediglich 41 Prozent. Am 25. Juni 2002 lieferte Generalleutnant Roland Kadish, Leiter der Missile Defense Agency (MDA) des Pentagon, vor dem US-Kongress eine falsche Interpretation der Testergebnisse. Zudem beschloss das Pentagon, einen größeren Teil der Informationen zu den Abfangtests seiner Raketenabwehr vertraulich zu behandeln.[34]

Ted Postol – Professer am Massachusetts Institute of Technology (MIT), in den achtziger Jahren wissenschaftlicher Berater des Befehlshabers der US-Navy und an der Entwicklung der Trident-2-Rakete beteiligt – behauptete, das Pentagon habe die Raketentests manipuliert, um deren Erfolg sicherzustellen. Nachdem ein Test 1997 ergeben hatte, dass die Abfangrakete nicht zuverlässig zwischen Täuschkörpern und Gefechtsköpfen unterscheiden konnte, verzichtete das Pentagon auf Täuschkörper, die eine ernsthafte Herausforderung für die Verteidigungswaffe darstellten.[35] Nina Schwartz, eine erfahrene Physikerin, die 1995 und 1996 bei TRW beschäftigt gewesen war, warf TRW vor, Arbeiten gefälscht zu haben, in dem Bemühen, das Kill Vehicle als leistungsfähiger darzustellen, als es tatsächlich war. Sie sagte, TRW habe der Regierung zugesichert, dass Abfangraketen, die mit den Computerprogrammen des Unternehmens arbeiteten, den feindlichen Gefechtskopf in über 95 Prozent der Fälle identifizieren könnten. In Wirklichkeit gelinge ihnen das nur in fünf bis 15 Prozent der Fälle. Schwartz sagte, irgendwo machten das Pentagon und die von ihm beauftragten Unternehmen gemeinsame Sache. »Das ist kein Verteidigungssystem für die Vereinigten Staaten, das ist eine Verschwörung, um die Regierung zu melken. Die verschaffen sich so eine Lebensaufgabe.«[36] TRW habe sie gefeuert, als sie gegen die angebliche Manipulation von Testdaten protestiert hatte, mit denen die Mängel des Systems bei der Unterscheidung zwischen Gefechtsköpfen und Täuschkörpern vertuscht werden sollten.

Postol behauptet, das Pentagon mache mit TRW gemeinsame Sache, um die falschen Testaufzeichnungen abzugleichen. (Das FBI geht den Betrugsvorwürfen nach.)[37] Außerdem warf Postol dem Pentagon vor, die nächsten 16 geplanten Tests erheblich leichter gemacht zu haben.[38] Postol und David Wright fanden in ihrer Untersuchung über die Effektivität von NMD heraus, dass das Abwehrsystem nicht funktionieren würde, da es mit einer noch einfacheren, billigeren Technik zu überwältigen sei – mit Täuschkörpern.[39] Drei große Vereinigungen von Wissenschaftlern stützten Postols Standpunkt. Die American Physical Society mit 42 000 Physikern, die Federation of American Scientists, die Union of Concerned Scientists und 50 Nobelpreisträger bezeichneten das geplante System als »unreif, verschwenderisch und gefährlich«.

Bodengestütztes Radarsystem für die Gefechtsfeldabwehr (TMD-GBR, Theater Missile Defense Ground-Based Radar)

Dieses spezielle Radar ist ein kleiner, bodengestützter, tragbarer Sensor, der mit dem Flugzeug transportiert werden kann. Es kann gezielt Raketen aufspüren, sie verfolgen und unterscheiden. Es ist so konstruiert, dass es von allen relevanten Sensoren (Satelliten, anderen Radargeräten) Daten empfängt und sofort weiterverarbeitet, um so ein detailliertes Bild des Angriffs anzufertigen. Theoretisch werden die erforderlichen Daten dann an einen Kommandeur weitergegeben, damit dieser den Befehl gibt, den Angriff feindlicher Raketen abzufangen – wenn ihm genug Zeit bleibt.

KOSTEN: Geschätzte 5,4 Milliarden Dollar.

NUTZNIESSER: Generalunternehmer ist Raytheon.

BEURTEILUNG: Nicht verfügbar.

Frühwarnsystem für ballistische Raketen (BMEWS, Ballistic Missile Early Warning System)

Hier handelt es sich um eines von zwei Frühwarnsystemen, die das bodengestützte Radarsystem mit Daten versorgen. Das Radar in Fylingdales im englischen Yorkshire hat drei Antennen und deckt damit einen vollen 360-Grad-Radius ab. (Andere Einrichtungen in Clear, Alaska, und Thule, Grönland, verfügen über phasengesteuerte Radargeräte mit zwei Antennen und überwachen 240 Grad Azimuth. Jede Antenne überwacht 120 Grad Azimuth – den Himmelsbogen vom Horizont bis zum Zenit.)

KOSTEN: Nicht verfügbar.

NUTZNIESSER: Die BMEWS-Radargeräte werden von Raytheon hergestellt.

BEURTEILUNG: Das Pentagon möchte diese Einrichtungen zu X-Band-Radaranlagen nachrüsten, aber weder Dänemark noch Großbritannien befürworten neue Einrichtungen, die nicht dem ABM-Vertrag entsprechen. Die Vereinigten Staaten prüfen derzeit mögliche Alternativen, einschließlich der Stationierung von X-Band-Radargeräten auf gewerblich genutzten Schiffen in internationalen Gewässern.

Perimeter Acquisition of Vehicle Entry Phased-Array Warning System (PAVE PAWS)

Ein weiteres Radar zur Unterstützung von BM/C3. In den Vereinigten Staaten gibt es zwei dieser phasengesteuerten Radaranlagen mit zwei Antennen. Eines davon befindet sich auf der Cape Cod Air Force Station in Massachusetts, das andere auf der Beale Air Force Base in Kalifornien.

KOSTEN: Nicht verfügbar.

NUTZNIESSER: Es wird von Raytheon hergestellt.

BEURTEILUNG: PAVE PAWS ist seit vielen Jahren fester Bestandteil des Frühwarnsystems, soll aber für NMD noch weiter verbessert werden.

Infrarot-Frühwarn- und Bahnverfolgungssatellitensystem (SBIRS, Space-Based Infrared Systems)

Die Radargeräte müssen von Infrarot-Bahnverfolgungssatelliten unterstützt werden, welche die vom Raketenantrieb ausgehende Hitze und die Flammen aufspüren. Das aktuelle Infrarot-Satellitensystem ist das so genannte Defense Support Program (DSP). Es besteht aus drei Satelliten, die auf geosynchroner Umlaufbahn um die Erde kreisen. Sie bewegen sich mit der gleichen Geschwindigkeit, mit der sich auch die Erde dreht, und überwachen ununterbrochen je einen Bereich, nämlich den Indischen Ozean, den Pazifik und den Atlantik. Möglicherweise gibt es auch noch mehr DSP-Satelliten, aber die genaue Zahl ist geheim.

Drei verbesserte DSP-Ersatzsatelliten sollen in Kürze in die Umlaufbahn gebracht werden. Der letzte Start ist für 2003 geplant.

Abgesehen von DSP steht das Pentagon kurz davor, einen weiteren Satz Satelliten speziell für Star Wars zu stationieren.

Infrarot-Frühwarn- und Bahnverfolgungssatelliten in hoher Umlaufbahn (SBIRS-High, High Orbit Space-Based Infrared System)

Dieses bereits 1994 vom Pentagon abgesegnete System wird aus vier Satelliten bestehen, die auf geosynchroner Umlaufbahn um den Äquator kreisen, sowie aus zwei weiteren Satelliten auf stark elliptischen polaren Umlaufbahnen, welche eine effektive Überwachung der nördlichen Teile der Erdkugel erlauben.

SBIRS-High wird den Ausstoß von Verbrennungsgasen bei Raketenstarts überwachen und soll 2004 das DSP-Satellitensystem ersetzen. Es wird besser in der Lage sein, den genauen Start- und Aufschlagspunkt einer Rakete sowie ihre Flugbahn zu ermitteln.

KOSTEN: Zwei Milliarden Dollar für sechs Satelliten auf geosynchroner Umlaufbahn und Infrarotsensoren, die huckepack auf anderen Satelliten mitfliegen.

NUTZNIESSER: Generalunternehmer ist Lockheed Martin. Es gibt sechs Subunternehmer.

BEURTEILUNG: Der Rechnungshof wies die US-Air Force an, die Satellitenstarts zwei bis vier um ein Jahr zu verschieben, damit das Geld anderen Programmen zur Verfügung steht.

Infrarot-Frühwarn- und Bahnverfolgungssatelliten in niedriger Umlaufbahn (SBIRS-Low, Low Orbit Space-Based Infrared System)

Satelliten in niedriger Umlaufbahn werden den Satelliten in hoher Umlaufbahn bei der Verfolgung feindlicher Raketen und Wasserstoffbomben im Weltraum (in der mittleren Flugphase) beistehen, nachdem deren Brennstufen ausgebrannt sind. Auf diese Weise sollen sie Zielerfassung und Treffgenauigkeit der Kill Vehicles verbessern. SBIRS-Low umfasst zwischen 18 und 32 kleine Satelliten auf einer niedrigen Umlaufbahn – in einer ungefähren

Höhe von 400 Kilometern. Sie können Wolken und Dunkelheit durchdringen. Einige davon sollen mit elektronischen Kameras ausgestattet werden. Die Daten werden per Laserstrahl von einem Satelliten zum nächsten weitergeleitet und gelangen mit Lichtgeschwindigkeit zur jeweiligen Befehlszentrale. Die Informationen werden umgehend an das bodengestütze Radarsystem übermittelt, das seinerseits die Daten über die Flugbahn der Raketen an die Abfangsysteme weitergibt.

KOSTEN: Die US-Air Force will sich SBIRS-Low insgesamt 11,8 Milliarden Dollar kosten lassen.

NUTZNIESSER: Es arbeiten bereits elf Unternehmen an diesem Projekt. Generalunternehmer soll Spectrum Astro sein, zusammen mit der Northrop Grumman Corp. als wichtigstem Partner.

BEURTEILUNG: Im Februar 2001 warnte der US-Rechnungshof:»Der aktuelle Zeitplan der US-Air Force für die Anschaffung von SBIRS-Low läuft Gefahr, nicht eingehalten zu werden. Es wäre möglich, dass das System weder rechtzeitig noch zu den veranschlagten Kosten und mit der erwarteten Leistung geliefert wird.« Der US-Rechnungshof ermittelte drei Problembereiche:

1. Der aktuelle Zeitplan sieht erst fünf Jahre nach Produktionsbeginn erste Testflugergebnisse oder wichtige Satellitenfunktionen und –fähigkeiten vor.
2. Man kam zu dem Urteil, dass sich fünf der sechs wichtigen Technologien zum aktuellen Zeitpunkt nicht auf dem Stand befinden, auf dem sie eigentlich sein sollten.
3. Man hat versäumt, nach terrestrischen Alternativen zu SBIRS-Low zu suchen.

Single Integrated Air Picture (SIAP)
SIAP wird Fluzeugen, Marschflugkörpern und der Raketenabwehr ein genaues Bild vom Schlachtfeld liefern. Es ist vorgesehen, dass es riesige, von Sensoren zusammen-

getragene Datenmengen und die von den drei Geheimdiensten gesammelten Informationen verknüpft. Die Ergebnisse werden für jeden Kommandeur sofort verfügbar sein.

Die US-Navy setzt bereits ein solches System namens Cooperative Engagement Capability (CEC) ein. Computer fügen die Daten aller Radar-, Sensor- und Zielerfassungssysteme der Flotte zu einem Gesamtlagebild zusammen. Das wird auf die Computerbildschirme der Schiffe und Flugzeuge übertragen. Anschließend wird entschieden, welches Schiff oder welches Flugzeug die Ziele verfolgen und welches sie angreifen soll. Bis 2007 hofft die US-Navy, alle mit Aegis-Radar ausgestatteten Kreuzer und Zerstörer mit CEC ausgerüstet zu haben. Die US-Army will CEC für ihre Patriot-PAC-3-Batterien, und auch die US-Air Force möchte für ihr AWACS eine eigene Variante des CEC entwickeln.

KOSTEN: Zig Milliarden Dollar.

NUTZNIESSER: Lockheed Martin und Raytheon.

Die Infrastruktur von NMD

Selbst ein relativ einfaches Raketenabwehrsystem benötigt ein gewaltiges, komplexes, miteinander verbundenes System aus bodengestützten Radargeräten, Sensoren, Detektoren, Satelliten, Befehlszentren, Computern, Sendern und Personal. Sehen wir uns diese Infrastruktur einmal genauer an, und vergessen wir nicht, dass sich daraus ein umfassendes System für den atomaren Erstschlag machen ließe.

Radarstationen befinden sich bereits an strategischen Punkten überall auf der Welt. Sie gehören zum Frühwarnsystem der Vereinigten Staaten, können aber auch für die Star-Wars-Systeme genutzt werden. Sie sollen die gesammelten Daten mit den weltraumgestützten Infrarotsensoren der Satelliten abgleichen und auf diese Weise den Start »feindlicher« Raketen feststellen und die ungefähre Position der jeweiligen Rakete bestimmen können. Steht die ungefähre Position erst einmal fest, sollen neu gebaute X-Band-Radaranlagen die Überwachung übernehmen, deren Existenz gegen den ABM-Vertrag verstoßen würde, und mittels Zielverfolgung die genaue Position und den Zustand der Rakete übermitteln. Das X-Band-Radar wird schließlich auch das so genannte »Kill Assessment« liefern, das heißt melden, ob das Abfangmanöver erfolgreich war.

Die erste X-Band-Radaranlage soll auf der Insel Shemya, einem Teil der Inselkette der Aleuten in Alaska, dem westlichsten Punkt der Vereinigten Staaten, gebaut werden. Dort liegt sie direkt auf der Linie nordkoreanischer Angriffe auf die Vereinigten Staaten, befindet sich aber angenehmerweise auch in direkter Linie mit Russland und China. An anderen strategischen Punkten auf dem Globus sollen drei weitere X-Band-Radaranlagen entstehen, einschließlich Fylingdales in Yorkshire (England) und in Vardø (Norwegen). Es gibt auch Gerüchte, Amerika plane insgesamt neun X-Band-Radaranlagen an Orten wie Pine Gap (Australien) und möglicherweise in Japan und Südkorea.

Im Februar 2001 fand auf der »Integrated System Test Capability-2«-Anlage, einem neuen Versuchsgelände, das zum Advanced Research Center des Army Space and Missile Defense Command in Huntsville (Alabama) gehört, eine mehrwöchige Übung, der so genannte integrierte Bodentest (IGT-6, Integrated Ground Test), statt. Bestandteil der Operation war auch der Test der nächsten NMD-Abfangrakete. Die vorangegangenen drei Versuche waren gescheitert.

Mitarbeiter prüften, ob die Bemühungen um die Integration von NMD erfolgreich waren. Sie benutzten dazu Computerknoten, von denen jeder einen Teil des komplexen Systems darstellte. Sie verwendeten die neueste Software und die schnellsten Prozessoren. Alle Übungen fanden in »Echtzeit«, also ohne Verzögerungen, statt und sollten in der Sprache des Pentagon, »die Funktionalität« der Verknüpfung der einzelnen Elemente bestätigen und das Risiko bei NMD-Abfangtests verringern. Diese Versuche am Boden sind von entscheidender Bedeutung für das NMD-Programm, da sie, so das Militär, den Löwenanteil der Informationen liefern, die für die richtungsweisenden Entscheidungen auf dem Weg zu einem voll integrierten und funktionierenden Star-Wars-System nötig sind. IGT-6 testete Kampfszenarien infolge geringfügiger Angriffe aus den drei geographischen Bereichen Nordkorea, dem Nahen Osten und Libyen sowie nach versehentlichen, nicht autorisierten Starts in Russland und China.

Die Ballistic Missile Defense Organization (BMDO) verfügt bereits über einsatzbereite IGT-Knoten für das BM/C3-System, das bodengestützte X-Band-Radarsystem, das verbesserte Frühwarnradar, das so genannte In-Flight Interceptor Communications System, die Satelliten des Defense Support Program, die weltraumgestützten Infrarot-Satelliten und die bodengestützten Abfangraketen.[40]

Diese gesamte Infrastruktur wird ihre Daten in einen Computer zur Gefechtsfeldkoordinierung einspeisen.

Das Battle Management/Command, Control, and Communications (BM/C3) System – ein Resümee

Die Krux beim Star-Wars-System – einem Computer zur Gefechtsfeldkoordinierung, der für die Star-Wars-Waffen und ihre Sensoren Einsatzpläne erarbeiten, sie koordinieren, steuern und kontrollieren soll – liegt im Grunde darin, dass es ein Computersystem mit Millionen oder Milliarden von Programmzeilen ist. Kein Computer ist perfekt. Selbst die einfachsten PCs versagen auf Grund von Softwareproblemen. Nach Aussagen von Programmierexperten steigt der Schwierigkeitsgrad beim Schreiben von Programmen nicht linear, sondern exponential an. Wenn man also den Code von zehn auf 20 Zeilen erweitern will, dann ist das nicht doppelt, sondern hundert Mal so schwer. Die Probleme, die bei einem Programm auftreten können, das aus Abermillionen Zeilen Computercode besteht, sind nicht vorstellbar. Ein Bug, also ein Fehler in der Soft- oder Hardware, in einem PC ist lästig. In einem Raketenabwehrcomputer aber könnte er den nuklearen Winter bedeuten.[41]

Unter Angriffsbedingungen besteht so gut wie keine Möglichkeit für menschliches Eingreifen, vielleicht einmal abgesehen von der Blitzentscheidung des Offiziers, der vor dem Computer sitzt. Zeit für eine Einflussnahme seitens der Bevölkerung oder der Politik bleibt ganz sicher nicht. John Pike, ein Experte für US-Militär- und Weltraumpolitik, der früher der Federation of American Scientists angehörte, sagt, wenn das Raketenabwehrsystem einmal in Betrieb ist, wird die Computersoftware, die den Angriff beurteilt und die Reaktionsmöglichkeiten analysiert, »die Summe vieler Tausend mit Modellen, Berechnungen, Simulationen, Verbesserungen und Versuchen verbrachten Arbeitsjahre sein. Das Programm wird unendlich viel besser in der Lage sein, ein ausgewogenes Urteil über das weitere Vorgehen zu fällen als die wenigen Menschen im Raum. Es wird zu schnell zu viel passieren, als dass ein Mensch das alles überblicken könnte. Es wird einfach keine Zeit für bloße menschliche Einmischung bleiben.«[42]

Mit anderen Worten, die Entscheidung über Krieg oder völlige Vernichtung wird dem Präsidenten im Weißen Haus abgenommen und stattdessen einem Computer überlassen, der irgendwo fernab von der Welt in einem unterirdischen Kommandoposten von einem Offizier bedient wird. Bei einem Gegenangriff, der noch während der Antriebsphase erfolgt, wie ihn George W. Bush bevorzugt, bei dem nur wenige Sekunden zur Erkennung eines Raketenstarts und noch ein paar Sekunden bis zum Abschuss bleiben, wäre ein computerisierter oder voll automatisierter Krieg unumgänglich. Leider wird man den Computer zur Gefechtsfeldkoordinierung niemals unter tatsächlichen Bedingungen testen können. Der erste wirkliche Test wird stattfinden, wenn die Vereinigten Staaten angegriffen werden.

Hier ein Beispielszenario: Nordkorea zündet eine Rakete, die mit fünf chemischen Gefechtsköpfen bestückt ist. Als Antwort darauf steigen ein Dutzend US-Abfangraketen auf, die auf dem primitiven chinesischen Frühwarnradar erscheinen.

In dem Glauben, es würde angegriffen, schickt China seine Atomraketen Richtung Vereinigte Staaten, noch bevor ein amerikanischer Erstschlag sie in ihren Silos zerstören konnte. Amerika bemerkt den unerwarteten chinesischen Angriff und zündet sofort die Raketen, die sich in ständiger Alarmbereitschaft befinden, und beginnt damit den Atomkrieg.[43]

Bruce Blair, früher Offizier und zuständig für Raketenstarts, malt ein weiteres Szenario aus: »Was, wenn ein Land einfach nur eine Rakete testen möchte? Werden wir sie zerstören, nur weil sie es auf Grund ihrer Reichweite bis in unser Land schaffen könnte? Es könnte ein friedlicher Start sein.«

Das komplexen Computersystemen innewohnende Chaos

Aber Star Wars plagen noch andere unüberwindbare Probleme. Das größte davon ist wohl ein grundsätzlicher Aspekt der Raketenwissenschaft. Studenten der Komplexitätstheorie kennen das Problem, hinter dem sich schlicht Folgendes verbirgt: Wenn in einem hochkomplexen, vernetzten System ein kleiner Teil versagt, versagt das gesamte System. Dazu kommt noch ein weiterer Faktor: Je komplexer das System, desto wahrscheinlicher ist es, dass eine unerwartete Komponente versagt. Vom Augenblick des Starts bis zum Erreichen des Ziels dauert es 30 Minuten. Da bleibt keine Zeit für Problembeseitigung. Wie Gottfried J. Mayer, Lehrbeauftragter für Kinesiologie an der Pennsylvania State University, vor ein paar Jahren so anschaulich bemerkte: »Die Trägerrakete löst sich nicht vom Gefechtskopf – und New York ist Geschichte.«[44] In Anbetracht der Angriffe vom 11. September ist das eine besonders beängstigende Vorstellung.

Dient NMD nur als Deckmantel dafür, einen Atomkrieg mittels eines atomaren Erstschlages gewinnen zu können?

1977 und 1980 legten die Direktiven 18 und 59 von Präsident Jimmy Carter klar und deutlich die vier Faktoren für die Fähigkeit zum atomaren Erstschlag fest:

1. *Satellitenabwehrwaffen (ASAT, Antisatellite):* Waffen, um das sowjetische Frühwarnsystem außer Kraft zu setzen.
2. *Enthauptung:* Vernichtung der damaligen sowjetischen Führung durch extrem zielgenaue Pershing-II-Raketen, noch bevor diese ihrerseits auf den Knopf drücken kann.
3. *Gegenschlag:* Zerstörung der meisten sowjetischen Raketen in ihren bewehrten Silos, auf U-Booten, mobilen Startrampen und der strategischen Bomberflotte mit Hilfe von MX- und D5-Raketen.
4. *Strategische Verteidigungsinitiative (SDI):* Ein System zur Abwehr ballistischer Raketen sammelt alle sowjetischen Flugkörper ein, die den Gegenschlag überstanden haben und gezündet wurden.[45]

Seither hat kein Präsident einschneidende Verträge unterzeichnet, die eine Abkehr von einer Position darstellen würden, die man auf dem Höhepunkt des Kalten Krieges eingenommen hatte. Und ich möchte zu bedenken geben: Das wahre (geheime?) Ziel der Wiederbelebung von Star Wars ist es, dass man in der Lage sein möchte, einen Atomkrieg mittels eines atomaren Erstschlags gewinnen zu können.

Verstößt NMD gegen internationale Verträge?

Nahezu die gesamte geplante NMD und weite Teile der TMD werden gegen den ABM-Vertrag, den Eckpfeiler aller Atomwaffenkontrollverträge, verstoßen. Der ABM-Vertrag zum Beispiel fordert, dass Amerika und die ehemalige Sowjetunion – nun im Wesentlichen Russland – nur ein lokales Abwehrsystem betreiben dürfen. (Diese Systeme befinden sich in Nord-Dakota respektive Moskau. Das neue System in Alaska stellt also einen klaren Verstoß dar.)

Der Vertrag würde auch dadurch verletzt, dass man die bestehenden amerikanischen Radarsysteme verbessert, dass man ein Abwehrsystem errichtet, das alle 50 statt der vertraglich festgelegten 48 Staaten umfasst, dass man ein neues Satellitennetzwerk einrichtet, oder dadurch, dass man das Abwehrsystem an einen anderen Ort verlegt. All diese Vorschläge sind derzeit als Elemente des Raketenabwehrplans von George W. Bush im Gespräch.

Im ABM-Vertrag heißt es, da sich kein Land vor einem Atomangriff schützen könne, müssten alle Seiten in Furcht vor der sicheren gegenseitigen Vernichtung leben. Es ist verständlich, dass unter diesen Umständen kein Land dumm genug ist, einen Atomkrieg anzufangen. Der ABM-Vertrag hatte daher immer auch das Ziel, eine hemmungslose atomare Aufrüstung zu bremsen, und seit seiner Unterzeichnung 1972 erfüllt er diese Aufgabe auch. In einer Welt, in der es von Atomwaffen nur so wimmelt, wäre es gewissenlos und außerordentlich destabilisierend, wenn eine der beiden Seiten gegen den Vertrag verstieße.

Dennoch machen die Vereinigten Staaten kein Hehl daraus, dass sie genau das vorhaben. 1999 rechtfertigte George W. Bush sein Vorgehen vor Publikum in Iowa so: »Als ich anfing, lebten wir in einer gefährlichen Welt, und man wusste genau, wer der Gegner war .... Da hieß es ›Wir gegen die‹, und es war klar, wer die anderen waren. Heute wissen wir nicht so sicher, wer unsere Gegner sind, aber wir wissen, dass es sie gibt.«[46]

Ein Verstoß gegen den ABM-Vertrag würde wiederum andere internationale Verträge gefährden. Vor kurzem hat die russische Duma zum Beispiel Start-II, einen neuen Abrüstungsvertrag, ratifiziert. Darin wird der beiderseitige Abbau strategischer Atomwaffen auf 3500 Stück gefordert. Russland ließ anklingen, im Falle einer Verletzung des ABM-Vertrags wäre es durchaus möglich, dass es von den Plänen zur Reduzierung des Atomwaffenarsenals Abstand nehmen und sich weigern würde, einen weiter gehenden Abbau unter START-III in Betracht zu ziehen. Überraschenderweise gestattet es der START-II-Vertrag den Vereinigten Staaten, 3500 stationierte strategische Waffen zu behalten, ebenso wie 950 einsatzbereite taktische Atomwaffen, 2500 strategische Waffen »als Ersatz« und 2500 Waffen als »inaktive Reserve«.[47] Darüber hinaus fordert der START-II-Vertrag nicht ausdrücklich eine Eliminierung der Wasserstoffbomben, sondern nur die Vernichtung der Abschussrampen. Man könnte die Bomben also später einfach wieder aus dem Lager holen und erneut stationieren.

Eine Verabschiedung des START-III-Vertrages würde das russische und amerikanische Arsenal strategischer Waffen auf weniger als 2500 Atombomen pro Seite verringern und zum ersten Mal die tatsächliche Zerstörung von Atombomben fordern. Plutonium und Uran wären so zu entsorgen, dass sie künftig nicht mehr zur Herstellung von Atomwaffen verwendet werden können. (Diese Vorgänge ließen sich relativ einfach technisch überwachen, wenn man einmal von dem guten Willen ausgeht, der im Augenblick bei den beteiligten Ländern herrscht. Es wäre aber möglich, dass dieser unter der Regierung Bush verloren geht.)[48]

Darüber hinaus bot Präsident Putin, der die Entwicklung eines US-Raketenabwehrsystems verhindern möchte und eine schnelle atomare Abrüstung anstrebt, jüngst an, das russische Atomwaffenarsenal auf zwischen 1500 und 1000 Waffen, oder sogar noch weniger, zu verringern – was die Forderung des START-III-Vertrages noch einmal um mindestens 1000 bis 1500 Stück unterschreiten würde. An dieses Angebot geknüpft sind die Bedingungen, dass Amerika davon absieht, sein Raketenabwehrsystem weiterzuentwickeln, den ABM-Vertrag einhält und der US-Senat den Atomwaffenteststoppvertrag ratifiziert.

Während des Treffens zwischen Präsident George W. Bush und Präsident Wladimir Putin in der zweiten Novemberwoche 2001 auf der Crawford Ranch in Texas schlug Bush indes vor, die strategischen Waffen der Vereinigten Staaten über einen Zeitraum von zehn Jahren einseitig von derzeit über 6000 auf zwischen 2200 und 1700 zu verringern. Damit kämen man dem vom START-II-Vertrag geforderten Verbot von russischen landgestützten Raketen mit Mehrfachsprengköpfen zuvor, und die Abschreckungswaffen auf US-U-Booten wären vor Überraschungsangriffen gefeit. Putin verließ das Treffen ohne eine Antwort. Man geht allerdings davon aus, dass er einen ähnlichen Vorschlag machen wird. Bushs Schachzug sollte die Russen für die von den Vereinigten Staaten beabsichtigte Verletzung des ABM-Vertrags »weich klopfen«.[49, 50]

Aber die Vereinigten Staaten hängen so sehr an NMD, dass das US-Außenministerium Russland energisch ermutigt, »große, vielfältige und einsatzbereite Arsenale strategischer Angriffswaffen zu unterhalten, die einen vernichtenden Gegenschlag ermöglichen«, solange Russland den Vereinigten Staaten nur erlaubt, den ABM-Vertrag zu verletzen und mit der Entwicklung der nationalen Raketenabwehr fortzufahren.[51, 52]

China mit seinen 20 interkontinentalen Atomwaffen hat bereits erklärt, dass es die Stationierung einer neuen Generation von Waffensystemen aller Wahrscheinlichkeit nach beschleunigen werde, falls Amerika an der nationalen Raketenabwehr festhalte. In der Tat wird für China der Anreiz bestehen, das zu tun. In einer Rede Anfang November 2000 sagte Zhu Bangzoa, der Sprecher des chinesischen Außenministeriums:

> Die Vereinigten Staaten sind das Land mit den weltweit größten und technisch am weitesten entwickelten Atomwaffen- und konventionellen Waffenarsenalen. Nun arbeiten sie an der Entwicklung einer nationalen Raketenabwehr und einer Gefechtsfeldabwehr. Das läuft dem allgemein vorherrschenden Trend zuwider, da es den internationalen Bemühungen um Abrüstung und Waffenkontrolle nicht zuträglich ist. Auch auf den Weltfrieden wird es dauerhaft negative Auswirkungen haben. Die chinesische Seite gibt ihrer ernsten Besorgnis Ausdruck, besonders für den Fall, dass die Vereinigten Staaten eine Gefechtsfeldabwehr entwickeln, die Taiwan einschließt. Das kann die chinesische Seite auf keinen Fall hinnehmen.[53]

(Ironischerweise wäre das kleine Raketenabwehrsystem gegen »Schurkenstaaten«, für das sich Clinton ausgesprochen hatte, eine angemessene »Verteidigung« gegen die 20 chinesischen atomaren Interkontinentalraketen mit Reichweiten bis in die Vereinigten Staaten – im Gegensatz zu der von George W. Bush geplanten vielschichtigen Raketenabwehr.«) Bei den europäischen Verbündeten wächst ebenfalls die Besorgnis, dass eine Verletzung des ABM-Vertrages ein neues atomares Wettrüsten auslösen und die Sicherheit Europas von der der Vereinigten Staaten abschneiden könne. Der französische Präsident Jacques Chirac sagte in der *New York Times* vom 7. Dezember 1999:»Betrachtet man die Geschichte der Welt, so stellt man eines fest: Seit der Mensch Krieg führt, gibt es einen ständigen Wettlauf zwischen dem Schwert und dem Schild. Und immer gewinnt das Schwert. Je besser der Schild ist, desto besser wird auch das Schwert.«[54]

Was die Welt von NMD hält

Star Wars ist lediglich zum Schutz der Vereinigten Staaten gedacht. Sollten sich also andere Länder zur Einrichtung von Star-Wars-Anlagen überreden lassen, so ist offensichtlich, dass sie dadurch nicht zwangsläufig ebenfalls geschützt sind, sondern zu möglichen Zielen eines atomaren Angriffs werden.

In einigen Ländern, die sich an Star Wars beteiligen sollen, sind die Bürger über diese Aussicht nicht glücklich. England zum Beispiel ist seit vielen Jahren fester Bestandteil des US-Frühwarnsystems. Es befinden sich dort zwei amerikanische Militärbasen: eine in Menwith Hill, eine in Fylingdales. Und die britische Beteiligung wächst. Im vergangenen Jahr besuchten knapp 500 britische Militärwissenschaftler die Vereinigten Staaten im Rahmen eines 1958 geschlossenen gegenseitigen Verteidigungsabkommens. Seit 1995 hat sich die Zahl der Besuche verdoppelt, und im gleichen Zeitraum besuchte das US-Militär die militärwissenschaftliche Anlage AWE

Aldermaston in Großbritannien 110 Mal. Zwei Mitarbeiter von Aldermaston wurden nach Los Alamos, einer nach Lawrence Livermore abkommandiert, »um die technische Entwicklung von Einrichtungen von beiderseitigem Interesse zu unterstützen«.[55] Washington hat vor, die US-Basis in Menwith Hill im Norden Yorkshires zu modernisieren und ihr eine wichtige Rolle in den amerikanischen Plänen für ein weltraumgestütztes Infrarot-System zur Erkennung von Raketenstarts zuzuweisen. Tony Blair hat der Aufrüstung von Fylingdales Moor bereits zugestimmt, die Billigung des Parlaments steht noch aus. Die Vereinigten Staaten planen zudem den Bau eines 15 Stockwerke hohen Radargebäudes an einem unbekannten Ort in Großbritannien. Ende Dezember 2002 bat Washington offiziell darum, Fylingdales in seine Raketenabwehrpläne aufnehmen zu dürfen.[56]

Aber in England wächst der Widerstand proportional zum Umfang der US-Pläne. Wohl wissend, dass Bush für ein vollständiges Star-Wars-System eintritt, kam ein aus zwölf Parlamentsmitgliedern bestehendes Komitee nach Beratungen zu dem Schluss: »Die Regierung sollte die überaus große Besorgnis zum Ausdruck bringen, die in Großbritannien über NMD herrscht. Wir sind nicht davon überzeugt, dass die US-Pläne zur Stationierung einer NMD eine angemessene Reaktion auf das Problem der Weiterverbreitung ist, dem sich die internationale Gemeinschaft gegenübersieht. Wir empfehlen der Regierung, die Vereinigten Staaten zu ermutigen, nach Alternativen zu suchen, wie sich die von ihnen wahrgenommene Bedrohung verringern lässt.«[57]

Und Hugo Young schreibt im *Guardian*, NMD sei »aus einer Arroganz geboren, von der man nicht erwarten darf, dass Russland sie widerstandslos hinnimmt. Ebensowenig kann man erwarten, dass China mit seinem relativ kleinen Raketenbestand es [das US-Raketenabwehrsystem] gutheißen wird, ohne sein eigenes Atomwaffenarsenal zu erweitern.« Er fügt hinzu: »Für Europa ist das Projekt ein großes Risiko«, da Europa dem Irak und Iran näher sei als Nordamerika.[58]

In Dänemark regt sich ähnlicher Widerstand gegen die Aufrüstung der Frühwarnradargeräte im grönländischen Thule, einer dänischen Provinz. Strategisch wichtige Frühwarnradargeräte, die zum X-Band-Radar nachgerüstet werden müssen, befinden sich in Thule (Grönland), Grand Forks (Nord-Dakota) und Clear (Alaska). Laut Ted Postol sind genau diese Verbesserungen für ein US-Raketenabwehrprogramm nötig, das sich besonders gegen Russland und China richtet.[59]

So unglaublich es auch scheint – offenbar rechtfertigen die Vereinigten Staaten mit der angeblich von Nordkorea, Iran und Irak ausgehenden Gefahr ein System, das sich in Wirklichkeit gegen China und Russland richtet.

Der deutlichste Hinweis auf diese Absicht ist die derzeitige Stationierung der weltweit technisch am weitesten entwickelten Radaranlage zur Bahnverfolgung und dem Sammeln von Spionage-Bildmaterial an der nördlichen Spitze Norwegens, 65 Kilometer von der russischen Grenze entfernt. Diese neue X-Band-Radaranlage wird zusammen mit dem Radar, das auf der Eareckson Air Station auf der Insel Shemya 2400 Kilometer südwestlich von Anchorage stationiert werden soll, Daten über russische Langstreckenraketenversuche sammeln, was Norwegen zu einem Hauptziel Russlands macht.

Dieses im norwegischen Vardø stationierte US-Radar namens Globus II, Codename HAVE STARE, könnte durchaus ein formaler Verstoß gegen den ABM-Vertrag sein. Mit einer möglichen Auflösung von zehn bis 15 Zentimetern wird es extrem detaillierte Bilder von russischen Sprengköpfen und ihren Raketen liefern. (Bisher hatten die technisch ausgereiftesten Radargeräte Auflösungen von bestenfalls fünf bis zehn Metern.) Die beiden Radaranlagen in Norwegen und Shemya werden in der

Lage sein, bei russischen Tests die gesamte Flugbahn der Raketen zu verfolgen, einschließlich der Antriebsphase, der Bus-Manöver, des Einsatzes und der Ablösung der Sprengköpfe und Täuschkörper. Es werden genaue Daten über die Rakete und ihre Bomben in jeder Phase, vom Start bis zum Eintauchen, gesammelt. Die Radargeräte werden direkt mit dem Nervenzentrum des geplanten NMD tief im Cheyenne Mountain in Colorado verbunden sein. Die gesammelten Daten werden in der NMD-Datenbank gespeichert, was die Fähigkeiten des NMD-Systems zur Unterscheidung russischer Interkontinentalraketen enorm verbessert.

»Wenn ein nationales Raketenabwehrsystem die Vereinigten Staaten vor nordkoreanischen Raketen schützen soll«, so Ted Postol,« wieso soll dann die modernste Radaranlage zur Bahnverfolgung und dem Sammeln von Bildmaterial in Kürze an der nördlichen Spitze Norwegens und nicht im Norden Japans in Betrieb genommen werden?« Laut Postol werden Russland und China ständig in der Besorgnis schweben,»dass die Vereinigten Staaten ihre Raketenabwehr irgendwann anpassen und die derzeit für das System vorgesehenen erbärmlichen Abfangraketen mit Hit-to-kill-Gefechtsköpfen um Abfangraketen mit Atomsprengköpfen erweitern werden.«[60] Postol wies darauf hin, dass die Vereinigten Staaten ihre Absichten wenigstens ehrlich äußern sollten. Weder Russland noch China gäben sich im Hinblick auf die tatsächlichen Pläne der Vereinigten Staaten irgendwelchen Illusionen hin, aber Amerika belüge den Rest der Welt – und die eigene Bevölkerung –, wenn es Nordkorea als Deckmantel für seine wahren Absichten gebrauche.

Wie bereits erwähnt soll die nächste X-Band-Radaranlage auf der Insel Shemya stationiert werden. Shemya gehört zur Inselkette der Aleuten und ist ein abgelegener, vom Wind gepeitschter Ort. Die nächsten Menschen leben in einem Eskimodorf 160 Kilometer weiter. Shemya ist daher nicht unbedingt der angenehmste Ort für diese Einrichtung. Seine Isolation macht ihn auch zu einem leichten Ziel für eine mögliche Zerstörung, sei es durch eine Rakete oder ein kleines Artilleriegeschütz auf einem Fischkutter. Die Vereinigten Staaten behaupten, sie hätten sich gerade für diesen Ort entschieden, da er direkt auf der Fluglinie nordkoreanischer Raketen liege.[61] Aber es gibt auch einen politischen Grund dafür, dass man sich für Shemya entschied. Senator Ted Stevens, der einflussreiche frühere Vorsitzende des Finanzausschusses des US-Senats, stammt aus Alaska. Und weil Clinton seine Unterstützung brauchte, musste ein Versuch unternommen werden, Alaska vor einem russischen Angriff zu schützen, obwohl das Radargerät vom ABM-Vertrag ausgeschlossen war.

Im Rumsfeld-Bericht hieß es: »Einige Länder mit regionalen Ambitionen lehnen die Rolle der Vereinigten Staaten als stabilisierende Macht in ihrer Region ab und haben sie nicht passiv hingenommen. Auf Grund ihrer Pläne möchten sie die Vereinigten Staaten daran hindern, Macht und Einfluss in ihrer Region auszuüben.«

Aber vielleicht sollten sich die Vereinigten Staaten zuerst einmal fragen, ob sie überhaupt das Recht haben, in anderen Regionen der Welt Macht auszuüben: Auf diesem Planeten leben 6,5 Milliarden Menschen, nicht nur 280 Millionen Amerikaner. Da das Eingreifen der Vereinigten Staaten in die Politik zahlreicher anderer souveräner Staaten Realität war und ist, signalisiert der US-Raketenabwehrschild, dass Amerika nach wie vor im Wesentlichen feindselige Absichten hat. Ein funktionierender Atomschirm über den Vereinigten Staaten lässt sich damit vergleichen, dass man einem Heckenschützen einen kugelsicheren Anzug gibt. Wäre er auf Grund seiner eigenen Unverletzlichkeit mehr oder weniger geneigt, auf andere zu schießen?[62]

Der Weltraum:
Das nächste amerikanische Imperium

Politisch gesehen ist es heikel, aber es wird passieren. Manche Menschen wollen das nicht hören, und es ist ganz sicher nicht en vogue, das zu sagen, aber ja: Wir werden im Weltraum kämpfen. Wir werden vom Weltraum aus kämpfen und wir werden im Weltraum kämpfen. Deshalb arbeiten die Vereinigten Staaten an Programmen mit gerichteten Energiewaffen und Hit-to-Kill-Technologie. Eines Tages werden wir Ziele auf der Erde – Schiffe, Flugzeuge, Bodenziele – vom Weltraum aus angreifen. Wir werden Ziele im Weltraum vom Weltraum aus angreifen.

General Joseph Ashy,
früherer Oberbefehlshaber
des US-Weltraumkommandos, 1996[1]

Die Bedrohung, meine Damen und Herren, ist meiner Ansicht nach Realität. Es ist eine Bedrohung unseres wirtschaftlichen Wohlergehens. Deshalb müssen wir gemeinsam Berührungspunkte zwischen der wirtschaftlichen Notwendigkeit und dem Wunsch des Präsidenten finden, der mich mit der Kontrolle und dem Schutz des Weltraums beauftragt hat.

General Richard B. Meyers,
früherer Oberbefehlshaber des
US-Weltraumkommandos, 1999, nun
unter Präsident George W. Bush neuer
Vorsitzender der Vereinigten US-Stabschefs[2]

Zur Vorherrschaft im Weltraum: Wir haben sie, wir
wollen sie, und das wird auch so bleiben.

Keith Hall, Abteilungsleiter des Weltraumprogramms der US-Air
Force und Chef des National
Reconnaissance Office (US-Aufklärungsbehörde)[3]

Das vom Kongress in Auftrag gegebene und 1989 er-
schienene Buch *Military Space Forces: The Next 50 Years*
von John Collins war eine der ersten Studien, die sich
intensiv mit der Vorstellung auseinander setzten, im
Weltraum und vom Weltraum aus Krieg zu führen. Die
finanziellen Mittel dafür bekam Collins, ein hochrangiger Verteidigungsspezialist der amerikanischen Natio-
nalbibliothek (Library of Congress), von der Air Force
Association und der Association of the US-Army.
Demzufolge hatte das Buch eine ganz besondere Ausrichtung. Das Werk, für das sich zahlreiche prominente
Kongressmitglieder wie John Glenn und John Kasich einsetzten, veranschaulichte die Chancen und Risiken einer
Kriegsführung im All. Zu denen, die es befürworteten,
gehörte auch Senator Sam Nunn, der Vorsitzende des
Ausschusses des US-Senats für die Streitkräfte, der sagte:
»Der Weltraum, ein eindeutig militärisches Medium, hat
eine neue Herangehensweise verdient. Dieses Buch wird
ein unverzichtbarer Anfangspunkt sein.« Und Les Aspin,
ehemaliges Mitglied des Repräsentantenhauses und später unter Präsident Bill Clinton US-Verteidigungsminister,
vertrat die Ansicht: »Es ist die einzige militärische Studie
über den Weltraum, die alle Puzzleteile zusammenfügt.«
   Collins beginnt das Buch mit einer Paraphrase der
»Herzland-Theorie« von Halford J. Mackinder:[4]

Wer den Weltraum um die Erde regiert, beherrscht den
Planeten Erde. Wer den Mond regiert, beherrscht den
Weltraum um die Erde.

Wer L4 und L5* regiert, beherrscht das Erde-Mond-System.

Das Buch *Military Space Forces* ist ein Rezept für die Kriegsführung im Weltraum. Es ist kämpferisch, nationalistisch, provokant, sorgfältig recherchiert und zutiefst beunruhigend zugleich. Und es bildet über weite Strecken die Basis für die offizielle US-Politik hinsichtlich einer Militarisierung des Weltalls.

Collins erörtert unter anderem, dass besonders der Mond reich an Bodenschätzen ist, die man abbauen, auf die Erde bringen und mit denen man hier gute Geschäfte machen könnte. Er sagt, Parteien »die darauf hoffen, wirtschaftliche Interessen im Weltraum wahrzunehmen, brauchen freien Zugang zu den Bodenschätzen auf dem Mond und darüber hinaus, den sie, falls nötig, auch gegen möglichen Widerstand durchsetzen müssen. Möglicherweise müssen sie auch Konkurrenten, die ein Monopol anstreben, den Zugang verweigern.« Er warnt jedoch davor, dass rivalisierende Mächte den Transporten auflauern und sie auf dem Rückweg vom Mond zur Erde entführen könnten. Sicher ist, wenn Amerika große Summen in den Abbau von Bodenschätzen auf dem Mond investiert, muss es seine Investitionen schützen. Man analysiert die Möglichkeiten einer Satellitenabwehr.

Collins' Gedanken sind gefährlich. Er spricht sich für so genannte »nicht tödliche Waffen« aus, die die Oberfläche eines Ziels durchdringen können, ohne sie zu verletzen oder einen Menschen je nach Belieben verwirren, verletzen oder töten können. Sie können aber auch die sensiblen Geräte in Satelliten oder Weltraumstationen beschädigen. Darüber hinaus schlägt er vor, Kommunikationssysteme zu stören, die Objektive von Satellitenkame-

---

* Bereiche im Weltraum, wo sich Gravitationskräfte des Mondes und der Erde ausgleichen.

ras mit Farbe zu besprühen, Laserreflektoren mit gleißendem Licht zu blenden oder heimlich Fremdstoffe in den Treibstoff der feindlichen Raketen zu mischen. Darüber hinaus erörtert er die Vorzüge von Laser- und Teilchenstrahlwaffen, die aus hochenergetischen Protonen, Neutronen, Elektronen oder Wasserstoffatomen bestehen.

Er erwähnt den Einsatz von Atomwaffen im Weltraum und schreibt, wie wirkungsvoll die verschiedenen Arten radioaktiver Strahlung dort seien. Da es im Weltraum keine Atmosphäre gebe, könne sich die Strahlung dort, wie er sagt, ungehindert ausbreiten und so einen sehr viel größeren Bereich abdecken als bei einem Einsatz innerhalb der Erdatmosphäre in Bodennähe. Besonders gut würden sie sich für Ziele in niedriger Erdumlaufbahn eignen. Er räumt jedoch ein, dass radioaktive Strahlung nicht zwischen Freund und Feind unterscheiden könne. Der elektromagnetische Puls atomarer Explosionen könne deren Verursacher ebenso »verletzen« wie die anvisierten Ziele.

Collins erörtert das Thema Krieg auf dem Mond und schreibt, die Schlagkräfte könnten dort die volle Bandbreite der Angriffsmanöver nutzen, die es inzwischen auf der Erde gibt. Der Weltraum ließe sich leicht verminen. Er erklärt, dass man »zivile« Weltraumgefährte heimlich für militärische Zwecke verwenden könne. Er sagt, Laser, Sensoren und Telekommunikationsgeräte ließen sich in Satelliten verstecken, die völlig harmlos wirkten. Waffen könnten »huckepack« auf Satelliten mitfliegen, die angeblich der Überwachung und Aufklärung dienen.

Besondere Betonung legt er auf eine biologische und chemische Kriegsführung im Weltraum. Er schreibt, geschlossene Biosphären wie Weltraumstationen böten ein »optimales« Umfeld für Angriffe dieser Art, da sie von einem geschlossenen Lebenserhaltungssystem abhängig seien, in dem Luft und Wasser ständig von Neuem in den Kreislauf eingespeist würden. Man könne heimlich tödliche oder betäubende chemische oder biologische Wirkstoffe in Weltraumstationen verteilen. Da sie farb- und geruchlos sind, würden sie erst entdeckt, nachdem sich erste Symptome gezeigt haben.

Er macht mit dem Gedanken vertraut, bestimmte Ziele vom Weltraum aus anzuvisieren und anzugreifen, und zitiert den ehemaligen Astronauten Michael Collins, der sagte, der Weltraum sei der ideale Ort, um Schiffe und Flugzeugträger anzugreifen, da Schiffe vom Weltraum aus »so deutlich ins Auge springen wie Billiardkugeln auf grünem Filz«.

Collins befürwortet den Einsatz der psychologischen Kriegsführung (psychological operations, kurz »Psyops«). Deren Techniken würden dazu verwendet, wie eine Art nichttödliches Waffensystem die Meinung von Führungsschicht und Bevölkerung zu steuern oder Rivalen davon zu überzeugen, dass es sinnlos sei, mit militärischen Operationen im Weltraum zu beginnen oder fortzufahren. Collins sagt, diese Psyop-Manöver würden »den Gegner seiner Handlungsfreiheit berauben, während man selbst sie behält«. Er empfiehlt Psyops-Propaganda zur Verbreitung subversiver Gedanken, etwa dass der Weltraum nutzlos sei, um die militärische Vorherrschaft zu erlangen, dass die Militarisierung des Weltraums den Weltfrieden gefährde und dass die Raumfahrt Rohstoffe verschwende, die man besser zur Versorgung der Menschen nutzen sollte, als sie in einen sinnlosen Rüstungswettlauf zu stecken. Er schreibt, die Überlegenheit der Vereinigten Staaten im Weltraum »könnte in einem unblutigen, absoluten Sieg gipfeln, wenn die weniger weit entwickelten Mächte weder die technischen Möglichkeiten haben noch technologisch Schritt halten können.«

Für 95 Prozent der Weltbevölkerung, die zufällig nicht Amerikaner sind und mit Recht das Gefühl haben, Himmel und Mond gehören auch ihnen, ist das kein erfreuliches Szenario.

US-Pläne für einen Krieg im Weltraum[5]

In den sechziger und siebziger Jahren verließen sich die US-Army, die US-Navy und die US-Air Force in den Bereichen Kommunikation, Meteorologie, Geodäsie, Navigation und Aufklärung immer mehr auf technisch hoch entwickelte, weiter reichende Weltraumtechnologien. Die militärische Nutzung des Weltraums kam der strategischen Abschreckung zu Gute, da sie die Überprüfung der Einhaltung von Verträgen ermöglichte, der Rüstungskontrolle diente und Frühwarnsysteme vor einem bevorstehenden Atomkrieg warnen konnte. 1985 institutionalisierten die Vereinigten US-Stabschefs die militärische Nutzung des Weltraums. Sie richteten eine neue einheitliche Führung mit dem Namen US-Space Command (US-Weltraumkommando) und dem Motto *Master of Space* ein. Bei der Operation Wüstensturm 1991 am Persischen Golf nutzte man militärische Operationen im Weltraum dazu, einen so genannten »Multiplikatoreffekt« hervorzurufen, der Kommunikation, Navigation und Zielerfassung erheblich verbesserte.

Daraufhin übernahm das US-Weltraumkommando mehr Verantwortung. Es besteht aus drei aktiven Elementen: dem United States Army Space Command, der Fourteenth Air Force und dem Naval Space Command. Ziel des US-Kommandos soll es sein, »die Weltraumstreitkräfte über das komplette Konfliktspektrum in die Kampffähigkeit zu integrieren« und wie zuvor erwähnt »die Weltraumdimension militärischer Operationen zum Schutz amerikanischer Interessen und Investitionen [zu] beherrschen«.

1996 veröffentlichte das US-Weltraumkommando eine Broschüre mit dem Titel »Vision for 2020«, in der es seine Pläne für einen Krieg im Weltraum offen kundtat.[6] 1998 baute das US-Weltraumkommando den ursprünglichen Entwurf von 1996 zu einem ausführlichen 100-seitigen Dokument, dem »Long Range Plan«, aus. Er entstand in

Zusammenarbeit mit 75 Rüstungsunternehmen, unter anderem Boeing, Aerojet, Hughes Space, Lockheed Martin, Raytheon, Sparta Corp, TRW und Vista Technologies. Im Jahr 2000 formulierte ein Zusammenschluss von Luft- und Raumfahrtunternehmen einen Führungsanspruch für den Weltraum. Ihre Kampagne »Declaration of space leadership« sollte ihre Verbündeten im Kongress dazu bewegen, den Gedanken einer Militarisierung des Weltraums in Form einer Resolution des US-Repräsentantenhauses einzuführen. In der Erklärung wurde die Bereitstellung finanzieller Mittel für »Verteidigungssysteme« und die NASA in einer Höhe gefordert, welche »die amerikanische Vorherrschaft bei der Erforschung des Weltraums garantiert«.

Die Luft- und Raumfahrtunternehmen produzierten Unmengen von Propagandamaterial, mit dem man gerade den amerikanischen Kindern einreden wollte, dass alles, was im Weltraum passierte, aufregend sei und unterstützt werden müsse. Die NASA erarbeitete ihrerseits in enger Zusammenarbeit mit dem US-Weltraumkommando ein Programm, das ihre Weltraumbotschaft zu allen Lehrern naturwissenschaftlicher Fächer in den Vereinigten Staaten tragen sollte. Ihr Ziel ist es, die Meinung der Kinder dahingehend zu beeinflussen, dass sie glauben, ein großer Teil des US-Staatsvermögens sollte für die Erforschung des Planeten Mars verwendet werden und der Krieg im Weltraum sei unvermeidbar.[7]

Der Langzeitplan beginnt mit der Aussage, das Militär müsse verhindern, dass seine Abhängigkeit vom Weltraum zu seiner Achillesferse werde, und deshalb eine Möglichkeit finden, andere (den Feind) an einer Nutzung des Weltraums zu hindern. Wie ein Land seinen Reichtum erschafft, verkündet der Plan, so führt es auch Krieg. Laut dem Langzeitplan ist nun der Zeitpunkt gekommen, da die nationalen Entscheidungsträger verstehen müssen, dass der Weltraum sowohl für das US-Verteidi-

gungsministerium als auch die Nation der Dreh- und An-
gelpunkt ist. Das ist genau der Kurs, den die Regierung
Bush verfolgt.
Der Plan stellt fünf Grundziele auf:

1. Die finanziellen Mittel zu beschaffen, um in den Weltraum zu gelangen und – einmal angekommen – dort
   zu operieren.
2. Die Region zu überwachen, um sich einen umfassenden Überblick über die Lage zu verschaffen und zu behalten.
3. Die wichtigen amerikanischen Weltraumsysteme vor
   Angriffen zu schützen.
4. Den unerlaubten Zugriff auf und die Ausbeutung der
   Weltraumsysteme der Vereinigten Staaten und seiner
   Verbündeten zu verhindern.
5. Feindliche Weltraumsysteme auszuschalten, welche
   die Systeme der Vereinigten Staaten und seiner Verbündeten bedrohen.

Der Langzeitplan erörtert dann das Thema globales Engagement, das darin als »die Kombination eines weltweiten, umfassenden Lagebildes und der zielgenauen An-
wendung von Gewalt vom Weltraum aus« bezeichnet
wird. »Ein weltweites globales Verteidigungsnetzwerk«
müsse »die Einsatzfähigkeit der land-, see-, luft- und
weltraumgestützten Systeme zu einer nahtlos miteinander verbundenen Einheit« verschmelzen.
    Das US-Weltraumkommando wird »Gebiete von be-
sonderem Interesse« auf der Erde vom Weltraum aus
überwachen, damit das Militär »im Frieden, in einer Krise oder in einem Krieg« einen umfassenden Überblick
hat. Die Absicht dahinter ist, Amerika vor einem Angriff
feindlicher ballistischer Raketen und Marschflugkörper
zu schützen – alias Star Wars. Das US-Weltraumkommando wird auch eine feste Anzahl von »hochwertigen«

Zielen auf der Erde mit nahezu unmittelbarer Gewaltanwendung bedrohen, d. h., es besitzt die Fähigkeit, vom
Weltraum aus zu töten. Der Langzeitplan fährt fort:

> Weltraumgestützte Plattformen haben den seit langem
> bekannten und unumstrittenen Vorteil, dass es keine
> Einschränkungen beim Überfliegen eines Landes im
> Weltraum gibt und keine Freigaben dazu nötig sind.
> Wir gehen davon aus, dass uns dieser Vorteil erhalten
> bleiben wird … In Konflikten wird es für den Erfolg der
> Vereinigten Staaten auf dem Schlachtfeld von entschei-
> dender Bedeutung sein, dass sie die Herrschaft im
> Weltraum erlangen.

Der Langzeitplan räumt jedoch ein, dass es Probleme geben könnte:»Im Augenblick deckt sich die Vorstellung,
Waffen im Weltraum zu stationieren, nicht mit der Politik
der Vereinigten Staaten. Sinn und Zweck dieses Langzeit-
planes ist es, Vorkehrungen zu treffen für den Fall, dass
unsere zivile Führung später einmal beschließen sollte,
dass die Gewaltanwendung vom Weltraum aus in unserem nationalen Interesse ist.« (Ist die Regierung Bush diese zivile Führung?)
    Der Langzeitplan fasst ein Endziel ins Auge:»Bis zum
Jahr 2020 wird eine Reihe voll integrierter Einsatzfähigkeiten im Weltraum und auf der Erde einen überragen-
den Überblick über das Schlachtfeld liefern, was es bei
Bedarf ermöglicht, alle ballistischen Raketen und
Marschflugkörper zu erfassen und anzugreifen und auf
Anweisung der National Command Authority [des Prä-
sidenten] ausgewählte hochwertige Ziele auf der Erde zu
identifizieren, zu verfolgen und zu bedrohen.« Ronald R.
Fogleman, Mitglied des US-Weltraumkommandos, General im Ruhestand, früherer Stabschef der US-Air Force
und Angehöriger der Vereinigten US-Stabschefs, äußerte
dazu:»Ich denke, man wird sehr bald erkennen, dass der

Weltraum eine vierte Dimension in der Kriegsführung darstellt.«

Im Langzeitplan wird angedeutet, wie die militärische Führungselite der amerikanischen Gesellschaft die Welt und ihren Platz darin sieht:

- Die Vereinigten Staaten werden eine Weltmacht bleiben und weltweit einen maßgeblichen Einfluss ausüben.
- Es ist unwahrscheinlich, dass sich die Vereinigten Staaten bis einschließlich 2020 einem gleich starken militärischen Konkurrenten gegenüber sehen werden.
- Die Vereinigten Staaten werden nicht immer in der Lage sein, ihre Streitkräfte zu entsenden (Kriege auf dem Territorium anderer Völker zu führen).
- Die Verbesserung der Kommunikation wird das Ungleichgewicht zwischen den Ländern hinsichtlich der Ressourcen und der Lebensqualität deutlicher hervortreten lassen, was zu Unruhen in Entwicklungländern beitragen wird.
- Die Vernetzung der Weltwirtschaft wird auch in Zukunft immer weiter fortschreiten. Wirtschaftsbündnisse sowie das Wachstum und der Einfluss multinationaler Konzerne werden die Grenzen von Sicherheitsabkommen verwischen.
- Die Kluft zwischen »reichen« und »armen« Ländern wird wachsen, was zu regionalen Unruhen führen wird.
- Die Vereinigten Staaten werden das einzige Land bleiben, das weltweit Macht auszuüben vermag.[8]

Der letzte Punkt bedeutet, während die Länder der Erde wirtschaftlich immer weiter auseinander driften, können die Vereinigten Staaten ihre militärische Überlegenheit und ihre Überlegenheit im Weltraum dazu nutzen, das Ungleichgewicht zwischen Arm und Reich aufrechtzuerhalten. In diesem Zusammenhang wäre es gut, sich

daran zu erinnern, dass nur fünf Prozent der Weltbevölkerung in den Vereinigten Staaten leben, diese fünf Prozent aber 40 Prozent der weltweit vorhandenen Rohstoffe
aufbrauchen.

US-Space Force

Anfang des 21. Jahrhunderts spricht man zum ersten Mal
seit der Gründung der US-Air Force 1947 davon, eine
neue Waffengattung im Pentagon einzurichten (obwohl
die etablierten Waffengattungen des Pentagon ihre Ein-
flussbereiche rücksichtslos verteidigen und sich Veränderungen heftig widersetzen). Den ersten Vorschlag dieser
Art machte General Ronald R. Fogleman, als er und sein
Stab zu dem Schluss kamen, die US-Air Force sollte sich
zu einer Space and Air Force weiterentwickeln. Die neue
Waffengattung würde sich beträchtlich vom US-Weltraumkommando unterscheiden, das kein offizieller Arm
des Pentagon ist.

Nach dem Golfkonflikt und dem Kosovo-Krieg setzte
sich diese Idee immer stärker durch, da die Nutzung des
Weltraums beide Male von entscheidender Wichtigkeit
war. Die GPS-Satelliten steuerten Präzisionsbomben
auch bei schlechtem Wetter zu ihren Zielen. Spionagesatelliten überwachten serbische Truppenbewegungen und
fingen Unterhaltungen hoher Amtsträger ab. Und Satelliten verfolgten den Aufschlagspunkt von Tausenden von
NATO-Bomben (obwohl sie nicht zählten, wie viele Menschen verletzt oder getötet wurden). Für die US-Soldaten
ist es psychologisch einfacher, mit einem solchen Krieg
fertig zu werden, der vom Weltraum aus gesteuert wird,
denn man tötet aus großer Entfernung, wodurch das
Trauma einer direkten Begegnung mit dem Tod vermie-
den wird. In einer am 17. Juni 1999 veröffentlichten Erklärung gab das US-Weltraumkommando bekannt: »Alle
Fragen zu Bedeutung oder Effektivität der Weltraumnut-

zung im Rahmen von Militäroperationen wurden von Operation Allied Force im Kosovo beantwortet.«[9]

Der republikanische Senator Bob Smith aus New Hampshire engagiert sich leidenschaftlich für das Konzept einer US-Space and Air Force. Er behauptet, die US-Air Force, der ein Großteil der militärischen Anlagen des US-Weltraumkommandos im Weltraum unterstehen, verwende zu viel Zeit auf die Luft- und nicht genügend auf die Raumfahrt. Der Kongress berief einen aus 13 Mitgliedern bestehenden Ausschuss ein, der die Arbeit einer Space Force in allen ihren Aspekten untersuchen sollte.[10]

Das Air Force Magazine, die Zeitschrift der Air Force Association, berichtete von einer Konferenz der Air Force Association im Februar 2000, bei der General Michael Ryan erklärt hatte, die militärischen Folgen der gestiegenen Weltraumnutzung seien gewaltig. Er befürwortete die Pläne des US-Weltraumkommandos und erklärte, die Vereinigten Staaten müssten bei Bedarf in der Lage sein, den Weltraum ebenso zu beherrschen, wie sie die Atmosphäre beherrschten. Die Luft und der Weltraum seien für die US-Air Force keine getrennten Bereiche, sondern zwei Teile eines gemeinsamen Ganzen, die so eng miteinander verbunden seien wie die Ozeane und die Meere, sagte er.»Wir sollten uns die Luft- und Raumfahrt als eine nahtlose Einheit vorstellen, die uns militärische Einsatzfähigkeiten zur Wahrung der Nationalen Sicherheit bietet«, fuhr er fort.»Beim Kosovo-Einsatz zum Beispiel waren 40 verschiedene Standorte in 15 Ländern über eine Vielzahl militärischer und ziviler Leitungen und Satelliten miteinander verbunden, und viele neue wurden eingerichtet. Wir haben über 44 000 Frequenzanforderungen bearbeitet, einige terrestrische, einige atmosphärische und einige für Weltraumsysteme, und wie Sie vielleicht wissen, ist das für die beteiligten Länder ein schwieriges Thema«, sagte er seinem Publikum. Er fügte hinzu, dass die Zusammenarbeit mit der Industrie sehr wichtig sei. »Wir befinden uns auf einer Reise, entwickeln unsere Luft- und Raumfahrtkompetenzen und verbinden sie zu einer Luft- und Raumfahrttruppe, die das gesamte Spektrum abdeckt.«[11] Diese Cyberspace-Technologie kam mit ebenso großem Erfolg im Afghanistan-Krieg zum Einsatz, und auch in diesem Fall überwachte die Ausrüstung nicht, welche und wie viele zivile Opfer es gab, sondern beließ es bei der Erfassung von »Zielen« und der Steuerung der Raketen, Flugzeuge und Bomben.

Zivile Nutzung des Cyberspace

Das Militär drängt sich in den Cyberspace, der inzwischen aus dem Alltag von Millionen Menschen nicht mehr wegzudenken ist – Mobiltelefone, Internet, Wettervorhersagen, Verkehrsüberwachung und -kontrolle und eine genaue Ortung auf dem Land und dem Wasser mit Hilfe des Satellitennavigationssystems GPS. Internationale Währungen und deren Stabilität hängen vom Weltraum ab. Mit einem Mausklick werden Billionen Dollar im Cyberspace hin- und hergeschoben. Ohne den Weltraum wären Handel und Globalisierung unmöglich.

Was wird also geschehen, wenn Amerika an seinen Plänen zur Militarisierung des Weltraums festhält? Wie werden sich Satellitenabwehr, weltraumgestützte Killerlaser oder Atomexplosionen im Weltraum auf unseren Alltag auswirken? Hat ein Land das Recht, vom Weltraum Besitz zu ergreifen, um seine eigenen nationalistischen Ziele zu verfolgen?

Das Verschmelzen ziviler und militärischer Aktivitäten

Ohne eine strenge Trennung zwischen militärischem und zivilem Leben verwischen die Grenzen zwischen den jeweiligen Vorhaben, wie man kürzlich am Beispiel eines Projektes sehen konnte, das den Space Shuttle für eine

Mission zur kartographischen Erfassung der Topologie der Erde nutzte. Am 31. Januar 2000 startete der Space Shuttle *Endeavor* von Cape Canaveral zu einer geheimen Militärmission. Auf einer elftägigen Reise sollte er dreidimensionale Karten in hoher Auflösung von 80 Prozent der Erdoberfläche beschaffen. Das Pentagon gab der NASA 200 Millionen Dollar für den Shuttle-Flug. Der Großteil dieser hochauflösenden Karten wird als geheim eingestuft werden und in den Besitz des Militärs übergehen. Allerdings hatte man dem amerikanischen Volk nicht gesagt, dass es sich um eine Militärexpedition handelte, sondern die Reise stattdessen einfach als eine NASA-Mission zur kartographischen Erfassung der Erde im Rahmen der vom Pentagon finanzierten Global 3-D Mapping Mission ausgegeben.

Es ist durchaus möglich, dass diese Karten die kartographische Erfassung der Erde verbessern. Gleichzeitig machen sie es dem Pentagon aber auch leichter, mit dem Einsatz von Weltraumtechnologien nahezu überall auf dem Planeten Ziele zu identifizieren und anzugreifen. Diese Bilder sind darauf ausgelegt, dem Militär nicht nur über den Standort, sondern auch die genaue Höhe jedes Baums, Hügels und Berggipfels, die Tiefe jedes Grabens, Tals und Canyons in dem kartographisch erfassten Gebiet Auskunft zu geben. John Pike, der ehemalige Chef der Abteilung für Weltraumpolitik der Federation of American Scientists in Washington, sagte dazu:»Lenkwaffen brauchen entsprechend spezielle Karten, und im Augenblick verfügt das Militär nicht darüber.«[12] Also entwickelte das Pentagon unter dem Deckmantel eines NASA-Erkundungsfluges eine neue Technologie, die seine Fähigkeit, mit außerordentlicher Präzision Menschen zu töten oder Eigentum zu zerstören, steigern wird.

Diese detaillierte kartographische Erfassung seitens der NASA erhielt Verstärkung durch einen Testsatelliten, der im September 2000 von der Kirtland Air Base in New Mexico in den Weltraum geschossen wurde. Der Satellit ist mit einem Hyperspectral Imaging Instrument bestückt, das mit Hilfe von extrem schmalen Ausschnitten aus dem elektromagnetischen Spektrum die von Objekten auf dem Boden reflektierte Energie »sehen« kann. Militärische Fragen wie *Ist das Feld zu sumpfig für einen Panzerangriff? Sind die Wellen zu hoch für eine Landung mit Amphibienfahrzeugen? Woraus besteht das vorhandene natürliche Blätterdach? Ist das ein abgelegener Parkplatz oder ein Spielplatz mit Rasen? Ist das ein Transportpanzer oder ein Schulbus?* lassen sich nun vielleicht zur Zufriedenheit beantworten.[13] Auf diese Weise wird die NASA, obwohl sie 1958 ursprünglich zum Zweck der »friedlichen« Erforschung des Weltraums gegründet worden war, immer stärker militarisiert.[14]

Ein weiteres Beispiel für die Militarisierung des zivilen Sektors ist die Entscheidung der US-Air Force, die Zusammenarbeit zwischen der Industrie und der amerikanischen Bundesregierung im Bereich der Weltraumtransporte auszubauen. Weil Weltraumflüge nahezu unerschwinglich sind, verfasste eine ressortübergreifende Arbeitsgruppe der US-Regierung einen Bericht mit dem Titel »Future Management and Use of U.S. Space Launch Bases and Ranges«, der die Zusammenarbeit zwischen dem US-Verteidigungsministerium und dem zivilen Weltraumsektor untersuchen sollte. Neal Lane, Präsident Clintons Wissenschaftsberater, befürwortete diese Zusammenarbeit und sagte: »Seit Beginn der neunziger Jahre hat sich die Zahl der kommerziellen Starts mehr als verdreifacht. Inzwischen machen sie 40 Prozent der Starts auf der Vandenberg Air Force Base in Kalifornien und der Cape Canaveral Air Force Station in Florida aus.« Die US-Air Force geht dabei zügig vor und schafft Strukturen, von denen sowohl die Regierung als auch der private Sektor profitieren, was die Effektivität der Investitionen aller Beteiligten maximiert.[15] Und wieder einmal werden die Grenzen verwischt.

Jüngste Entwicklungen

In jüngster Zeit veranstaltete das US-Weltraumkommando eine Reihe von Übungen, die zeigen sollten, dass das Programm erweitert werden müsse. Am 10. Juli 2000 fand beispielsweise die jährliche Joint Warrior Interoperability Demonstration (JWID) auf der Peterson Air Force Base in Colorado statt, bei der Industrie und Regierung mit vereinten Kräften veranschaulichten, dass man die Einsatzkräfte am Boden dadurch unterstützten könne, dass man die Weltraumstreitkräfte sowie die im Weltraum gewonnenen Informationen in die Land-, Luft- und Seestreitkräfte integriert. Im Rahmen dieser Übung fanden an vielen Orten auf der ganzen Welt Vorführungen statt, unter anderem im Cheyenne Mountain Operations Center bei Colorado Springs, dem U.S. Pacific Command in Camp Smith auf Hawaii und dem U.S. Joint Forces Command in Norfolk, Virginia. Die Einrichtungen in vielen NATO-Ländern waren ebenso angeschlossen wie die US-Stützpunkte in Australien und Neuseeland.

Wie sagte Ralph E. Eberhart, General der US-Air Force und Befehlshaber des US-Weltraumkommandos, doch gleich: »Es ist klar, dass wir uns immer stärker auf den Weltraum verlassen werden. Traditionell diente der Weltraum im Kampf als Multiplikator und seine Aufgabe war es, den Kampf zu unterstützen ... Inzwischen spielt der Weltraum natürlich eine sehr viel grundlegendere und wichtigere Rolle als die eines Multiplikators. Inzwischen ist der Weltraum eine Grundvoraussetzung. Er ist kein Luxus mehr, sondern für Militäroperationen erforderlich. Es hat sich herausgestellt, das der Weltraum für unsere nationalen Interessen unentbehrlich ist.«[16]

Unterdessen kündigte die US-Air Force am 8. September 2000 an, dass ihr Aerospace Operations Center (AOC) in Hurlburt Field in Florida zu einem offiziellen Waffensystem erklärt worden war. Das AOC ist im Grunde ein als »leicht, schlank und tödlich« beschriebener vorgeschobener Gefechtsstand. Bei einer Übung am 15. September 2000 zur Beurteilung der Expeditionsstreitkräfte der US-Air Force, die neue Technologien und Fähigkeiten im Kriegsumfeld einsetzten, war das AOC der Sammelpunkt für alle Daten, die sowohl von den Streitkräften, die tatsächlich in der Luft waren, als auch von Modellen, Simulationen und Einspielungen an elf verschiedenen Standorten in den Vereinigten Staaten hereinkamen. Daten aus dem Weltraum spielten bei dieser Übung eine große Rolle.[17] Laut General Michael E. Ryan, Stabschef der US-Air Force, ersetzt das AOC bei einem tatsächlichen Kriegseinsatz die Augen, Ohren, Hände und Beine des Kommandeurs.

Und in Fort Bliss in Texas fand die Militärübung Roving Sands 2000 statt, bei der einmal mehr der Cyberspace zur Koordination eingesetzt wurde. Verbunden durch hoch entwickelte Computersysteme absolvierten Militärteams an verschiedenen Orten in den Vereinigten Staaten getrennte Einsätze mit einem gemeinsamen militärischen Ziel. Nicht nur das Zielgebiet des Schlachtfelds, sondern auch die Raketensysteme und andere Angriffswerkzeuge waren simuliert, so dass wenige Soldaten in der Lage waren, ein größeres Gebiet zu beherrschen.[18]

Es war eine der ersten virtuellen Kriegsübungen im Cyberspace.

Weltraumgestützte Star-Wars-Waffen in der Entwicklung

Weltraumgestützte Waffen sind exotische, fiktive Systeme, die noch nie wirklich getestet wurden. Trotzdem werden viele davon bereits gebaut, wie zum Beispiel der weltraumgestützte Laser, militärische Hyperschallflugzeuge für den Einsatz im Weltraum, verschiedene Satellitenabwehrwaffen, Störsatelliten und weltraumgestützte Atomwaffen.

Schwerter zu Lasern

Mindestens zwei weltraumgestützte Laserwaffen befinden sich bereits in der Entwicklung. Beide sind Teil eines Konzepts, das die Zeitschrift *Space Daily* mit dem Titel »Schwerter in Laser verwandeln« versah.

- *Der experimentelle weltraumgestützte Laser*, die erste Stufe der Entwicklung weltraumgestützer Waffen, wird derzeit von Lockheed Martin, TRW, Boeing, der US-Air Force und der Ballistic Missile Defense Organization entwickelt.
- *Der Alpha High-Energy Laser* ist der zweite weltraumgestützte Laser in der Entwicklung. Er wird ebenfalls von TRW gebaut, und im April 2000 fand das 22. erfolgreiche Testschießen statt. *Space Daily* verkündete, dieser Test sei »ein bedeutender Fortschritt bei der geordneten Entwicklung der Technologie, die für das Space-Based Laser Integrated Flight Experiment nötig ist«.[19, 20]

Ein Zitat aus einem Bericht des Aufsichtsrates der US-Air Force aus dem Jahr 1996 spiegelt die militärische Begeisterung und die moralischen Implikationen dieser Waffen wider:

> In den nächsten zwei Jahrzehnten werden neue Technologien die Voraussetzungen für den Einsatz weltraumgestützter Waffen von verheerender Effektivität schaffen, die man bei taktischen und strategischen Konflikten zur Übertragung von Energie und Masse [sprich: zum Töten] nutzen wird. Diese Fortschritte machen es möglich, dass Laser mit einem vernünftigen Masse-Kosten-Verhältnis sehr viele Treffer erzielen können. Das kann in schneller Folge, ohne Pause und mit chirurgischer Präzision geschehen und minimiert so die Gefährdung verbündeter Streitkräfte. Diese Technologien existieren bereits oder können in allernächster Zeit entwickelt werden.

Der Bericht fährt fort: »Der Einsatz von Gewalt mit Hilfe kinetischer Waffen ermöglicht punktgenaue Angriffe auf Ziele überall auf der Welt. Ein Angriff wie der strategische Luftangriff auf die irakische Infrastruktur im Rahmen von Operation Wüstensturm könnte im Grunde unmittelbar im Anschluss an den Einsatzbefehl erfolgen und wäre wenige Minuten oder Stunden später beendet.«[21]

(Hier gehen die Meinungen auseinander. Mike Moore, ein Senior Editor des *Bulletin of Atomic Scientists*, schrieb 1999: »Die Vorstellung, die Vereinigten Staaten – oder irgendein anderes Land – könnten tatsächlich Waffen im Weltraum stationieren, so wie sich das US-Weltraumkommando das vorstellt, ist so abscheulich, dass sich die Vereinigten Staaten eindeutig davon distanzieren sollten. Besser noch, sie sollten darauf drängen, den Weltraumvertrag dahingehend abzuändern, dass er die Stationierung aller Waffen, nicht nur von Massenvernichtungswaffen, im Weltraum verbietet.«[22] Dieser Standpunkt spiegelt sich in der Haltung der internationalen Gemeinschaft, die den Weltraumvertrag, der eine Militarisierung des Weltraums verbietet, immer wieder von Neuem billigt. Die Vereinigten Staaten enthalten sich jedes Mal der Stimme.)

Hyperschallflugzeuge

Die US-Air Force entwickelt zudem gerade ein Flugzeug, das laut Plan auf einer Umlaufbahn um die Erde kreisen und Aufgaben wie Aufklärung und Weltraumkontrolle übernehmen sowie Angriffe ausführen soll. Das so genannte Aerospace Operations Vehicle (AOV) ist ein zweistufiges Raumtransportsystem mit wieder verwendbarem Trägersystem. Es verfügt über eine »einsatzspezifische« Oberstufe, die auf der Technologie des wieder verwendbaren Erprobungsträgers X-33 von Lockheed Martin basiert. Boeing ist ebenfalls an der Entwicklung des Flugzeugs beteiligt, die innerhalb von drei Jahren abgeschlossen sein soll.

Der umstrittenste Teil des Flugzeugs ist die Oberstufe oder Common Aero Vehicle (CAV), ein flügelloser Auftriebskörper für Sofortangriffe auf Ziele auf der Erde. Obwohl es sich bei diesem Weltraumflugzeug nicht direkt um eine auf einer Umlaufbahn befindliche Waffe handelt und es deshalb nicht unter Clintons diesbezügliches Verbot fällt, ist es ein Angriffssystem, das gegen den Glauben – und auch das UNO-Übereinkommen über die Registrierung von in den Weltraum gestarteten Gegenständen – verstößt, dass der Weltraum waffenfrei sein sollte.[23]

Während die Regierung Clinton noch zögerte, den Weltraum zu militarisieren, wird das Team von Präsident Bush dieses neue Weltraumflugzeug vermutlich billigen. Damit wird sich die US-Air Force auch außerhalb der Atmosphäre bewegen und rückhol- und wieder verwendbare Systeme auf eine Umlaufbahn bringen können.

Satellitenabwehr

Ein völlig neuer Bereich bei der Entwicklung weltraumgestützter Waffen befasst sich mit dem Bau und Schutz von Satelliten sowie der möglichen Zerstörung von Satelliten anderer Länder. (Das Pentagon bezeichnet die Zerstörung von Satelliten mit dem Begriff »Navigation Warfare« oder »NavWar«.) Da Satelliten inzwischen für Wirtschaft, Wissenschaft und nationale Sicherheit unverzichtbar geworden sind, glauben die Vereinigten Staaten die Nutzung aller Satelliten kontrollieren zu müssen. Satelliten haben keine eingebauten Schutzmechanismen und sind äußerst anfällig für Angriffe, aber bis vor kurzem dachte niemand daran, sie zu schützen. Allen Thomson, CIA-Experte im Ruhestand, äußerte die Ansicht, der Angriff auf einen Satelliten käme einer Kriegshandlung gleich.

Doch mit Lasern lassen sich Satelliten leicht zerstören. Noch einfacher geht es mit Schrotkugeln, die man auf die gleiche niedrige Erdumlaufbahn bringt, auf der sich auch die Satelliten befinden. Computerhacker können den Datenaustausch zwischen Satelliten und ihren Bodenstationen stören. Und Kampfverbände können Bodenstationen angreifen, die als Kontrollzentren oder Schnittstellen im Datenverkehr dienen. Darüber hinaus arbeiten NASA und US-Air Force am Bau eines Space Maneuverable Vehicle (SMV). Das Weltraumfahrzeug, das der US-Air Force angeblich eine neue Flexibilität bei Weltraumoperationen verschaffen soll, verfügt auch über Vorrichtungen zur Satellitenabwehr. Andere Möglichkeiten zur Zerstörung von Satelliten – von denen viele mit Cybertechnologie funktionieren – werden gerade erforscht. Ein Befehl der National Security Authority aus dem Jahr 1999, der die Rückendeckung Präsident Clintons und seines Verteidigungsministers William Cohen hatte, forderte das Militär auf, sich auf einen Cyberkrieg vorzubereiten. Zu einem Cyberkrieg gehört es auch, dass man Satelliten angreift und sie mit virusähnlichen Programmen infiziert, um sie so außer Kraft zu setzen. Deshalb wurde Generalleutnant Edward Anderson, stellvertretender Oberbefehlshaber des US-Weltraumkommandos, mit der Aufgabe betraut, Strategien für den Cyberkrieg zu erarbeiten. Sie schließen auch massive Denial-of-Service-Attacken ein, die so aussehen, dass man zerstörerische Viren, so genannte *trojanische Pferde* freisetzt und die Computersysteme des Feindes mit Hochfrequenzsendern stört.[24]

Gefahr für US-Satellitensysteme

Weil das Pentagon selbst eine Satellitenabwehr plant, ist man sich deutlich bewusst, dass auch die eigenen Satelliten in Gefahr sind. Das amerikanische Satellitenprogramm ist in der Tat so verletzlich, dass die Vereinigten Staaten den entscheidenden Vorsprung, den sie im Augenblick haben, einbüßen würden, wenn ihr GPS-System beschädigt würde. Private Satelliten, die nun auch der Militärkommunikation dienen, sind ebenfalls schutzlos. Das Satellitenfunk-System Iridium zum Beispiel könnte irreparable Schäden davontragen, wenn nur ein Empfängergebäude auf dem Boden zerstört würde. Die Signale der GPS-Satelliten breiten sich aus wie Funkwellen, und jeder, der einen Empfänger besitzt, kann sie auffangen. Man befürchtet, China könne innerhalb von zehn Jahren Satellitenabwehrtechniken entwickeln. Ein russisches Privatunternehmen hat bereits ein tragbares GPS-Störgerät mit einer Reichweite von 240 Kilometern gebaut. In Wirklichkeit nutzen die »feindlichen« Länder bereits das amerikanischen GPS-System, um die Zielgenauigkeit ihrer Waffen, unter anderem auch der Scud-Raketen in Nordkorea, Iran und dem Irak, zu verbessern.

Unterdessen werden die amerikanischen Satelliten technisch immer ausgereifter. Die nächste Generation von Spionagesatelliten – kleiner und zahlreicher als die, die zuvor um die Erde kreisten – war im Jahr 2000 in die Erdumlaufbahn gebracht worden. In einer Höhe von 800 Kilometern können sie Objekte am Boden unterscheiden, die nur 15 Zentimeter groß sind. Kanada wird in Kürze einen Satelliten mit diesen Fähigkeiten in die Umlaufbahn schießen. Weitere werden folgen.

Die Philosophie der Satellitenabwehr

Die Satellitenabwehr ist ein schwieriges Unterfangen. Wie zerstört man die Satelliten anderer Länder, ohne die eigenen zu gefährden? Wie kann man sich von anderen Ländern isolieren, wenn die Kommunikationssysteme so stark vernetzt sind? 1998 zum Beispiel veranstaltete die US-Army eine Übung. Der Feind war ein fiktives Land im Nahen Osten. Im Laufe der Übung versorgte China

den »Feind« mit Satellitenaufnahmen von US-Truppen-
bewegungen und bediente sich dazu genau der Satelliten, die die Vereinigten Staaten zur Überwachung ihrer
Truppen einsetzen. Sollten die Vereinigten Staaten die Satelliten unter diesen Umständen zerstören?

Und wie können wir die friedliche, legale Nutzung der
Satellitentechnologie von den Aspekten einer offensichtlich militarisierten »Verteidigung« abgrenzen? So ist es
zum Beispiel alltägliche Praxis des Pentagon, die Radarkuppeln von Abhöranlagen mit Star-Wars-Radarkuppeln
zu »durchmischen«. Buckley Air Force Base in Aurora,
östlich von Denver (Colorado), ist die größte Abhöranla-
ge der westlichen Hemisphäre. Das National Reconnaissance Office (NRO) und die National Security Agency
(NSA) nutzen es gemeinsam. In Buckley befinden sich
sage und schreibe 13 große, weiße Radarkuppeln – sie
umgeben die Stationen zum Herunterladen von Satelli-
tendaten. Sie dienen der weltraumgestützten Überwachung, sind aber zugleich fester Bestandteil des Star-
Wars-Systems, da dort die vom Satellitensystem SBIRS-
High gesammelten Daten ankommen. Eine ähnliche
Vermischung gibt es bei der Nutzung von Pine Gap in
Australien und Menwith Hill in England. Weil das Abhö-
ren streng geheim ist, lassen sich durch die Verzahnung
von Abhörtätigkeiten mit der Star-Wars-Planung die Politiker vor Ort daran hindern, die amerikanischen Star-
Wars-Basen zu besuchen, gegen die sich in der breiten
Öffentlichkeit beider Länder heftiger Widerstand regt.

Da das des Militärs so stark von den 27 GPS-Satelliten
abhängig ist, sieht das US-Weltraumkommando inzwischen davon ab, Informationen über deren Umlaufbahn
zu veröffentlichen, die man früher auf der Internetseite
der NASA finden konnte. Die meisten Satelliten – seien
sie nun militärischer oder wirtschaftlicher Natur – sind
einem Angriff mit Laserstrahlen oder anderen zerstöreri-
schen Objekten schutzlos ausgeliefert. Es ist sehr teuer,

Satelliten mit Schutzmechanismen auszustatten, da diese
sie zusätzlich beschweren und die Kosten für den Satelli-
tenstart ins Unermessliche steigen. (Jedes Pfund Fracht,
das auf eine niedrige Erdumlaufbahn gebracht werden
soll, kostet 10 000 Dollar, und Abschirmmechanismen
sind schwer.)

Der frühere demokratische US-Senator Charles Robb
aus Virginia, ein Mitglied des Rüstungsausschusses des
US-Senats, sagte, die Entwicklung von Weltraumwaffen,
auch solcher zur Satellitenabwehr, wäre »ein Fehler historischen Ausmaßes« und hätte ein Wettrüsten im Weltraum zur Folge. Andere Länder würden zwangsläufig
dem Beispiel der Vereinigten Staaten folgen, und pani-
sche Generäle, die nicht genau wissen könnten, wer was
in die Umlaufbahn geschossen hat, würden übertriebene
Gegenmaßnahmen fordern.[25]

Die immer stärkere Vernetzung der Weltwirtschaft und
aller militärischen Systeme mit der Satellitentechnologie
bedeutet, dass man jeglichen militärischen Gedanken an
eine Zerstörung von Satelliten verbannen und durch eine
internationale Resolution ersetzen muss, damit der Weltraum allein friedlichen Zwecken vorbehalten bleibt. Mit
anderen Worten, die zivilen Gesetzgeber müssen ihr fehl-
geleitetes Militär zur Räson bringen.

Mars und die Asteroiden

John Collins sagte zwar, dass sich auf dem Mond wertvolle Mineralien und Bodenschätze befänden. Allerdings
vergaß er zu erwähnen, dass auch die anderen Planeten
und Asteroiden auf eine mögliche wirtschaftliche Nutzung hin untersucht werden. Die Vereinigten Staaten haben vor, in naher Zukunft bemannte und unbemannte
Missionen zum Mars zu schicken, die dort nach wertvollen Mineralien für die Nutzung auf der Erde suchen und
diese abbauen sollen.

1999 ließ die Begeisterung für das Projekt etwas nach, als die NASA auf Grund menschlichen Versagens zwei Katastrophen erlebte: Sowohl der Mars-Climate-Orbiter als auch der Mars Polar Lander verschwanden auf mysteriöse Weise. Der Mars-Climate-Orbiter ging verloren, weil er in Folge eines Navigationsfehlers zu weit in die Marsatmosphäre hineinflog. Die Ingenieure hatten vergessen, die englischen Maße in metrische umzurechnen. Der Mars-Polar-Lander, der innovative, leichte Materialien, außerordentlich kleine Mikrochips und ein kostengünstiges, lasergestütztes Navigationssystem in sich vereinte, sollte am 23. September 1999 sanft auf dem Südpol des Mars landen. Er sollte zwei Sonden abwerfen, die mit hoher Geschwindigkeit auf den Planeten fallen und sich etwa einen Meter tief in die Marsoberfläche hineinbohren sollten, um nach Grundwasserspuren zu suchen. Kurz vor der Ankunft von Polar Lander stellte die NASA fest, dass die Mission wegen eines Konstruktionsfehlers zum Scheitern verurteilt war. Vermutlich ist Mars Polar Lander explodiert.[26]

Aber die NASA-Wissenschaftler planen unverdrossen weitere Expeditionen, unter anderem auch Missionen, bei denen Gesteinsproben vom Mars geholt, und auf der Suche nach Wasser, Mikroorganismen und Mineralien Tiefbohrungen vorgenommen werden sollen. Zu den externen Organisationen, die die NASA dabei unterstützen, gehören auch der Erdölkonzern Shell und das Los Alamos National Lab. Alle 25 Monate herrschen günstige Flugbedingungen, denn dann befinden sich die beiden Planeten Mars und Erde auf ihrer Umlaufbahn in einer günstigen Position zueinander, so dass der Flug nicht ganz ein Jahr dauert.[27] Der aktuelle Mars-Flugplan lautet wie folgt:

- Im Frühjahr 2001 erfolgte der Start des Mars-Odyssey-Orbiter. Er ist mit Sensoren zur Untersuchung der Oberflächenmineralien aus der Umlaufbahn ausgestattet.

- 2003 werden sich zwei Rover auf den Weg machen. Ihre Landung auf dem Mars ist für Januar 2004 vorgesehen. Es handelt sich dabei um zwei 140 Kilogramm schwere, fahrbare Roboter, die jeden Tag 90 Meter zurücklegen, dabei Bilder machen, Gestein analysieren, die Oberflächengeologie erforschen und mögliche Wasserdepots unter der Oberfläche ausfindig machen sollen.
- 2005 möchte die NASA den Mars-Reconnaissance-Orbiter losschicken. Beim Bau will man sich an dem inzwischen erfolgreichen Mars-Global-Surveyor orientieren, der noch immer um den Mars kreist und ihn für die Herstellung weiterer Pläne kartographisch erfasst.
- 2007 wird man eine steuerbare Landeeinheit ins All schießen, die mit einem präzisen Steuer- und Navigations- sowie einem Gefahrvermeidungssystem ausgestattet ist. Auf diese Weise sollen künftige Missionen in einem Stück und am vorgesehenen Ort landen.
- Ebenfalls 2007 soll die erste Scout-Mission beginnen, die sich mit Instrumenten ausgestatteten Ballons oder eines kleinen Flugzeugs bedient.
- Möglicherweise schließen sich die NASA und die italienische Raumfahrtbehörde 2007 zusammen, um einen Satelliten auf Marsumlaufbahn zu bringen. Er soll bei der Übermittlung der stetig wachsenden Datenfülle der Marsflugzeuge helfen. Eine Beteiligung Frankreichs wäre ebenfalls denkbar.
- Möglicherweise schließen sich die NASA und die italienische Raumfahrtbehörde 2009 zusammen, um ein Radargerät zu stationieren, das von seiner Umlaufbahn aus den Boden durchdringen und nach Wasser suchen kann. Auf diesen Flügen soll nach Wasser und Spuren von Leben oder früherem Leben gesucht werden.
- Langfristig plant die NASA irgendwann zwischen 2011 und 2014 eine Mars-Sample-Return-Mission, bei der Mars-Proben auf die Erde gebracht werden sollen.[28]

Bemannte Flüge zum Mars sind in Planung. Es wäre möglich, dass es auf dem Planeten sehr primitive Lebensformen gibt. Die Atmosphäre enthält vermutlich Spuren von Wasserstoffperoxyd, einem starken Oxidationsmittel, und der Planet ist in versengend starkes ultraviolettes Licht getaucht. Spuren von Leben dürften deshalb nur in einigem Abstand von der Planetenoberfläche zu finden sein.

Die Besiedelung des Mars durch den Menschen, ein Traum vieler Mitarbeiter der NASA und anderer einflussreicher wissenschaftlicher Organisationen, wirft riesige physiologische Probleme auf. Jerome Groopman, Medizinprofesser an der Harvard Medical School, fasst dieses medizinische Dilemma in einem Artikel zusammen, der im Januar 2000 im *New Yorker* erschienen ist. Darin bezweifelt Groopman, dass der Mensch die Schwerelosigkeit und die Strahlung im Weltraum über einen längeren Zeitraum hinweg aushalten kann. Er sorgt sich um die möglichen psychologischen Folgen von Isolation, Stress und dem Leben auf engem Raum, sowie um das Problem medizinischer Notfälle, das während des Fluges zum Mars auftreten könnte. Der menschliche Körper hat sich in der Schwerkraft entwickelt und kann ohne sie letztlich nicht gesund bleiben und überleben. Das Blut, das sich unter dem Einfluss der Schwerkraft normalerweise in den Beinen und im Unterkörper sammelt, strömt in den Kopf und verursacht starke, pochende Kopfschmerzen. Diese Neuverteilung verwirrt die Mechanismen zur Flüssigkeitskontrolle, und der Körper trocknet rasch aus, da die Nieren die »überflüssige« Flüssigkeit ausscheiden. Das dicker gewordene Blut gibt dem Knochenmark das Signal, die Produktion roter Blutkörperchen einzustellen, was eine leichte Form von Blutarmut zur Folge hat.

In einer Umgebung der Schwerelosigkeit schmelzen Muskeln und Knochen praktisch dahin. Sehnen und

Bänder bauen ab und schon bei geringer Belastung reißen Bänder und Muskeln wie Seidenpapier. Die Knochendichte nimmt jeden Monat um 1,5 Prozent ab. Dazu kommt die Gefahr, die von der kosmischen Strahlung ausgeht. Im Grunde handelt es sich dabei um Eisenteilchen, die sich mit Lichtgeschwindigkeit fortbewegen und direkt durch den Körper hindurchfliegen, wo sie Chromosome verletzen und Gene zerstören. Schäden an Chromosomen und Genen erhöhen das Risiko einer Krebserkrankung. In einem neueren Bericht des US-National Research Council wurde festgestellt, dass ein Flug zum Mars das Krebsrisiko um 40 Prozent erhöhen würden – das ist zehnmal so hoch wie die Grenze des Akzeptablen.

Chirurgische Eingriffe wären überaus gefährlich. Wenn sich jemand zum Beispiel schwer am Bein verletzt, könnte die sinnvollste Art der Behandlung die Amputation und nicht etwa eine schwierige Operation sein. Eine Kopfverletzung wäre nahezu unbehandelbar. Neurochirurgie in der Schwerelosigkeit ist nicht vorstellbar.

Schlafmangel, Monotonie, Klaustrophobie, Ängste und Depressionen machen geistig labil. Wie man bei Expeditionen in unwirtliche, einsame Gegenden herausfand, haben über zehn Prozent der Teilnehmer ernsthafte Probleme, sich psychisch anzupassen, und bei bis zu drei Prozent kommt es zu einer psychischen Erkrankung, zum Beispiel einer schweren Depression. Es wurde empfohlen, für einen Flug zum Mars ältere Astronauten auszuwählen, da sie nicht lange genug leben würden, um in Folge der kosmischen Strahlung an Krebs zu erkranken, oder weil sie weniger Zeit verlören, falls das doch der Fall wäre. Jüngere Männer wären auf Grund der Schäden, die die Strahlung ihrem Sperma zufügt, nicht mehr in der Lage, Kinder zu zeugen.[29]

Außerdem hat man große Bedenken, dass mit dem Marsmaterial Mikroorganismen in die Biosphäre der Erde eindringen und sich zu einer ernsthaften Gefahr entwickeln könnten. (Vor den jüngsten Misserfolgen bei den Marsmissionen der NASA war vorgesehen gewesen, im Jahr 2008 Proben vom Mars auf die Erde zu holen. Der Termin wurde inzwischen auf 2011 verschoben.) Barry DiGregorio, der Gründer des International Committee Against Mars Sample Return, wies auf ein paar wichtige Lektionen aus der Geschichte hin:

- Anfang bis Mitte des 14. Jahrhunderts starb ein Viertel der europäischen Bevölkerung, als mit einem Floh aus China ein unbekannter Mikroorganismus in eine krankheitsanfällige Bevölkerung gelangte.
- Als die Spanier Amerika erforschten, brachten sie das Pockenvirus mit, das Zehntausende Ureinwohner tötete.
- Europäische Entdecker steckten die Ureinwohner Polynesiens und Hawaiis mit vielen verschiedenen Infektionskrankheiten an, gegen die sie nicht immun waren. Beinahe die Hälfte der Bevölkerung starb.

Im Augenblick hat die NASA vor, die Marsproben in einer Passive Earth-Entry Capsule zurückzuholen, die ohne Fallschirm in die Erdatmosphäre eintreten und mit 300- bis 400-facher Fallbeschleunigung (g) in der Wüste von Utah einschlagen wird. Nach Aussagen der Ingenieure soll die Kapsel dabei intakt bleiben, aber es ist schwierig, sich die möglichen Folgen eines Fehlers auch nur auszumalen.[30] Ein Bericht des Space Studies Board des amerikanischen National Research Council, einer Forschungseinrichtung der National Academy of Sciences, kam zu dem Schluss, dass mit Proben aus dem Weltraum sehr vorsichtig umzugehen sei und die NASA eine spezielle Einrichtung für alle Materialien schaffen müsse, die mit gefährlichen Organismen verseucht sein könnten. Es wird darauf hingewiesen, dass das Risiko, etwas Gefährliches auf die Erde zu holen, zwar extrem gering, aber nicht gleich null ist. Die NASA muss besondere Vorsicht walten lassen.[31]

John Rummel schützt in seiner Funktion als Planetary Protection Officer der NASA die Erde vor Mikroorganismen aus dem All. Er sagte, die NASA werde die Marsproben in einem Hochsicherheitslabor unter Quarantäne stellen, ähnlich wie das jetzt bei den tödlichsten Viren der Welt der Fall sei.[32] Aber DiGregorio sagte: »Wenn wir einen Fehler machen, könnte das das Ende bedeuten – vielleicht für unsere Spezies, vielleicht für eine andere. Zum Beispiel die Hummeln oder das Photoplankton, die ein großer Teil unseres Ökosystems sind.«

Das Interesse der NASA beschränkt sich nicht nur auf den Mars. Eine für November 2003 geplante NASA-Mission führt in die Umlaufbahn um den Jupitermond Europa, auf dem sich möglicherweise ein tiefer, wässriger Ozean befindet. Im Rahmen der nächsten Europamission könnte dann ein »U-Boot« zu Forschungszwecken in diesen Ozean eingesetzt werden. Dabei würden die Sonden hohen Konzentrationen schädlicher kosmischer Strahlung ausgesetzt, ähnlich denen nach einem Atomkrieg.[33]

Die Colorado School of Mines, eine Hochschule für Bergbau, die seit langem an Konzepten zum Bergbau im Weltall, dem Rohstoffabbau sowie der Entwicklung eines Weltraummarketings und der wirtschaftlichen Nutzung der Mineralien arbeitet, ist die treibende Kraft hinter diesen außerordentlich ehrgeizigen Abbauplänen. Ingenieurstudenten und Mitarbeiter sind derzeit mit der Gründung eines runden Tischs zur Nutzung des Weltraums beschäftigt. Auf diese Weise will man Methoden entwickeln, um nützliche Weltraumprodukte und -dienstleistungen ausfindig zu machen. Diskutiert wird alles, vom Tourismus bis hin zu Bergbau, Solarenergie, Wassergewinnung und Produktion auf dem Mond. Bis man im Weltraum Bergbau betreiben kann, werden vielleicht noch zehn bis 20 Jahre vergehen, aber es wird Zeit, dass jemand über diese Möglichkeiten nachdenkt, sagen sie.[34]

Die Internationale Weltraumstation

Am 31. Oktober 2000 startete eine aus drei Mitgliedern bestehende »Expedition-One«-Crew in einer russischen Soyuz-Rakete vom Weltraumbahnhof Baikonur, um zwei Tage später an der Internationalen Weltraumstation (ISS, International Space Station) anzudocken. Diese achte Mission war der Beginn einer ständigen menschlichen Präsenz im Weltraum und leitete den über einen Zeitraum von zehn Jahren geplanten durchgehenden Aufenthalt von Astronautenteams auf der ISS ein. Später einmal soll die ISS als Ausgangspunkt für Reisen zu anderen Planeten dienen.[35] Insgesamt 16 Länder sind an diesem Projekt beteiligt: Russland, Deutschland, Belgien, Kanada, Italien, Japan, die Niederlande, Dänemark, Norwegen, Frankreich, Spanien, Schweden, die Schweiz, die Vereinigten Staaten, Großbritannien und Brasilien. Über 900 Forscher aus diesen und anderen Ländern arbeiten in Bereichen wie Biotechnik, Verbrennungsforschung, Flüssigkeitsphysik, Werkstoffkunde, Biowissenschaften, Technik sowie Geowissenschaften an der Entwicklung von Experimenten in der Schwerelosigkeit.

Die erklärten Ziele der Internationalen Weltraumstation sind wie folgt (die meisten davon sind löblich, einige sind allerdings bedenklich):

- Lösungen für wichtige medizinische und ökologische Probleme sowie Probleme in anderen Wissenschaftszweigen zu finden.
- Den Grundstein für die Entwicklung von Weltraumhandel und Weltraumunternehmen zu legen.

- Eine weltweite Nachfrage für eine auf den Weltraum ausgerichtete Ausbildung auf allen Ebenen zu schüren, indem man die Aufregung, das Staunen und den Entdeckergeist hervorhebt, für die die ISS steht.
- Den Weltfrieden mit Hilfe einer langfristigen, medienwirksamen internationalen Zusammenarbeit im Weltraum zu fördern.[36]

Man sollte meinen, die internationale Zusammenarbeit auf der Internationalen Weltraumstation würde der einseitigen Ausbeutung und Kontrolle des Weltraums durch ein einziges Land etwas vorbeugen. Aber ich traue der Regierung Bush nicht, und der US-Kongress hat nur selten im besten Interesse der internationalen Gemeinschaft gehandelt. Rüstungs- und Raumfahrtunternehmen haben sich zusammen mit anderen multinationalen Konzernen die letzte Wahl in den Vereinigten Staaten Milliarden Dollar kosten lassen. Sie haben die Kontrolle über die künftige Gesetzgebung. Darüber hinaus spricht sich der rechte Flügel der Republikaner offen für eine Militarisierung des Weltraums und eine US-Vorherrschaft im All aus.

Soll die Internationale Weltraumstation nur von einer sehr viel unerfreulicheren Zukunft ablenken?

Atomkraft im Weltraum

Die Marsoberfläche ist knochentrocken und von feinem Staub bedeckt. Die Staubteilchen sind durchschnittlich etwa zwei Mikrometer groß – das entspricht in etwa den Rauchteilchen einer Zigarette. Der Staub ist so fein und allgegenwärtig, dass er Raumanzüge verkleben, Helmvisiere verkratzen, Kurzschlüsse auslösen, Instrumente sandstrahlen und Motoren blockieren würde. Zudem könnte das ätzende Wasserstoffperoxyd in der Marsatmosphäre die Gummidichtungen langsam zersetzen. Die Astronauten müssten für eine staubfreie Atmosphäre

sorgen, denn wenn man die kleinen Siliziumteilchen ein-
atmet, kann es zu einer schweren Lungenerkrankung namens *Silikose* kommen. Die Teilchen sind statisch aufgela-
den, so dass der Staub überall hängen bleibt. Aber der
Staub bedeutet noch etwas anderes. Er macht es nahezu
unmöglich, die für eine Mission benötigte Energie aus
der Sonne zu gewinnen, da sich der Marsstaub auf den
Sonnensegeln ansammelt. Bei der Pathfinder Mission auf
dem Mars beispielsweise sank die Stromproduktion der
Sonnensegel alle drei Tage um ein Prozent, als sich immer mehr Staub ansammelte.

Das macht Atomenergie in Form eines 100-Kilowatt-
Atomreaktors zur Stromversorgung der Wahl,[37] was uns
zu einigen der größten Gefahren bringt, die der Erde
durch Star Wars drohen: atomar angetriebene Raketen,
Atomreaktoren auf Erdumlaufbahn, Atomreaktoren, die
für Asteroiden, den Mond oder den Mars bestimmt sind,
und plutoniumbetriebene Raumsonden, um andere Planeten zu erforschen. All das birgt große Risiken für die
Biosysteme der Erde.

Die NASA spielt diese atomare Bedrohung, die un-
trennbar mit ihrem Weltraumprogramm verbunden ist,
stets herunter. Stattdessen hebt sie den Glanz der Weltraumforschung und der außerirdischen Abenteuer hervor. Aber die Bedrohung ist überaus ernst.

Die Geschichte der Atomkraft im Weltraum

In den letzten Jahrzehnten, als Russland über 30 Atomreaktoren in den Weltraum schoss, brachte Amerika nur einen einzigen auf den Weg ins All. Einige dieser russischen
Reaktoren sind zur Erde gestürzt und haben Landstreifen
von Hunderten von Kilometern mit hochwirksamem,
langlebigem radioaktivem Material verseucht. Der gefährlichste russische Weltraum-Atomunfall ereignete sich

1978, als ein Cosmos-954-Satellit mit einem Atomreaktor an Bord in den Nordwestgebieten Kanadas aufschlug. Auf einen 600 Kilometer langen Abschnitt vom Great Slave Lake zum Baker Lake verteilten sich erhebliche Mengen radioaktiven Mülls. Es wurden 50 große radioaktive Bruchstücke sowie weitere Trümmer, Flocken und Splitter geborgen. Ein großes Gebiet, das sich vom Great Slave Lake nach Süden erstreckt, war ebenfalls von kleineren verstreuten Teilchen des Reaktorkerns betroffen. Bei der Suchaktion deckte man insgesamt 124 000 Quadratkilometer der Nordwestgebiete ab. Diese Krebs erregenden, radioaktiven Teilchen waren ein großes Risiko für die Bevölkerung, die sie einatmen oder über die Nahrungskette aufnehmen konnte.

Der jüngste russische Unfall ereignete sich 1996, als die russische Mars-Raumsonde mit einem halben Pfund Plutonium-238 (keinem Atomreaktor) an Bord vom Himmel fiel. Präsident Clinton setzte sich umgehend mit dem australischen Premierminister in Verbindung und bot seine Hilfe an, da man davon ausging, dass die Sonde in Australien aufschlagen würde. Stattdessen kam sie in den politisch weniger wichtigen Ländern Bolivien und Chile herunter, und die internationale Besorgnis legte sich. (Es wurde nie wieder ein Wort über das Risiko für die Biosysteme oder die Menschen verloren.)

Mit seinen Weltraum-Atomunfällen ist Russland nicht allein. Der größte US-Unfall ereignete sich 1964, als ein mit einer SNAP-9A Radionuklidbatterie betriebener Transit-5BN-3-Satellit zur Erde stürzte. Fast ein Kilogramm Plutonium-238 wurde über den gesamten Erdball verstreut. In einem 1989 von den Strahlenschutzkommissionen der europäischen Länder angefertigten Bericht heißt es: »Stichproben, die 1970 weltweit entnommen wurden, ergaben, dass SNAP-Reste auf allen Kontinenten und allen Breitengraden zu finden sind.« (Geringe Mengen Plutonium-238 versorgen die Sonden mit Strom. Der Strom wird aus der Wärme gewonnen, die beim Zerfall des radioaktiven Elements entsteht. Man verwendet Plutonium-238, da es eine kürzere Halbwertszeit hat als Plutonium-239 und deshalb mehr Wärme produziert.) John Gofman, emeritierter Professor für Medizinische Physik an der Universität von Kalifornien in Berkeley, bringt diesen Unfall mit einem weltweiten Anstieg an Lungenkrebserkrankungen in der Folgezeit in Verbindung.[38]

Zusammen haben die Weltraumprogramme der Vereinigten Staaten und Russlands bislang eine Unfallquote von 15 Prozent.

Atomar angetriebene Raumsonden

Trotz dieser Katastrophen verwendet die NASA in der Weltraumforschung seit 30 Jahren Plutonium-238 für die Stromversorgung. Bislang gab es insgesamt 25 Missionen mit radioaktiver Stromversorgung. Plutonium-238 hat eine 280-mal Krebs erregendere Wirkung als das häufigere Isotop Plutonium-239. Glenn Seaborg, der Entdecker von Plutonium-239, bezeichnete Plutonium-238 als das gefährlichste Material auf Erden. Und Plutonium-239 ist beinahe die Krebs erregendste Substanz, die dem Menschen bekannt ist. Wie bereits erwähnt, könnte ein gleichmäßig verteiltes Pfund Plutonium bei allen Menschen auf unserem Planeten Lungenkrebs auslösen.

Die NASA spielt scheinbar ungestraft mit den tödlichsten Materialien. Offensichtlich ist ihr egal, wenn eine ihrer Raketen eine Fehlfunktion hat und alle Länder, die sich zufällig darunter befinden, mit Plutonium-238 besprüht. Zu den früheren NASA-Missionen mit Plutonium-238-Antrieb gehörten die Monderforschungsprojekte des Apollo-Programms sowie die Pioneer-, Viking-, Voyager- und Ulysses-Weltraumsonden. In jüngerer Zeit waren es die Pathfinder-Mission zum Mars im Jahr 1996 und die Cassini-Mission im Jahr 1997.

Künftige NASA-Pläne schließen mit Plutonium-238 betriebene nukleare Energiequellen für die für 2004 vorgesehene Pluto-Kuiper-Express-Mission, die für 2006 geplante Europa-Orbiter-Mission und die Solar-Probe-Mission 2007 ein. Für die Pluto-Kuiper-Express-Mission sind etwas weniger als siebeneinhalb Kilogramm, für die Europa-Orbiter- und die Solar-Probe-Missionen jeweils ungefähr drei Kilogramm Plutonium-238 nötig.

Außerdem sind für jede Mars-Surveyor-Mission in den nächsten zehn Jahren acht mit Plutonium-238 betriebene radiothermische Generatoren nötig. An die 30 Starts sind vorgesehen. Jede Kapsel aus Plutonium-238 wird 300 Gramm wiegen. Darüber hinaus sind für die wissenschaftlichen Geräte geringe Mengen Curium-242, Curium-244 und Cobalt-57 vonnöten. Diese radioaktiven Elemente sind beinahe ebenso giftig wie Plutonium. Laut einem Bericht des US-Rechnungshofs mit dem Titel *Space Exploration: Power Sources for Deep Space Probes*, zieht die NASA bis 2015 acht weitere Weltraummissionen mit atomaren Stromgeneratoren in Betracht.

Die gesundheitlichen Folgen der Produktion von Plutonium-238

Nach dem Gesetz ist es Aufgabe des US-Energieministeriums, das Weltraumprogramm mit Plutonium-238 zu versorgen. Bislang wurde dieses Plutonium in den Militärreaktoren und Wiederaufbereitungsanlagen in Savannah River in South Carolina hergestellt. Aber diese gefährlich stark verseuchten Anlagen wurden 1996 geschlossen, als man nach dem Ende des Kalten Krieges kein Plutonium-239 mehr für Bomben brauchte (die Produktion von Plutonium-238 und -239 lief parallel).[39]

Da der Vorrat der Vereinigten Staaten an Plutonium-238 begrenzt war, unterzeichnete das US-Energieministerium 1992 einen Fünfjahresvertrag mit Russland über die Lieferung von Plutonium. 1997 wurde dieser Vertrag um weitere fünf Jahre verlängert. Da die Langzeitversorgung mit russischem Plutonium aber möglicherweise nicht gesichert ist und der Vorrat an Plutonium-238 für Weltraummissionen bis 2005 aufgebraucht sein könnte, denkt das US-Energieministerium darüber nach, alte Militärreaktoren wieder hochzufahren oder den Bedarf an Plutonium-238 aus zivilen Leichtwasserreaktoren zu decken.[40]

Es kommt häufig vor, dass Arbeiter verseucht werden. Das Plutonium-238 für die Cassini-Mission wurde in Los Alamos hergestellt. Während dieser Produktionsphase stieg die Gesamtstrahlung in Los Alamos stark an, und die Zahl der mit Plutonium-238 verseuchten Menschen erhöhte sich von 139 auf 244 (zwischen 1993 und 1995).

Im März 2000 kamen acht weitere Arbeiter in Los Alamos mit potenziell gefährlichen Mengen Plutonium-238 in Berührung. Sie wurden ärztlich behandelt, aber in Wirklichkeit gibt es keine Möglichkeit, Arbeiter zu dekontaminieren, wenn das Plutonium-238 einmal in ihren Körper gelangt ist.[41]

Doch nun ist der Europäischen Raumfahrtbehörde ESA die maßgebliche Entwicklung hocheffizienter Solarzellen für die Weltraumanwendung gelungen, welche die Atomgeneratoren ersetzen können. 2003 wird sie ihre Rosetta-Sonde ins All schießen, die über die Jupiterumlaufbahn hinaus zu einer Begegnung mit einem Kometen namens Wirtanen fliegen soll. Es ist die erste Sonde ihrer Art. Wirtanen ist 675 Millionen Kilometer von der Sonne entfernt, und das Sonnenlicht ist dort um das Zwanzigfache schwächer als auf der Erde.[42] Wenn Solarenergie in der Lage ist, die minimale Strommenge zu produzieren, die für diese Missionen benötigt wird, wieso besteht die NASA dann darauf, Plutonium-238 zu verwenden? Wenn man wissen möchte, wer zu Gunsten von atomaren Raumsonden Druck ausübt, muss man der Spur des Geldes folgen.

Viele Jahre lang stellte General Electric die Atomgeneratoren für die Weltraumnutzung her. Nun hat sich Lockheed Martin dieses lukrative Geschäft einverleibt. Seit Jahren betreiben diese beiden Unternehmen ausdauernde und engagierte Lobbyarbeit für ihre Atomgeneratoren. Auch das Los Alamos National Labor und das Oak Ridge National Labor haben reichlich in die Entwicklung von Atomgeneratoren investiert.

Die Militarisierung des Weltraumprogramms hatte einen starken Einfluss auf die Entscheidung der NASA zu Gunsten der Atomenergie. Ein Grund dafür, dass die NASA auf Atomkraft besteht, statt Solarenergie zu verwenden, liegt darin, dass das Militär Atomwaffen im Weltraum begeistert befürwortet. Vor kurzem schoss die NASA die Saturnsonde Cassini mit einer Lockheed Martin Titan-4-Militärrakete in den Weltraum. Cassini hatte 32,8 Kilogramm Plutonium-238 an Bord. Noch nie hatte man eine so große Menge Plutonium in den Weltraum geschossen. Die Titan-4 ist eine alte, unzuverlässige, gefährliche Rakete mit einer Erfolgsquote von eins zu zehn – auf zehn Starts kommt ein katastrophaler Unfall. Kurz nach dem Cassini-Start explodierten drei Titan-Raketen entweder noch auf der Abschussrampe oder sofort nach dem Start. Die NASA hatte Cassini so konstruiert, dass sie die Venus umkreisen und dann zur Erde zurückkehren sollte. Bei diesen Vorbeiflügen sollte sie durch Ausnutzung der Anziehungskräfte der Planeten die notwendige Bahnenergie für den Flug zum Saturn bekommen. Im August umkreiste Cassini die Erde mit 68 000 Stundenkilometern in einer Höhe von 1100 Kilometern außerhalb der Atmosphäre. Zum Glück waren – anders als bei Apollo 13 – die Vektoren korrekt, und Cassini trat mit seiner Plutoniumladung nicht in die Atmosphäre ein, um dort zu verglühen und seine tödliche Fracht über dem gesamten Planeten zu verstreuen.

In der abschließenden Erklärung zur Umweltverträglichkeitsprüfung erklärte die NASA, wenn der Vorbeiflug nicht wie geplant vonstatten gehen und Cassini aus Versehen in die Erdatmosphäre eintreten würde, würde das Plutonium-238 freigesetzt und »ungefähr fünf Milliarden [Menschen] der ... Weltbevölkerung ... wären 99 Prozent der Strahlung oder mehr ausgesetzt«. Zudem räumte die NASA ein, falls Plutonium auf die natürliche Vegetation niederregnen würde, müsse man vermutlich die »Tiere umsiedeln«. Falls es auf landwirtschaftlich genutzten Boden fiele, müsse man »die weitere landwirtschaftliche Nutzung verbieten«. Und falls es auf bewohnte Gebiete niederregnen würde, müsse man »einige oder auch alle Gebäude abreißen« und »die betroffene Bevölkerung auf Dauer umsiedeln«. John Gofman von der Universität von Kalifornien in Berkeley, Mitentdecker von Uran-235, sagte für den Fall eines Cassini-Unfalls 950 000 Todesopfer voraus.

Der Weltraumvertrag erklärt ausdrücklich: »Jeder Vertragsstaat, der einen Gegenstand in den Weltraum [...] startet [...], haftet völkerrechtlich für jeden Schaden, den ein solcher Gegenstand oder dessen Bestandteile einem anderen Vertragsstaat [...] zufügen.« Aber 1991 arbeiteten die NASA und das US-Energieministerium das so genannte »Space Power Agreement« aus, um atomgetriebene amerikanische Raumflüge auf der Basis des Price-Anderson Act der amerikanischen Regierung abzusichern. Der Price-Anderson Act sieht im Falle eines atomaren Unfalls im Inland eine Haftung in Höhe von 8,9 Milliarden Dollar vor, für alle im Ausland entstandenen Schäden sind jedoch nur 100 Millionen Dollar veranschlagt.

Auf der 36. Joint Propulsion Conference im Juli 2000 in Huntsville (Alabama) wurden mindestens ein Dutzend Arbeiten vorgestellt, die sich der Fortbewegung im Weltraum mit Hilfe von thermischen Atomraketen

(NTR, Nuclear Thermal Rockets) widmeten. (Man hatte die Arbeit an diesem Projekt 1973 eingestellt, weil in der amerikanischen Bevölkerung der Widerstand gegen Atomkraft gewachsen war. Inzwischen hat man sie jedoch wieder aufgenommen.) Stanley Borowski, der Atomingenieur, der die Studien mit thermischen Atomraketen im Glenn Research Center der NASA leitet, sieht in ihnen voller Begeisterung ein »Drei-in-einem«- Angebot, das drei verschiedene Typen von Missionen zum Preis eines einzigen Antriebs ermöglicht: »Wir könnten ihn für Missionen zum Mond, zum Mars und zu erdnahen Asteroiden nutzen – immer mit dem gleichen Raumfahrzeug«, sagte er. (Als einer der NASA-Sprecher spricht Borowski vor so unterschiedlichem Publikum wie Kindergartenkindern und Senioren, und die Reaktion ist beinahe immer gleich. Er muss sehr überzeugend sprechen, denn sein Publikum ist begeistert: »Warum hat unser Land diese Möglichkeit nicht schon längst entwickelt?«, fragen die Zuhörer.)[43]

Einige fügen an, thermische Atomraketen könnten auch der Verteidigung von Weltraumsystemen, der Fortbewegung der internationalen Weltraumstation und irgendwann der Kolonialisierung des Mars dienen. Russland wird sich am thermischen Atomraketen-Programm beteiligen. Es hat Kernbrennstäbe entwickelt, die möglicherweise für diesen Atomantrieb verwendet werden können. Es wurde vorgeschlagen, die US-Air Force solle einen kleinen Teil ihres Budgets in die Entwicklung thermischer Atomraketen investieren, da sie das Nordamerikanische Luftabwehrkommando (NORAD, North American Aerospace Defense Command) bei der Verfolgung und Verteidigung der amerikanischen Weltraumsysteme unterstützen könnten. Borowski geht davon aus, die Rakete sei in zehn Jahren startbereit. Vor kurzem starteten die NASA und das US-Energieministerium eine große PR-Kampagne, um der Öffentlichkeit die Atomrakete schmackhaft zu machen. Eine konventionelle Rakete würde ein Jahr zum Mars brauchen, so wird erklärt. Ein Atomantrieb dagegen könne die Flugzeit um die Hälfte verringern.

Das Marshall Space Flight Center der NASA in Huntsville (Alabama) wird die Arbeit an der Atomrakete mit dem Los Alamos National Labor, der NASA in Cleveland und der Abteilung für Kerntechnik an der Universität Florida koordinieren. Im Januar kamen auf dem alljährlichen Symposium zum Thema »Space Power and Propulsion« 600 Konferenzteilnehmer aus den Reihen der NASA, des US-Energieministeriums, der Luft- und Raumfahrtunternehmen, der Atomwissenschaft und der US-Air-Force zusammen, um über den vermehrten Einsatz von Atomkraft im Weltraum zu sprechen. NASA-Wissenschaftler Roger Lenard, der am Marshall Space Flight Center arbeitet, meinte dazu:»Sie wollen schnell zum Mars? Zünden Sie einen Atomsprengkopf, und ein paar Monate später sind Sie da.« Er machte noch einen weiteren Vorschlag: Wie wär's mit einem atomar angetriebenen »Weltraumschlepper«, um Kometen oder Asteroiden abzulenken, die im Begriff sind, auf die Erde zu stürzen? Die weniger exotischen Vorschläge konzentrierten sich auf die Nutzung von Atomkraft bei der Erforschung und Kolonialisierung von Mond, Mars, Jupiter und Saturn.

Atomar angetriebene Waffen

Die aktuellen Star-Wars-Pläne schließen einige Waffen wie Laser-, Teilchenstrahlwaffen und andere ein, die zur Energieversorgung Atomreaktoren in der Erdumlaufbahn benötigen. Im Bericht des Air Force Board von 1996 wird darauf hingewiesen, dass für die weltraumgestützten Waffensysteme »eine begrenzte Energiezufuhr Einschränkungen mit sich bringt«. Um eine solche Einschränkung »relativ unwahrscheinlich« zu machen, sei »die Nutzung von Atomenergie im Weltraum eine natürliche Technologie, um große Energiemengen zur Verfügung zu stellen«. Die Autoren des Berichts scheinen erstaunlich zuversichtlich, dass sich ihre Ideen auch umsetzen lassen. »Wenn man die emotionale Seite der Atomkraft einmal beiseite lässt«, so sagen sie, »bietet diese Technologie eine realistische Möglichkeit zur Gewinnung großer Energiemengen im Weltraum.«

Das Weltraumprogramm und der Abbau der Ozonschicht
Einmal abgesehen von den offensichtlichen Gefahren eines Atomkriegs, atomarer Unfälle und Ähnlichem, setzen viele Vorhaben des weltraumgestützten US-Verteidigungsprogramms regelmäßige Raketenstarts in den Weltraum voraus. Das bringt das unmittelbare Risiko ernster Schädigungen der Ozonschicht mit sich.

Der für den Antrieb von US-Raketen und des Space Shuttle verwendete feste Brennstoff setzt in der Stratosphäre Chloratome frei, beim Space Shuttle sind das zum Beispiel bei jedem Start 240 Tonnen Chlorwasserstoff (HCI). Das Chlor, das sich von den Chlorwasserstoffmolekülen abspaltet, verbindet sich mit den Ozonmolekülen und zerstört sie. 1989 sagten Wissenschaftler voraus, wenn die NASA weiterhin jedes Jahr zehn Feststoffraketen zünde, werde sich die Ozonsicht bis 2005 um zehn Prozent verringern.[44, 45, 46] Seit dieser Vorhersage ist die Zahl der zivilen und militärischen Starts jedoch alarmierend in die Höhe geschnellt. (Eine Verringerung des Ozonanteils in der Stratosphäre um ein Prozent führt zu einem Hautkrebsanstieg von vier bis sechs Prozent. Die Folgen davon sind in Australien spürbar, wo die Hautkrebskliniken in den Städten wie Pilze aus dem Boden schießen und das Loch in der Ozonschicht auf der Südhalbkugel im Jahr 2000 so groß war wie nie zuvor.)

Internationale Besorgnis

Bei der Eröffnung der Abrüstungskonferenz in Genf im Januar 2000 forderte UNO-Generalsekretär Kofi Annan die Länder auf, sich zusammenzuschließen, um den Weltraum als »waffenfreie Umgebung« zu erhalten. China erhielt breite Unterstützung für seinen Vorschlag, »ein internationales Dokument aufzusetzen, das Test, Stationierung und Einsatz jeglicher Waffen, Waffensysteme und deren Komponenten im Weltraum verbietet, mit der Absicht, eine Militarisierung des Weltraums zu verhindern«. Dennoch versuchen die Vereinigten Staaten, den Antrag zu blockieren.

Die internationale Besorgnis über die amerikanischen Pläne ist so groß, dass 138 Länder im November 2000 bei den Vereinten Nationen den Weltraumvertrag bestätigten und ausdrücklich erklärten, der Weltraum solle »friedlichen Zwecken« vorbehalten bleiben. Der Antrag hatte den Titel »Verhütung eines Wettrüstens im Weltraum«. Wie bereits erwähnt, enthielten sich lediglich die Vereinigten Staaten und Israel der Stimme.[47] Die Regierung Clinton gab dem Druck des Militär-Industrie-Komplexes auf Militarisierung des Weltraums stillschweigend nach.

Mit George W. Bush im Weißen Haus und einer Regierung, in der einflussreiche »Falken«, Verfechter einer absolut kompromisslosen Linie, sitzen, die von einem umfassenden Star-Wars-System begeistert sind, werden viele der in diesem Kapitel diskutierten Pläne Wirklichkeit werden – es sei denn, wir erheben uns und machen uns die Demokratie leidenschaftlich und wirkungsvoll zu Nutze.

Atomkrieg am Golf und im Kosovo

1999 trat der irakische Präsident Saddam Hussein kurz vor seinem Einmarsch in Kuwait – das unter der irakischen Grenze nach Öl gebohrt hatte und es mit riesigem Preisnachlass verkaufte – mit seinem Vorhaben an US-Botschafterin April Glaspie heran. Sie deutete an, die Vereinigten Staaten hätten weder Verteidigungsverträge mit noch Sicherheitsverpflichtungen gegenüber Kuwait. Bei einem darauf folgenden persönlichen Treffen mit Glaspie sagte Hussein, der Irak befände sich in einer ernsten wirtschaftlichen Notlage, und der durch die Überproduktion in Kuwait und den Vereinigten Arabischen Emiraten bedingte niedrige Ölpreis schade dem Land sehr. Glaspie sagte zu Hussein, der Irak habe »ein Recht auf Wohlstand« und fuhr fort: »Ich weiß, dass Sie finanzielle Mittel benötigen. Wir verstehen das, und unserer Meinung nach sollten Sie die Gelegenheit zum Wiederaufbau Ihres Landes bekommen. Zu innerarabischen Konflikten wie Ihren Grenzstreitigkeiten mit Kuwait haben wir keine Meinung.«[1] (Später log Glaspie hinsichtlich dieses Gesprächs, als sie vor dem außenpolitischen Ausschuss des US-Senats aussagte: »Ich teilte ihm mündlich mit, dass wir unsere lebensnotwendigen Interessen wahren, unsere Freunde im Golf unterstützen und ihre Souveränität und Integrität verteidigen würden.«)

Als der Irak in Kuwait einmarschierte, strafte die Reaktion der Vereinigten Staaten Glaspies Beteuerungen Lügen. Entgegen Glaspies Aussagen, man habe »zu innerarabischen Konflikten keine Meinung«, inszenierten die Vereinigten Staaten eine Militäroperation zu Gunsten Kuwaits, die seit Monaten geplant war und auf einen regelrechten Waffenbasar für die US-Waffenhersteller hinauslief. 88 500 Tonnen Bomben (das entspricht mehr als sieben Hiroschima-Bomben) wurden über dem Irak und Kuwait abgeworfen (der Anteil an Lenkwaffen lag unter sieben Prozent; meist waren es altmodische, nicht steuerbare Bomben), und 70 Prozent davon trafen nicht militärische Ziele, sondern zivile Flächen. (Lenkwaffen verfügen über ein Steuersystem sowie Karten des Geländes und fliegen ihr Ziel direkt an. Aber diese Technologie versagt häufig. Nicht steuerbare Bomben werden von Flugzeugen abgeworfen und landen dort, wo sie landen sollen – oder auch nicht.)

Entgegen dem allgemein üblichen Verhalten in Kriegszeiten griffen die Vereinigten Staaten Kolonnen von Zivilisten und irakische Soldaten, die sich auf dem Rückzug befanden, mit Flugzeugen an, die auf Flugzeugträgern stationiert waren. Sie setzten Streubomben und Napalm ein – eine Erdölverbindung, die an der Haut haftet, während sie verbrennt. (Nach ihrer Rückkehr sprachen die Piloten davon, beim »Enten- oder Truthahnschießen« gewesen zu sein und »Fische in einem Faß« erschossen zu haben.) Ebenso kontrovers war es, dass die US-Truppen weder die irakischen Dissidenten unterstützten noch den rebellierenden Kurden oder Schiiten gegen Ende des Krieges zur Hilfe kamen, sondern verhinderten, dass die irakischen Soldaten, die sich im Süden des Landes gegen Hussein auflehnten, zu den beschlagnahmten Waffendepots gelangten. Sie kreisten in Flugzeugen am Himmel, als Husseins Hubschrauber die eigenen dissidierenden Soldaten niedermetzelten.[2] (Kein einziger amerikanischer oder alliierter Soldat wurde von irakischen Truppen getötet. Es gab jedoch Tote auf Grund von »freundlichem Feuer«.)

Die Reaktion der Vereinigten Staaten auf den irakischen Einmarsch in Kuwait schrieb auch noch aus einem anderen schrecklichen Grund Geschichte: Operation

Wüstensturm war der allererste Konflikt, der ein radioaktives Schlachtfeld hinterließ. Der Einsatz radioaktiver
amerikanischer Uranmunition in den Golfstaaten – die
zum ersten Mal in einem Kampf als Basismunition verwendet wurde – hat das Gebiet für immer verseucht und
wird noch viele tausend Jahre nach Ende des Krieges Folgen für die Bewohner in der Region haben.

Die Geschichte der Uranmunition

In den fünfziger Jahren erwachte das Interesse des US-
Verteidigungsministeriums an der Verwendung von
Uran-238 in der Waffenproduktion aus mehreren Gründen. Über 700 000 Tonnen des Elements, eines Nebenpro-
duktes der Atomwaffenproduktion und Atomenergiege-
winnung, befanden sich an den verschiedensten Standorten überall in den Vereinigten Staaten. Es diente keinem
besonderen Zweck, niemand wollte es haben, und es war
gefährlich. Man überlegte sich mehrere Verwendungs-
zwecke für das Element:

• Uran hat eine 1,7-mal höhere Dichte als Blei und eignet
sich deshalb besonders gut als panzerbrechende Munition. Ein 120-mm-Panzerabwehrgeschoss zum Beispiel
enthält rund zehn Pfund reines Uran und geht mit hoher Geschwindigkeit durch die Panzerung eines Pan-
zers wie ein heißes Messer durch Butter. (Das Pentagon behauptet, die Urangeschosse seien »mit einer
nuklearen Spitze versehen«. Das sind sie nicht: Sie bestehen ganz und gar aus Uran. Das Uran ist mit anderen Elementen vermischt, die ebenfalls gesundheitsge-
fährdend sein können, aber diese Materialien sind geheim.)

• Uran-238 kann auch zum Schutz von Panzern verwendet werden, da seine hohe Dichte verhindert, dass konventionelle Waffen den Panzer durchdringen.

- Uran ist schwer und wird in Marschflugkörpern und Flugzeugen als Ballast verwendet.

1954 begannen die Vereinigten Staaten an einem geheimen Ort in der Nähe des Los-Alamos-Labors damit, Uranwaffen zu testen. Die setzten die Forschungen und Versuche in den sechziger und siebziger Jahren an verschiedenen Standorten in den Vereinigten Staaten fort. Die erste verwendbare Munition wurde 1978 hergestellt. Allerdings kam sie erst 1991 bei der Operation Wüstensturm zum ersten Mal zum Einsatz.

Die Bestandteile von Uranwaffen

Natürliches Uran, das in der Erdkruste zu finden ist, besteht hauptsächlich aus zwei Isotopen: dem wertvollen Uran-235, das lediglich in Konzentrationen von 0,7 Prozent vorkommt, und dem eigentlich nutzlosen Uran-238, das die übrigen 99,3 Prozent ausmacht.

Uran-235 ist spaltbares Material und wird als Brennstoff in Atomwaffen und Atomreaktoren verwendet. Für die Verwendung in Reaktoren muss es auf drei Prozent, zur Verwendung in Atomwaffen auf über 50 Prozent angereichert werden. Bei der Anreicherung wird das Uranerz in ein Gas verwandelt, das dann durch die extrem kleinen Poren einer großen Nickelmembran hindurchgezwungen wird. Dabei werden die Isotope voneinander getrennt. Dieser Vorgang, der auch als *Gasdiffusion* bezeichnet wird, verschlingt riesige Mengen Energie. (Das Verfahren wurde zum ersten Mal Anfang der vierziger Jahre im Rahmen des Manhattan-Projekts angewandt. Die Hiroschima-Bombe war eine Uranwaffe). Uran-238, das unspaltbare Isotop, das nach der Anreicherung übrig bleibt, heißt auch *abgereichertes Uran* oder *DU (depeted uranium)*.

Seit über 60 Jahren wird Uran angereichert. In dieser Zeit gab es kaum Vorsichtsmaßnahmen, und die Anreicherung unterlag nahezu keinerlei Kontrollvorschriften. Uran wurde hauptsächlich in der Gasdiffusionsanlage in Paducah (Kentucky) angereichert. Dazu verwendete man nicht nur das reine Uran, das man aus dem Boden gewonnen hatte, sondern auch Uran, das aus Reaktoren zur Herstellung von Plutonium stammte – aus Savannah River (South Carolina), Hanford (Washington) und Oak Ridge (Tennessee).

Die Anreicherung wieder aufbereiteten Urans wirft besondere Probleme auf, da bei diesem Vorgang viele weitere radioaktive Elemente ins Spiel kommen, die das Uran »verseuchen« und zusätzliche Gesundheitsrisiken mit sich bringen. Bei der Spaltung von Uran-235 in einem Atomreaktor entstehen über 200 neue radioaktive Elemente, und in Verbindung mit seinen Spaltprodukten wird das Uran eine Million Mal radioaktiver, als es im natürlichen Zustand ist. Eines der wertvollsten Nebenprodukte dieses Spaltungsvorgangs ist das Plutonium. Es entsteht, wenn ein Uran-238-Atom ein Neutron einfängt. Plutonium ist kein Spaltprodukt, sondern ein Transuran, dessen Atomgewicht größer ist als das von Uran. Plutonium ist der effektivste Brennstoff für Atombomben – zehn Pfund, ein Stück so groß wie eine Grapefruit, genügen für eine Wasserstoffbombe. Als die Vereinigten Staaten während des Kalten Krieges 70 203 Atomwaffen produzierten, wurden riesige Mengen Plutonium hergestellt. Man gewann reines, waffenfähiges Plutonium aus dem Durcheinander von Spaltprodukten in den Brennstäben, indem man die Stäbe in konzentrierter Salpetersäure auflöste und das Plutonium aus der heißen, hoch radioaktiven und ätzenden Lösung entfernte.

Zusammen mit dem Plutonium wurde auch das in den Brennstäben verbliebene ungespaltene Uran zur weiteren Verwendung zurückgewonnen. Dieses wieder aufbereitete Uran ist eine Mischung aus Uran-238 und Uran-235. Das Uran-235 muss dann erneut auf drei Prozent angereichert werden, wenn es in Atomreaktoren Verwendung finden soll.

Dabei sammelt sich erneut Uran-238 an. Da es aber aus ausgebrannten Brennstäben stammt, ist es mit Plutonium und anderen gefährlichen Elementen wie Neptunium (ebenfalls ein Transuran) und möglicherweise auch mit Spaltprodukten wie Technetium, Strontium und Cäsium verseucht. Über 20 Jahre lang wurde Paducah mit diesem verseuchten, wieder aufbereiteten Uran beliefert. (Paducah war zwar ein Werk des US-Energieministeriums, aber für seinen wirtschaftlichen Erfolg waren die privaten Unternehmen Lockheed Martin und Union Carbide verantwortlich. Kürzlich gab das US-Energieministerium zu, dass das Gebiet rund um die Anlage in Paducah sehr stark mit Plutonium verseucht ist. Noch über eineinhalb Kilometer vom Werk entfernt stellte man Plutonium fest, und das Element hat Bäche, Teiche und das Grundwasser verseucht.)[3]

Nach der Reinigung enthält das aus der Erde geförderte Uran drei Isotope: 234, 235 und 238. (Beim »Reinigen« wird die Erde zusammen mit Tochterprodukten wie Radium, Radon, Polonium und vielen anderen langlebigen radioaktiven Zerfallsprodukten entfernt.) Uran-238 hat eine Halbwertszeit von 4,5 Milliarden Jahren. In seiner abgereicherten Form nach dem Vorgang der Anreicherung enthält es immer noch kleine Mengen Uran-235 und Uran-234. Alle drei Uranisotope sind Alphastrahler und als solche vermutlich stark Krebs erregend. In einem Gramm Uran-238 finden jede Sekunde 12 400 Umwandlungen statt, dabei wird jedes Mal ein Alphateilchen ausgestoßen, das aus zwei Protonen und zwei Neutronen besteht.

Das zur Herstellung von Waffen verwendete abgereicherte Uran-238 ist nur halb so radioaktiv wie natürliches Uran (das zu 0,7 Prozent aus Uran-235 und zu 99,3 Prozent aus Uran-238 besteht), da Uran-235 sehr energiereich ist. Trotzdem kann Uran-238 gefährliche Strahlung freisetzen, wenn es in den Körper von Menschen oder Tieren gelangt und dort verbleibt. Was die Munition aus Uran-238 noch gefährlicher macht, ist ihre Verunreinigung mit Plutonium-239- und Neptunium-237-Isotopen aus Paducah. Plutonium-239 ist ein Alphastrahler mit einer Halbwertszeit von 24 400 Jahren, Neptunium-237 ein Alpha- und Gammastrahler mit einer Halbwertszeit von zwei Millionen Jahren. (Das US-Militär behauptet gerne, abgereichertes Uran sei weniger radioaktiv als natürliches Uran. Aber im Gegensatz zum Uranerz, das im Erdboden vorkommt und stark mit Erde versetzt ist, handelt es sich bei Uran-238 um 100-prozentiges Uran. Wenn man also abgereichertes Uran mit natürlichem Uranerz vergleicht, vergleicht man Äpfel mit Birnen. Der Vergleich ist einfach nicht relevant.)

Gesundheitsrisiken bei der Uranverarbeitung

Bei der Verarbeitung von Uran werden im Laufe des Atombrennstoffzyklus – er umfasst Abbau, Verarbeitung, Anreicherung, Brennstoffherstellung, Atomspaltung, Wiederaufbereitung und Endlagerung des radioaktiven Abfalls – hunderttausende Menschen radioaktiver Strahlung ausgesetzt, weil sie Uran einatmen oder über den Magen aufnehmen.[4] Bergarbeiter im Uranabbau gehen ein sehr großes Risiko ein, an Lungen- oder einem anderen Krebs zu erkranken, wie man an den Arbeitern in Kanada, Deutschland, Namibia, der Tschechischen Republik, Frankreich, Russland und den Vereinigten Staaten sehen kann.[5]

Menschen, die in Uran verarbeitenden Betrieben arbeiten oder in deren näherer Umgebung leben, sind ebenfalls krebsgefährdet. Das Brennelementewerk in Fernald in Ohio zum Beispiel, das 1953 die Produktion aufnahm, fertigte Urankügelchen für die Plutoniumherstellung in den Reaktoren in Hanford und Rocky Flats sowie Teile für die in Rocky Flats und dem Y-12-Werk in Oak Ridge (Tennessee) hergestellten Atomwaffen. Im Laufe der vielen Jahrzehnte, die es in Betrieb war, entwichen 135 000 Kilogramm Uranstaub in die Luft, 78 000 Kilogramm gelangten in den Great Miami River und 5,8 Millionen Kilogramm befinden sich in nicht ausgekleideten Löchern in der Erde. Große Silos auf dem Gelände enthalten 9700 Tonnen oder 1600 bis 4600 Curie, die unaufhörlich hohe Konzentrationen Krebs erregender Gase freisetzen. Die Menschen am Ort leiden an bösartigen Knochensarkomen und anderen Krebsarten, die sich auf Grund von Urandepots in ihren Körpern gebildet haben.[6]

Radioaktive Anlagen wie diese gibt es überall in den Vereinigten Staaten und auch in anderen Ländern. Sie alle sind feste Bestandteile des Atombrennstoffzyklus zur Herstellung von Uranmunition, Uranbrennstoffstäben für Atomkraftwerke und Plutonium für Atomwaffen. In Amerika sind knapp 80 Standorte an der Produktion, Herstellung, Entwicklung, den Versuchen mit und der Endlagerung von Uran-238 beteiligt.

Die Abschussanlagen für Uranwaffen in Madison (Indiana), in Yuma (Arizona) und in Aberdeen (Maryland) werden vielleicht niemals dekontaminiert. Mehr als eineinhalb Kilometer von einem Munitionswerk in Concord (Massachusetts) entfernt, wo 400 000 Pfund Uranmüll in einem nicht ausgekleideten Erdloch liegen, wurde uranverseuchte Erde gefunden. Das Grundwasser und ein nahes Moor, wo Cranberrys (die amerikanische Variante der Preiselbeeren) wachsen, sind verseucht.[7] (Eine ausführliche Liste der Standorte der Uranwaffenproduktion finden Sie in dem hervorragenden Buch *Metal of Dishonor*, S. 212 bis 216.)[8]

Bereits 1943 fanden Wissenschaftler des Manhattan-Projekts heraus, dass Uran Luft und Boden verseucht. Sie sagten, nach dem Einatmen von Uran komme es »ein paar Stunden bis Tage später zu einer Irritation der Bronchien«. Weiter bemerkten sie, in Folge starker Strahlung könnten Darmgeschwüre und -durchbrüche mit Todesfolge auftreten.[9] Nach vielen Jahren des Leugnens räumte das US-Energieministerium am 29. Januar 2000 schließlich ein, dass bei den Angestellten der Uran verarbeitenden Betriebe die Anzahl der Fälle von Leukämie, der Hodgkin-Krankheit, Prostata-, Nieren-, Leber- und Lungenkrebs sowie Krebs der Speicheldrüsen erheblich über dem Durchschnitt lag. In England stellte eine von dem englischen Konzern British Nuclear Fuels in Auftrag gegebene und im Juli 2000 veröffentlichte Studie eine Verbindung zwischen Strahlung und Lungenkrebs im Uranbrennstoffwerk Springfields bei Preston in Lancashire fest.[10] Und die höchste Leukämiequote bei Kindern in Großbritannien wurde aus der Umgebung einer Uran-Schießanlage im schottischen Duindrennan gemeldet.[11] Die National Academy of Sciences berichtete vor kurzem, 109 der 144 stark verseuchten Atomstandorte in den Vereinigten Staaten würden bis in alle Ewigkeit radioaktiv bleiben, da es im Grunde unmöglich sei, sie zu sanieren.[12]

Die medizinischen Folgen des Einsatzes von Uranwaffen im Golfkrieg

Im Laufe der Operation Wüstensturm feuerten amerikanische Panzer vom Typ M1A1 Abrams, M1 und M60 14 000 Panzerabwehrgeschosse aus abgereichertem Uran ab. 7000 Salven wurden vor der Operation Wüstensturm in Saudi-Arabien im Training auf Sandschutzwälle abgegeben, 4000 im Kampf verschossen, und weitere 3000 gingen bei Bränden und anderen Unfällen verloren. Die speziell für die Panzerbekämpfung entwickelten A-10-Warthog-Bomber der US-Air Force verschossen im Kampf ebenfalls ungefähr 940 000 uranhaltige 30-Millimeter-Geschosse. Insgesamt entsprach das einer Menge von 25 600 Kilogramm abgereichertem Uran, das entweder sein Ziel traf oder über der Wüste verstreut wurde. (Zu den Geschossen, die ihr Ziel trafen, ist zu sagen, dass Uran-238 selbstentzündlich ist: Wenn es mit hoher Geschwindigkeit in einen Panzer schlägt, geht es in Flammen auf. Bis zu 70 Prozent der Munition wird pulverisiert und in kleine Teilchen von oxidiertem Uran-238 verwandelt. 60 Prozent dieser Teilchen sind sehr klein. Sie haben einen Durchmesser von weniger als fünf Mikron. Weil diese Teilchen auch sehr leicht sind, kann der Wind sie viele Kilometer weit tragen, und sie sind so klein, dass sie beim Einatmen bis in die Bronchiolen, die kleinsten Verästelungen der Lunge, gelangen. Sie können viele Jahre in den Bronchiolen verbleiben und hohe Strahlendosen auf einige wenige Zellen in ihrer direkten Umgebung abgeben. Die größeren Teilchen werden möglicherweise von den kleinen Härchen in den Luftwegen mit dem Schleim nach oben transportiert und dann geschluckt.)

Bei einem Drittel der amerikanischen Panzer, die bei der Operation Wüstensturm im Einsatz waren (654 der insgesamt 2054), war die Panzerung mit Uran verstärkt.

Das verschaffte ihnen einen taktischen Vorteil, da die konventionellen irakischen Waffen keine Chance haben würden, die Panzerung zu durchdringen. Aber bei ihren Einsätzen waren die amerikanischen Panzerbesatzungen jedes Mal mit dem ganzen Körper der Gammastrahlung – sie ähnelt den Röntgenstrahlen – ausgesetzt, die von der Uranpanzerung ausgeht.

Nach der Operation Wüstensturm lagen zwischen 300 und 800 Tonnen Uran-238 mit einer Halbwertszeit von 4,5 Milliarden Jahren in Form von verschossener Munition, fest oder pulverisiert, in unterschiedlicher Verteilung und den verschiedensten Verfallszuständen auf den Schlachtfeldern im Irak, in Kuwait und Saudi-Arabien. Sie sollten niemals geborgen werden.

Externe Bestrahlung

Die Gammastrahlung, die von Uranmunition ausgeht, kann bis zu 200 Millirad in der Stunde betragen. Das ist mehr als die Jahresdosis der aufgenommenen natürlichen Hintergrundstrahlung. Ein panzerbrechendes Geschoss aus abgereichertem Uran, das in der Hafenstadt Dammam in Saudi-Arabien gefunden wurde, strahlte mit 260 bis 270 Millirad in der Stunde. Wenn jemand ein Geschoss aufheben und zehn Stunden in seiner Tasche herumtragen würde, wäre er einer relativ hohen Dosis von 2,7 Rad Gammastrahlung ausgesetzt. Man hat Kinder mit den Geschosshülsen spielen sehen, und es gibt Leute, die Geschosssplitter sammeln und in ihren Häusern ausstellen. Soldaten nahmen die radioaktive Munition als Souvenir mit nach Hause, ohne zu wissen, dass sie gefährlich war.

Interne Belastung

In den betroffenen Gebieten ist die Wasserversorgung gefährdet. Das gelöste Uran reichert sich bei jedem Schritt in der Nahrungskette viele tausend Mal an – ganz besonders in der Milch, auch in der menschlichen Muttermilch. (Wie bereits erwähnt, kann man Strahlung weder schmecken noch riechen noch sehen.) Kinder und Babys sind zehn- bis zwanzigmal anfälliger für die Krebs erregende Wirkung von Strahlung als Erwachsene.

Die Gebiete im Golf, die nun mit Uran verseucht sind, werden bis in alle Ewigkeit radioaktiv bleiben, und ihre Bewohner werden für immer mit dem Risiko von Erbkrankheiten und Krebserkrankungen leben müssen. Die kleinen, nicht löslichen Urandioxid-Staubteilchen werden von der ansässigen Bevölkerung – seien es nun Soldaten, erwachsene Zivilisten oder Kinder – in die Lunge eingeatmet. Und das radioaktive Wasser wird die Nahrungsmittel verseuchen.

Weil das Uran, seine Tochterisotope und die oben genannten strahlenden Substanzen sowohl Alpha- als auch Betateilchen abgeben, nehmen die Lungenzellen, mit denen sie in Kontakt kommen, hohe Strahlendosen auf. Schon ein einziges Alpha- oder Betateilchen, ein einziger Gammastrahl können ein Regulator-Gen einer Zelle schädigen und den Patienten töten. Wie ein Parasit braucht der Krebs die Nährstoffe im Körper auf, der Patient verfällt und stirbt.

Unlösliches Uran wird auch von Makrophagen (weiße Blutkörperchen, die nicht lösliche Stoffe oder Fremdkörper aufnehmen) aus den Lungen in die Lymphdrüsen im Zentrum des Brustkorbs transportiert. Komplikationen, die infolge eines verstrahlten Lymphgewebes auftreten, sind Leukämie und Lymphome. Und tatsächlich melden einige der NATO-Truppen, die in Bosnien und im Kosovo der Strahlung von Uranwaffen ausgesetzt waren, inzwischen einen Anstieg bei den Leukämieerkrankungen, ebenso wie die Zivilbevölkerung im Irak. Uran wird in den Lymphdrüsen gelöst, in die Leber transportiert, wo es Leberkrebs auslösen kann, und in den Knochen eingelagert, wo es Knochenkrebs oder Leukämie verursachen kann.

In den Knochen beträgt die biologische Halbwertszeit von Uran-238 300 Tage.[13] Das Element kann auch im Gehirn, den Nieren, den Muskeln, der Milz – und besonders wichtig – in den Fortpflanzungsorganen gespeichert werden.[14] 1997 wurde bei fünf von 25 amerikanischen Veteranen, die seit 1991 Uranfragmente im Körper haben, Uran-238 im Sperma festgestellt.[15] Dies ist eine wichtige Erkenntnis, da es Berichte über eine Häufung von Geburtsfehlern bei den Kindern von Veteranen sowie den Neugeborenen im Irak gibt. Das Uran findet seinen Weg in die Hoden, wo es die Gene der Spermazellen verändert. Uran kann auch Hodenkrebs verursachen.

Uran ist in der Lage, die Plazentaschranke zu überschreiten, und kann wie der Wirkstoff Thalidomid* schwere Schäden beim Fötus verursachen, da es Zellen

tötet, die für die normale Entwicklung des Fötus unerlässlich sind. Diesen Vorgang nennt man Teratogenese.[16]
Außerdem ist Uran ein Schwermetall. In dieser Eigen-
schaft kann es eine besondere Form der Nierenentzün-
dung oder Nierenerkrankung verursachen. Uran wird
über die Nieren ausgeschieden, weshalb dieses Organ
besonders gefährdet ist. Wie man weiß, leiden viele Golf-
kriegsveteranen an Nierenerkrankungen. Zusätzlich gefährdet sind die Nieren, weil das Schwermetall Uran
auch noch radioaktiv ist. Da im Körper gespeichertes
Uran hauptsächlich über die Nieren ausgeschieden wird,
besteht die Gefahr eines Nierenkarzinoms. Bislang gab
das Pentagon keine epidemiologischen Studien in Auftrag, um das tatsächliche Ausmaß der Nierenerkrankungen bei den Veteranen festzustellen. Es gab auch keine
weiteren Studien, um zu ermitteln, ob sich die Zahl der
Krebserkrankungen erhöht hat.

Zudem weigert sich das Pentagon standhaft, die in den
verseuchten Gebieten lebende Zivilbevölkerung in einer
Studie zu erfassen. Wie sieht für sie die Prognose aus, wie
hoch ist ihre Lebenserwartung? Was ist mit den kommenden Generationen? Vielmehr behindern das Pentagon und
das britische Verteidigungsministerium Bemühungen, ihre
Soldaten auf die einschlägigen Krankheiten hin zu untersuchen, und streiten jeden Zusammenhang zwischen dem
so genannten Golfkriegssyndrom und der uranhaltigen
Munition ab. Und das, obwohl ein geheimer, im April 1991
– einen Monat nach dem Ende der Operation Wüstensturm
– von der britischen Atomenergiebehörde herausgegebe-
ner Bericht warnte, dass schon 40 Tonnen Abfall von Waffen aus abgereichertem Uran über 500 000 Todesopfer fordern könnten.[17] (In Wirklichkeit handelt es sich nicht um
40 Tonnen, sondern um 300 000 bis 800 000 Tonnen.)

---

* In Deutschland war das Medikament mit dem Wirkstoff Thalidomid als Contergan im Handel. (Anm. d. Übers.)

Saudi-Arabien wusste um die Gefahren, die von der radioaktiven Strahlung ausgingen, und forderte von der US-Army, alle Panzer, Fahrzeuge und Gerätschaften auf ihrem Gebiet einzusammeln, die von Uranmunition zerstört worden waren. Weil Saudi-Arabien ein enger amerikanischer Verbündeter ist, entsprach man der Forderung und brachte die verseuchten Ausrüstungsgegenstände in die Vereinigten Staaten zurück, wo sie unter höchsten Sicherheitsvorkehrungen gelagert werden.[18] Zu diesem Zweck baute das Pentagon für viel Geld einen hoch technisierten Hochsicherheitskokon auf dem Gelände der Anlage in Savannah River in Georgia, um das radioaktive Material aus der verseuchten Ausrüstung zu entsorgen. Dieses Gebäude, Gebäude 101, hat ganz spezielle Wände und Böden, damit weder Luft noch Staub nach draußen dringen.

Kuwait und der Irak hatten nicht so viel Glück. Ihnen haben die Vereinigten Staaten nicht zugesagt, ihr radioaktiv verseuchtes Land zu dekontaminieren.

Die Folgen waren bekannt
Es ist klar, dass das Pentagon schon lange vor der Operation Wüstensturm um die gesundheitlichen Risiken wusste, die von uranhaltiger Munition ausgehen. In zahlreichen Militärberichten wird eingeräumt, dass Uran-238 Nierenschäden, Lungen– und Knochenkrebs, (nicht bösartige) Erkrankungen der Lunge, Hauterkrankungen, neurokognitive Störungen, Chromosomenschäden und Geburtsfehler verursachen kann.[19] Im Juli 1990 warnte ein von der US-Army beauftragtes Unternehmen:»Wenn Soldaten auf dem Schlachtfeld abgereichertem Uran in Form von Schwebestaub (Aerosol) ausgesetzt werden, könnte das möglicherweise erhebliche radiologische und toxikologische Folgen haben. Unter Kampfbedingungen sind die Bodentruppen, die ein Schlachtfeld nach einem Gefecht mit panzerbrechender Munition entweder zu

Fuß oder in Fahrzeugen betreten, der Strahlung vermutlich am stärksten ausgesetzt.« Aber bei der Operation Wüstensturm wurden weder die amerikanischen Streitkräfte noch die Soldaten der Verbündeten vor der Gefahr gewarnt, die von dem Uran ausging – von der umliegenden Zivilbevölkerung ganz zu schweigen.[20]

Schließlich gestand das US-Verteidigungsministerium in seiner einzigen Stellungnahme im Janur 1998 ein:»Unsere Untersuchungen hinsichtlich der möglichen Gesundheitsgefährdung, die von abgereichertem Uran ausgeht, stießen auf ernste Wissenslücken bei unseren Soldaten bezüglich der gesundheitlichen Folgen der Verwendung von abgereichertem Uran auf dem Schlachtfeld .... Kampftruppen oder Soldaten in taktisch unterstützender Funktion wussten im Allgemeinen nicht, dass Ausrüstungsgegenstände, die mit abgereichertem Uran verseucht sind – zum Beispiel Feindfahrzeuge, die von uranhaltiger Munition getroffen wurden – einer besonderen Handhabung bedürfen ... Da die Informationen nicht ordnungsgemäß an alle Soldaten aller Dienstgrade weitergegeben wurden, kann es sein, dass Tausende von Soldaten unnötig der Strahlung ausgesetzt wurden.«

Die Vertuschungsaktion des Militärs erklärt sich teilweise durch die Aussage von Oberstleutnant M. V. Ziehm vom Labor in Los Alamos:»Es es gab und gibt weiterhin Bedenken bezüglich der Auswirkungen von abgereichertem Uran auf die Umwelt. Wenn sich also niemand für die Effektivität von abgereichertem Uran auf dem Schlachtfeld ausspricht, könnte sich uranhaltige Munition möglicherweise als politisch inakzeptabel erweisen und aus dem Arsenal entfernt werden .... Ich denke, wir sollten dieses heikle Thema beim Schreiben der Berichte im Auge behalten.«[21] Weil die Sache vertuscht wurde, wies niemand das Unterstützungspersonal an, die Soldaten auf uranverseuchte Wunden zu untersuchen, die von Granatsplittern herrühren. Man sagte ihnen auch nicht, dass sie Schutzkleidung tragen sollten, wenn sie mit verseuchten Soldaten, Ausrüstungsgegenständen oder Erde in Kontakt kamen. Für die Soldaten, die entweder von uranhaltiger Munition verwundet worden waren oder möglicherweise Uranstaub eingeatmet oder geschluckt hatten, gab es weder eine medizinische Untersuchung noch weitere Nachfolgeuntersuchungen, was einen direkten Verstoß gegen die geltenden Vorschriften der US-Army und der US-Atomregulierungsbehörde darstellt.

Die Symptome des Golfkriegssyndroms lassen sich nur schwer einem bestimmten Krankheitsbild zuordnen. Trotzdem ähneln die Beschwerden der Veteranen in überraschender Weise dem Muster der verschiedenen vom US-Militär beschriebenen Krankheiten, die auftreten, wenn ein Mensch mit Uran in Kontakt kommt. Ohne maßgebliche medizinische und epidemiologische Studien kann man zu diesem Zeitpunkt unmöglich genau wissen, was die Zukunft den Menschen bringen wird, die infolge der im Golf und auf dem Balkan verwendeten Waffen mit Uran in Kontakt gekommen sind. Schätzungen müssen genügen. Der Präsident der US-Golfkriegsveteranen geht davon aus, dass 50 000 bis 80 000 Veteranen vom Golfkriegssyndrom betroffen sind. 39 000 davon wurden bereits aus dem aktiven Dienst entlassen, 2400 bis 5000 sind gestorben. In Großbritannien sollen etwa 4000 der aus dem Golfkrieg zurückgekehrten Soldaten am Golfkriegssyndrom leiden, 160 sind gestorben.

Was war die Todesursache? Warum die Geheimniskrämerei? Ein Abgleich der Diagnosen würde die Verbindung zwischen der Krankheit und dem Uran deutlich machen.[22] Wenn es nichts zu verbergen gibt, warum will man die Daten dann nicht veröffentlichen?

Und das Verwirrspiel geht weiter.

Die Weltgesundheitsorganisation weigert sich standhaft, in Studien zu erfassen, welche Auswirkungen es hat, dass die Soldaten bei der Operation Wüstensturm, in

Bosnien und im Kosovo mit Uran in Kontakt kamen. Der Grund für diese Weigerung ist ein 1959 zwischen der Internationalen Atomenergie-Behörde, die sich aktiv für die weltweite Nutzung von Atomenergie einsetzt, und der Weltgesundheitsorganisation geschmiedetes Abkommen. Darin wurde festgelegt, dass das Einverständnis beider Seiten erforderlich ist, wenn eine der Organisationen eine Studie plant, die sich auch auf die Arbeit der anderen auswirkt. Die Internationale Atomenergie-Behörde stimmte solchen Studien niemals zu.[23]

Aber selbst Mike Repacholi, Experte der Weltgesundheitsorganisation für Gesundheitsrisiken im Beruf und für die Umwelt, räumte ein, dass abgereichertes Uran besonders Kleinkinder gefährdet: Sie »könnten dem abgereicherten Uran stärker ausgesetzt sein, da sie beim Spielen die Hände in den Mund stecken und in einem Konfliktgebiet auf diesem Wege große Mengen abgereicherten Urans aus der verseuchten Erde aufnehmen könnten.«[24] Medizinische Berichte aus dem Irak weisen darauf hin, dass die Zahl bösartiger Erkrankungen bei Kindern auf das Siebenfache angestiegen ist und sich die Fälle von angeborenen Fehlbildungen in den Gebieten, in denen die Bombardements am stärksten waren, verdoppelt haben.[25] Internationale Sanktionen haben die medizinische Situation noch verschärft. Die Kinderärzte können diese Patienten nicht behandeln, da ihnen weder Arzneimittel für eine Chemotherapie noch Antibiotika oder die Möglichkeit einer Strahlenbehandlung zur Verfügung stehen.

Sanierung
Daheim in den Vereinigten Staaten war die Angst vor Uran so groß, dass die verseuchte Erde auf riesigen Flächen abgetragen, in Container verladen und entfernt wurde, als man das Starmet Werk in Concord (Massa-

chusetts), die Sandia National Laboratorien und die Kirtland Air Force Base in New Mexico (wo man panzerbrechende Munition aus abgereichertem Uran getestet hatte)
von Uran-238 säuberte. Die US-Army weiß, dass sie ihr
radioaktives Schlachtfeld hätte in Ordnung bringen müssen. In einem Bericht vom Juli 1990 warnte sie:»Geht
man davon aus, dass die amerikanischen Bestimmungen
und Gesundheitsvorschriften befolgt werden, dann ist
nach dem Einsatz von uranhaltiger Munition in diesem
Gebiet vermutlich eine Sanierung in irgendeiner Form
nötig.«[26] Als man allerdings erkannt hatte, wie groß der
Umfang und wie hoch die Kosten einer solchen Sanierung sein würden, setzte das Umweltinstitut der US-Army die Politiker davon in Kenntnis, dass »weder das Völkerrecht noch Verträge, Vorschriften oder die Tradition
von den Vereinigten Staaten verlangen, die Schlachtfel-
der des Golfkrieges zu sanieren«.[27] Dan Fahey vom Military Toxics Project formulierte es so:»Die Vereinigten
Staaten haben im Golfkrieg einen Präzendenzfall ge-
schaffen, der es bewaffneten Streitkräften gestattet, uranhaltige Munition einzusetzen, ohne die Zivilbevölkerung
von der Versuchung des Landes in Kenntnis zu setzen.«

Weiterverbreitung von Uranwaffen

Die Vereinigten Staaten haben 16 weitere Länder entweder zur Herstellung von Uranwaffen ermutigt oder uranhaltige Munition an sie verkauft. Unter anderem waren
das Australien, Großbritannien, Frankreich, Griechenland, die Türkei, Russland, Israel, Saudi-Arabien, Kuwait, Bahrain, Ägypten, Thailand, Taiwan, Pakistan, Japan und Neuseeland.[28] Anderen Quellen zufolge könnten auch der Irak, Oman, Jordanien und die Vereinigten
Arabischen Emirate diese Waffen in ihren Arsenalen haben.

Eine Untergruppe der UNO-Menschenrechtskommission hat die uranhaltige Munition wegen ihrer unterschiedslosen Wirkung verdammt – die Kriterien:

- ZEIT: Die Folgen überdauern das Ende des Krieges.
- UMWELT: Uranhaltige Munition verseucht Nahrungsmittel, Wasser und Erde.
- HUMANITÄT: Die Auswirkungen gehen über das zum Erreichen militärischer Ziele nötige Maß hinaus.
- GEOGRAPHIE: Uranteilchen können theoretisch auch in Länder gelangen, die nicht an der Auseinandersetzung beteiligt sind.

Zudem haben Herstellung und Test von Uranwaffen auch dann Folgen für die Zivilbevölkerung, wenn sie gar nicht zum Einsatz kommen.[29]

Die US-Navy testete ihre uranhaltige Munition auf einem Übungsplatz in Vieques, Puerto Rico. Sie räumte ein, 263 Urankugeln verschossen zu haben, von denen nur 75 wieder geborgen wurden. (Sie können sicher sein, dass diese Zahlen zu niedrig angesetzt sind.) Die Menschen in Vieques machen die US-Navy für die überdurchschnittlich vielen Krebserkrankungen in dieser Gegend verantwortlich. Die US-Navy bestreitet, dass ihre Aktivitäten irgendjemandem gesundheitliche Schäden zugefügt hätten.[30]

In Großbritannien gab es an verschiedenen Orten Tests mit Uranmunition, darunter Eskmeals in Cumbria, der Solway Firth in Südschottland und Leelworth in Dorset. Uranhaltige Munition wurde Anfang der siebziger Jahre auch in Niedersachsen und im oberbayerischen Schrobenhausen getestet, wo bis 1996 17 Jahre lang Versuche stattfanden. Und sie wurde Anfang der neunziger Jahre von den Vereinigten Staaten in Mogadischu eingesetzt. Damals hatte man die Ärzte gewarnt, dass ihnen Soldaten begegnen könnten, »die ungewöhnlich intensiven Kontakt mit abgereichertem Uran hatten«.[31] Mit an Sicherheit grenzen-

der Wahrscheinlichkeit setzt Israel mit Uran verstärkte
Panzer und uranhaltige Munition gegen die Palästinenser
im Westjordanland und im Gazastreifen ein.[32]

Bosnien und Kosovo

In jüngster Zeit wurden in Bosnien und im Kosovo zwei
weitere »radioaktive« Kriege hauptsächlich von den Vereinigten Staaten und ihren NATO-Verbündeten geführt.

Während ich diese Zeilen schreibe, wächst die internationale Unruhe, da Soldaten sowie Angehörige der Friedenstruppen, die im Kosovo stationiert waren, vermehrt
Krebserkrankungen entwickeln, auch Leukämie. Bei der
Operation Allied Force – dem 78-Tage-Krieg im Kosovo
im Jahr 1999 – wurden ungefähr 31 000 Schuss uranhaltiger Munition abgefeuert. 1994 und 1995 verschoss man
in Bosnien über 10 800 Urangeschosse, vorwiegend um
die Stadt Sarajevo,[33] wo amerikanische A-10-Warthog-
Bomber mit 30-Millimeter-Gattling-Bordkanonen uranhaltige Munition hinausjagten.

Anfänglich zögerte die NATO, ihren Mitgliedsstaaten
genaue Informationen über den Einsatz von Uranmunition im Kosovo oder in Bosnien zu geben. Und das, obwohl die NATO im Juli 1999 Länder mit Streitkräften und
Hilfstruppen auf dem Balkan gewarnt hatte, dass die
Verwendung von Uranwaffen eine »mögliche toxische
Gefahr« mit sich bringen könne, und ihnen riet, Vorsichtsmaßnahmen zu treffen. (Der Leiter des Umweltprogramms der Vereinten Nationen kritisierte, dass die NA-
TO keine genaueren Angaben darüber gemacht hatte, wo
diese Munition verwendet worden war.)

Im Dezember 2000 begann die Besorgnis über die Uranwaffen in den NATO-Ländern durchzusickern, als Italien
eine Untersuchung der 30 kranken Soldaten ankündigte,
die 1994 und 1995 in Bosnien und 1999 im Kosovo gedient

hatten. Zwölf von ihnen haben Krebs, fünf bis sieben sind bereits an Leukämie gestorben. Zwischen 30 000 und 40 000 Soldaten waren auf dem Balkan im Einsatz, der damalige italienische Verteidigungsminister Sergio Mattarella sagte dazu: »Ich muss meiner Bitterkeit Ausdruck verleihen, dass die zuständigen internationalen Organisationen mit ihrer Antwort auf unsere Bitte um Informationen, die für die bosnische Bevölkerung sowie die Militärangehörigen von großer Bedeutung ist, bis jetzt gewartet haben.«

Spanien beabsichtigt, alle 32 000 Soldaten untersuchen zu lassen, die seit 1992 auf dem Balkan stationiert waren. Aus dem spanischen Kontingent wurden zwei amtliche Fälle von Leukämie gemeldet. Abgesehen von den tödlichen Fällen von Leukämie, zeigt eine unbekannte Anzahl von Soldaten, die als Angehörige der Friedenstruppen auf dem Balkan waren, Symptome wie Haarausfall und chronische Müdigkeit, die denen des Golfkriegssyndroms ähneln. Andere Länder, die sich um die künftige Gesundheit ihrer Männer sorgen, sind der Kosovo, Dänemark, Frankreich, Belgien, Portugal und die Niederlande. Irland, Lettland und Rumänien werden ihre Soldaten ebenfalls untersuchen lassen. Fünf belgische Soldaten sind an Krebs erkrankt, ebenso wie zwei portugiesische, zwei finnische und zwei holländische Soldaten. Portugal wird Wissenschaftler entsenden und die Strahlung in den betroffenen Gebieten messen. Russland wollte ein Team schicken, um die Gebiete zu prüfen, in denen russische Soldaten als Friedenswächter eingesetzt sind, und noch vor dem 20. Januar 2002 das gesamte Militärpersonal untersuchen lassen.[34] Portugal und Italien warfen der NATO Geheimniskrämerei vor. Im November 2002 bestätigte das Umweltprogramm der Vereinten Nationen (UNEP) das Vorhandensein von abgereichertem Uran an Orten, die von der NATO bombardiert worden waren. Dort ließ sich ein 100-facher Anstieg der Urankonzentration im Grundwasser feststellen. Die Sterblichkeitsrate in diesen Gebieten hat sich verdoppelt, zumeist auf Grund von Krebs sowie Leukämieerkrankungen bei Kindern.[35]

Der frühere finnische Umweltminister Pekka Haavisto, der Vorsitzende des Depleted Uranium Assessment Teams des Umweltprogramms der Vereinten Nationen im Kosovo, sagte nach einer Inspektion der Kriegsschauplätze im Kosovo: »Wir stellten mitten in Dörfern, wo Kinder spielten, Strahlung fest. Wir waren überrascht, dass dies noch eineinhalb Jahre später [nach dem Krieg] der Fall war. Die Menschen bewahrten Munitionssplitter als Souvenirs auf, und in den verseuchten Gebieten grasten Kühe. Das bedeutet, dass der verseuchte Staub in die Milch gelangen kann.« Haavisto und sein Team entdeckten an acht der elf untersuchten Orte eine leicht erhöhte Betastrahlung. Sie empfahlen, verseuchtes Gelände zu kennzeichnen und einzuzäunen, da, wie er sagte, die Menschen vor Ort nichts über das Material wüssten.

Man hatte die elf untersuchten Orte aus einer Liste von 112 Gebieten ausgewählt, in denen die NATO den Beschuss mit uranhaltiger Munition eingeräumt hatte. Doch zu Haavistos Verdruss zögerte die NATO die Herausgabe der Auskunft hinaus und ließ sich beinahe eineinhalb Jahre Zeit, bevor sie dem UNO-Team die nötigen geographischen Angaben zur Verfügung stellte. Haavisto gab zudem seiner Besorgnis Ausdruck, dass sich durch die kontrollierten Sprengungen beim Räumen von Minen, Blindgängern und Streubomben die Strahlung und die toxischen Materialien noch weiter ausbreiten könnten.[36] Nachdem die Angelegenheit im Dezember und Januar 2000 mehrere Wochen lang in Europa für Bestürzung und große Schlagzeilen sorgte, war die NATO schließlich gezwungen, eine umfassende Untersuchung der möglichen Folgen von abgereichertem Uran anzuordnen. Neben der NATO verfügte auch die Europäische Union mit ihren 15 Mitgliedsstaaten eine eigene Untersuchung.

Nachdem es die Gefahren monatelang beharrlich ge-
leugnet hatte, verlangte das britische Verteidigungsministerium ebenfalls eine unabhängige Studie über die
möglichen Auswirkungen von uranhaltiger Munition.
Am 10. Januar trat das britische Unterhaus zusammen,
um darüber zu entscheiden, ob man die Minister herbei-
zitieren sollte, damit sie die Politik der Regierung erläu-
terten.[37] Großbritannien einigte sich schließlich darauf,
dass es – ebenso wie die anderen NATO-Länder – seine
Soldaten untersuchen lassen würde. Wie es heißt, leiden
1400 von ihnen unter dem Golfkriegssyndrom (469 von
ihnen sind gestorben; die Öffentlichkeit wurde bislang
noch nicht über die Todesursachen informiert).[38]

Die ärztlichen Untersuchungen werden den Soldaten
und ihren Familien zweifellos helfen, aber die Ärzte werden nicht genau feststellen können, ob diese Menschen
tatsächlich Uranpartikel eingeatmet oder geschluckt haben. Bluttests werden lediglich enthüllen, ob der Patient
zum Zeitpunkt der Untersuchung an Leukämie erkrankt
ist oder nicht. Mit Röntgenaufnahmen des Körpers kann
man feststellen, ob Krebs im fortgeschrittenen Stadium
vorliegt. Urinproben werden zeigen, ob der Betreffende
Uran ausscheidet. Wenn die Probe positiv ist, besteht die
Gefahr, dass der Patient Jahre später ein bösartiges Ge-
schwür entwickelt. Auch wenn sich im Urin keine Spuren von Uran finden, kann Uran in den Knochen oder in
anderen Organen gespeichert sein. Die einzige Möglichkeit festzustellen, ob sich Uran im Körper befindet oder
nicht, besteht darin, den Patienten mit einem Ganzkörperscanner zu untersuchen, der in der Lage ist, das kleine, charakteristische Spektrum zu entdecken, das auf das
Vorhandensein von Uran oder seiner Verfallsprodukte
hinweist. Aber auch wenn der Ganzkörperscanner keine
Spuren von Radioaktivität anzeigt, ist eine mögliche
Schädigung nicht auszuschließen. Es könnte sich Uran
im Körper befunden, ein paar Regulator-Gene verändert

haben und dann wieder ausgeschieden worden sein. Der Patient könnte später trotzdem an Krebs erkranken.

Aus medizinischer Sicht würde man frühestens zwei bis zehn Jahre, nachdem der Betreffende der Strahlung ausgesetzt war, mit Leukämiesymptomen rechnen. Die Soldaten, die an der Operation Wüstensturm und dem Einsatz 1994 und 1995 in Bosnien teilgenommen haben, könnten durchaus an Leukämie erkranken. Aber für die Soldaten, die der Strahlung erst 1999 ausgesetzt waren, ist es noch zu früh für bösartige Erkrankungen. Allerdings könnte die Inkubationszeit für Krebs bei Uraneinlagerungen im Körper kürzer sein als bisher angenommen. Es gibt noch viel zu lernen. Der britische Radiobiologe Eric Wright sagte: »Ich wüsste nicht, dass es radiobiologische Studien zu abgereichertem Uran gäbe.«[39]

Dass die Soldaten und Angehörigen der Friedenstruppen auch weiterhin unter ärztlicher Beobachtung stehen, ist angebracht. Aber in Saudi-Arabien, Kuwait, dem Irak, in Bosnien und dem Kosovo sowie an anderen Orten überall auf der Welt, wo radioaktive Waffen bei Versuchen pulverisiert wurden, sind Zehntausende – oder gar Millionen – unschuldiger Zivilisten in Gefahr.[40] Auch diese Menschen müssen beobachtet und versorgt werden. Am 17. Januar 2001 entdeckte das Labor Spiez, die schweizerische Fachstelle für ABC-Schutz, Spuren von Uran-236 in den im Kosovo verwendeten Waffen. Da Uran-236 nur in Atomreaktoren vorkommt, sind diese Waffen zwangsläufig auch mit Spaltprodukten und Transuranen verseucht, die bei der Atomspaltung entstehen. Das US-Militär und das US-Energieministerium müssen davon gewusst haben.[41] Wo Uran-236 ist, ist höchstwahrscheinlich auch Plutonium, zusammen mit Americium, Neptunium, Strontium-90 und Cäsium-137. Das hat schwer wiegende medizinische Folgen für die Gesundheit der Menschen, die bereits verseucht wurden oder noch verseucht werden.

Lockheed Martin, die US-Präsidentschaft und die Star-Wars-Regierung

Wir überschreiten die Schwelle zum 21. Jahrhundert, gefangen in einem tödlichen Rüstungswettlauf mit uns selbst. Obwohl der Bedarf an immer höher entwickelten Waffen bestenfalls ungewiss ist, fahren wir unter der Prämisse fort: »Wenn wir sie bauen, wird er [der Bedarf] sich schon ergeben.«

M.W. Gruzy[1]

Es ist nicht richtig, dass all diese Menschen in einem einzigen Gebäude versammelt sind, ohne dass irgendjemand auf sie aufpasst. Wir alle stecken in Schwierigkeiten ... wenn die Generäle so viel Macht bekommen.

Harry Truman über das Pentagon

George W. Bush wurde von einem von Republikanern dominierten Obersten Bundesgericht ins Präsidentenamt gehievt. Sein Kabinett setzt sich überwiegend aus leitenden Angestellten aus der Industrie zusammen. Dazu gehören: Dick Cheney, früherer Generaldirektor von Halliburton, einem Zulieferkonzern der Erdöl- und Energieindustrie; Andrew Card, Stabschef im Weißen Haus, Vizepräsident von General Motors; Paul O'Neill, Finanzminister, Präsident von Alcoa; Don Evans, Handelsminister, früherer Generaldirektor der Tom Brown Inc. Oil Company; Donald Rumsfeld, Verteidigungsminister, früherer Generaldirektor von G. W. Searle und General Instrument; Condoleezza Rice, Nationale Sicherheitsberaterin, ehemalige Chevron-Aufsichtsrätin.[2]

Für die Festlichkeiten zur Amtseinführung standen
40 Millionen Dollar zur Verfügung, die größte Summe,
die jemals gespendet worden war. Zu den Spendern gehörten 168 Unternehmen und Einzelpersonen, die jeweils
100 000 Dollar gegeben hatten. Über 45 Unternehmen
schrieben fünfstellige Schecks für Feierlicheiten zu Ehren
von Texanern aus. Eine Pressemeldung verkündete, es sei
»der einzige Amtsantrittsball, bei dem sich die Gäste mit
einem 1,1 Tonnen schweren Brahmanenbullen oder im
Cockpit eines Kampfjets fotografieren lassen können«.

Zu den Spendern gehörten auch die Unternehmen
Ford und General Motors, große Washingtoner Kanzlei-
en, die Mariott Corporation, Enron, Conoco, Hunt Oil,
Chevron, Exxon Mobil, die Southern Energy Company,
American Airlines, Baseball-Mannschaften, Coca-Cola,
Pepsi, Philip Morris, U.S. Tobacco, Abbott Drug Labora-
tories, Bristol-Meyers Squibb, Pfizer, General Electric,
AT&T und Alcoa. Banken und Versicherungen steuerten
über zwei Millionen Dollar bei.

Barron's Online schrieb:

> Die Hauptstadt füllt sich mit Handelskammer-Typen in
> Nadelstreifen. Sie werden von einer Regierung angezo-
> gen, die so unternehmensfreundlich und anti-regulato-
> risch zu werden verspricht, wie das seit Reagan nicht
> mehr der Fall war. Bush besetzt die Übergangsteams,
> die seine neuen Kabinettsminister und Behördenleiter in
> dringenden politischen Fragen und Fragen der Neuein-
> stellung beraten sollten, mit haufenweise Generaldirek-
> toren und Industrie-Lobbyisten. Im Beraterteam des de-
> signierten Innenministers Gale Norton wimmelt es nur
> so von Vertretern der Energie-, Bergbau- und Papierkon-
> zerne.[3]

Steve Weiss vom Center for Responsive Politics bemerkte: »Die breite Öffentlichkeit, die keine so großen Sum-

men spenden kann, bekommt weder zum nächsten Präsidenten noch zu seinen Ratgebern Zugang. Den Zugang zum Präsidenten und den Menschen, die die Politik gestalten, erkauft man sich mit Geld.«[4]

Der mächtigste Konzern der Welt, ein Konzern, der im wahrsten Sinne des Wortes das Schicksal der Erde lenkt, ist Lockheed Martin. Wie wir gesehen haben, hat dieses Unternehmen zusammen mit seinen kleineren Kollegen aus der Rüstungsindustrie bei der Produktion beinahe jeder einzelnen Waffe und aller Star-Wars-Systeme, die wir untersucht haben, die Hand im Spiel. Es steckt bis zum Hals in Parteispenden an die beiden Präsidentschaftskandidaten sowie die Kandidaten beider politischer Lager für Kongress und Senat. (Bei den Spenden zogen die politischen Aktionskomitees der Waffenindustrie die Republikaner den Demokraten in einem Verhältnis von zwei zu eins vor. Seit 1997 haben die vier führenden Raketenbauer vier Millionen Dollar für Parteispenden und drei Millionen Dollar an so genannten »weichen Geldern« ausgegeben.* Darüber hinaus investierten sie 18 Millionen Dollar in die Lobbyarbeit, die sie von der Steuer absetzen können.)[5]

Im Jahr 2000 gingen die meisten Aufträge aus dem Bereich der Verteidigung an Lockheed Martin. Das Unternehmen bekam 15,1 Milliarden Dollar an Steuergeldern. Es folgten Boeing mit 12 Milliarden Dollar und Raytheon mit 6,3 Milliarden Dollar.[6] Wie wir wissen, sitzen Angestellte von Lockheed Martin in den Aufsichtsräten der Denkfabriken der politischen Rechten wie der Heritage Foundation und dem Center for Policy Studies. Aber nun, da ihr Mann es sich im Weißen Haus bequem ge-

---

* In den USA gibt es eine Obergrenze für Parteispenden. Sie lässt sich allerdings durch »weiche Spenden« umgehen, die in unbegrenzter Höhe erlaubt sind, wenn dadurch die allgemeine politische Bildung gefördert wird. (Anm. d. Übers.)

macht hat, können sie direkt auf die Innen- und Außenpolitik Einfluss nehmen. Diese Konzerne sind fest entschlossen, ein mehrschichtiges Star-Wars-System zu bauen und auch alle anderen Waffen, die sie sich nur vorstellen können – ob Amerika sie nun braucht oder nicht.

Wenn es dabei bleibt, dass George W. Bush Star Wars auch weiterhin grünes Licht gibt, damit es mit voller Kraft vorangeht, statt das von Clinton gebilligte gemäßigte und modifizierte System für 60 Milliarden Dollar zu bauen, könnte das die Nation über die Jahre der Produktion hinweg 240 Milliarden Dollar kosten. Im Prinzip würden zwar viele Ausgaben unter die Rubrik »Verteidigung« fallen, wie Bush in einer Rede im September 1999 an der Militärhochschule »The Citadel« in Charleston (South Carolina) sagte, als er von »der Notwendigkeit, unsere konkurrenzlose Macht zu stärken«, sprach. Aber mit der Aussage: »Ich weiß, ein starker und schneller Angriff kann die beste Verteidigung sein«, lieferte er in Wirklichkeit einen Vorwand für die Entwicklung von Waffen aller Art.[7] Wir steuern rasant auf eine weltweite Katastrophe zu. Im Weißen Haus sitzt ein kampflustiger und schlecht unterrichteter Präsident (trotz der vermeintlichen Änderung in seinem Status nach dem 11. September 2001), der von seinem Mitarbeiterstab gesteuert wird, den er aus der Industrie rekrutiert hat und der so viel amerikanische Steuergelder wie nur irgend möglich abschöpfen möchte, um immer exotischere und gefährlichere Waffen damit zu bauen. Die Ministerkandidaten der Regierung Bush gehören zu den aggressivsten und extremsten der jüngsten Geschichte, und alarmierend viele Mitglieder von Bushs Stab haben direkte Verbindungen zu Lockheed Martin.

Vizepräsident Dick Cheney, Verteidigungsminister Donald Rumsfeld, Außenminister Colin Powell und die Nationale Sicherheitsberaterin Condoleezza Rice bilden nun das Quartett der mächtigsten Menschen der Welt. In ihrem Glauben, Amerika sei der Nabel des Universums, dass man die weltweiten amerikanischen Wirtschaftsinteressen mit amerikanischem Militarismus wahren müsse, dass man Russland nicht trauen und China unter Umständen zu einem neuen Kalten Krieg und Wettrüsten provozieren müsse, haben sie Amerika auf eine gefährliche vierjährige Reise geschickt.

Vizepräsident *Dick Cheney*, »der wahre Machthaber hinter einem Präsidenten mit einer eher repräsentativen Funktion«, um es mit *Guardian*-Journalist Martin Kettle zu sagen,[8] hat jetzt eine sehr einflussreiche Position. Er inszeniert die Nominierung der Kabinettsmitglieder und steuert die Aktivitäten des neuen Präsidenten. Wie an anderer Stelle erwähnt, saß Lynne Cheney, die Frau des Vizepräsidenten, früher im Aufsichtsrat von Lockheed Martin.

Donald Rumsfeld, früher Kongressabgeordneter der Republikaner, NATO-Botschafter und US-Verteidigungsminister, pflegt enge Beziehungen zu Raketenabwehr-Verfechtern und Rüstungskontrollgegnern, und er ist eng mit Frank Gaffneys Center for Security Policy verbunden, dem wahren Herzen der Star-Wars-Lobby, wie im Kapitel »Der Wahnsinn der Konzerne und die Todeshändler« erläutert wurde. Ferner sitzt Rumsfeld im Aufsichtsrat der Organisation Empower America, die 1998 bei den Wahlen zum Kongress im Radio Werbung für Star Wars und gegen einen amtierenden Demokraten aus Nevada machte.

In seinem ideologisch gefärbten Bericht von 1998 hatte Rumsfeld gewarnt, nordkoreanische Raketen würden Amerika innerhalb der nächsten fünf Jahre bedrohen, obwohl die Schätzungen der CIA den voraussichtlichen Zeitrahmen mit zehn bis 15 Jahre angegeben hatten (ein Scheitern der Friedensbemühungen zur Vereinigung der beiden koreanischen Staaten und der Eingliederung Nordkoreas in die Staatengemeinschaft immer vorausgesetzt).[9] Und obwohl der CIA-Experte Robert Walpole vor dem Kongress ausgesagt hatte, dass ein fremdes Land die Vereinigten Staaten wohl kaum mit einem Massenvernichtungsatomsprengkopf auf einer ballistischen Rakete beschießen würde, da diese einen »Absender« trage. (Am 11. September 2001 setzte man amerikanische Zivilflugzeuge wirkungsvoll als ballistische Raketen ein.)

Kurz vor seiner Ernennung zum Verteidigungsminister leitete Rumsfeld einen weiteren Untersuchungsausschuss des Pentagon. Dieser gab im Januar 2001 einen Bericht heraus, in dem er Amerika vor einem »Pearl Harbor im Weltraum« warnte. Der Bericht trat für stärkere Sicherheitsmaßnahmen für amerikanische Weltraumsysteme ein und forderte die Berufung eines Staatssekretärs für Weltraum und Nachrichtendienste ins Verteidigungsministerium. Darüber hinaus wurde in dem Bericht eine Erhöhung der Verteidigungsausgaben verlangt und die Kosten für den Austausch veralteter Militärsatelliten in den nächsten zehn Jahren mit 50 Milliarden Dollar veranschlagt. In dem in kämpferischem Ton gehaltenen Bericht hieß es, der Präsident sollte »die Möglichkeit haben, Waffen im Weltraum zu stationieren, um eine Bedrohung amerikanischer Interessen zu verhindern und sie, falls nötig, gegen Angriffe zu verteidigen«.[10]

Bei der Anhörung im Senat sagte Rumsfeld, der ABM-Vertrag, der Eckpfeiler der atomaren Rüstungskontrolle, sei »längst Vergangenheit«. Zudem bezweifelte er, dass die Instandhaltung des US-Atomwaffenarsenals ohne Atomversuche überhaupt möglich sei. Senator Jesse Helms, der Vorsitzende des außenpolitischen Ausschusses des US-Senats, stützte diese Aussage mit den Worten: »Die Vereinigten Staaten sind nicht mehr an den ABM-Vertrag gebunden. Als unser Vertragspartner Sowjetunion aufhörte zu existieren, verlor dieser Vertrag seine Gültigkeit.« Helms fuhr fort: »Ich persönlich glaube nicht, dass es möglich sein wird, einen neuartigen ABM-Vertrag mit Russland auszuhandeln, der eine Verteidigung zulässt, wie sie Amerika braucht und haben muss.«[11] Helms hatte Russland bereits gegen sich aufgebracht, als er das Land wegen des Transfers sensibler Technologie an feindliche Länder wie Iran und Nordkorea als »aktiven Weiterverbreiter« bezeichnet hatte. Das russische Außenministerium hatte Rumsfeld und (dem stellvertretenden Außenminister) Wolfowitz vorgeworfen, sie benähmen sich wie kalte Krieger, die in einer Zeitmaschine festsitzen.[12]

Rumsfeld ist eine einflussreiche Figur und setzt sich im Allgemeinen auch gegen die mächtigsten Gegner durch. Als Gerald Fords Verteidigungsminister trickste er Außenminister Henry Kissinger aus, als dieser in Moskau war, um die Sowjets in letzter Minute noch zur Zustimmung zum SALT-II-Abkommen zu bewegen. Rumsfeld berief mit Unterstützung der Vereinigten Stabschefs hinter Kissingers Rücken ein Treffen des Nationalen Sicherheitsrats ein. Nach zweistündiger Diskussion zog das Pentagon seine Zustimmung zu SALT II zurück. Rumsfeld war auf Reisen und hatte nicht einmal an dem Treffen teilgenommen. Ford war außer sich vor Wut, und SALT-II für die Dauer seiner Amtszeit vom Tisch. Kissinger bezeichnet Rumsfeld als den skrupellosesten Mann, den er kennt.

Rumsfelds ehemalige Kollegen beschreiben ihn wahlweise als sehr gut organisierten, hochpolitischen Menschen und Meisterbürokraten.[13] Sein Einfluss ist allgegenwärtig und reicht überall hin. Seit 1992 ist er Mitglied im Aufsichtsrat des Medienkonzerns Tribune Company, der in der Werbung damit prahlt, dass er über »Fernsehen, Rundfunk, Zeitungen und das Internet jeden Tag beinahe 80 Prozent der amerikanischen Haushalte erreicht«.[14]

Colin Powell, der neue Außenminister, ist ein Rätsel. Im Grunde ist er ein Bürokrat, er arbeitete sich in der Verwaltung nach oben und war schließlich der erste Afroamerikaner, der zum Vorsitzenden der Vereinigten Stabschefs und schließlich zum Außenminister ernannt wurde. Trotzdem protestierte er nicht gegen die unverhohlene Diskriminierung von Schwarzen bei der Wahlmanipulation in Florida, die Bush zum Präsidenten machte.

Im Gegensatz zu manch anderem erhob er in den Jahren 1962 und 1963 als Berater in Vietnam keinen Einspruch gegen die Zerstörung von Dörfern und die Ermordung von Zivilisten. Anfangs war er an der Untersuchung des Massakers von My Lai beteiligt, das er erfolgreich unter dem Teppich hielt, bis andere, mutigere Männer es aufdeckten. Während seiner Zusammenarbeit mit Verteidigungsminister Casper Weinberger war er in den Iran-Contra-Skandal verwickelt.

Obwohl er in seinem tiefsten Inneren ein vorsichtiger Mensch ist, war er an mehreren Militäroperationen beteiligt, die sich über internationale Gesetze hinwegsetzten, ja er war sogar dafür verantwortlich. 1989 leitete er als Vorsitzender der Vereinigten Stabschefs die Invasion in Panama, bei der nach Schätzungen 300 Zivilisten getötet und vom US-Militär in nicht gekennzeichneten Gräbern beerdigt wurden. Weitere 3000 Menschen wurden schwer verletzt. Diese amerikanische Operation hatte das Ziel, Manuel Noriega gefangen zu nehmen, einen Mann, den die CIA ins Amt gehoben hatte, der aber der amerikanischen Führungselite nicht mehr zu Willen war.

In seinem Buch *Just Cause* formulierte Powell seinen Grundsatz: »Man soll die erforderliche Gewalt einsetzen und sich nicht dafür entschuldigen, dass man mit großer Macht zuschlägt, wenn es eben nötig ist.«[15] Powell glaubt, amerikanische Militärgewalt sollte nur in überwältigender Stärke angewandt werden, und um genau definierte strategische Ziele zu erreichen. Das bedeutet, dass Friedenseinsätze inakzeptabel sind.[16]

Als er über die irakische Armee sagte: »Erst schneiden wir ihnen den Weg ab und dann bringen wir sie um«,[17] wurde er zu einem der Helden der Operation Wüstensturm. Wusste er, dass bei dieser Operation uranhaltige Munition eingesetzt wurde? Wenn ja, wusste er um die medizinischen Folgen dieser Operation, die in der Militärliteratur so deutlich geschildert werden? Falls dem so war, hat er gegen die Grundprinzipien der Kriegsführung verstoßen. Unschuldige Zivilisten müssen nun bis ans Ende aller Tage mit Krebs und geschädigten Erbanlagen leben.

Für Powell sind Russland und China Länder, mit denen die Vereinigten Staaten eine Zusammenarbeit versuchen werden,»nicht als mögliche Feinde oder Gegner, aber auch noch nicht als strategische Partner«. Mit dieser Philosophie erleichtert er es den radikaleren Regierungsmitgliedern, ihre eigenen Vorstellungen durchzusetzen.[18]

Bei seiner Anhörung im Senat sagte Powell, die Regierung Bush werde mit voller Kraft an einer landesweiten Raketenabwehr arbeiten, und argumentierte,[19] es sei unerlässlich, einen »kompletten strategischen Rahmen« zu schaffen, der sowohl Verteidigungs- als auch Angriffswaffen einschließe. In der Frage des ABM-Vertrags vertrat er die Linie Rumsfelds: »Der Rahmen, für den dieser Vertrag gedacht war, ist jetzt nicht mehr relevant. Wir werden weiter an unserer Fähigkeit zur Entwicklung eines Raketenabwehrsystems arbeiten, und das können wir letzten Endes nur, wenn wir dafür sorgen, dass der ABM-Vertrag angepasst oder aufgelöst oder auf grundlegende Art und Weise verändert wird.«[20]

Als die Senatoren Joseph Biden und Lincoln Chafee erklärten, dass die Verbündeten dem amerikanischen Raketenabwehrprojekt skeptisch gegenüber stünden, wischte er ihre Bedenken beiseite. »Wenn die Menschen sehen, dass etwas Neues auf sie zukommt, sind sie entsetzt. Aber wenn es das Richtige ist, tut man es trotzdem .... Letzten Endes wird die Welt davon profitieren«, meinte er.[21] Powell sagt allerdings auch, sollte der Rücktritt vom ABM-Vertrag nötig werden, würde er die Angelegenheit mit den Russen und den Verbündeten beraten. Und 1998 unterstützte er zusammen mit den anderen Vereinigten Stabschefs die Ratifizierung des Vertrags über das umfassende Verbot von Nuklearversuchen.[22]

Condoleezza Rice ist im Grunde eine rechte Ideologin, in deren Augen andere Länder wenig zählen. Sie hat zwar keine direkten Beziehungen zu Lockheed Martin, passt aber gut zur Ideologie des Weißen Hauses. Das Problem mit Israel sei, sagte sie, dass es »so klein« sei, und: »Kuba ist der größte Reinfall der Geschichte.«[23] Sie lehnt den Atomteststoppvertrag vehement ab und schrieb in *Foreign Affairs*:

> Seit 1992 sehen die Vereinigten Staaten einseitig von Atomwaffentests ab. Sie sind ein Vorbild für den Rest der Welt, aber dadurch sind ihnen die Hände auch nicht »bis in alle Ewigkeit« gebunden, sollten neue Tests notwendig werden. Auf der Suche nach einer »Norm« für den Erwerb von Atomwaffen unterzeichneten die Vereinigten Staaten einen Vertrag, der nicht überprüfbar war, der die Bedrohung durch eine Entwicklung von Atomwaffen in Schurkenstaaten ausklammerte und das zuverlässige Funktionieren bereits vorhandener Atomwaffen gefährdete. Den legitimen Bedenken des Kongresses am Inhalt dieses Vertrags wurde während der Verhandlungen keine Beachtung geschenkt.[24]

Andere Ministerkandidaten spiegeln die Präsidentschaft der Konzerne: Wie bereits erwähnt erbot sich Bruce Jackson, Vizepräsident für Unternehmensstrategie und Entwicklung bei Lockheed Martin, freiwillig, die Leitung des außenpolitischen Wahlkampfkomitees auf dem Parteitag der Republikaner zu übernehmen. Er war es auch, der das außenpolitische Wahlprogramm der republikanischen Partei zusammenstellte.

Stephen J. Hadley, Teilhaber in der Washingtoner Kanzlei Shea & Gardner, die Lockheed Martin vertritt, wurde zum stellvertretenden Vorsitzenden des Nationalen Sicherheitsrats ernannt und arbeitet als erster Stellvertreter von Condoleezza Rice im Weißen Haus. Er ist ein begeisterter Star-Wars-Befürworter, Schriftführer des Committee to expand NATO und war Mitglied im Nationalen Sicherheitsrat von Präsident Bush senior. Hadley gehört einem achtköpfigen außenpolitischen Team an, das während Bushs Präsidentschaftswahlkampf gegründet worden war. Es trägt den Spitznamen »Vulcans«, nach einer Statue des römischen Gottes des Feuers und der Schmiedekunst, die in Birmingham (Alabama), der Heimatstadt von Condoleezza Rice, an die frühere Bedeutung der Eisenherstellung für die Stadt erinnert. Zu der Gruppe, die sich zum größten Teil aus Falken – Hardlinern – zusammensetzt, gehören Rice und Hadley sowie *Richard Armitage*, unter Reagan Abteilungsleiter im US-Verteidigungsministerium, *Robert Blackwill*, Mitglied des Nationalen Sicherheitsrats von Bush senior, *Dov Zakheim*, früher Reagans Staatssekretär im US-Verteidigungsministerium, *Robert Zoellick*, unter Bush senior Staatssekretär im Vertcidigungsministerium, und *Richard Perle*, dem seine Kollegen im Pentagon den Spitznamen »Fürst der Finsternis« verliehen hatten, als er unter der Regierung Reagan Staatssekretär im Verteidigungsministerium war.[25, 26]

Auch *Paul Wolfowitz*, der frühere Leiter des Paul Nitze Center for International Studies, fördert in der Regierung Bush die Wiederbelebung einer Haltung, wie sie im Kalten Krieg geherrscht hatte. Wolfowitz ist der Inbegriff des Kalten Kriegers des neokonservativen Flügels der Republikaner. Diese Politiker hassen Russland noch immer, richteten ihr Augenmerk aber auf China, das auf weltpolitischer Ebene die Rolle der neuen Bedrohung Amerikas spielen sollte, bis vor kurzem terroristische Aktivitäten ins Blickfeld rückten.

Wolfowitz kann das Verdienst der jüngsten NATO-Erweiterung für sich in Anspruch nehmen. Er hatte ein geheimes Memorandum für das Pentagon verfasst, das 1992 an die *New York Times* durchsickerte. Darin warnte er, Jelzins Russland stelle eine große potenzielle Gefahr für die US-Interessen dar, und sprach sich für einen groß angelegten Krieg einer unter amerikanischer Führung stehenden NATO gegen Russland aus, falls das Land die Sicherheit der eben erst unabhängig gewordenen baltischen Republiken bedrohe.

Obwohl Russland nichts dergleichen tat, wurde Wolfowitz zum neokonservativen Helden und Clinton, zuvorkommend wie immer, erweiterte die NATO um die Tschechische Republik, Polen und Ungarn – sehr zum Ärger und Verdruss Russlands. (Nun, da der Kalte Krieg vorüber ist, hat die NATO eigentlich keinen greifbaren Zweck mehr. Trotzdem wächst sie und wird immer größer. Hätte man Russland aufgefordert, dem NATO-Bündnis beizutreten, dann hätte dieser Schritt alle Spannungen entschärft, die noch vom Kalten Krieg in Europa übrig geblieben sein mochten.) Wolfowitz und seine Anhänger glauben, Amerika müsse seine Position als weltweite Supermacht wahren, man dürfe einer Regionalmacht wie China oder Russland nicht erlauben, sich zu entwickeln, und die amerikanischen Werte und Eigeninteressen müssten über allem stehen.

Richard Perle, der am 15. März 1983 gesagt hatte, dass »ein nuklearer Winter alles Leben auf der Erde auslöschen würde … [dies] macht es umso wichtiger, dass wir die von Präsident Reagan begonnene Aufrüstung fortsetzen«, ist ein Freund von Wolfowitz. Perle ist ein kompromissloser Verbündeter Israels. Er glaubt, zwischen den Interessen beider Länder bestünden keinerlei Unterschiede. 1996 fungierte er gleichzeitig als Berater bei der Präsidentschaftskandidatur Doles in Amerika und der Wahlkampagne Netanjahus in Israel. In den Tagen der Regierung Reagan warf er Außenminister George Shultz oft vor, Kuba, den Chinesen, Nordkoreanern, Sowjets und Arabern gegenüber zu weich zu sein.

Robert Zoellick, ein Mitstreiter von Perle und Wolfowitz, war bei Bush senior stellvertretender Stabschef im Weißen Haus. Er ist für die NATO-Erweiterung, unterstützt Israel kritiklos und betrachtet Russland grundsätzlich als Feind, dem man nicht vertrauen und den man nicht wie einen Freund behandeln sollte.[27]

Senator Jesse Helms beschrieb *John Bolton*, im Außenministerium Staatssekretär für Rüstungskontrolle, Nicht-Weiterverbreitung und internationale Sicherheit, als »eine der besten und klügsten« Entscheidungen Bushs für eine »führende Position in der Außenpolitik«. »Bolton ist einer der Männer, an deren Seite ich in der Schlacht von Armageddon stehen möchte, die die Bibel als die letzte Schlacht zwischen Gut und Böse in dieser Welt bezeichnet«, sagte Helms bei einer Veranstaltung des American Enterprise Institute. Bei Boltons Anhörung im Senat sagte Helms: »John, ich möchte, dass du diesen ABM-Vertrag nimmst und ihn dorthin wirfst, wo wir auch den Mitunterzeichner des ABM-Vertrags, die Sowjetunion, geworfen haben – auf den Aschenhaufen der Geschichte.«
  Bolton glaubt, der Atomwaffenteststoppvertrag sei tot, Taiwan sollte als von China getrenntes Land offiziell diplomatisch anerkannt werden, die Vereinigten Staaten

sollten aufhören, den Vereinten Nationen Respekt zu zollen und es sollte ihnen gleich sein, ob sie jemals »normale« diplomatische Beziehungen zu Nordkorea haben werden. Mit Bolton an der Macht sind nicht nur der ABM- und der Atomwaffenteststoppvertrag, sondern auch alle anderen Waffenkontrollverträge in Gefahr, die auszuhandeln Jahre gedauert hat.[28]

In Amerika bricht die Zustimmung für George W. Bush im Augenblick zwar alle Rekorde, aber die übrigen 95 Prozent der Weltbevölkerung haben Angst vor ihm und den von ihm berufenen Amtsträgern:

> Star Wars als kriminellen Wahnsinn zu bezeichnen, hieße anständige Psychopathen verleumden. Es nährt sich aus der Wahnvorstellung, Amerika könne die absolute Vorherrschaft in der Welt erlangen, kämpfen, ohne Verluste zu erleiden, Abschreckung Abschreckung sein lassen und Atomwaffen einsetzen, in dem sicheren Wissen, dass seine Abwehrraketen alle Gefechtsköpfe abschießen, die zur Vergeltung gezündet werden.
>
> *Nick Cohen, London Observer*[29]

Je reicher und stärker Amerika wird, und je mehr es weltweit in die Verantwortung tritt, desto mehr konzentriert sich seine Politik nur noch auf sich selbst. Das Ende des Kalten Krieges hätte ein großer psychologischer Gewinn sein sollen. Ein großzügiger globaler Gewinner, frei von Paranoia und unvorstellbar reich, hatte nun endlich die Chance, so zu werden, wie er sich selbst immer gesehen hat – tapfer, schön, frei, und so weiter .... Die hochtrabenden Parteitagsreden finden ihr Echo in der Abschlussrede jeder High-School, in jedem Rotary Club, in jeder Kirche, und man schwört auf eine Verfassung, der

bis auf die Jagd nach dem Glück jegliche gesellschaftliche Vision abhanden gekommen ist. Gottes
auserwähltes Volk, gesegnet über alle Maßen, nährt
ein Selbstbild, das in seiner tiefen Selbsttäuschung
beinahe ebenso verzerrt ist wie das der ehemaligen
Sowjetunion. Das Land mit dem größten Fortschritt,
dem meisten Wissen, der besten Bildung der Welt,
mit den meisten Psychoanalytikern und Therapeu-
ten weiß nichts von sich selbst, ist frei von jeder Ironie und blind gegenüber der Welt, die es umgibt.

Polly Toynbee, The Guardian[30]

Michail Gorbatschow, der sowjetische Präsident, der
mehr als jeder andere zur Beendigung des Kalten Krieges
beigetragen hat, schrieb Präsident Bush einen Brief, kurz
nachdem das Oberste Bundesgericht ihn zum Präsidenten gemacht hatte. Er schrieb:

Ich hoffe, Sie, Mr. Bush, werden als neuer amerikanischer Präsident jede Illusion aufgeben, das 21. Jahrhundert könnte – oder sollte – das »Jahrhundert Amerikas« sein. Die Globalisierung ist eine Tatsache, aber
eine »amerikanische Globalisierung« wäre ein Fehler
… Zehn Jahre lang haben die Vereinigten Staaten Außenpolitik gemacht, als hätten sie einen Krieg gewonnen – den Kalten Krieg. Aber auf höchster politischer
Ebene hat niemand begriffen, dass man seine Politik
nach dem Ende des Kalten Krieges nicht auf eine solche Basis gründen kann – die Zeit nach dem Kalten
Krieg weckte Hoffnungen in der Alten Welt, die nun
verblassen. In den vergangenen zehn Jahren haben
die Vereinigten Staaten den ideologischen Kurs wei-
terverfolgt, den sie schon während des Kalten Krieges
eingeschlagen hatten … die NATO-Osterweiterung,
die Handhabung der Krise in Jugoslawien, Theorie
und Praxis der amerikanischen Wiederaufrüstung,

einschließlich des über alle Maßen übertriebenen nationalen Raketenabwehrsystems, das auf der bizarren Vorstellung von »Schurkenstaaten« beruht .... Ist es nicht erstaunlich, dass die Abrüstung in der letzten Phase des Kalten Krieges größere Forschritte gemacht hat als in der Zeit danach?[31]

Russland hat Angst vor Star Wars. Weil seine Waffen in einem schlechten Zustand sind, vertraut es auf eine »launch-on-warning«-Strategie (Gegenschlag nach Angriffswarnung). Alle 111 von Russland betriebenen Satelliten stehen kurz vor dem Zusammenbruch. Über 70 Prozent haben die ursprünglich vorgesehene Lebensdauer überschritten und von diesen haben wiederum 70 Prozent eine militärische Funktion.[32] Der Verfall der Satelliten und Frühwarnradargeräte erhöht die Wahrscheinlichkeit falscher Signale, und ihr schlechter Zustand wird durch den langsamen Zusammenbruch des russischen Kommando- und Kontrollsystems noch verstärkt, was es einem »Schurken«-Kommandeur ermöglichen könnte, die Kontrolle an sich zu reißen. Bushs Leute sollten sich vor Augen führen, dass es äußerst unklug ist, eine verwundete oder unzulängliche Nation zu bedrohen, denn das könnte zu unvorhersehbaren Reaktionen führen.

Im November 2000 schlug Putin eine drastische Kürzung der strategischen Waffen auf 1000 oder weniger vor und sagte: »Es sollte keine Unterbrechung der atomaren Abrüstung geben.« Er erklärte, man könne bis 2008 auf einen Stand von 1500 kommen, aber nur unter der Bedingung, dass die Vereinigten Staaten ihre Raketenabwehrpläne nicht weiterverfolgten. Russland kann sich die Verteidigungsausgaben von 5,1 Milliarden Dollar im Jahr nicht leisten (verglichen mit den amerikanischen Ausgaben von 310 Milliarden Dollar). Aus diesem Grund stimmte Putin auch einer Militärreform zu, mit der das Militärpersonal von drei Millionen auf 600 000 gesenkt werden sollte.[33]

Da beide Seiten sich der Gefahren bewusst waren, die ein Festhalten an der »launch-on-warning«-Position mit sich brachte, unterzeichneten die damalige US-Außenministerin Madeleine Albright und der russische Außenminister Igor Iwanow am 16. Dezember 2000 ein Abkommen, um die Zusammenarbeit zur Verhinderung unbeabsichtigter Raketenstarts auf beiden Seiten zu stärken. Zu diesem Zweck sollte das Frühwarnzentrum ausgebaut werden, das dem Informationsaustausch zwischen beiden Seiten dient.[34] Das Abkommen, das noch immer besteht, erstreckt sich allerdings nicht auf Raketenstarts im Ernstfall, und beide Regierungen können Vorabinformationen über gewisse Weltraumstarts aus Gründen der nationalen Sicherheit zurückhalten.[35]

Dennoch hat Russland seine Haltung geändert, was eine direkte Folge der Wahlen in den Vereinigten Staaten war. Putin warnte, die Stationierung eines nationalen Raketenabwehrschildes und eine weitere Ausdehnung der NATO Richtung Osteuropa könne der globalen Stabilität und dem Geflecht der internationalen Beziehungen »nicht wiedergutzumachenden Schaden zufügen«.[36]

Schließlich legte der Kreml im Januar 2001, kurz nach der Amtseinführung Bushs, seine Pläne hinsichtlich radikaler Kürzungen seiner militärischen Strukturen auf Eis. Bald darauf kündigte Russland an, es werde seine Verteidigungsausgaben in den nächsten zehn Jahren verdoppeln, falls Washington sich für die Weiterentwicklung seines Raketenabwehrschildes entscheide.[37]

Noch in derselben Woche schrieb Putin allerdings einen Brief an Präsident Bush, in dem er eine breitere russisch-amerikanische Zusammenarbeit anbot und ausführte, in welchen wichtigen Bereichen seiner Ansicht nach eine Zusammenarbeit beider Länder möglich sei. Er sagte: »Wenn Russland und die Vereinigten Staaten gemeinsam oder parallel handeln, können Entscheidungen zu Gunsten des Friedens und der internationalen Stabilität getroffen werden«, und er bekräftigte noch einmal, dass Russland an guten Beziehungen zu den Vereinigten Staaten gelegen sei. Aber Bush signalisierte seinerseits, dass er den außenpolitischen Anliegen Russlands sogar noch weniger Beachtung schenken würde als Clinton, der die russischen Proteste gegen die NATO-Erweiterung und den Krieg in Jugoslawien ignoriert hatte.[38] Bei dem Treffen zwischen Bush und Putin im November 2001 auf der Crawford Ranch in Texas herrschte in der Beziehung zwischen den Präsidenten nach dem 11. September ein Geist der Großzügigkeit. Bush bot an, das US-Arsenal strategischer Atomwaffen in den nächsten zehn Jahren auf zwischen 1700 und 2200 abzubauen. Putin antwortete nicht sofort.

Für die Experten in Moskau sind Cheney, Rumsfeld, Powell und Rice Hardliner aus einer längst vergangenen Zeit. »Diese Menschen glauben, sie hätten den Kalten Krieg gewonnen«, schrieb der Militärexperte Alexander Golts im Nachrichtenmagazin *Itogi*. »Das schmeichelt dem Kreml und den Generälen, weil es sie an die Tage der UdSSR erinnert, als sie große Macht hatten. Aber die neue amerikanische Regierung hat einen sehr starken, negativen Einfluss auf unser Militär.«[39]

In ihrer Besorgnis über den Raketenschild beriefen China und Russland am 13. Januar 2001 eilends ein Treffen ein, bei dem ein Vertrag ausgearbeitet wurde, in dem sie öffentlich ihre Freundschaft erklären. Gleichzeitig haben sie den Vereinigten Staaten inoffiziell versichert, dass sie nach wie vor an einer engeren Beziehung zu ihnen interessiert sind. Jonathon Pollack, Leiter des Instituts für strategische Forschungen am Naval War College, meint, der Vertrag sei ein bedeutender Schritt in den chinesisch-russischen Beziehungen und spiegele die tiefe Beunruhigung Pekings und Moskaus über Bush und seine Leute. Auch James Mulvenon, ein Sicherheitsexperte der Rand Corporation, äußert ähnliche Gedanken: »Mit Inkompe-

tenz und einer ungeschickten Politik haben die Vereinigten Staaten es geschafft, China und Russland einander in
die Arme zu treiben ... Die nationale Raketenabwehr ist
ein perfektes Beispiel dafür. Weil wir keine klare Europa-
und Russlandpolitik haben, lassen wir zu, dass die Chinesen die Russen gegen uns ausspielen. Zwischen den
beiden Ländern herrscht insofern große Einigkeit, als sie
alle Probleme auf die Vormachtstellung Amerikas schieben, und wir haben nichts getan, um einen Keil zwischen
sie zu treiben.«[40, 41]

Dieser Pakt ist mit großer Wahrscheinlichkeit Wasser
auf die Mühlen des Wolfowitz-Clans. Das amerikanische
Volk wird sich nun leicht davon überzeugen lassen, dass
die neue Freunschaft zwischen China und Russland sowie ihre gemeinsamen Atomwaffenarsenale sogar Amerikas Existenz bedrohen. Diese Entwicklung wird dann
das bestätigen, was die Neokonservativen schon immer
sagen, und Star Wars wird legitimiert.

China und die Regierung Bush

Wie reagiert China auf Bush und Star Wars – abgesehen
von dem chinesisch-russischen Vertrag, dessen Ziele zu
diesem Zeitpunkt noch vage sind?

Seit 1998 hat sich Chinas Einstellung zu Amerika radi-
kal verändert. Damals hatte es die Vereinigten Staaten in
seinem zweiten Weißbuch zehnmal erwähnt, und das
durchweg positiv. Im September 2000 erwähnt China die
Vereinigten Staaten in seinem dritten Weißbuch 13-mal –
bis auf zwei Stellen sind die Nennungen stets negativ.
Die Ereignisse in den letzten Jahren, die NATO-Erweiterung, die enger werdenden militärischen Beziehungen
zwischen den Vereinigten Staaten und Japan, ein Kon-
gressbericht, der den chinesischen Nationalisten zwei
Jahrzehnte Spionage in Amerika vorwirft, NMD und die

Bombardierung der chinesischen Botschaft in Jugoslawien durch die Alliierten, bei der drei chinesische Journalisten ums Leben kamen, ließen die chinesische Sympathie schwinden.[42] Die Bombardierung löste eine ernsthafte interne Debatte über eine Erhöhung der chinesischen Militärausgaben aus. Das Zentralkomitee entschied sich jedoch dafür, den Schwerpunkt wie ursprünglich geplant auf der wirtschaftlichen Entwicklung zu belassen. Allmählich wird die kämpferische Haltung der Amerikaner gegenüber China ungemütlich. Bei einem Besuch in Australien im Juli 2000 drängte der frühere Verteidigungsminister William Cohen, der gerade erst aus China gekommen war, Australien, seine Militärausgaben zu erhöhen. Auf diese Weise sollte sichergestellt werden, dass die australischen Streitkräfte die Vereinigten Staaten unterstützen können, falls es wegen Taiwan zum Krieg mit China käme. Der Republikaner Tom DeLay, Einpeitscher der Mehrheit im US-Repräsentantenhaus, brüstete sich kürzlich damit, wie er in der Fernsehsendung *Meet the Press* mit dem chinesischen Botschafter umgesprungen war. Er hatte die Hand des Botschafters ergriffen, als wolle er sie schütteln, sie stattdessen jedoch fest zusammengequetscht, den Botschafter mit einem Ruck zu sich gezogen und ihn gewarnt, die Entschlossenheit des amerikanischen Volkes nicht zu unterschätzen. Der gedemütigte Botschafter verließ augenblicklich die Sendung.[43]

China ist keine militärische Bedrohung für Amerika. Die politische Führung Chinas ist vollauf mit einer über 1,2 Milliarden Menschen großen Bevölkerung und einer politischen Landschaft beschäftigt, die einen schnellen Wandel weg von einem autoritären Kommunismus hin zu einer Art freier Marktwirtschaft vollzieht. Gleichzeitig muss sich die chinesische Führung um Nahrung, Bildung und einen angemessenen Lebensstandard für ihr Volk bemühen. Im Augenblick kann es sich China am allerwenigsten leisten, Geld und Aufmerksamkeit in ein neues atomares oder konventionelles Wettrüsten in der Region zu investieren. Aber Bush steht kurz davor, gerade eine solche Dynamik in Gang zu setzen. Wenn der Kongress einem vollständigen Star-Wars-Programm zustimmt, ist China gezwungen, mehr ballistische Raketen zu bauen, wenn es die amerikanische Raketenabwehr überwinden will. Wie bereits an anderer Stelle erwähnt, hatten die US-Nachrichtendienste das in ihrem Bericht »Foreign Responses to U.S. National Missile Defense Deployment« genau so vorausgesagt.

Doch es steht noch mehr auf dem Spiel. Die Vereinigten Staaten stehen kurz davor, Gefechtsfeldabwehrsysteme in Japan, Südkorea und möglicherweise Taiwan zu stationieren, was nach dem ABM-Vertrag gestattet ist. Das wird China zwingen, sein Arsenal an Mittelstreckenraketen zu vergrößern, um damit das Gefechtsfeldabwehrsystem zu »überlasten«. Theoretisch könnten diese Raketen auch Ziele in Indien erreichen, und Indien ist ein alter Feind Chinas. Das atomwaffenfreundliche Regime in Indien wird über diese Entwicklungen nicht erfreut sein und sich zu einem endlosen atomaren Wettrüsten mit China aufstacheln lassen. Was wird die Atommacht Pakistan dann tun? Sie wird sich auf die Seite ihres Verbündeten China schlagen und wird so in ein unaufhörliches atomares Wettrüsten mit Indien gedrängt werden.[44]

Seit dem Angriff der Amerikaner auf Afghanistan wird in den Straßen Pakistans starker Widerspruch seitens der muslimischen Fundamentalisten laut, welche die Taliban und Osama Bin Laden unterstützen. Diese Menschen haben auch im pakistanischen Militär großen Einfluss. Es wäre durchaus im Rahmen des Möglichen, dass sie bei einem Bürgerkrieg in Pakistan die Oberhand über das Militär und damit auch über die 20 bis 30 Atomwaffen gewinnen, die Pakistan in den vergangenen zehn Jahren gebaut hat. Das sind erschreckende Aussichten – der Erzfeind eines atomar bewaffneten Indiens, der selbst Atomwaffen besitzt. Und dann wäre da noch Japan, das Land mit dem drittgrößten Militär der Welt, der am weitesten fortgeschrittenen Technologie. Ein Land mit einer aggressiven Vergangenheit und riesigen Vorräten an reinem Plutonium, an der Schwelle zur Atommacht. Wenn es wollte, könnte Japan innerhalb einer Woche Atomwaffen herstellen. (Japan hat das weltweit drittgrößte Militär, weil es laut Gesetz nur ein Prozent seines Bruttosozialproduktes für Waffen ausgeben darf. Allerdings ist das japanische Bruttosozialprodukt riesig.) China ist sich dieser Möglichkeiten bewusst, und Japan und China sind alte Feinde. Die Nuklearisierung Japans schließlich könnte zu einem atomaren Wettrüsten mit Südkorea führen, denn die Abneigung zwischen diesen beiden Ländern ist tief.

Seit Nixons Besuch Anfang der siebziger Jahre gehört Taiwan offiziell zu China. Aber die Animositäten zwischen China und Taiwan sind geblieben, und der rechte Flügel der Republikaner gießt voller Begeisterung Öl in das schwelende Feuer. Im September 2000 unterzeichneten die Vereinigten Staaten und Taiwan einen Vertrag über Waffenexporte in Höhe von 1,3 Milliarden Dollar. Er beinhaltete auch den Verkauf von 200 AIM-120-»Amraam«-Raketen, die allerdings nur geliefert werden sollen, wenn China ein ähnliches Waffensystem einführt. Mit diesem Arrangement sollte das Versprechen der Amerikaner betont werden, dass man keine neuen militärischen Angriffswaffen in Asien einführen wolle.[45] Aber am 1. April 2001 führte ein internationaler Vorfall einen Wandel in den chinesisch-amerikanischen Beziehungen herbei. Ein chinesischer Pilot kollidierte vor der chinesischen Küste mit einem US-Spionageflugzeug und zwang den amerikanischen Flieger zur Landung auf der chinesischen Insel Hainan. Die Chinesen waren verärgert, weil Amerika direkt vor ihrer Küste Spionage betrieb, und die Vereinig-

ten Staaten waren verärgert, weil die Chinesen die 23
Mann starke Crew elf Tage lang festhielt.

Trotz der Provokation und des Schadens, den dieser
Vorfall den chinesisch-amerikanischen Beziehungen zu-
fügte, müssen laut Verteidigungsminister Rumsfeld die
Einsätze der Spionageflugzeuge weitergehen.[46] Diese
Episode verschärfte die Spannungen, gerade als die Regierung Bush darüber entscheiden sollte, ob man zusätzliche militärische Ausrüstungsgegenstände nach Taiwan
exportieren sollte. China befürchtete vor allem, Taiwan
könne Aegis-Schiffe erhalten, die fester Bestandteil des
Gefechtsfeldabwehrsystems sind. Schließlich kündigte
die Regierung Bush am 24. April 2001 an, dass man Taiwan zwölf P-3-Orion-Flugzeuge verkaufen werde, um
damit das Meer zu überwachen und nach U-Booten zu
suchen, vier Zerstörer der Kid-Klasse mit starken So-
nargeräten zur Unterwasserortung für die Jagd nach
U-Booten sowie Hubschrauber für die U-Boot-Jagd und
acht neue Diesel-U-Boote, die in Deutschland und den
Niederlanden gebaut werden sollen. (Allerdings haben
diese Länder Vorbehalte angemeldet, wenn es darum
geht, die Vereinigten Staaten bei der Aufrüstung Taiwans
zu unterstützen.) Die Chinesen empfinden besonders die
U-Boote als Provokation. Bush hat die Entscheidung, Taiwan mit Aegis-Schiffen und Patriot-PAC-3-Raketenab-
wehrbatterien auszustatten, vorerst vertagt.

Verschlimmert wurde die ganze Angelegenheit dadurch, dass zwei Tage nach dieser Entscheidung die An-
kündigung folgte, Präsident Bush habe erklärt, die Vereinigten Staaten würden »alles tun, was nötig ist«, um
Taiwan bei der Selbstverteidigung zu helfen, und das
schließe auch den Einsatz von Militärgewalt ein. Diese
Aussage wich deutlich von der langjährigen Politik strategischer Zweideutigkeit der Amerikaner gegenüber Taiwan ab – man erklärte ein starkes Interesse an der Sicherheit des Landes, vermied aber das ausdrückliche Ver-

sprechen, zu seiner Verteidigung in den Krieg zu ziehen.[47] Bush versuchte zwar, seine Aussage in einem späteren Interview abzuschwächen, aber sie ist auf einer Linie mit der kompromisslosen Chinapolitik der Republikaner, die in ihrem Wahlprogramm verkünden: »Amerika wird Taiwan helfen, sich zu verteidigen.« Der stellvertretende Verteidigungsminister Paul Wolfowitz und der stellvertretende Außenminister Richard Armitage haben eine gänzliche Abkehr von der strategischen Ambiguität gefordert.[48] Andere Länder waren über diesen Kurswechsel schockiert und erbost. In der europäischen und australischen Presse häuften sich die kritischen Leitartikel.

Die Taiwanesen selbst räumen ein, dass sie China wirtschaftlich nahe stehen und Unternehmen beider Länder umfangreiche wirtschaftliche Verträge miteinander abgeschlossen haben. China ist für Taiwan zum zweitgrößten Handels- und Investitionsmarkt geworden. Studenten überqueren die Formosastraße, um in China Medizin zu studieren. Es ist das Militär, das in Taiwan ebenso wie in den Vereinigten Staaten diese Waffen fordert und die Außenpolitik beeinflusst.[49]

Während die Militarisierung Taiwans fortschreitet, könnte China zu dem Schluss kommen, dass die Vereinigten Staaten den gegenseitigen Verteidigungspakt wieder beleben, der 1979 auf der Strecke geblieben war, als Washington die diplomatischen Beziehungen zu Peking normalisierte und sich für das »Ein-China«-Prinzip entschied, das die chinesische Regierung in Taiwan rechtmäßig anerkennt. Im Zuge der Stationierung von Gefechtsfeldabwehrsystemen in Japan, Südkorea, Taiwan und möglicherweise auch Australien, einem willfährigen Verbündeten der Vereinigten Staaten, wird China allmählich den Eindruck gewinnen, es sei von feindseligen Militärmächten umzingelt. (Am Rande bemerkt sind Gefechtsfeldabwehrsysteme für Russland keine so große Bedrohung wie für China. Die russischen Interkontinentalraketen befinden sich tief im Herzen des Landes. Abfangraketen, die, wie derzeit vorgeschlagen, von den Küstengewässern aus starten, sind nicht schnell genug, um die russischen Raketen noch in der Antriebsphase abzufangen.)

Laut einer Studie des Naval War College in Newport (Rhode Island) mit dem Titel »Asia 2025« ist China der Hauptfeind des Pentagon. Seit dem Zusammenbruch der Sowjetunion spielen sich die wichtigen Pentagon-Übungen vermehrt in Asien an. Dem Bericht zufolge müssen sich die Vereinigten Staaten jetzt darum bemühen, »den Aufstieg Chinas zur Großmacht zu kontrollieren«, und konzentriert sich das Pentagon auf die Ausweitung seiner Macht in der Pazifikregion auf See, in der Luft und im Weltraum. Das Pentagon sieht in China einen »Instabilitätsfaktor und ständigen Konkurrenten«.

Im Pentagon sorgt man sich, China könne sich zur größten regionalen Bedrohung für die amerikanischen Interessen entwickeln. Darüber hinaus bereitet dem Pentagon das Fehlen vorgeschobener Stützpunkte in Südostasien und Südasien Sorgen, für den Fall, dass die Vereinigten Staaten in diesen Regionen auch weiterhin eine Schlüsselrolle spielen möchten. Man sorgt sich um das strategische Potenzial Indiens, das sich allmählich zeigt, und die Notwendigkeit, eine Allianz zwischen China und Indien um jeden Preis zu verhindern. Es gibt fünf mögliche fiktive Szenarien einer chinesischen Bedrohung: das Szenario des »instabilen China«, des »starken China«, einer »neuen südasiatischen Ordnung«, in der Indien entweder Verbündeter oder Gegner Chinas sein könnte, das Szenario einer »Neuordnung Asiens« oder das des »neuen chinesisch-indischen Kondominiums«.

In den Vereinigten Staaten ist man uneins, ob man China einbinden oder eindämmen soll. Clintons Politik zielte nicht auf militärische Konfrontation, sondern auf die Einbindung Chinas ab, damit amerikanische Unternehmen den chinesischen Markt erobern konnten. Er ermutigte

China, der Welthandelsorganisation beizutreten, um es zur Aufgabe seiner protektionistischen Handelspolitik zu bewegen, was amerikanischen Konzernen vollen Zugang zu den chinesischen Bodenschätzen geben würde. Das Pentagon war über diese Herangehensweise, die China sowohl wirtschaftlich als auch strategisch stärkte, nicht besonders glücklich. Wie Walden Bello sagt, die Studie Asia 2025 »spricht Bände hinsichtlich der grimmigen Entschlossenheit des Pentagons, jeder größeren Bedrohung für die amerikanische strategische Vorherschaft in Asien zu begegnen«.[50]

Noch eine weitere Pentagon-Studie beschäftigt sich mit China: »The 2001 Quadrennial Defense Review«. Darin wird erneut die US-Politik bekräftigt, nach der man sich die Fähigkeit bewahren müsse, zwei konventionelle Kriege gleichzeitig führen zu können. Andererseits heißt es, die vom Irak und Nordkorea ausgehende Gefahr sei am Schwinden (was Rumsfelds Theorie zur Legitimierung von Star Wars widerspricht). In dem Bericht wird die so genannte chinesische Bedrohung betont und erklärt, China müsse der neue Schwerpunkt des US-Militärs sein, sowohl bei der Truppenstationierung als auch bei der Forschung, Entwicklung und dem Kauf von Waffen. Diese Politik sorgt dafür, dass die Summen, die das Pentagon zur Verfügung hat, immer größer werden. (Nun, da die Vereinigten Staaten einen Irak-Angriff vorbereiten, ist China in den Hintergrund gerückt, aber es wird ins Blickfeld zurückkehren.)

Aber China setzt seine Volksbefreiungsarmee nicht für internationale Zwecke ein, sondern um die Probleme im eigenen Land, wie Überschwemmungen und Brände, zu lindern. Im Augenblick werden die Landstreitkräfte um Hunderttausende von Soldaten gekürzt. Selbst wenn Taiwan seine Unabhängigkeit erklärt, Amerika versuchen würde, Taiwan bei diesem Schritt zu unterstützen und es zu einer bewaffneten Auseinandersetzung käme, hätte

China so gut wie keine Amphibienfahrzeuge, mit denen es Taiwan angreifen könnte.[51] China würde es vorziehen, seine Mittel in die Versorgung der 1,3 Milliarden Menschen im Land zu investieren, und hat nur wenig Interesse an der Waffenproduktion. Da bei einem Angriff chinesische Mitbürger zu Tode kommen könnten und man dadurch die wirtschaftliche Isolation sowie einen militärischen Fehlschlag herausfordern würde, würde China Taiwan höchstwahrscheinlich lieber friedlich umwerben. Nicholas Berry, ein hochrangiger Experte am Center for Defense Information, schreibt:»Die Amerikaner, für die China die neue imperialistische Bedrohung ist, müssen sich die Geschichte ansehen. Nur wer meint, die Geschichte sei für die Vorhersage von Ereignissen bedeutungslos, kann glauben, dass China ein Imperium anstrebt. Solange Chinas Grenzen sicher sind und kein anderes Land Anstalten macht, es anzugreifen, wird sich die Volksarmee um ihre internen Aufgaben und die Verteidigung kümmern. Dazu gehört es auch, Druck auf Taiwan auszuüben, um es bei der Stange zu halten.«[52]

China warnte die Regierung Bush davor, Taiwan in sein Raketenabwehrsystem einzubinden, und drängte die Vereinigten Staaten, jegliche Waffenexporte an das Land zu unterlassen.»Wenn die Vereinigten Staaten fest entschlossen sind, Taiwan in ihr Gefechtsfeldabwehrsystem einzuschließen, ist das eine mutwillige Einmischung in und Bedrohung der chinesischen Souveränität und Sicherheit«, hieß es aus China. Das bedeutet, falls China sich durch die US-Politik dazu gezwungen sieht, wird es sich für den Kampf gegen ein militärisch aggressives Taiwan entsprechend rüsten. Diese Erklärung folgte nur wenige Stunden auf Colin Powells Äußerung, dass man China im Augenblick nicht als »strategischen Partner« betrachten sollte, wie das unter der Regierung Clinton der Fall gewesen war.[53]

Die US-Air Force rüstet derzeit ihre Stützpunkte auf Guam und auf Wake Island im Pazifik auf, damit mehr B-1-

und B-2-Bomber dort Platz haben. Sie stationiert erneut Marschflugkörper auf Guam und macht überall in der Region Reklame für die amerikanische Gefechtsfeldabwehr. Man nimmt an, dass die US-Navy in den nächsten Jahren ihre Präsenz im Pazifik nahezu verdoppeln wird. Die Vereinigten Staaten haben über 230 000 Mann, einschließlich der Pazifikflotte, in die Region abgestellt.[54] Es sind interne Dokumente vom 29. Januar 1998 durchgesickert, die zeigen, dass das U.S. Naval Security Group Command auf der gemeinsamen Verteidigungseinrichtung Pine Gap (Australien) eine Partnerschaft mit Australien eingegangen ist. Im Augenblick werden dort die Bewegungen und der Telekommunikationsverkehr von Kriegs- und Marineschiffen aus Pakistan, Indien, Indonesien, China und Nordkorea überwacht. China, die dominierende Macht in der Formosastraße, im südchinesischen und im japanischen Meer, ist für die Mitarbeiter der Vereinigten Staaten und der Geheimdienste von größtem Interesse.[55]

Weltweiter amerikanischer Imperialismus

Chalmers Johnson argumentiert in seinem neuen Buch, *Blowback: The Costs and Consequences of the American Empire*, statt nach dem Ende des Kalten Krieges zu demobilisieren, »entschlossen sich die Vereinigten Staaten unvernünftigerweise dazu, ein weltweites Imperium aufrechtzuerhalten«. Er glaubt, es sei an der Zeit, dass darüber gesprochen wird, wie der Kalte Krieg die imperialistischen Pläne der Amerikaner vertuschen half und dass sich Amerika von Rechts wegen aus Südkorea und von seinen Militärbasen in Japan zurückziehen, seine Atomstreitkräfte einseitig drastisch reduzieren und sich offiziell von einer Politik des atomaren Erstschlags distanzieren sollte.

Der amerikanische Historiker Paul Kennedy bezeichnet die weltweite Dominanz der Vereinigten Staaten als »imperial overstretch«, eine Überdehnung imperialer Macht. Die Karten, die die Stationierung größerer US-Truppenkontingente überall auf der Welt zeigten, »haben sehr große Ähnlichkeit mit der Kette der Flottenstützpunkte und Garnisonen jener früheren Großmacht, Großbritannien, als ihre strategische Überdehnung ihren Höhepunkt erreicht hatte«.[56]

Die Briten stecken in einem Dilemma.

Die Zusammenarbeit zwischen Tony Blair und Bill Clinton war gut. Aber nun wird Blair sich dem besonderen Druck ausgesetzt sehen, mit seinen neuen amerikanischen Verbündeten zu kooperieren, wohl wissend, dass seine Zustimmung zur Aufrüstung der Fylingdales Radarstation im Nationalpark North York Moors für Star Wars ihm einen Bürgeraufstand bescheren wird.

Die Menschen in der Nähe von Fylingdales wissen, dass es bei einem der verrückten amerikanischen Pläne um sie gehen wird. Peter Woods, ein Geologe im Ruhestand, sagte: »Wenn diese Anlage zum Ziel feindlicher Handlungen würde, dann wäre es wieder genauso wie zur Zeit Wilhelms des Eroberers, der vor tausend Jahren hier die halbe Bevölkerung verhungern ließ« in den North York Moors.

»Stellen Sie sich vor, wir kämen zu euch und bäten euch darum, zum Schutz Großbritanniens mitten im Yosemite Nationalpark eine Radarstation aufstellen zu dürfen«, fügte Wood hinzu. »Denken Sie, die Vereinigten Staaten würden einfach Ja sagen?«[57]

Wenn Blair die Aufrüstung der Fylingdales Station sowie der Station in Menwith Hill gestattet, wird er Schwierigkeiten mit seinen europäischen Kollegen und mit vielen Mitgliedern der eigenen Partei bekommen. Seit dem Sommer 2000 wurden zwei weiße Kugeln in Fylingdales aufgebaut. Angeblich zur Satellitenverfolgung.[58]

Die britische Kampagne für nukleare Abrüstung (Campaign for Nuclear Disarmament), Greenpeace sowie die Filiale des Women's Institute in North Yorkshire, die alle große Einwände gegen die Ausbeutung der Landschaft haben, werden natürlich heftig gegen diese Stationen protestieren. Es wird zu einer Neuauflage von Greenham Common kommen.* Frankreich lehnt NMD offen ab. Während der Amtseinführung Bushs flog der französische Verteidigungsminister Alain Richard zu Gesprächen über die geplante US-Raketenabwehr, die laut Bush »den amerikanischen Verbündeten Schutz gewähren« soll, nach Moskau.[59]

Die französische Expertin Camille Grand sagte, NMD könnte auch für »no more disarmament« (Schluss mit der Abrüstung) stehen. Und der französische Außenminister Hubert Vedrine meinte, es sei »nicht ernsthaft anzunehmen«, dass Staaten wie Nordkorea, Iran, Libyen oder der Irak die einzige Supermacht der Welt bedrohen könnten, und bezeichnete die von diesen Ländern ausgehende Gefahr als mikroskopisch oder theoretisch.[60]

Hugo Young vom *Guardian* schreibt: »Seit Monaten sind das britische Außen- und Verteidigungsministerium in stillem Aufruhr.« »Dort hat man es nun mit einem Washington zu tun, in dem sich Menschen tummeln, die einen anderen Ton anschlagen: Verächtlich gegenüber Russland, arrogant gegenüber China, ohne Verständnis für europäische Empfindsamkeiten, durchdrungen von dem Verlangen, das amerikanische Territorium zu verteidigen – und zuversichtlich, dass das bisherige praktische

---

* In den achtziger Jahren campierten Tausende von Frauen auf Greenham Common und organisierten Demonstrationen gegen die dortige Stationierung von amerikanischen Cruise Missiles. Sie setzten sich durch, und die Marschflugkörper wurden entfernt.

Versagen von NMD lediglich ein kleines Hindernis ist, das bei ihrem unaufhaltsamen Aufstieg zu technologischer Meisterschaft überwunden werden muss.« Wenn sich Blair dazu entschließt, NMD zu unterstützen, wird es zu einem tiefen Riss zwischen Großbritannien und dem restlichen Europa kommen, so Young.[61]

Aus Grönland, einem dänischen Protektorat, in dem in Thule eine weitere Radarstation aufgerüstet werden muss, hieß es, das unerprobte NMD-Konzept werde die Saat weltweiter Instabilität säen und das Land gegen seinen Willen ins Zentrum eines neuen Kalten Krieges stürzen. Die Station in Thule ist bereits jetzt Teil des US-Frühwarnsystems.[62]

Beinahe alle europäischen Länder lehnen Star Wars in jedweder Form vehement ab und sind über die Richtung, in die dieser neue Präsident die Welt führt, tief beunruhigt.

Abgesehen davon ist Europa unzufrieden mit der Strukturierung der NATO. Im Kosovo-Krieg hatten die Europäer nur wenig Einfluss auf die Konfliktführung – Amerika hatte als einziges Land Zugriff auf den Großteil des Informationsflusses aus dem Weltraum und entschied, wann und wie die 78-Tage-Operation vor sich gehen würde.

Vor dem 11. September war Europa es leid, im Verhältnis zu den Vereinigten Staaten, die sich regelmäßig über die Vereinten Nationen hinwegsetzten und einseitig im Sudan, in Afghanistan und Irak intervenierten, ohne mit seinen engsten Verbündeten darüber zu beraten, auf die Rolle des Jasagers beschränkt zu sein. Wenn sie zusammen mit anderen Ländern intervenierten, nahmen die Vereinigten Staaten eine militärische Haltung ein, die keine amerikanischen Verluste erlaubte, was eher hinderlich als hilfreich war. Ein Leitartikel im *Guardian* formulierte es so: »Die ganze Operation

steht nun unter dem Motto des Films *Der Soldat James Ryan*.«*[63]
Mit dem 11. September 2001 wurde vieles anders. Die ganze Welt war entsetzt über die Anschläge auf Amerika, und ein neuer Geist internationaler Kooperation vereinte die meisten Länder der Welt, die Amerika bei dieser Tragödie und in der Stunde seiner Not zur Seite standen. Darüber hinaus bildeten sich schnell neue Bündnisse für den Krieg in Afghanistan, und obwohl dieser Krieg größtenteils aus der Luft geführt wurde, was viele tausend zivile Opfer forderte, wurden am Ende schließlich doch amerikanische Soldaten zu »Aufräumaktionen« ins Land geschickt.

Europa beschloss daraufhin im November 2001 eine eigene EU-Eingreiftruppe, die bis zum Jahr 2003 60 000 Mann stark sein und über eine eigene Ausrüstung verfügen soll. Seit dem Ende des Kalten Krieges ist dies die erste militärische Initiative in Europa. Sie wird zusätzliche Militärausgaben nach sich ziehen und es den Europäern ermöglichen, auch ohne die Vereinigten Staaten zu handeln.

Die Vereinigten Staaten sind besorgt, dass die EU-Friedenstruppen größer und schließlich irgendwann auch wichtiger werden könnten als die NATO – wogegen Washington heftig protestieren würde.[64] Der frühere US-Verteidigungsminister William Cohen warnte: »Es wird keinen EU-Caucus in der NATO geben .... Wenn ... sie eine eigene Einsatzfähigkeit wünschen oder anstreben, unabhängig und getrennt von der NATO, dann wird das die Beziehungen der Vereinigten Staaten zur NATO und die der NATO zur EU schwächen.«[65]

---

* Der amerikanische Titel lautet »Saving Private Ryan«. In dem Film geht es darum, dass besagter Soldat (engl. *private*) Ryan um jeden Preis am Leben bleiben muss, da bereits alle seine Brüder im Krieg gefallen sind und wenigstens er zu seiner Mutter zurückkehren soll. (Anm. d. Übers.)

Das Pentagon wird nicht so ohne weiteres auf seine Basis in Europa verzichten. Am 1. Dezember 2000 veröffentlichte es den Strategiebericht zu Europa und der NATO, der mit dem Titel »Strengthening Transatlantic Security« überschrieben war. In dem Bericht heißt es, die Vereinigten Staaten würden auch weiterhin auf Abschreckung als Eckpfeiler der Sicherheit setzen und an amerikanischen Atomstreitkräften in Europa festhalten. Der Bericht fordert eine Erweiterung der NATO und erklärt: »Die Präsenz des US-Militärs in Europa spielt bei der Wahrung unserer Wirtschaftsinteressen eine entscheidende Rolle.«

Weiter heißt es: »Alles in allem haben die Vereinigten Staaten zum größten anhaltenden Anstieg bei den Verteidigungsausgaben seit 15 Jahren angesetzt«, und dass sie »gemeinsame, multinationale Militäroperationen im Bereich der ABC-Waffen (atomar, biologisch, chemisch)« planen. Mit Blick auf Russland setzt der Bericht hinzu: »Die transatlantische Gemeinschaft wird niemals wirklich sicher sein, solange sich ihr riesiger, atomar bewaffneter Nachbar mit seinem Bevölkerungsreichtum und Reichtum an Bodenschätzen hinter einen neuen Vorhang der Feindseligkeit und autoritärer Herrschaft zurückziehen oder seine Wirtschaft zusammenbrechen könnte.« (Diese provozierende Aussage scheint im Widerspruch zu Präsident Putins zahlreichen Versöhnungsangeboten an die Vereinigten Staaten und seinen Angeboten zu stehen, die strategischen Waffenarsenale auf beiden Seiten zügig abzubauen.)

Wir sind die Wirtschaft

Die Welt hat sich seit 1987 rückwärts gedreht, als Reagan und Gorbatschow gemütlich im Wohnzimmer eines Hauses im isländischen Reykjavík gesessen und so gut wie übereingekommen waren, die Atomwaffen der Supermächte abzubauen. Das Abkommen scheiterte, als Reagan sich weigerte, sein Star-Wars-Projekt aufzugeben.

General Henry Shelton, der Vorsitzende der Vereinigten Stabschefs, sagte im September 2000 vor dem US-Kongress, man müsse die Militärausgaben in den kommenden Jahren deutlich erhöhen, und schlug vor, einen Großteil des aktuellen Haushaltsüberschusses dafür zu verwenden.[66] Er stimmte einer Studie des Haushaltsbüros des Kongresses zu, in der gefordert worden war, die Ausgaben für neue Waffen von 60 auf 90 Millionen Dollar im Jahr zu erhöhen. Bush hat bereits zugesichert, in den nächsten zehn Jahren jährlich 45 Milliarden Dollar zusätzlich in das Militär sowie mindestens weitere 70 Milliarden Dollar in Star Wars zu investieren.[67]

Aber nach den Anschlägen am 11. September nutzen das Pentagon und der Militär-Industrie-Komplex diese schrecklichen Ereignisse in zynischer Art und Weise aus, um aus dem Trauma und der Verzweiflung des amerikanischen Volkes und des Kongresses Profit zu schlagen. Innerhalb weniger Tage schnürte der Kongress ein 60-Milliarden-Dollar-Notfallpaket für den Wiederaufbau und den Kampf gegen den Terrorismus. Am meisten werden Waffenhersteller wie Raytheon und Lockheed Martin davon profitieren. Interessanterweise gehörten Raytheon (plus 37 Prozent), Alliant Tech Systems (plus 23,5 Prozent) und Northrop Grumman (plus 21,2 Prozent) zu den wenigen Firmen, deren Aktien in der Woche nach der Wiedereröffnung der Börse am 17. September gestiegen waren.

Die Star-Wars-Konzerne nutzten die Gelegenheit, ihre Waren auf dem Capitol Hill anzupreisen, und predigten Dinge wie:»Nur weil Sie gegen Diebstahl versichert sind, heißt das noch lange nicht, dass Sie keine Brandversicherung brauchen.« Die Demokraten stellten nach dem 11. September ihren Kampf gegen NMD-Tests und andere Aktivitäten, die gegen den ABM-Vertrag verstoßen, ein. Der

Kongress war so entgegenkommend, dass Christopher Hellman vom Center for Defense Information mutmaßte, die Militärausgaben könnten 2002 die 375-Milliarden-Dollar-Grenze erreichen. Im Vergleich zu 2001 wäre das ein Anstieg um über 66 Milliarden Dollar. Und ein paar Experten des rechten Flügels wie Loren Thompson vom Lexington Institute deuteten an, der Kongress sei nun möglicherweise bereit, das Pentagon-Budget auf 400 Milliarden Dollar im Jahr oder mehr hinaufzuschrauben. Am meisten wird wohl das NMD-Programm davon profitieren, dann folgen das von Skandalen geschüttelte V-22-Osprey-Kipprotorflugzeug, das im Bundesstaat des republikanischen Abgeordneten Kurt Weldon gebaut wird, der von den Abgeordneten aus Texas und Georgia befürwortete F-22 Raptor von Lockheed Martin sowie die von dem demokratischen Abgeordneten Norm Dicks aus Washington und seinem republikanischen Kollegen Randy »Duke« Cunningham aus Kalifornien befürwortete B-2- Tarnkappenbomber von Northrop Grumman für zwei Milliarden Dollar das Stück. Nach den Anschlägen vom 11. September will die Regierung Bush die Waffenexporte an den Nahen Osten und Südasien beschleunigen, unter anderem sollen Lockheed-Martin-F-16-Flugzeuge an Oman und die Vereinigten Arabischen Emirate sowie andere Waffensysteme an Ägypten und Pakistan verkauft werden.[68, 69]

Unter der Überschrift *Business are us* hat das Pentagon einen Artikel ins Internet gestellt, in dem es verkündet, es sei das größte Unternehmen Amerikas, vor Exxon mit einem Budget von 165 Milliarden Dollar. Mit 5,1 Millionen Angestellten ist das Pentagon der größte amerikanische Arbeitgeber. Es unterhält 600 feste Betriebe im ganzen Land, mit über 40 000 Grundstücken und 73 000 Quadratkilometern Land. Es stationiert Angestellte in 130 der insgesamt 178 Länder der Erde.[70] Es ist allgegenwärtig.

Von jedem Dollar gibt das Land Amerika gerade einmal sechs Cent für die Bildung seiner Kinder und vier Cent für die Gesundheitsvorsorge, dafür aber 50 Cent für den Militär-Industrie-Komplex aus.[71] Die 310 Milliarden Dollar, die das Pentagon im Jahr bekommt, erdrücken die 44,5 Milliarden Dollar für das Bildungsministerium und die 20,3 Milliarden Dollar für die US-Gesundheitsbehörden. Weltweit belaufen sich die Militärausgaben auf 780 Milliarden Dollar. Die Gesamtsumme, die nötig wäre, um weltweit Gesundheitsfürsorge zu leisten, Hunger und Nahrungsmangel ein Ende zu machen, allen Menschen sauberes Wasser und Obdach zu geben, Landminen zu räumen, Atomwaffen abzubauen, das Abholzen des Regenwaldes aufzuhalten, den Treibhauseffekt, den Abbau der Ozonschicht und sauren Regen zu verhindern, den Entwicklungsländern ihre lähmenden Schulden zu erlassen, Bodenerosion zu verhindern, sicheren, sauberen Strom zu produzieren, die Überbevölkerung einzudämmen und den Analphabetismus auszurotten, beträgt gerade mal ein Drittel davon – 237,5 Milliarden Dollar.[72]

Präsident Dwight D. Eisenhower warnte in seiner Abschiedsrede im Januar 1961: »In allen Gremien der Regierung müssen wir uns davor schützen, dass der unberechtigte Einfluss des Militär-Industrie-Komplexes – sei er nun gewollt oder ungewollt – immer weiter zunimmt. Denn das Potenzial für das unheilvolle Anwachsen von Macht an falscher Stelle besteht und wird auch in Zukunft weiter bestehen. Wir dürfen niemals zulassen, dass der Einfluss dieser Verbindung (von Militär und Industrie) unsere Freiheit oder die Demokratie gefährdet.«

Dieses Buch zeigt ausführlich, dass diese prophetischen Worte bereits Wirklichkeit sind. Wir müssen das Bedürfnis, anderen überlegen zu sein, unser Bedürfnis nach militärischer Macht beiseite schieben. Amerika verfügt über hervorragende Fähigkeiten in der Konfliktbewältigung, und es muss sie einsetzen.

Das Pentagon muss praktisch aufgelöst werden. Es muss mit den Vereinten Nationen verschmelzen und bei

Friedenseinsätzen in der ganzen Welt unaufdringlich und wirkungsvoll von seiner militärischen Sachkenntnis Gebrauch machen. (Momentan verlangen weltweit 68 Kriege geringerer Intensität unsere Aufmerksamkeit.)[73] Nach den Terroranschlägen vom 11. September auf die Vereinigten Staaten wurde viel darüber gesprochen, wie darauf zu reagieren sei. Ich sprach mich auf meiner Vortragsreise in den darauf folgenden zwei Wochen vorsichtig für eine Zusammenarbeit der internationalen Gemeinschaft einschließlich aller Nachrichtendienste – MI5, MI6, Mossad, FBI, CIA, NSA – aus, um diese internationalen Terroristen zu identifizieren, ausfindig zu machen, festzunehmen, und sie wie ihre Vorgänger, die Nazis, vor ein internationales Gericht zu stellen.

Amerika muss sich nicht zur mächtigsten und größten Nation der Welt erklären. Es muss diese Eigenschaften *unter Beweis stellen.* Wie Edmund Burke vor 200 Jahren sagte: »Das Böse kann nur triumphieren, wenn die Guten nichts dagegen tun.«

Auf der ganzen Welt ist es an den Frauen und Männern, die Initiative zu ergreifen. Deshalb möchte ich an die Männer und Frauen in Amerika appellieren:

Sie sind Teil des mächtigsten Landes auf Erden, eines unermesslich reichen Landes, das von Menschen bewohnt ist, die ihr Leben voll Mitgefühl und Integrität leben möchten. Sie haben eine große und ehrenvolle Aufgabe vor sich. Jeder Einzelne von Ihnen kann ebenso mächtig werden wie der mächtigste Mensch, den es je gab. Wären Sie oder Ihr Kind von einer tödlichen Krankheit bedroht, Sie würden alles in Ihrer Macht stehende tun, dieses Leben zu retten. Diese Analogie müssen Sie nun auf den Planeten und ganz besonders auf Ihr Land übertragen.

Amerika hat die Macht und die Mittel, den Treibhauseffekt rückgängig zu machen, die Ozonschicht zu retten, eine Verseuchung durch Chemikalien zu verhindern, das

Abholzen des Regenwaldes zu beenden, die Überbevölkerung zu drosseln und die Vergewaltigung des Weltraums abzuwenden. Das Geld, das Amerika ins Töten investiert, muss nun stattdessen dringend für den Erhalt
des Lebens verwendet werden. Amerika muss sich zu
seiner vollen moralischen und spirituellen Größe aufrich-
ten, damit sich sein Schicksal erfüllt – und es zu dem
Land wird, das die Welt rettete.

In ähnlicher Weise müssen die Menschen in Europa
dem steten Ruf aus Amerika, zu rüsten und wieder aufzurüsten, widerstehen. Ebenso wie die Menschen in Kanada, in Australien – eigentlich alle Menschen auf der ganzen Welt. Wir dürfen uns nicht weiter wie primitive Tiere
benehmen, die aus Lust, für Geld, aus religiöser Motivation, aus Gier und territorialen Machtansprüchen töten.
Unsere neuen Prioritäten müssen die Lösung von Konflikten und die Wahrung des Friedens sein.

Auch nach der Katastrophe vom 11. September 2001 ist
es unangebracht, loszustürmen und Tausende unschuldiger Menschen aus Rache zu töten. Wie oben erwähnt sollte die einzige Reaktion eines zivilisierten Landes darin
bestehen, mit der internationalen Gemeinschaft zusam-
menzuarbeiten, um diese Verbrecher der Gerechtigkeit
zuzuführen. Vergessen Sie niemals, dass sich Tausende
von Atomwaffen in ständiger Alarmbereitschaft befinden. Jede Störung der internationalen Situation könnte
ihren Start auslösen, uns alle in den Rauch riesiger Brände hüllen und in einen nuklearen Winter stürzen.

Man kann sich nicht gleichzeitig für einen Krieg rüsten,
und ihn verhindern. Einen Krieg zu verhindern, erfor-
dert mehr Glauben, Mut und Entschlossenheit, als sich
dafür zu rüsten.

Frei nach Albert Einstein

Wichtige US-Atomwaffenhersteller

Alle unten aufgeführten Unternehmen gehören zu den Top Ten der im Jahr 2000 vom Pentagon beauftragten Firmen. Eines davon, Litton Industries, wurde aufgekauft und ging im Northrop-Grumman-Konzern auf. Die genannten Unternehmen sind fast durch die Bank stark an der Atomwaffenproduktion sowie dem US-Raketenabwehrprogramm (GDMS, Ground-Based Midcourse Defense Segment – ehemals Nationale Raketenabwehr) beteiligt.

Boeing, Lockheed, TRW und Raytheon, die vier Unternehmen, auf die der Löwenanteil der Raketenabwehraufträge entfällt, gaben *allein von 1998 bis 2001*[1] 40 Millionen Dollar für Lobbyarbeit und Wahlspenden aus, um sicherzustellen, dass der Strom der Milliarden-Dollar-Aufträge aus dem Pentagon auch in Zukunft nicht abreißt. Mit Unternehmen wie Boeing, das weltweit 250 000 Menschen beschäftigt, und Lockheed Martin, das Fabriken in allen 50 US-Bundesstaaten betreibt, hat die Rüstungsindustrie enormen politischen Einfluss in Washington.

Informationen zu den Firmen, die Waffen in alle Welt exportieren, finden Sie auf der Internetseite der Federation of American Scientists unter der Rubrik Arms Sales Monitoring Project (Projekt zur Überwachung von Waffenexporten): http://www.fas.org/asmp.

Wenn Sie mehr über die Unternehmen erfahren möchten, die Atomwaffen herstellen, werfen Sie einen Blick auf das von Reaching Critical Will, einem Abrüstungsprojekt der Internationalen Frauenliga für Frieden und Freiheit, zusammengestellte »Dirty Dozen«. Sie finden es auf der Internetseite: http://www.reachingcriticalwill.org/dd/ddindex.html.

Informationen über Firmen, die von der Bombardierung Afghanistans und dem »Kampf gegen den Terror« profitierten und profitieren, finden Sie unter: http://www.worldpolicy.org/projects/arms/updates/profiteers1270.html.

Lockheed Martin Corporation

Pentagon Aufträge 2000: $ 15.000.000.000
Ausgaben für Lobbyarbeit 1999 (einschließlich nichtmilitärischer Produkte und Dienstleistungen): $ 14.160.000
Wahlspenden 2000: $ 2.163.184 (davon an die Demokraten: 39%, an die Republikaner: 60%)

Firmensitz:
Lockheed Martin Corporation
6801 Rockledge Drive
USA Bethesda, MD 20817
Tel.: (001-301) 897-6000
http://www.lockheedmartin.com

Hauptstandorte für die Arbeit an der Raketenabwehr:
Space Systems-Missile & Space Operations
1111 Lockheed Martin Way
Sunnyvale, CA 94089
USA
Tel.: (001-408) 742-7151

Space Systems-Astronautics Operation
12099 Deer Creek Canyon Road
Littleton, CO 80127-5146
USA
Tel.: (001-303) 977-3000

Auch am Standort in Eagan (Minnesota) wird an Raketenabwehrprojekten gearbeitet.

Anmerkungen: Entwickelt zahlreiche Komponenten für die Raketenabwehr; baut die Trident-Rakete. Lockheed Martin und Boeing sind die bei weitem größten Waffenexporteure.

Lockheed Martin (LM) entwickelte das aktuelle Trägersystem für Star Wars, einschließlich der Trägerraketen, in Anlagen in Sunnyvale (Kalifornien), Dallas (Texas), und Orlando (Florida). Das Unternehmen stellt auch Komponenten für das Infrarot-Frühwarn- und Bahnverfolgungssatellitensystem (SBIRS) her, das das Raketenabwehrsystem mit Informationen über den Start von Raketen versorgt, deren Ziel Amerika ist. Das Programm zur Entwicklung des luftgestützten Lasers (ABL) in Sunnyvale testet Laserstrahlen, mit denen man Gefechtsfeldraketen aus Hunderten von Kilometern Entfernung zerstören möchte.

LM ist auch der Generalunternehmer für das Theater High Altitude Area Defense (THAAD) System – ein bodengestütztes System, das die Bedrohung durch Gefechtsfeldraketen für Soldaten und militärische Ausrüstung ausschalten soll. LM geht davon aus, dass THAAD 2007 stationiert werden wird.

1999 erhielt LM einen 589-Millionen-Dollar-Auftrag für den Bau von zwölf weiteren D5-Atomrakten für Trident-U-Boote. Die Regierung hatte zuvor bereits 372-D5-Raketen zum Preis von knapp 60 Millionen Dollar das Stück gekauft. Jedes Trident-U-Boot kann mit seinen Atomwaffen einen ganzen Kontinent zerstören.

2001 erhielt LM den größten Auftrag in der Geschichte des US-Verteidigungsministeriums: die Entwicklung des F-35-High-Tech-Kampfbombers (Joint Strike Fighter). Man geht davon aus, dass der F-35 in den nächsten Jahren der wichtigste Jagdbomber für US-Air Force, US-Navy und US-Marines werden wird. Der Auftrag, der sich über viele Jahre hinziehen und 200 Milliarden Dollar einbringen wird, könnte, rechnet man die Exporte dazu, auf 400 Milliarden Dollar anwachsen.

1999 vergab die US-Air Force den Auftrag an LM, in den nächsten 15 Jahren für bis zu 1,5 Milliarden Dollar die Steuersysteme des Nordamerikanischen Luftabwehr-Kommandos (NORAD) in Colorado, die Befehls- und Steuerzentralen des in Colorado Springs stationierten US-Weltraumkommandos und des Air Force Space Command sowie andere Anlagen in den Vereinigten Staaten und im Ausland zu modernisieren und zu integrieren. Laut LM wird diese Modernisierung etwa 40 verschiedene Luft-, Befehls- und Steuersysteme der Weltraum- und Raketenabwehr zu einem Netzwerk verbinden, das neue Möglichkeiten der Kriegsführung im Weltraum eröffnet.

Zudem hat die US-Air Force LM für 47 Millionen Dollar damit beauftragt, die AN/FPS-117 Radaranlagen aufzurüsten, die das atmosphärische Frühwarnsystem unterstützen. Diese Luftüberwachungsradaranlagen stehen an 33 Orten, von den äußersten Zipfeln Kanadas und Alaskas über Island bis hin zu Hawaii und Puerto Rico. Sie werden von einer technischen Anlage auf der Hill Air Force Base in Utah unterstützt.

LM stellt (zusammen mit Boeing) die Flugzeuge F-16 und F-22 her, die mit 200 Millionen Dollar das Stück teuersten Flugzeuge aller Zeiten. In dem Werk in Grand Prairie (Texas) baut LM die Patriot-Rakete, die feindliche Raketen nicht mit einem Sprengkopf, sondern mittels kinetischer Energie zerstört. Es könnte sein, dass die US-Army über 1000 Patriot-Raketen in Auftrag gibt. Aufträge aus dem Ausland werden ebenfalls erwartet.

In den siebziger Jahren räumte die Lockheed Corporation (jetzt Lockheed Martin) ein, Schmiergelder in Höhe von 22 Millionen Dollar für Exportaufträge gezahlt zu haben.[2] 2001 zahlte LM 4,25 Millionen Dollar infolge einer außergerichtlichen Einigung zwischen der US-Regierung und Lockheed Martins Naval Electronics and Surveillance Systems Division. LM soll angeblich im Rahmen eines Auftrags Gelder aus dem Foreign-Military-Sales-(FMS) Programm illegal dazu verwendet haben, ägyptische Sonarsysteme aufzurüsten.[3]

Management:
Vance Coffman, Vorstandsvorsitzender und Generaldirektor
Gehalt 2000, einschließlich Aktiengewinnen, Prämien, usw.: $ 3 959 000
Gehaltserhöhung seit 1999: 263%
Fünfjahreseinkommen: $ 10 382 000
(*Quelle*: Forbes, 14. Mai 2001)

Jeff Harris, Präsident und leitender Direktor der Missiles and Space Operations (Sunnyvale, CA)

Albert E. Smith, Präsident der Space Systems-Astronautics Operations (Littleton, CO)

The Boeing Company
Pentagon Aufträge 2000: $ 12 000 000 000
    Ausgaben für Lobbyarbeit 1999 (einschließlich nichtmilitärischer Produkte und Dienstleistungen): $ 8 020 000
    Wahlspenden 2000: $ 344 334 (davon an die Demokraten: 40%, an die Republikaner: 60%)

Firmensitz:
Boeing World Headquarters
100 North Riverside Plaza
Chicago, IL 60606-1596
USA
Tel.: (001-312) 544-2000
http://www.boeing.com

Hauptstandort für die Arbeit an der Raketenabwehr:
Boeing Huntsville
499 Boeing Blvd.
Huntsville, Al 35806
USA
Tel.: (001-256) 461-2121

Weitere Raketenabwehranlagen der Firma Boeing befinden sich in Washington, D.C., Houston (Texas), St. Louis (Missouri), Wichita (Kansas), Anaheim und Canoga Park (Kalifornien), Kent (Washington), Colorado Springs (Colorado), Tucson (Arizona), Bedford (Massachusetts) und Ogden (Utah).

Anmerkungen: Wichtigster Auftragnehmer im Bereich Raketenabwehr, verantwortlich für Entwicklung und Integration einzelner Komponenten, einschließlich der bodengestützen Abfangraketen, der X-Band-Radaranlagen, der Battle Management Command, Control and Communication (BM/C3) Systeme, der aufgerüsteten Frühwarnradargeräte und deren Schnittstellen zu den weltraumgestützten Infrarotsatelliten. 70 Prozent aller US-Raketenabwehrtests finden bei Boeing in Huntsville statt. (Ein weiteres großes Versuchsgelände gehört zur Raketenabwehranlage von TRW in Colorado Springs.) Im Jahr 2000 erhielt Boeing einen Sechs-Milliarden-Dollar-Auftrag aus dem Bereich Raketenabwehr. Nach Angaben des preisgekrönten Enthüllungsjournalisten Karl Grossmann steckt Redstone Arsenal »bis zum Hals in Star-Wars-Projekten und befindet sich direkt neben dem Marshall Space Flight Center der NASA, das eine atomar angetriebene Rakete für militärische und zivile Operationen entwickelt«.

2001 wurde im Boeing-Werk in Huntsville ein drei Millionen Dollar teurer Raketenabwehr-Testsilo fertig gestellt, 27 Meter tief unter der Erde. Ein Unternehmenssprecher sagte: »Boeing benötigt eine Vielzahl von Informationen ... die Ingenieure müssen wissen, welche Belastungen die Betonkonstruktion des Silos aushält und wie die Silotüren auf Temperaturen unter Null reagieren ... Wir werden den oberen Teil des Silos mit einer Spezialummantelung umhüllen müssen und dann die Temperaturen mindestens bis auf 30 Grad unter null senken. Und das nur, um die Türen zu testen.« Boeing baut auch auf der Vandenberg Air Force Base in Kalifornien Testsilos sowie zwei auf Meck Island im Südpazifik. Boeing Rocketdyne in Canoga Park forscht

im Bereich der Hit-to-Kill-Gefechtsköpfe für die Raketenabwehr.
  Boeing stellte Joint Direct Attack Munition (JDAM), B-52-Bom-
ber und B-1B-Lancer-Langstreckenbomber her, mit denen Afghanistan 2001 bombardiert wurde. Jeder Lancer hat bis zu 80 konventionelle Bomben, 30 Streubomben und 24 Lenkwaffen an Bord.
B-52s warfen auch im Golfkrieg 40 Prozent der Bomben auf den
Irak (die Schätzungen zufolge 250 000 irakische Zivilisten töteten).
Boeing und Lockheed sind die größten amerikanischen Waffenex-
porteure. 60 Prozent der Waffenverkäufe von Boeing gehen ins
Ausland. Boeing produziert F-16- Flugzeuge für Israel, ebenso wie
das berüchtigte V-22-Osprey-Kipprotorflugzeug, das in Unfälle
verwickelt war, bei denen mindestens 30 Angehörige des US-Mili-
tärs ums Leben kamen.
  Boeing leitet das Programm zur Entwicklung des luftgestützten
Lasers (ABL) (in Zusammenarbeit mit Lockheed Martin und
TRW). Das ABL-Programm hat das Ziel, entsprechend angepasste
Boeing-747-Transportflugzeuge mit Laserwaffen zu bestücken,
um damit Gefechtsfeldraketen in der Antriebsphase zu erfassen
und zu zerstören. Boeing liefert das 747-400F-Flugzeug und das
Befehls- und Steuersystem für dieses Projekt.
  1994 zahlte Boeing 75 Millionen Dollar, um einer strafrechtlichen
Verfolgung zu entgehen. Wie verlautete, war das der damals größte
Fall von nichtkriminellen Rückzahlungen an das Pentagon in den
Aufzeichnungen der Regierung. Die Rückerstattung schloss 52 Millionen Dollar für zu viel berechnete Computerarbeiten, überhöhte
Forderungen für nicht im Inland geleistete Regierungsarbeit sowie
neun Millionen Dollar für die Entsorgung von Sondermüll ein.[4]
2000 wurde Boeing vom US-Justizministerium verklagt. Angeblich
hatte das Unternehmen den Rechnungsbetrug eines Subunterneh-
mers in Höhe von mehreren Millionen Dollar vertuscht.[5] 1999 zahlte Boeing 15 Millionen Dollar, um ein Verfahren wegen Rassendis-
kriminierung zu Gunsten von 12 000 noch beschäftigten und 7000
ehemaligen afroamerikanischen Angestellten beizulegen.[6] Trotz
dieser Vergangenheit hat das Pentagon Boeing zum Generalunternehmer im Bereich der Raketenabwehr auserkoren.

Management:
Philip M. Condit, Vorstandsvorsitzender und Generaldirektor
Gehalt 2000, einschließlich Aktiengewinnen, Prämien, usw.:
$ 16.752.000

Gehaltserhöhung seit 1999: 11%
Fünfjahreseinkommen: $ 30.216.000
(*Quelle:* Forbes, 14. Mai 2001)

Michael M. Sears, Senior Vice President, Präsident, Boeing Military Aircraft and Missile Systems Group

Harry C. Stonecipher, Präsident, Betriebsleiter, stellvertretender Vorsitzender

Raytheon Company

Pentagon Aufträge 2000: $ 6 300 000 000
Ausgaben für Lobbyarbeit 1999 (einschließlich nichtmilitärischer Produkte und Dienstleistungen): $ 1 800 000
Wahlspenden 2000: $ 891 053 (davon an die Demokraten: 37%, an die Republikaner: 62%)

Firmensitz:
Raytheon Company
141 Spring Street
Lexington, MA 02421
Tel.: (001-781) 862-6600
USA
http://www.raytheon.com

Hauptstandort für die Arbeit an der Raketenabwehr:
Raytheon Missile Systems
1151 East Herman Road, Building 80707
P.O. Box 11337
Tucson, AZ 85706
USA
Tel.: (001-520) 794-3000

Anmerkungen: Wichtiges Unternehmen im Bereich Raketenabwehr – Generalunternehmer für den Bau des Exoatmospheric Kill Vehicle (EKV), des Abfangmoduls der bodengestützten Abfangraketen, das sein Ziel erfassen und mit kinetischer Energie oder Hit-to-Kill-Technologie zerstören soll. Zusammen mit Boeing wird Raytheon weiter an dem EKV arbeiten und seine mögliche Verwendung für Star Wars testen. Das Unternehmen baut das X-Band-Radar und das verbesserte Frühwarnradar für das Raketenabwehrprogramm. Es stellt den Radarsensor für das Theater High

Area Altitude Defense (THAAD) System und Raketen für das Navy Theater-Wide Programm her. Es produziert Raketen für die Aegis-Zerstörer der US-Navy zum Abfangen von Langstreckenraketen aus Nordkorea. Allein in den Jahren 1998 und 1999 verdiente
Raytheon 344 Millionen Dollar mit Star-Wars-Aufträgen.

Rayhteon stellte die Tomahawk-Marschflugkörper her, mit denen die US-Navy 1991 den Irak und 2001 Afghanistan von Schiffen und U-Booten aus angriff.

1994 zahlte Raytheon vier Millionen Dollar, um die Klage der Regierung, das Unternehmen habe die Kosten für einen Raketenab-
wehr-Radar-Auftrag in die Höhe getrieben, außergerichtlich zu re-
geln.[7] Nach Angaben der Presseagentur *Reuters* war Raytheon 1999
gezwungen, drei Millionen Dollar an seinen Mitbewerber, die AGES
Group, zu zahlen und AGES Flugzeugteile im Wert von 13 Millionen
Dollar aufzukaufen, um den Vorwurf aus der Welt zu schaffen, Raytheon hätte ein Sicherheitsunternehmen damit beauftragt, AGES zu
bespitzeln und vertrauliche Dokumente zu stehlen.[8] All das geschah,
nachdem die AGES Group einen Auftrag der Regierung erhalten hatte, der zuvor Raytheon zugesprochen worden war. Darüber hinaus
gab es Gerüchte, Raytheon-Lobbyisten hätten 1995 einen brasilia-
nischen Senator bestochen, um von Brasilien einen 1,4 Milliarden-Dol-
lar-Auftrag für den Bau von Radargeräten zu bekommen.[9]

Management:
Daniel P. Burnham, Vorstandsvorsitzender und Generaldirektor
Gehalt 2000, einschließlich Aktiengewinnen, Prämien, usw.:
$ 3 813 000
Gehaltserhöhung seit 1999: 51%
Fünfjahreseinkommen: $ 9 300 000
(*Quelle*: Forbes, 14. Mai 2001)

Louise L. Francesconi, Vizepräsidentin und Senior Vice President,
Missile Systems

General Dynamics Corporation
Pentagon Aufträge 2000: $ 4 100 000 000
    Ausgaben für Lobbyarbeit 1999 (einschließlich nichtmilitäri-
scher Produkte und Dienstleistungen): $ 4 370 000
    Wahlspenden 2000: $ 1 187 205 (davon an die Demokraten: 40%,
an die Republikaner: 60%)

Firmensitz:
General Dynamics
3190 Fairview Park Drive
Falls Church, Virginia 22042-4523
Tel.: (001-703) 876-3000
USA
http://www.generaldynamics.com
http://www.gdeb.com/about (Informationen zu Trident)
http://www.gdds.com (andere Waffen)

Vier wichtige Standorte, an denen Waffen entwickelt werden:
General Dynamics Electric Boat (baut die Trident U-Boote)
75 Eastern Point Road
Groton, CT 06340-4989
USA
Tel.: (001-860) 433-3000

Bangor Trident Site
General Dynamics Electric Boat
P.O. Box 6519
Silverdale, WA 98315-6519
USA
Tel.: (001-360) 598-5100

Kings Bay Trident Site
General Dynamics Electric Boat
1040 USS Georgia Avenue
Kings Bay, GA 31547
USA
Tel.: (001-912) 882-6551

General Dynamics Defense Systems
100 Plastics Avenue
Pittsfield, MA 01201
USA
Tel.: (001-413) 494-1110

Anmerkungen: In seinem großen Zweigwerk Electric Boat in Groton (Conneticut) baut General Dynamics die US-Navy-Atom-U-Boote Trident und Seawolf. Ein Trident-U-Boot kann ein Gebiet von der Größe der Sowjetunion in Schutt und Asche legen. Im Bereich der

Raketenabwehr arbeitet das Unternehmen an seegestützten Systemen für die Aegis-Kreuzer der US-Navy. 1999 machte es 880 000 000 Dollar Gewinn (gegenüber 1998 ist das ein Zuwachs von 141%). Die General Dynamics Corporation verkauft viele ihrer Produkte ins Ausland, unter anderem exportiert sie Panzer nach Ägypten, Kuwait, Griechenland, Marokko, Oman, Thailand und Taiwan.

Management:
Nicholas D. Chabraja, Vorstandsvorsitzender und Generaldirektor
Gehalt 2000, einschließlich Aktiengewinnen, Prämien, usw.: $ 10 435 000
Gehaltserhöhung seit 1999: 13%
Fünfjahreseinkommen: $ 31 755 000
(*Quelle*: Forbes, 14. Mai 2001)

Michael J. Mancuso, Senior Vice President und Finanzdirektor

Michael W. Toner, Präsident, Electric Boat Division

Northrop Grumman Corporation
(übernahm 2001 den Rüstungsgiganten Litton Industries)
Pentagon Aufträge 2000: $ 3 100 000 000
    Ausgaben für Lobbyarbeit 1999 (einschließlich nichtmilitärischer Produkte und Dienstleistungen): $ 5 030 000
    Wahlspenden 2000: $ 602 930 (davon an die Demokraten: 42%, an die Republikaner: 57%)

Firmensitz:
Northrop Grumman Corporation
1840 Century Park East
Los Angeles, CA 90067-2199
Tel.: (001-310) 553-6262
USA
http://www.northgrum.com

Anmerkungen: Northrop Grumman ist nicht nur in der Atomwaffenproduktion tätig, sondern lieferte auch einen großen Teil der Waffen, mit denen Jugoslawien und Afghanistan bombardiert wurden. Northrop Grumman (NG) baut den berüchtigten B-2-Tarnkappenbomber oder »B-2 Spirit« für 2,2 Milliarden das Stück. Bislang hat NG 21 B-2-Bomber produziert. Politiker wie Senator

Norm Dicks (Demokrat, Washington) und Senator Randy »Duke« Cunningham (Republikaner, Kalifornien) versuchen, das Tarnkappenbomber-Programm wieder aufleben zu lassen, indem sie Gelder für bis zu 40 weitere Flugzeuge fordern.
Im Bereich der Raketenabwehr ist NG ein kleinerer Subunternehmer. Das Unternehmen arbeitet zusammen mit Lockheed Martin, Boeing, Litton TASC, der Analex Corporation und dem Space Dynamics Laboratory der Utah State University am Infrarot-Frühwarn- und Bahnverfolgungssatellitensystem (SBIRS) zur Verfolgung von Raketen und der Übermittlung von Daten, damit Raketen noch vor dem Aufprall zerstört werden können. NG ist auch an dem Sieben-Milliarden-Dollar-Programm zur Entwicklung des luftgestützten Lasers beteiligt.

Management:
Kent Kresa, Vorstandsvorsitzender, Präsident und Generaldirektor
Gehalt 2000, einschließlich Aktiengewinne, Prämien, usw.: $ 9 269 000
Gehaltserhöhung seit 1999: 63%
Fünfjahreseinkommen: $ 46 332 000
(*Quelle*: Forbes, 14. Mai 2001)

Ronald D. Sugar, Präsident und Betriebsleiter

Richard B. Waugh junior, Vizepräsident und Finanzdirektor des Konzerns

United Technologies Corporation
Pentagon Aufträge 2000: $ 2 100 000 000
Ausgaben für Lobbyarbeit 1999 (einschließlich nichtmilitärischer Produkte und Dienstleistungen): $ 4 660 000
Wahlspenden 2000: $ 657 220 (davon an die Demokraten: 48%, an die Republikaner: 52%)

Firmensitz:
United Technologies Corporation
One Financial Plaza
Hartford, CT 06103
Tel.: (001-860) 728-7000
USA
http://www.utc.com

Anmerkungen: United Technologies (UT) baut den Antrieb für die Minuteman-Raketen der Raketenabwehrtests. UT ist Eigentümer von Pratt & Whitney, die Militärflugzeuge und andere Ausrüstungsgegenstände herstellen. 2001 bekam P&W den Auftrag, für vier Milliarden Dollar das F135-Triebwerk für den Joint Strike Fighter (JFS) von Lockheed Martin zu entwickeln. Weitere in der Rüstungsbranche tätige UT-Firmen sind Hamilton Sundstrand (baut Teile für B-2-Tarnkappenbomber, B-52-Bomber sowie andere Bomber und Kampfflugzeuge) und Sikorsky (ein führender Hubschrauberhersteller).

Management:
George David, Vorstandsvorsitzender und Generaldirektor
Gehalt 2000, einschließlich Aktiengewinnen, Prämien, usw.:
$ 18 384 000
Gehaltserhöhung seit 1999: 6%
Fünfjahreseinkommen: $ 66 196 000
(*Quelle*: Forbes, 14. Mai 2001)

Karl Krapek, UTC Präsident und Betriebsleiter

TRW Incorporated

Pentagon Aufträge 2000: $ 2 000 000 000
    Ausgaben für Lobbyarbeit 1999 (einschließlich nichtmilitärischer Produkte und Dienstleistungen): $ 1 090 000
    Wahlspenden 2000: $ 496 819 (davon an die Demokraten: 21%, an die Republikaner: 79%)

Firmensitz:
TRW Inc.
1900 Richmond Road
Cleveland, OH 44124-3760
USA
Tel.: (001-216) 291-7000
http://www.trw.com

Hauptstandort für die Arbeit an der Raketenabwehr:
TRW Space and Electronics Group
One Space Park
Redondo Beach, CA
USA
Tel.: (001-310) 812-4321

Anmerkungen: TRW ist ein wichtiges Unternehmen im Bereich der Raketenabwehr und der führende Innovator eines zentralen Bestandteils von Star Wars: des Battle Management Command, Control, and Communications (BM/C3) Systems, das die Computersysteme miteinander vernetzt, die zwischen Atomsprengköpfen und Mylar-Täuschkörpern unterscheiden sollen. 2001 vergab Generalunternehmer Boeing einen Auftrag über 546 Millionen Dollar und sieben Jahre für BM/C3-Produkte an TRW. TRW stellt außerdem Raumfahrzeuge, den taktischen Hochenergie-Laser (THEL), die luftgestützten Laser (ABL) sowie Trägerraketen her und ist in der Gefechtsfeldabwehr tätig. TRW betreibt die Joint National Test Facility, eine wichtige Raketenabwehrversuchsanlage in Colorado Springs (Colorado), wo realistische Simulationen zur Nationalen Raketenabwehr und Gefechtsfeldabwehr (»Kriegsspiele«) stattfinden. TRW arbeitet zusammen mit Raytheon an dem Infrarot-Frühwarn- und Bahnverfolgungssatellitensystem für die niedrige Umlaufbahn (SBIRS-Low). Die TRW-Anlage im kalifornischen Capistrano baut den Kampflaser der Megawattklasse, der gegen Scud-Raketen zum Einsatz kommen soll.

Die *New York Times* berichtete am 7. März 2001, die frühere hochrangige TRW-Ingenieurin Nina Schwartz sei an die Öffentlichkeit getreten und habe enthüllt, TRW habe das Pentagon bezüglich des Scheiterns mehrerer Raketenabwehrtests belogen.[10] Schwartz äußerte:»Das ist kein Verteidigungssystem für die Vereinigten Staaten, das ist eine Verschwörung, um die Regierung zu melken. Die verschaffen sich so eine Lebensaufgabe.«

Schwartz war 1995 und 1996 im Raketenabwehrteam von TRW tätig gewesen. Sie sagt, die entwickelten Abfangraketen hätten wiederholt bei Versuchen versagt. Trotzdem habe TRW behauptet, die Systeme würden ordnungsgemäß funktionieren. Schwartz habe dann ihren Supervisor und Kollegen wiederholt aufgefordert, dem Militär und den weiteren beteiligten Firmen die Wahrheit über die Testergebnisse zu sagen, aber man habe ihr gesagt, sie solle sich »keine Sorgen machen«. Wenige Tage später sei sie dann entlassen worden.[11]

Management:
David M. Cote, Vorstandsvorsitzender und Generaldirektor
Gehalt 2000, einschließlich Aktiengewinnen, Prämien, usw.: $ 2 153 000
Gehaltserhöhung seit 1999: keine Angabe

Fünfjahreseinkommen: keine Angabe. Cote trat an die Stelle von Joseph T. Gorman, dessen Fünfjahreseinkommen sich auf $ 30 977 000 belief. (*Quelle*: Forbes, 14. Mai 2001)

Timothy W. Hannemann, Vizepräsident, Geschäftsführer, TRW Space and Electronics Group

Donald C. Winter, Präsident und Generaldirektor, TRW Systems (Raketenabwehr)

Robert H. Swan, Vizepräsident, Finanzdirektor

General Electric Company

Pentagon Aufträge 2000: $ 1 600 000 000
 Ausgaben für Lobbyarbeit 1999 (einschließlich nichtmilitärischer Produkte und Dienstleistungen): $ 7 930 000
 Wahlspenden 2000: $ 304 750 (davon an die Demokraten: 42%, an die Republikaner: 58%)

Firmensitz:
Corporate Headquarters
General Electric Company
3135 Easton Turnpike
Fairfield, CT 06431
USA
Tel.: (001-203) 373-2211
http://www.generalelectric.com

Anmerkungen: Die General Electric Company ist Eigentümer von NBC Network. Früher wichtiger Atomwaffenhersteller. Noch immer in der Planung von Atomkraftwerken tätig. General Electric Aircraft Engines (GEAE) ist weltweit führend in der Herstellung von Triebwerken für Militärjets und baut unter anderem auch das Triebwerk des Flugzeugs für den luftgestützten Laser. 2001 beauftragte die US-Navy GEAE für 35 Millionen Dollar mit dem Bau von 100 Motoren für die F/A-18 E Hornet der US-Navy. GE hat als Waffenhändler eine lange Tradition und exportiert unter anderem nach Israel, Chile, Südafrika, Südkorea, Griechenland, die Türkei, Ägypten, Bahrain, Australien, Kanada, Finnland, Kuwait, Malaysia, Singapur, Spanien, Schweden, die Schweiz und Japan.

Management:
Jeffrey R. Immelt, Vorstandsvorsitzender und Generaldirektor
Gehalt 2000, einschließlich Aktiengewinnen, Prämien, usw.: Keine
Angabe. Imelt folgte auf Jack Welch, der im Jahr 2000 $ 76 425 000
verdiente und dessen Fünfjahreseinkommen sich auf $ 324 789 000
belief.
(*Quelle*: Forbes, 14. Mai 2001)

Dennis D. Dammerman, stellvertretender Aufsichtsratsvorsitzen-
der und geschäftsführender Direktor

Science Applications International Corporation
Pentagon Aufträge 2000: $ 15 100 000 000
   Ausgaben für Lobbyarbeit 1999 (einschließlich nichtmilitäri-
scher Produkte und Dienstleistungen): $ 1 495 000
   Wahlspenden 2000: $ 640 060 (davon an die Demokraten: 36%,
an die Republikaner: 63%)

Firmensitz:
10260 Campus Point Drive
San Diego, CA 92121
USA
Tel.: (001-858) 826-6000
http://www.saic.com

Anmerkungen: Für das US-Verteidigungs- und das US-Energiemi-
nisterium ein wichtiger Berater und ein wichtiges Unternehmen.
Unterstützt das Space and Naval Warfare Systems Command der
US-Navy. Laut einer Pressemitteilung des Unternehmens sicherte
sich SAIC 2001 einen Vertrag für »das Space and Missile Defense
Command (SMDC) der US-Army zur Unterstützung des Wide-
Bandwidth-Information-Infrastructure-(WBII) Programms der Ballistic Missile Defense Organization und um die Testanlagen am
Boden für die Raketenabwehr mit hoch entwickelter Informati-
onstechnologie (IT) auszustatten. Im Rahmen dieses Auftrags
wird das SAIC-Team ein Netzwerk für geographisch weit entfernte Bodentestanlagen sowohl für das Theater High Altitude Area
Defense (THAAD) Programm als auch das Navy Theater Wide
(NTW) Raketenabwehrprogramm einrichten. Für das NTW-Pro-
gramm werden die Combat Systems Engineering Development Sites (CSEDS) des Aegis-Systems in Moorestown (New Jersey) und

der Standard Missile-III SIL in Tucson (Arizona) mit Hilfe von Netzwerk- und VPN (Virtuelles Privates Netzwerk) -Technologie vernetzt.« Kürzlich erhielten SAIC und der Technikgigant Bechtel den Auftrag, für 3,1 Milliarden Dollar das Programm des US-Energieministerium zur Atommüllentsorgung in Yucca Mountain in Nevada zu unterstützen.

Management:
J.R. Beyster, Präsident und Generaldirektor
Gehalt 2000, einschließlich Aktiengewinn, Prämien, usw.: Keine Angabe.

D.P. Andrews, Vizepräsident, Federal Business

Thomas E. Darcy, Vizepräsident und Finanzdirektor

Quellen: Informationen zu den Ausgaben für Lobbyarbeit und Wahlspenden sind erhältlich bei:

The Center for Responsive Politics
1101 14th St., NW, Suite 1030
Washington, DC 20005-5635
USA
Tel.: (001-202) 857-0044
http://www.opensecrets.org/lobbyists/98lookup.htm
info@crp.org; webmaster@crp.org

Weitere Informationsquellen: MotherJones.com US Arms Sales Page (Waffenexporte); Bruce Gagnon/ Global Network Against Weapons and Nuclear Power in Space; Steven Saples; The Real Rogues Behind Star Wars von Rachel Ries, Rachel Glick, Tom Nafziger, Mark Swier und Kevin Martin.

Weitere US-Unternehmen, die an der Herstellung von Atomwaffen beteiligt sind (Auswahl)

HONEYWELL INC.
2000 E. Bannister Road
Kansas City, MO 64131
350th Highway
USA
Tel.: (001-816) 737-4200

Anmerkungen: Im Oktober 2000 vergab das US-Energieministerium einen Fünfjahresvertrag über 1,8 Milliarden Dollar an Honeywell Inc., damit das Unternehmen in seinem Werk im Südwesten von Kansas auch weiterhin Teile für Atomwaffen herstellt. Dort werden elektronische und mechanische Teile sowie Metallteile gefertigt, um die bereits vorhandenen Atomwaffen funktionsfähig zu erhalten. Der Betrieb beschäftigt 3000 Menschen und stellt gerade weitere 250 Arbeiter ein.

Auch die Westinghouse Electric Company (Zusammenbau von Gefechtsköpfen), die Flour Daniel Corp., Bechtel National Inc., BWX Technologies Inc. und Mason & Hanger-Silas Mason Company Inc. sind in den Bereichen Forschung und Entwicklung, Versuche, Produktion, Unterhalt und Entsorgung von Atombomben aktiv.

Quelle: Stephen Schwartz, Bulletin of the Atomic Scientists.

US-Unternehmen, die an der Raketenabwehr-Produktion beteiligt sind (Auswahl)

Logicon Software, Computer Sciences Corporation, Alliant Techsystems, Alliant Missile Products, GenCorp (Das Tochterunternehmen – Aerojet Missile and Space Propulsion – hatte 2001 Aufträge in Höhe von 150 Millionen Dollar.)

US-Atomwaffenlabors

LAWRENCE LIVERMORE NATIONAL LABORATORY
7000 East Avenue
Livermore, CA 944550-9234
USA

Tel.: (001-925) 422-1100
http://www.llnl.gov
llnlweb@llnl.gov

Verwaltet von: Kuratorium der Universität Kalifornien für das US-Energieministerium. Wichtige Atomwaffenprojekte sind das gewaltige Stockpile Stewardship and Management Program und die National Ignition Facility. Nach Angaben von Tri Valley CA-RES möchte das Labor die Überprüfung aller Plutoniumbombenkerne des US-Arsenals übernehmen. Es bemüht sich ohne vorherige Umweltverträglichkeitsprüfung beim California Department of Toxic Substances Control, der kalifornischen Behörde zur Überwachung der Entsorgung besonders überwachungsbedürftiger Abfälle, um die Genehmigung einer 32 Millionen Dollar teuren Anlage zur Behandlung von Atommüll und soll Plutoniumlieferungen aus Rocky Flats (früheres Atomwaffenwerk in Colorado) erhalten.

Direktor: Bruce Tarter

SANDIA NATIONAL LABORATORIES
1515 Eubank SE
Albuquerque, NM 87123 (Hauptsitz)
USA
Tel.: (001-505) 845-0011
7011 East Avenue
Livermore, CA 94550
USA
Tel.: (001-925) 294-3000
http://www.sandia.gov
gperri@sandia.gov (Abteilung Öffentlichkeitsarbeit)

Verwaltet von: Sandia Corporation, Tochterunternehmen der Lockheed Martin Corporation, für das US-Energieministerium. Der Hauptsitz befindet sich in Albuquerque, ein kleineres Labor in Livermore. Laut Angaben auf ihrer Internetseite entwickelt das Unternehmen »alle nichtnuklearen Komponenten der US-Atomwaffen«.

Direktor: C. Paul Robinson

LOS ALAMOS NATIONAL LABORATORY
1663 Central Avenue, MS A117
Los Alamos, NM 87545
USA
Tel.: (001-800) 508-4400; (505) 665-4400
http://www.lanl.gov
cro@lanl.gov (Abteilung Öffentlichkeitsarbeit)

Verwaltet von: Kuratorium der Universität Kalifornien für die National Nuclear Security Administration. Auf der Internetseite heißt es:»Das Labor sorgt dafür, dass die vorhandenen US-Atomwaffen auch in Zukunft sicher und zuverlässig sein werden.«
Direktor: John C. Browne

OAK RIDGE NATIONAL LABORATORY
One Bethel Valley Road
Oak Ridge, TN 37831
USA
Tel.: (001-865) 574-4163
http://www.ornl.gov
mclaughlinmz@ornl.gov (Abteilung Öffentlichkeitsarbeit)

Verwaltet von: Lockheed Martin, Bechtel National, Westinghouse Electric und anderen. Stellt Atomwaffenkomponenten her und unterstützt so die Konstruktionslabors und das Testgelände in Nevada. Siehe Zusatzinformationen unten zum geplanten National Security Complex.
Direktor: William J. Madia

NEVADA TEST SITE
c/o U.S. Department of Energy
Nevada Operations Office
Office of Public Affairs and Information
P.O. Box 98518
Las Vegas, NV 89193-8518 USA
Tel.: (001-702) 295-0944
http://www.nv.doe.gov
carter@nv.doe.gov (Abteilung Öffentlichkeitsarbeit)

Verwaltet von: Lockheed Martin, Bechtel National und anderen. Auf dem Testgelände in Nevada werden seit den sechziger Jahren Atomwaffen getestet. Es befindet sich etwa 105 Kilometer nord-

westlich von Las Vegas und ist an drei Seiten von der Nellis Air
Force Range umgeben.

Quelle: Brookings Institution, Tri Valley CARES

Weitere Informationen zu den Labors und denjenigen, die den
Atomwaffenkomplex für das US-Energieministerium verwalten,
finden Sie auf der Internetseite der Brookings Institution
http://www.brook.edu/fp/projects/nucwcost/sites.htm.

Riesiger neuer Atomwaffenkomplex in Arbeit

Das US-Energieministerium, das noch immer fest in der Mentali-
tät des Kalten Krieges verwurzelt ist, trat Ende 1998 mit Plänen
für einen neuen, patriotisch titulierten »National Security Complex« in Oak Ridge (Tennessee) an die Öffentlichkeit. In Oak Ridge
befinden sich derzeit das Y-12-Werk, die letzte ohne Einschränkung arbeitende Atomwaffenfabrik der Vereinigten Staaten, und
das Oak Ridge National Laboratory, in dem Teile für Atomwaffen
entwickelt werden. Drei kommerzielle Atomreaktoren des staatli-
chen Energiekonzerns Tennessee Valley Authority – Watts Bar
Unit 1 (bei Spring City, Tennessee) und Sequoyah Unit 1 und 2 (in
Soddy Daisy, Tennessee) – wurden als »bevorzugte« Anlagen für
die Herstellung von Tritium für US-Atomwaffen ausgewählt. Dieser Beschluss bricht mit der langjährigen Politik, kein Bombenma-
terial in zivilen Atomkraftwerken herzustellen. Dazu Robert Tiller
von der Organisation Ärzte in sozialer Verantwortung: »Unsere
führenden Politiker befürchten, der Irak könne zivile Anlagen zur
Herstellung von Komponenten von Massenvernichtungswaffen
nutzen, aber nun sind die Vereinigen Staaten entschlossen, genau
das Gleiche zu tun – sie wollen einen zivilen Reaktor in eine Bombenfabrik verwandeln.«

In der Umweltverträglichkeitsprüfung des US-Energieministeriums für Oak Ridge wird der erste Schritt des Baus einer neuen,
vier Milliarden Dollar teuren Bombenfabrik erläutert, die es der
US-Regierung erlaubt, zehnmal mehr Atomwaffenarbeit zu leisten
als im Augenblick, und mit der Produktion neuer Atomwaffen zu
beginnen.

*Quellen: William Hartung, Brookings Institution; Stephen Schwartz,
Charles D. Ferguson, Bulletin of the Atomic Scientists; Oak Ridge
Environmental Peace Alliance; Ralph Nader, Associated Press.*

US-Atomwaffenkontrollzentren und Regierungsbehörden

CHEYENNE MOUNTAIN OPERATIONS CENTER (CMOC)
Cheyenne Mountain Air Force Station
1 NORAD Road, Suite 101-213
Cheyenne Mountain AFS, CO 80914-6066
USA
Im Süden von Colorado Springs, CO.
Tel.: (001-719) 474-2238; Tel.: (001-719) 474-2240
http://www.cheyennemountain.af.mil/cmoc

Die Computerüberwachungszentrale für den Atomkrieg und Kommandozentrale des Frühwarnsystems. Auf der Internetseite heißt es: »Das CMOC dient sowohl dem Nordamerikanischen Luftabwehr-Kommando (NORAD) als auch dem US-Weltraumkommando (US-SPACECOM) als Kommandozentrale. CMOC ist die Sammel- und Koordinationsstelle für ein weltweites System von Satelliten, Radargeräten und Sensoren, die eindeutig, rechtzeitig und genau vor Angriffen aus der Luft, dem Weltraum, vor Raketen sowie Atomexplosionen warnen und die von einem Angriff ausgehende Bedrohung einschätzen.« Darüber hinaus schrieb die *Washington Times* am 29. März 2001: »Das US-Weltraumkommando wurde kürzlich mit den Vorbereitungen für einen Cyberkrieg betraut. Das Pentagon nennt das ›Verteidigung von Computernetzwerken‹ (Computer Network Defense) und sein aggressives Gegenstück den ›Angriff auf Computernetzwerke‹ (Computer Network Attack).«
Direktor: General Ralph E. Eberhart, US-Air Force, Oberbefehlshaber, North American Aerospace Defense Command.

UNITED STATES STRATEGIC COMMAND (STRATCOM)
U.S. Air Force's Strategic Air Command (SAC)
Offutt Air Force Base, Nebraska
USA
Bei der Stadt Bellevue, gleich südlich von Omaha.
Tel.: (001-402) 294-5961 (Abteilung Öffentlichkeitsarbeit)
http://www.stratcom.af.mil

Die Befehls- und Steuerzentrale für alle US-Atomsprengköpfe. Nach Angaben auf der STRATCOM-Internetseite hat das Kommando die Aufgabe, »militärische Angriffe auf die Vereinigten Staaten und ihre Verbündeten abzuschrecken, sollte die Abschreckung versagen, Streitkräfte einzusetzen, um die nationalen Ziele zu erreichen. Das Oberkommando der Strategischen Streitkräfte trägt die Verantwortung für die gesamten strategischen Atomstreitkräfte der US-Air Force und der US-Navy, die das nationale Sicherheitsziel der strategischen Abschreckung unterstützen.«

STRATCOM »überwacht Länder und andere Größen, die Massenvernichtungswaffen besitzen oder daran interessiert sind« und entwickelt »eine nukleare Zielplanung (SIOP, Single Integrated Operational Plan), die die nationale Führung voll und ganz zufrieden stellt«.

Direktor: Admiral Richard W. Mies, Oberbefehlshaber, United States Strategic Command.

PROJECT ELF
Clam Lake, WI 54517
Keine eingetragene Telefonnummer; Wegbeschreibung siehe unten.

Das Project ELF (Extremely Low Frequency Communication System – Kommunikationssystem für den extremen Niederfrequenzbereich) ist der allgemeinen Öffentlichkeit kaum bekannt und steuert in einem Atomkrieg das Erstschlagskommunikationssystem der Trident-U-Boote der US-Navy.

Nukewatch schreibt: »Project ELF ist ein unverzichtbarer Bestandteil des Angriffsplans der US-Navy im Falle eines Atomkriegs. Es handelt sich um eine nur in eine Richtung verlaufende Kommunikation zur Übermittlung des Angriffssignals an die atomar bewaffneten Trident- und Fast-Attack-U-Boote. Project ELF soll einen massiven koordinierten Angriff mit ballistischen Atomraketen mehrerer U-Boote dirigieren. An Bord eines jeden U-Bootes befinden sich 24 extrem zielgenaue Trident-II-Raketen mit bis zu 192 thermonuklearen Sprengköpfen. Zusammengenommen gleicht die von den Trident-U-Booten ausgehende Bedrohung 80 000 Bombenexplosionen von der Größe der Hiroschima-Bombe. Ungefähr die Hälfte der Trident-U-Boote befindet sich gleichzeitig auf See, ihre Sprengköpfe sind sofort einsatzbereit.

Die Trident-U-Boot-Flotte und ihre ELF-Aktivierung sind das teuerste und tödlichste Waffensystem aller Zeiten. Die gesamten

Langzeitkosten für die Trident-Flotte werden auf 155 Milliarden Dollar geschätzt. Jedes der 18 U-Boote kostet 1,9 Milliarden Dollar.«
Standort Project ELF: Fahren Sie vom WI Highway 77 6,4 Kilometer Richtung Süden auf der County GG. Biegen Sie nach rechts in die Fire Road 173 ein und folgen Sie der Straße 4,7 Kilometer lang. Biegen Sie dann erneut nach rechts in die Fire Road 176 ab und fahren Sie noch 300 Meter weiter. Das vordere Tor von Project ELF befindet sich auf der rechten Seite.

Quelle: Nukewatch

Weitere Informationen finden Sie bei diesen beiden Organisationen: Nukewatch/Coalition to Stop Project ELF und Loaves & Fishes Catholic Worker. (Siehe Liste der Atomwaffengegner)

JOINT DEFENSE SPACE RESEARCH FACILITY (PINE GAP)
Bei Alice Springs, Australien

Pine Gap, die umstrittene Station des amerikanischen Nachrichtendienstes CIA zur Satellitenverfolgung, spielt eine wichtige Rolle für die Befähigung der Vereinigten Staaten, einen Atomkrieg zu führen. Das weltraumgestützte Raketenfrühwarn- und Überwachungssystem in Pine Gap, das Gegenstück zu NORAD (Colorado) auf der südlichen Halbkugel, hat die Aufgabe, einen möglichen Angriff auf die Vereinigten Staaten zu bestätigen und einen Atomkrieg zu beginnen.
Zwei der Bodenantennen gehören zum US-Defense Satellite Communications System. Diese Antennen sind auf geostationäre Satelliten gerichtet, die taktische Raketen, Mittelstrecken- und Interkontinentalraketen erfassen. Die Daten werden unmittelbar an NORAD weitergegeben.
In Pine Gap arbeiten knapp 1000 Menschen, hauptsächlich Angestellte des CIA, und es ist eine der weltweit größten Bodenstationen zur Satellitenkontrolle, deren Spionagesatelliten den Globus umkreisen. Aus den wenigen Informationen, die der Öffentlichkeit zugänglich gemacht werden, lässt sich schließen, dass Pine Gap mit diesen elektronischen Abhörsatelliten umfangreiche Spionage betreibt, Telefon-, Funk-, Datenverbindungen abhört und Kommunikationen anderer Art abfängt. In ihrem 1994 erschienenen Weißbuch »Verteidigung« bekräftigte die australische Regierung ihre Unterstützung für die US-Atomwaffen und bestä-

tigte die Rolle Pine Gaps bei der Überwachung Asiens und des Pazifiks, um die strategischen und wirtschaftlichen Interessen der Vereinigten Staaten und Australiens zu wahren.

Pine Gap könnte auch für das im Rahmen der US-Raketenabwehr vorgesehene Infrarot-Frühwarn- und Bahnverfolgungssatellitensystem (SBIRS), das 2004 in Betrieb gehen soll, als wichtiger Stützpunkt an vorderster Front dienen. Wie die Zeitschrift *Flight International* enthüllte, wollen die Vereinigten Staaten und Australien nicht nur diesen Teil des Raketenabwehrsystems gemeinsam betreiben, sondern darüber hinaus noch ein neues Testgelände in Westaustralien anlegen. Dort könnte die US-Navy seegestützte Raketenabwehrsysteme testen. Man würde Attrappen ballistischer Raketen in Australien zünden, die dann schnell von der US-Navy abgeschossen werden – sofern der Test erfolgreich ist.

Es wird weithin angenommen, dass der beliebte australische Premierminister Gough Whitlam 1975 des Amtes enthoben wurde, weil er im Parlament verkünden wollte, dass Pine Gap vom CIA betrieben wurde und der CIA nicht wollte, das diese Information an die Öffentlichkeit gelangte.

Pine Gap sowie weitere 30 Anlagen gehören zu den von den Vereinigten Staaten und Australien gemeinsam betriebenen Einrichtungen. Bei einem Besuch im Mai 1992 bestätigte US-Verteidigungsminister Dick Cheney (inzwischen US-Vizepräsident), dass man die US-Stützpunkte in Australien im Golfkrieg genutzt hatte. 1991 berichteten amerikanische Zeitungen, man sei in Pine Gap dabei behilflich gewesen, die Steuerung und Flugbahn der US-Patriot-Raketen zu kontrollieren.

Die Vereinigten Staaten arbeiten derzeit an einer Kombination aus Satelliten- und Lasertechnologie, die weit über das hinausgeht, was 1991 gegen den Irak eingesetzt worden war. Pläne, den Weltraum zu militarisieren und zu kontrollieren, werden in einem Dokument namens »Vision for 2020« umrissen. Dazu müssten bodengestützte Satellitenabwehrwaffen (ASATS), weltraumgestützte Satellitenabwehrwaffen und weltraumgestützte Waffen für Angriffe auf die Erde entwickelt werden. Diese Systeme werden von Bodenstationen wie der in Pine Gap (Australien), auf den Marshall Inseln und in anderen Ländern aus gesteuert und koordiniert.

Quellen: John Pike, Federation of American Scientists Intelligence Resource Program; Jennifer Thompson; Ross Dowe; Duncan Campbell; Zohl de Ishtar; Andrew Clar, The Sunday Age.

PRÄSIDENT GEORGE W. BUSH
Präsident der Vereinigten Staaten von Amerika und Oberbefehls-
haber der amerikanischen Streitkräfte
The White House
1600 Pennsylvania Avenue
Washington, DC 20500
USA
Tel.: (001-202) 456-1414 (Weißes Haus)
Fax: (001-202) 456-2561
president@whitehouse.gov

Als Oberbefehlshaber trägt er die Verantwortung für Atomwaffen
und Atomkrieg.

DAS PENTAGON
700 Army Navy Drive (Besuchereingang)
Arlington, VA 22202
USA
Tel. : (001-703) 545-6700

Besuche:
Director, Pentagon Tours
Room 1E776, 1400 Defense Pentagon
Washington, DC 20301-1400
USA
Tel.: (001-703) 695-1776
http://www.defenselink.mil/pubs/pentagon und
http://www.dtic.mil/ref/html/welcome/wlcm.htm
tourschd.pa@sd.mil

Hauptsitz des US-Verteidigungsministeriums.

DONALD H. RUMSFELD
US-Verteidigungsminister
1000 Defense Pentagon
Washington, DC 20301-1000
Tel.: (001-703) 692-7100 (Zentrale)
Bürgertelefon des US-Verteidigungsministeriums:
(001-703) 697-5737
Internetseite für E-Mail-Kontakt:
http://www.defenselink/mil/faq/comment.html#form

Glühender Befürworter der Raketenabwehr und des Kriegs im Weltraum.

PAUL WOLFOWITZ
Stellvertretender US-Verteidigungsminister
1010 Defense Pentagon
Washington, DC 20301-1010
USA
Tel.: (001-703) 692-7150 (Zentrale)
Bürgertelefon des US-Verteidigungsministeriums:
(001-703) 697-5737
Internetseite für E-Mail-Kontakt:
http://www.defenselink/mil/faq/comment.html#form

JOHN BOLTON
Staatssekretär im amerikanischen Außenministerium für Rüstungskontrolle und internationale Sicherheit
Office of the Undersecretary of State for Arms Control and International Security and Senior Advisor to the President and the Secretary of State for Arms Control, Nonproliferation, and Disarmament
Department of State
2201 C Street NW, Room 7208
USA
Tel.: (001-202) 647-1522

Nimmt als Berater eine Schlüsselposition in der Atomwaffenpolitik des Präsidenten ein. John Boltons extrem rechte Ansichten und sein Widerstand gegen eine atomare Abrüstung inspirierten die Zeitung *Boston Globe* zu der Bezeichnung »der Armageddon-Kandidat«. Man ist besorgt, seine Ansichten über Atomwaffen- und Außenpolitik könnten die Wahrscheinlichkeit eines Atomkriegs erhöhen.

SPENCER ABRAHAM
US-Energieminister
U.S. Department of Energy
1000 Independence Ave., SW
Room 7A-257
Washington, DC 20585
USA

Tel.: (001-202) 586-6210; (800) dial-DOE
http://www.energy.gov
the.secretary@doe.gov

Leitet das US-Energieministerium, dem wiederum die Entwicklung von Atomwaffen untersteht. Abraham ist ein aktiver Raketenabwehrbefürworter. Der frühere Senator für Michigan stimmte dafür, 90 Prozent aller giftigen Chemikalien, die von der Industrie gemeldet werden müssen, von der Liste zu streichen, und unterwanderte damit das Recht der Bevölkerung auf Information. Er stimmte auch jedes Mal für den so genannten »Mobile Chernobyl«-Gesetzentwurf, verstrahlte Brennelemente ins 105 Kilometer von Las Vegas entfernte Yucca Mountain zu transportieren.

Standorte der meisten einsetzbaren US-Atomwaffen

Die meisten US-Atomwaffen befinden sich an den unten aufgeführten Standorten. Die Liste umfasst sowohl strategische als auch taktische Systeme.

1. Waffen der US-Navy

Naval Base, Kings Bay, Georgia
Naval Base, Bangor, Washington
(In Kings Bay und Bangor sind die 18 US-Trident-U-Boote untergebracht, die mit C4- und D5-Raketen bestückt sind.)

2. Waffen der US-Air Force

Nellis Air Force Base (AFB), Las Vegas, Nevada
Whiteman AFB, Knob Knoster, Missouri
Barksdale AFB, Minot, North Dakota (Silofeld mit 150 Raketen)
Malstrom AFB, Great Falls, Montana (Silofeld mit 200 Raketen, lagert alte Interkontinentalraketen)
F. E. Warren AFB, Cheyenne, Wyoming (Silofeld mit 200 Raketen – 150 Minuteman-III und 50 MX-Raketen, zusammen mit Colorado und Nebraska)
Kirtland AFB, Albuquerque, New Mexico

3. US-Atomsprengköpfe in Übersee

Laut Admiral Eugene Carroll vom Center for Defense Information
»befinden sich (insgesamt) schätzungsweise 150 bis 200 taktische
US-Atombomben auf sieben NATO-Stützpunkten in Europa«.
Die Standorte aller Atomwaffen weltweit, einschließlich der russischen und chinesischen Waffen, finden Sie auf der Internetseite
http://www.nrdc.org/nuclear/tkstock/p53-94.pdf (zum Öffnen
der Seite benötigen Sie das Programm Adobe Acrobat Reader).*
*Quellen: Center for Defense Information; Nukewatch; Stephen
Schwartz, Bulletin of the Atomic Scientists; Natural Resources Defense Council; the Brookings Institution und Bill Sulzman.*

Lagerung von Materialien für den Bau von Atomwaffen

Pantex Plant
P.O. Box 30020
Amarillo, Texas
USA
Tel.: (001-806) 477-3000
http://www.pantex.com

Hier lagern große Mengen Material in Form so genannter Atom-
blöcke (Plutonium- und Uranblöcke, die als Zünder dienen). Sie
wurden aus den seit 1992 abgebauten Waffen entfernt.

Department of Energy
Westinghouse Savannah River Company Site
Aiken, South Carolina
USA
Tel.: 601 – (803) 725-6211; (803) 725-3011
http://sro.srs.gov

---

* Die Website informiert über folgende Standorte amerikanischer Waffen
im europäischen Raum: Belgien (kleine Brogel nähe Meeuen), Deutschland (Büchel, Ramstein, Spangdahlem), Griechenland (Araxos nahe Pa-
tras), Italien (Aviano nahe Udine, Ghedi-Torre nahe Brescia), Niederlande (Volkel), Türkei (Incirlik nahe Adana), Großbritannien (RAF Laken-
heath nahe Cambridge). (Anm. d. Übers.)
Es handelt sich dabei um die Überreste des so genannten »Atomschirms«, der aus 7000 Atomwaffen bestand, die im Kalten Krieg für den
NATO-Einsatz in Europa stationiert waren. Weitere Informationen finden Sie auf den oben angeführten Internetseiten.

Hier lagern ausgebaute Sekundärmechanismen für thermonukleare Waffen. Hier werden seit 1951 Atommaterialien hergestellt. *Quelle: Center for Defense Information.*

Wichtige Test- und Forschungsanlagen für die Raketenabwehr

Redstone Arsenal
U.S. Army Strategic Space and Missile Defense Command
106 Wynn Drive
Huntsville, AL 35807
USA
Tel.: (001-256) 955-5369; (256) 876-2151
http://www.redstone.army.mil

Weitere Informationen finden Sie unter dem Eintrag »Boeing« in der Liste der Atomwaffenhersteller.

Joint National Test Facility
730 Irwin Avenue
Schriever AFB, CO 80912-7300
USA
Tel.: (001-719) 567-9202
http://www.jntf.osd.mil/
jntf.info@jntf.osd.mil

Neben Redstone eine wichtige Raketenabwehrtestanlage. Auf der Internetseite heißt es: »Das derzeit wichtigste Projekt der JNTF-DS ist *Wargame 2000*, eine interaktive, geheime Raketenabwehrsimulation der Befehls- und Steuervorgänge in Echtzeit. *Wargame 2000* soll eine simulierte Kampfumgebung erzeugen, die es den kriegsführenden Kommandanten, ihrem Stab und dem Käufer erlauben wird, die Konzepte für die Operationsführung (CONOPS) in der Raketen- und Luftabwehr zu prüfen.« Die Anlage wird von TRW und Boeing betrieben.

Vandenberg Air Force Base
Visitor Center, Building Number 1796
Vandenberg AFB, CA 93437
Befindet sich am Highway 1, 89 Kilometer nördlich von Santa Barbara, Kalifornien

USA
Tel.: (001-805) 606-7662
http://www.vafb.af.mil
Testgelände für Raketenabwehrstarts. Siehe
http://mocc.vafv.af.mil/launchsched.asp hinsichtlich der geplanten Atomtests.

Space Command Headquarters
Peterson Air Force Base
Directorate of Public Affairs
Headquarters, U.S. Space Command
250 S. Peterson Blvd, Suite 116
Peterson AFB, CO 80914-3190
USA
Tel.: (001-719) 554-6889
http://www.cheyennemountain.af.mil

Weitere Informationen finden Sie in der Liste der Atomwaffenkontrollzentren.

Patrick Air Force Base/Cape Canaveral
Public Affairs
45 SW/PA
1201 Edward H. White II Street
Patrick AFB, FL 32925
USA
Tel.: (001-321) 494-1110

Befindet sich südlich von Cocoa Beach, Florida. In Cape werden die Raketen getestet, und Patrick verwaltet sie.

Los Angeles Air Force Base
The Space and Missile Systems Center
Office of Public Affairs
2420 Vela Way Suite 1467
El Segundo, CA 90245
USA
Tel.: (001-310) 363-0030
http://www.losangeles.af.mil

Leitet das Programm zur Entwicklung eines weltraumgestützten Lasers.

Kirtland Air Force Base
Public Affairs
1680 Texas Street SE
Kirtland AFB, NM 87117
USA
Tel.: (001-505) 846-0011 (Vermittlung)
Tel.: (001-505) 846-5500 (Defense Threat Reduction Agency)
http://www.kirtland.af.mil

Hier befinden sich die Defense Nuclear Weapons School und das Nuclear Weapons Product Support Center.

Missile Test Center
NASA Stennis Space Center
Stennis Space Center, MI 39529
USA
Tel.: (001-800) 237-1821
http://www.ssc.nasa.gov

Hier finden die Raketenabwehr-Tests von Lockheed Martin statt.

Anmerkung: Fort Greely und die Insel Kodiak in Alaska sind als Kandidaten für ein großes »Testbett« im Pazifik vorgesehen, das realistischere Abfangtests ermöglichen soll. Derzeit finden die einzigen integrierten Tests von Abfangflugkörpern zur Vernichtung von Langstreckenraketen auf einem US-Testgelände auf dem Kwajalein Atoll statt, das zur Republik der Marshall-Inseln gehört. In Thule, Grönland, befindet sich eine Radarstation, die nachgerüstet wird, wenn das Raketenabwehrprogramm fortgesetzt wird. (Grönland gehört zu Dänemark, das dieser Aufrüstung zustimmen muss.) Die Insel Shemya, Teil der Inselkette der Aleuten in Alaska, ist als Standort für eine Radarstation des Raketenabwehrsystems und 100 Abfangraketen im Gespräch. Für die Radargeräte in den Vereinigten Staaten (unter anderem in Cape Cod, Massachusetts, und Beale Air Force Base, Kalifornien) und Großbritannien ist eine Nachrüstung geplant. Der CIA-Stützpunkt Pine Gap in Australien könnte eine Schlüsselposition in der Raketenabwehr einnehmen.

Quelle: Global Network Agains Weapons and Nuclear Power in Space.

Organisationen, Medien und Institutionen zu Frieden und Abrüstung international

Übergeordnete Stellen und Behörden

NATO Generalsekretariat: Internet: http://www.nato.int/

Greenpeace International: Keizersgracht 17 6, NL-1016 Amsterdam, Tel.: 0031/20/5236222, Fax: 0031/20/5236200, E-Mail: greenpeace.international@green2.dat.de Internet: http://www.greenpeace.org

OSZE: Kärntner Ring 5-7/4. Et., A- 1010 Wien, Tel: 0043/1/51436180, Fax: 0043/1/51436105, E-Mail: info@osce.org, Internet: http://www.osce.org

WISE International (World Information Service on Energy): PO Box 59636, NL- 1040 LC Amsterdam, Tel.: 0031/20/6126368, Fax: 0031/20/6892179,E-Mail: wisemaster@antenna.nl, Internet: http://www.antenna.nl/wise/index.html

Deutschland
ORGANISATIONEN, GRUPPEN UND MEDIEN
Diese Liste ist keinesfalls vollständig. Es gibt zahlreiche weitere lokale und regionale Organisationen, Informationen zu Zusammenschlüssen im In- und Ausland finden sich unter: www.friedenskooperative.de

Aktion Sühnezeichen Friedensdienste (ASF): Auguststr. 80, 10117 Berlin, Tel.: 030/28395-184, Fax· 030/28395135, E-Mail: asf@asf-ev.de, Internet: http://www.asf-ev.de

Aktionsgemeinschaft Dienst für den Frieden (AGDF): Blücherstr. 14, 53115 Bonn, Tel.: 0228/24999-0, Fax: 0228/2499920, E-Mail: agdf@friedensdienst.de, Internet: http://www.friedensdienst.de

Anti-Kriegs-Museum: Brüsseler Str. 21, 13353 Berlin, Tel.: 030/45490119, E-Mail: anti-kriegs-museum@gmx.de, Internet: http://www.dhm.de/museen/akm

Arbeitsgemeinschaft Frieden (AGF): AGF e.V., Pfützenstr. 1,
54290 Trier, Tel.: 0651/9941017, Fax: 0651/9941018,
E-Mail: agf_trier@t-online.de, Internet: http://www.agf-trier.de

Arbeitsgemeinschaft Friedenspädagogik (AGFP): AGFP e.V.,
Untere Weidenstr. 12, 81543 München, Tel.: 089/6518222,
Fax: 089/668651, E-Mail: grasse@agfp.de, Internet:
http://www.agfp.de

**Archiv Aktiv – Auswertung & Anregung für gewaltfreie Bewe-
gung:** Archiv Aktiv, Sternschanze 1, 20357 Hamburg,
Tel.: 040/4302046, Fax: 040/40186847,
E-Mail: info@archiv-aktiv.org,
Internet: http://www.archiv-aktiv.org

Balkan Peace Team – International: Ringstr. 9a, 32423 Minden,
Tel.: 0571/20776, Fax: 0571/23109, E-Mail: bpt@balkanpeace-
team.org, Internet: http://www.balkanpeaceteam.org

**Beratung für Kriegsdienstverweigerer / Friedenspädagogische
Medienstelle:** c/o Ökumenisches Zentrum, Christian Bartolf,
Schönwalder Str. 23, 13585 Berlin, Tel./Fax: 030/3368073,
E-Mail:kdv@snafu.de, Internet: http://home.snafu.de/kdv

Berliner Friedenskoordination (Friko Berlin): c/o Laura von
Wimmersperg, Hauptstr. 37, 10827 Berlin, Tel.: 030/7823382 p.,
Fax: 030/7823382, E-Mail: info@friko-berlin.de,
Internet: http://www.friko-berlin.de

Bessere Welt Links (Norberts Bookmarks für engagierte Leute):
(ausführlich und zu fast allen politisch interessanten Themen:
Frieden, Militär, Konfliktregionen, Umwelt, Menschenrechte,
Dritte Welt, Soziales, Religionen, Frauen, Bildung, Wirtschaft und
Nachrichten, E-Mail: norbert@dfg-vk.de,
Internet: http://www.bessereweltlinks.de

Bildungswerk Umbruch (ehem. DFG-VK Bildungswerk NRW):
Braunschweigerstr.22, 44145 Dortmund, Tel.: 0231/818032,
Fax: 0231/818031, E-Mail: hallo@umbruch-bildungswerk.de,
Internet: http://www.umbruch-bildungswerk.de

BUKO-Kampagne Stoppt den Rüstungsexport: Buchstr. 14-15,
28195 Bremen, Tel.: 0421/326045, Fax: 0421/3378177,
E-Mail: stop-arms-trade@t-online.de,
Internet: http://home.t-online.de/home/rexbuko/buko.htm

Bund für Soziale Verteidigung (BSV): Infos im Verbund mit diesem Server: Bund für Soziale Verteidigung (BSV), Schwarzer Weg 8, 32423 Minden, Tel.: 0571/29456, Fax: 0571/23019, E-Mail: soziale_verteidigung@t-online.de, Internet: http://www.soziale-verteidigung.de

Bundesausschuss Friedensratschlag: c/o DGB-Kassel, Spohrstr. 6, 34117 Kassel, E-Mail: strutype@hrz.uni-kassel.de, Internet: http://www.friedensratschlag.de

Bürgerinitiative für Frieden und Abrüstung (BIFA): BIFA c/o Friedensbüro, Isabellastr. 6, 80798 München, E-Mail: f.iberl@amazonas.comlink.apc.org, Internet: http://www.muenchner-friedensbuendnis.de/~bifa

Christlicher Friedensdienst (cfd) e.V.: Rendeler Str. 9-11, 60385 Frankfurt, Tel.: 069/459071, Fax: 069/461213, E-Mail: 106713.2442@compuserve.com, Internet: http://ourworld.compuserve.com/homepages/christlicherfriedensdienst

Connection e.V. (Netzwerk für Unterstützung von Deserteuren, KDV im Krieg): Gerberstr.5, 63065 Offenbach, Tel.: 069/82375534, Fax: 069/82375535, E-Mail: office@connection-ev.de, Internet: http://www.connection-ev.de

Deutsche Friedensgesellschaft – Vereinigte KriegdienstgegnerInnen (DFG-VK): Bundesgeschäftsstelle, Schwanenstr.16, 42551 Velbert, Tel.: 02051/4217, Fax: 02051/4210, E-Mail: info@dfg-vk.de, Internet: http://www.dfg-vk.de

Deutscher Friedensrat: c/o Bärbel Schindler-Saefkow, Platz der Vereinten Nationen 7, 10249 Berlin, Tel.: 030/4265290, Fax: 030/42017338, E-Mail: saefkow-berlin@t-online.de

Dortmunder Friedensforum: c/o Willi Hoffmeister, Magdeburgerstr. 10,44145 Dortmund, Tel.: 0231/8631138, Fax: 0231/8631138

Europäischer Friedens- und KDV-Kongress: Postfach 4124, 49031 Osnabrück, Tel.: 0541/260650, Fax: 0541/260680, E-Mail: PeaceCongress1998@t-online.de, Internet: http://www.dfg-vk.de/peacecongress1998

Evangelische Arbeitsgemeinschaft für KDV(EAK): EAK, Carl-Schurz-Str. 17, 28209 Bremen, Tel.: 0421/344037, Fax: 0421/3491961: E-Mail: eak-brd@t-online.de, Internet: http://www.eak-online.de

Evangelische Studierendengemeinden (ESG): Geschäftsstelle
der ESG in der BRD, Berliner Str. 69, 13189 Berlin,
Tel.: 030/446738-0, Fax: 030/446738-20,
E-Mail: gs@bundes-esg.de, Internet: http://www.bundes-esg.de

**Forum InformatikerInnen für Frieden und gesellschaftliche
Verantwortung e.V. (FIFF):** FIFF, z.H. Fr. Hülsmann, Medem-
stade 64, 21775 Ihlienworth, Tel.: 04755/911154, Fax: 04755/911026,
E-Mail: fiff@fiff.de, Internet: http://www.fiff.de

Forum Ziviler Friedensdienst (FZFD): Forum Ziviler Friedens-
dienst, Wesselstr. 12, 53113 Bonn, Tel.: 0228/9814515,
Fax: 0228/9814517, E-Mail: forumzfd@t-online.de,
Internet: http://www.forumzfd.de

Frauen in Schwarz Hamburg: Frauen in Schwarz, Irmgard Buse-
mann, Marderstraat 34, 22399 Hamburg, Tel.: 040/6063070,
E-Mail: busemann-hamburg@t-online.de,
Internet: http://frauen-in-schwarz.bei.t-online.de

Frauennetzwerk für Frieden (FNF): Infos im Verbund mit diesem
Server: Frauennetzwerk für Frieden (FNF), c/o Heide Schütz,
Maarweg 47, 53123 Bonn, Tel.: 0228/623835, Fax: 0228/626780,
E-Mail: fn.frieden@t-online.de,
Internet: http://www.friedenskooperative.de/fnf.htm

Friedensmuseum Nürnberg e.V.: Kaulbachstr. 2, 90408 Nürnberg,
Internet: http://www.friedensmuseum.odn.de

Friedenszentrum Martin Niemöller Haus e.V.: Pacelliallee 61,
14195 Berlin, Tel.: 030/84109951, Fax: 030/84109952,
E-Mail: peacecenter@t-online.de,
Internet: http://www.friedensdienst.de/all/org.fnh/index.html

Friedens- und Begegnungstätte Mutlangen: Forstr. 3,
73577 Mutlangen, Tel.: 07171/75661, Fax: 07171/795384, E-Mail:
post@pressehuette.de, Internet: http://www.pressehuette.de

Gandhi Informations Zentrum: Postfach 210109, 10501 Berlin:
E-Mail: mkgandhi@berlin.snafu.de,
Internet: http://home.snafu.de/mkgandhi

Gesellschaft »Kultur des Friedens«: Am Lustnauer Tor 4,
72074 Tübingen, Tel.: 07071/52200, Fax: 07071/24905,
E-Mail: culture-of-peace@t-online.de,
Internet: http://www.culture-of-peace.org

Gewaltfreie Aktion Atomwaffen abschaffen (GAAA): c/o Roland Blach, Lenzhalde 53, 70806 Kornwestheim, Tel.: 07154/22026, E-Mail: roblach@s.netic.de, Internet: http://www.gaaa.org

Göttinger Friedensbüro: Infos im Verbund mit diesem Server: Göttinger Friedensbüro, Gotmarstr. 3, 37073 Göttingen, Tel.: 0551/45074, Fax: 0551/45139, E-Mail: friedensbuero-goettingen@web.de, Internet: http://www.friedenskooperative.de/netzwerk/goettfb.htm

Greenpeace, Große Elbstr. 39, 22767 Hamburg, Tel.: 040/30618-0, Fax: 040/30618100, E-Mail: mail@greenpeace.de, Internet: http://www.greenpeace.de

Haager Friedenskonferenz – Hague Appeal of Peace: Lars Albath, Wilhelmitorwall 11, 38118 Braunschweig, Tel.: 0531/40934, Fax: 0531/40934, E-Mail: lars_albath@hotmail.com, Internet: http://www.haguepeace.org

Illoyal – Zeitschrift der Kampagne gegen Wehrpflicht: Redaktion Illoyal, Oranienstr. 25, 10999 Berlin, Tel.: 030/615005-30, Fax: 030/61500529, E-Mail: illoyal@kampagne.de, Internet: http://www.illoyal.kampagne.de

Informationsbüro Heilbronner Friedensgruppen: Am Wollhaus 13, 74072 Heilbronn, Tel.: 07131/962627, Fax: 07131/506741, E-Mail: friedensbewegung.heilbronn@t-online.de

Informationsstelle für Friedensarbeit: Infostelle für Friedensarbeit, Hans Peter Mortier, Fichtenweg 1, 53340 Meckenheim, Tel.: 02225/15995, E-Mail: HP.Mortier-Infostelle@gmx.de

Informationsstelle Militarisierung (IMI): Hechingerstr. 203, 72072 Tübingen, Tel.: 07071/49154, Fax: 07071/49159, E-Mail: imi@gaia.de, Internet: http://www.imi-online.de

Initiative für Frieden, Internationalen Ausgleich und Sicherheit (IFIAS): IFIAS, c/o Oppelener Str. 130, 53119 Bonn, Tel. 0228/6685-214, Fax: 0228/6685-229, E-Mail: ifias@ifias.net, Internet: http://www.ifias.net

Institut für Friedenspädagogik: Corrensstr. 12, 72076 Tübingen, Tel.: 07071/920510, Fax: 07071/920511, E-Mail: kontakt@friedenspaedagogik.de, Internet: http://www.friedenspaedagogik.de

Interdisziplinäre Arbeitsgruppe Naturwissenschaft, Technik und Sicherheit (IANUS): c/o Institut für Kernphysik, Hochschulstr. 4a/S2-09, 64289 Darmstadt, Tel.: 06151/16-3016, Fax: 06151/166039, E-Mail: ianus@hrzpub.tu-darmstadt.de, Internet: http://www.ianus.tu-darmstadt.de/ianus/welcome.htm

International Network of Engineers and Scientists Against Proliferation (INESAP): c/o Institut für Kernphysik, Hochschulstr. 4a/S2-09, 64289 Darmstadt, Tel.: 06151/16-3016, Fax: 06151/16-6039, E-Mail: inesap@hrzpub.tu-darmstadt.de, Internet: http://www.inesap.org

Internationale Ärzte für die Verhütung des Atomkriegs – Ärzte in Sozialer Verantwortung (IPPNW): Körtestr. 10, 10967 Berlin, Tel.: 030/6930244, Fax: 030/6938166 E-Mail: ippnw@ippnw.de, Internet: http://www.ippnw.de

Internationale Frauenliga für Frieden und Freiheit (IFFF): IFFF-Deutsche Sektion, Vors.: Irmgard Heilberger, St. Michaelweg 2a, 86476 Neunburg, Tel.: 08283/92927, Fax: 08283/92929, Internet: http://www.frauennews.de/weltweit/frieden/ifff.htm

Internationales FrauenFriedensarchiv: Lothringer Str. 64, 46045 Oberhausen, Tel.: 0208/853607, Fax: 0208/853716, E-Mail: friedensa@aol.com, Internet: http://www.frauen-news.de/themen/weltweit/frieden/iffa.htm

JuristInnen gegen ABC-Waffen, deutsche Sektion der IALANA: IALANA, Dr. Philipp Boos, Wilhelm-Roser-Str. 25, 35037 Marburg, Tel.: 06421/23027, Fax: 06421/15828, E-Mail: info@ialana.de

Kampagne gegen Wehrpflicht: Kopenhagener Str. 71, 10437 Berlin, Tel.: 030/440130-0, Fax: 030/44013029, E-Mail: info@kampagne.de, Internet: http://www.kampagne.de

Komitee für Grundrechte und Demokratie: Infos im Verbund mit diesem Server: Komitee für Grundrechte und Demokratie, Aquinostr. 7-11, 50670 Köln, Tel.: 0221/9726920 oder 9726930, Fax: 0221/9726931, E-Mail: Grundrechtekomitee@t-online.de, Internet: http://www.grundrechtekomitee.de

Martin-Luther-King-Zentrum: Am Torbogen 5, 08412 Werdau, Tel.: 03761/58181, Fax: 03761/58181, E-Mail: info@martin-luther-king-zentrum.de, Internet: http://www.martin-luther-king-zentrum.de

Naturwissenschaftler Initiative – Verantwortung für den Frieden (NaWi): Gutenbergstr. 13, 44139 Dortmund, Tel.: 0231/575202, Fax: 0231/575210, E-Mail: ines_nat@t-online.de Internet: http://www.natwiss.de

Netzwerk Friedenskooperative: Römerstr. 88, 53111 Bonn, Tel.: 0228/692904, Fax: 0228/692906, E-Mail: friekoop@bonn.comlink.org, Internet: http://www.friedenskooperative.de

Netzwerk Friedenssteuer: E-Mail: netzwerk-friedensteuer@web.de Internet: http://www.netzwerk-friedenssteuer.de

Nuclear-Free Future Award: Nuclear-Free Future Award, Claus Biegert, Schellingstr. 24 Rgb, 80799 München, Tel.: 089/28659714, Fax: 089/28659715, E-Mail: cb@nuclear-free.com Internet: http://www.nuclear-free.com

Ohne Rüstung Leben (ORL): ORL, Arndtstr. 31, 70197 Stuttgart, Tel.: 0711/608396, Fax: 0711/608357, E-Mail: orl@gaia.de, Internet: http://www.friedensdienst.de/lokale/org.orl/

Ökopax e.V.: c/o Uta Deitert, Peter-Haupt-Str. 84a, 97080 Würzburg, Tel.: 0931/960684, Fax: 0931/960561

PAX AN! AK Frieden Köln: c/o Rolf-R. Noack, Riehler Gürtel 10, 50735 Köln, Tel.: 0221/7602307, E-Mail: pax-an-koeln@web.de, Internet: http://www.is-koeln.de/paxan/

Pax Christi – deutsche Sektion: Postfach 1345, 61103 Bad Vilbel, Tel.: 06101/2073, Fax: 06101/65165, E-Mail: sekretariat@paxchristi.de, Internet: http://www.paxchristi.de

Pädagoginnen und Pädagogen für den Frieden (PPF): Kölner Str.11, 57072 Siegen, Tel.: 0271/20596, Fax: 0271/2390985, E-Mail: nolzpopp@t-online.de, Internet: http://www.friedenskultur.de

Peace Brigades International (PBI): PBI, Hohenesch 72, 22765 Hamburg, Tel.: 040/3806903, Fax: 040/3869417, E-Mail: pbiger@shalom.life.de, Internet: http://www.pbi-deutschland.de

Service Civil International (SCI): Bundesvorstand, Blücherstr. 14, 53115 Bonn, Tel.: 0228/212086, Fax: 0228/264234, E-Mail: info@sci-d.de, Internet: http://www.sci-d.de

Ständiger Arbeitsausschuss für Frieden und Verständigung (SAFIV): Postfach 15 05 67, 10667 Berlin, Tel.: 030/8815578, Fax: 030/8836864, E-Mail: ifs@glasnost.de, Internet: http://www.glasnost.de/ifs/ifs9702a.html

Steuern zu Pflugscharen: c/o Martin Arnold, Neisse Str. 4, 45136 Essen, Tel.: 0201/255282 E-Mail: martin.arnold@privat.post.de, Internet: http://www.guetekraft.net

Vereinigung der Verfolgten des Naziregimes – Bund der Antifaschisten (VVN-BdA): VN-BdA Bundesgeschäftsstelle, Rolandstr. 16, 30161 Hannover, Tel.: 0511/331136, Fax: 0511/3360221: E-Mail: bundesbuero@vvn-bda.de, Internet: http://www.vvn-bda.de

Versöhnungsbund e.V. – deutscher Zweig: Postfach 3291, 32389 Minden, Tel.: 0571/850875, Fax: 0571/850875, E-Mail: info@versoehnungsbund.de, Internet: http://www.versoehnungsbund.de

Zentralstelle für Recht und Schutz der Kriegsdienstverweigerer: Dammweg 20, 28211 Bremen, Tel.: 0421/340025, Fax: 0421/3479630, E-Mail: zentralstelle.kdv@t-online.de, Internet: http://www.zentralstelle-kdv.de

INSTITUTIONEN AUS DER FRIEDENSFORSCHUNG

Arbeitsgemeinschaft für Friedens- und Konfliktforschung (AFK): E-Mail: afk@fernuni-hagen.de, Internet: http://www.bicc.de/coop/afk/

Arbeitsgemeinschaft Kriegsursachenforschung (AKUF) der Uni Hamburg, AKUF Uni HH, Allende-Platz 1, 20146 Hamburg, Tel.: 040/4123-2087, Fax: 040/41232460, E-Mail: akuf@sozialwiss.uni-hamburg.de, Internet: http://www.akuf.de

Arbeitsstelle Friedensforschung (AFB): Beethovenallee 4, 53173 Bonn, Tel.: 0228/356032, Fax: 0228/356050, E-Mail: afb@priub.org, Internet: http://www.priub.org

Berghof Forschungszentrum für konstruktive Konfliktbearbeitung: Altensteinstr. 48 a, 14195 Berlin, Tel.: 030/8318090/99, Fax: 030/8315985, E-Mail: n.n@berghof-center.org, Internet: http://www.berghof-center.org

Berlin Information Center for Transatlantic Security (BITS):
BITS, Rykestr. 13, 10405 Berlin, Tel.: 030/4426042, Fax:
030/4410221, E-Mail: bits@bits.de, Internet: http://www.bits.de

Bonn International Center for Conversion (BICC): An der Elisa-
bethkirche 25, 53111 Bonn, Tel.: 0228/91196-0, Fax: 0228/241215,
E-Mail: bicc@bicc.de, Internet: http://www.bicc.de

**Bremische Stiftung für Rüstungskonversion und Friedensfor-
schung:** Goetheplatz 4, 28203 Bremen, Tel.: 0421/326830,
Fax: 0421/3648946, E-Mail: bremische.stiftung@t-online.de,

Deutsche Stiftung Friedensforschung (DSF): DSF, Thomas Held,
Am Ledenhof 3-5, 49074 Osnabrück, Tel.: 0541/600-3542,
Fax: 0541/60079039, E-Mail: dsf@osnanet.de,
Internet: http://www.bundesstiftung-friedensforschung.de

Diskurswerkstatt: c/o Andreas Disselnkötter, Oskar-Hoff-
mannstr. 130, 44789 Bochum, Tel.: 0234/331249,
E-Mail: disselnk@mail.fb15.uni-dortmund.de

Forschungsinstitut für Friedenspolitik (FF): Postfach 1251,
82352 Weilheim, Tel.: 0881/4586, Fax: 0881/2080, E-Mail: info@ffi-
weilheim.de, Internet: http://www.ffi-weilheim.de

**Forschungsstätte der Evangelischen Studiengemeinschaft
(FEST):** FEST, Schmeilweg 5, 69118 Heidelberg,
Tel.: 06221/9122-0, Fax: 06221/167257, E-Mail: info@fest-heidel-
berg.de, Internet: http://www.fest-heidelberg.de

**Forschungsverbund Naturwissenschaft, Abrüstung und inter-
nationale Sicherheit (FONAS):** Uni Hamburg, FB Mathematik,
Bundesstr. 55, 20146 Hamburg, Tel.: 040/4123-4106,
Fax: 040/41235260,
Internet: http://www.math.uni-hamburg.de/home/fonas

**Heidelberger Institut für Internationale Konfliktforschung
(HIIK) am Institut für Politische Wissenschaft der Universität
Heidelberg:** HIIK, Marstallstr. 6, 69117 Heidelberg,
Tel.: 06221/54-3198, Fax: 06221/54-2896, E-Mail: info@hiik.de,
Internet: http://www.hiik.de

**Hessische Stiftung für Friedens- und Konfliktforschung
(HSFK):** Leimenrode 29, 60322 Frankfurt, Tel.: 069/959104-0, Fax:
069/558481, E-Mail: info@hsfk.de, Internet: http://www.hsfk.de

Informationsstelle Wissenschaft und Frieden (IWIF): Reuterstr. 44, 53113 Bonn, Tel.: 0228/210744, Fax: 0228/214924; E-Mail: W-u-F@t-online.de, Internet: http://www.iwif.de

Institut für Entwicklung und Frieden (INEF): Geibelstr. 41, 47057 Duisburg, Tel.: 0203/3789-420, E-Mail: inef@uni-duisburg.de, Internet: http://www.inef.de

Institut für Friedensforschung Uni Hamburg (IFSH): IFSH, Falkenstein 1, 22587 Hamburg, Tel.: 040/869054, Fax: 040/8663615, E-Mail: ifsh@rrz.uni-hamburg.de, Internet: http://www.ifsh.de

Institut für Friedensarbeit und Gewaltfreiheit (IFGK): Hauptstr. 35, 55491 Wahlenau, Tel.: 06543/980096, E-Mail: jetzistgu@aol.com, Internet: http://www.ifgk.de

Institut für interdisziplinäre Konflikt- und Gewaltforschung: Universitätsstr. 25, 33615 Bielefeld, Tel.: 0521/106-3165, Fax: 0521/1066415, E-Mail: ikg@uni-bielefeld.de, Internet: http://www.uni-bielefeld.de/ikg/

Institut für internationale Politik (IIP): Rykestr. 13, 10405 Berlin, Tel.: 030/4410218, Fax: 030/4410221

International Network of Engineers and Scientists for Global Responsibility (INES): E-Mail: INES_nat@t-online.de, Internet: http://www.inesglobal.org

LAG Friedenswissenschaft in NRW: c/o Fernuniversität Hagen, Im Dünningsbruch 9, 58084 Hagen, Tel.: 02331/987-4797, E-Mail: Christiane.Lammers@fernuni-hagen.de

Plattform zivile Konfliktbearbeitung: Barbara Müller, E-Mail: sekretariat@konfliktbearbeitung.net, Internet: http://www.konfliktbearbeitung.net

Projektverbund Friedens- und Konfliktforschung in Niedersachsen: Uni Osnabrück, FB Psychologie, Dr. Gudrun Schwarzer, Seminarstr. 20, 49069 Osnabrück, Tel.: 0541/969-4803, Fax: 0541/9694763, Internet: http://www.psycho.uni-osnabrueck.de/fach/sozialps/www/pfk.htm

Schleswig-Holsteinisches Institut für Friedenswissenwissenschaften (SCHIFF): Kaiserstr. 2 (Geb. B), 24143 Kiel, Tel.: 0431/77572-856, Fax: 0431/77572-852, E-Mail: schiff@schiff.uni-kiel.de, Internet: http://www.schiff.uni-kiel.de

Stiftung Entwicklung & Frieden (SEF): SEF, Gotenstr. 152, 53175 Bonn, Tel.: 0228/95925-0, Fax: 0228/9592599, E-Mail: sef.bonn@t-online.de, Internet: http://www.sef-bonn.org

Stiftung Wissenschaft und Politik (SWP): Ludwigkirchplatz 3-4, 10719 Berlin E-Mail: swp@swp-berlin.org, Internet: http://www.swp-berlin.org

Studien-Gesellschaft für Friedensforschung e.V.: Aldringenstr. 10/I, 80639 München, Tel.: 089/160637, Fax: 089/167458, E-Mail: info@studiengesellschaft-friedensforschung.de, Internet: http://www.studiengesellschaft-friedensforschung.de

Sunshine Project: Sunshine Project, Jan van Aken, Scheplerstr. 78, 22767 Hamburg, Tel.: 040/43188001, E-Mail: van.aken@sunshine-project.org, Internet: http://www.sunshine-project.de

Österreich
ORGANISATIONEN, GRUPPEN UND MEDIEN

Aktionsgemeinschaft Christen für die Friedensbewegung: Oeverseestr. 2 c, A- 1150 Wien

alpen adria alternaltiv – Zeitschrift der Alpen Adria Friedensbewegung: alpen adria alternativ, Rathausgasse 8, A- 9500 Villach, Tel.: 0043/4242/22864, Fax: 0043/4242/238396, E-Mail: alpen-adria-alternativ@carinthia.com, Internet: http://members.austro.net/aaa

Arbeitsgemeinschaft für Wehrdienstverweigerung und Gewaltfreiheit: ARGE, Rechbauerstraße 12, A- 8010 Graz, Tel.: 00 43/316/8735108, Fax: 00 43/316/8738115, E-Mail: arge-kdv@htu.tu-graz.ac.at, Internet: http://oeh.tu-graz.ac.at/~arge-kdv/

Begegnungszentrum für aktive Gewaltlosigkeit: St. Wolfgangerstr. 26, A- 4820 Bad Ischl, Tel.: 0043/6132/24590, E-Mail: mareichl@ping.at, Internet: http://www.begegnungszentrum.at

Context XXI (österreichische Friedenszeitung): c/o ARGE, Schottengasse 3A/59, A- 1010 Wien, Tel.: 0043/1/5351106, Fax: 0043/1/5327416, E-Mail: contextxxi@mediaweb.at, Internet: http://contextxxi.mediaweb.at

Friedensbüro Salzburg: Steingasse 47/2, A- 5020 Salzburg,
Tel.: 0043/662/873206, Fax: 0043/662/873206,
E-Mail: friedensbuero@salzburg.co.at,
Internet: http://www.salzburg.co.at/friedensbuero

Friedenswerkstatt Linz: Dinghoferstr. 27, A- 4020 Linz,
Tel.: 0043/0732/771094, Fax: 0043/0732/797391,
E-Mail: friwe@servus.at, Internet: http://www.friwe.at

Friedenswerkstatt Steyr: c/o Ingrid Lackinger, Puchstr. 17,
A- 4400 Steyr, Tel.: 0043/7252/76866, Fax: 0043/7252/87050

Initiative Österreich ohne Heer: Schottengasse 3A/I/4/59,
A- 1010 Wien, Tel.: 0043/1/5331238, Fax: 0043/1/637416

Internationaler Versöhnungsbund (VB): VB, Lederer-
gasse 23/III/27, A- 1080 Wien, Tel.: 0043/1/4071336,
Fax: 0043/1/4071336, E-Mail: ivb@vip.at, Internet:
http://www.friedensnetzwerk.at/stories/storyReader$28

Österreichische Friedensdienste: Mengerstr. 23, A-4040 Linz,
Tel.: 0043/732/244011-56, Fax: 0043/732/244011-72

Österreichischer Friedensrat / Friedensbüro Wien: Kölbl-
gasse 18/1, A-1030 Wien, Tel.: 0043/1/7965021,
Fax: 0043/1/7965021, E-Mail: pax.vienna@aon.at,
Internet: http://www.hiroshima.at/friedensbuero.htm

Pax Christi Österreich: Mengerstr. 23, A- 4040 Linz,
Tel.: 0043/732/24401167, Fax: 0043/732/24401172,
E-Mail: pax@m2.khg-heim.uni-linz.ac.at, Internet:
http://www.madonna.khg-heim.uni-linz.ac.at/pax/pax.html

INSTITUTIONEN AUS DER FRIEDENSFORSCHUNG

Österreichisches Friedenszentrum Burg Schlaining: Haupt-
platz 3, A- 7461 Stadtschlaining, Tel.: 00 43/3355/2498,
Fax: 00 43/3355/2662, E-Mail: aspr@aspr.ac.at,
Internet: http://www.aspr.ac.at

Österreichisches Studien-Zentrum ASPR: ASPR, Hauptplatz 3,
A- 7461 Stadtschlaining, Tel.: 0043/3355/2498,
Fax: 0043/3355/2662, E-Mail: ipt@aspr.ac.at,
Internet: http://www.aspr.ac.at

Schweiz
ORGANISATIONEN UND GRUPPEN

AG für Rüstungskontrolle und Waffenausfuhr (ARW):
AG für Rüstungskontrolle und Waffenausfuhr (ARW),
Postfach 249, CH- 3000 Bern 13, Tel.: 0041/31/3117122,
Fax: 0041/31/3117794, E-Mail: arw.fripo@schweiz.org,
Internet: http://www.unite.ch/arw

Christlicher Friedensdienst (CFD): Falkenhöheweg 8,
CH- 3012 Bern, Tel.: 0041/31/3016006, Fax: 0041/31/3028734

Greenpeace Schweiz: Heinrichstr. 14, CH- 8031 Zürich,
Tel.: 0041/1/4474141, Fax: 0041/1/4474199,
E-Mail: gp@greenpeace.ch, Internet: http://www.greenpeace.ch

Gruppe für eine Schweiz ohne Armee (GsoA): Postfach 103,
CH- 8031 Zürich, Tel.: 0041/1/2730100, Fax: 0041/1/730212,
E-Mail: gsoa@gsoa.ch, Internet: http://www.gsoa.ch

Schweizerische Friedensbewegung: Postfach 2113, CH- Basel,
Tel.: 0041/61/6810363, Fax: 0041/61/6817632,
E-Mail: comtex@spectraweb.ch,
Internet: http://home.sunrise.ch/comtex

Schweizerische Friedensstiftung (SFS): Sonnenbergstr. 17/19,
CH-3000 Bern 7, Tel.: 0041/31/313301212,
Fax: 0041/31/313301213, E-Mail: info@swisspeace.ch,
Internet: http://www.swisspeace.ch

Schweizerischer Friedensrat: Schweizerischer Friedensrat,
Postfach 6386, CH- 8023 Zürich, Tel.: 0041/1/2429321,
Fax: 0041/1/2412926, E-Mail: friedensrat@dplanet.ch,
Internet: http://www.friedensrat.ch

Women's International League for Peace and Freedom:
1, rue de Varembé, C.P.28, CH- 1211 Geneva 20,
Tel.: 0041/22/7336175, Fax: 0041/22/7401063,
E-Mail: wilpf@iprolink.ch Internet: http://www.wilpf.int.ch

Vereinigte Staaten, Großbritannien und Russland
ORGANISATIONEN, GRUPPEN UND MEDIEN

Die folgende Liste ist keinesfalls vollständig. Eine umfangreiche Liste der Gruppen von Atomwaffen- und Atomkraftgegnern mit Links zu den jeweiligen Internetseiten finden Sie auf der Internetseite von Proposition One: http://prop1.org/prop1/azantink.htm

Alliance for Nuclear Accountability:
http://www.ananuclear.org, ananuclear@earthlink.com
Ein Amerika-weites Netzwerk von Organisationen, die sich mit Themen rund um Atomwaffenproduktion und Entsorgung beschäftigen.

Alliant Action: http://www.circlevision.org/alliantaction.html#top
Schwerpunkt: Wöchentliche Mahnwachen vor dem Firmensitz des größten militärischen Auftragnehmers und Kriegshändlers Allian Techsystems (eine Lockheed Martin Tochtergesellschaft) in Minnesota, die in Eagan an Raketenabwehrprojekten arbeitet.

Antinuclear Campaign: ecodefense@glas.apc.org
Aktive russische Atomwaffengegner.

Antiwar.com: http://www.antiwar.com, egarris@antiwar.com
Auf der Internetseite werden täglich zahlreiche internationale Nachrichten eingestellt, die bekannten und alternativen Medien entnommen sind. Widmet sich der Nichtintervention. Zum Kreis der regelmäßigen Leser gehören Pazifisten, Linke,»Grüne« und Unabhängige ebenso wie viele Rechte, die einen Imperialismus ablehnen.

ARC Ecology: http://arc.home.igc.org
Beschäftigt sich vorwiegend mit dem Zusammenhang von militärischen Aktivitäten und Umweltverschmutzung. Zu den vielen Dingen, die ARC ans Tageslicht bringt, gehört auch, dass das US-Militär inzwischen jedes Jahr mehr Sondermüll produziert als die fünf größten internationalen Chemiekonzerne zusammen.

Back from the Brink:
http://www.backfromthebrink.org, http://www.dontblowit.org
Back from the Brink und dontblowit.org setzen sich beide in ihren Kampagnen dafür ein, dass die ständige Alarmbereitschaft für Atomwaffen aufgehoben wird.

Brandywine Peace Community:
http://www.geocities.com/brandywinepeace/index.htm
Schwerpunkt: Lockheed Martin, der größte Rüstungskonzern
der Welt und wichtigste US-Atomwaffenhersteller.

British American Security Information Council (BASIC):
http://www.basicint.org, basicus@basicint.org
BASIC ist eine unabhängige Forschungseinrichtung. Sie analysiert die Politik von Regierungen und leistet in den Bereichen Verteidigung, Abrüstung, Militärstrategie und Atompolitik Aufklärungsarbeit, um eine fundierte Diskussion zu ermöglichen.

Bulletin of the Atomic Scientists (Educational Foundation for Nuclear Science): http://www.thebulletin.org
Berichtet über Themen der internationalen Sicherheit und Atompolitik auf eine kompetente, nachdenkliche und allgemein verständliche Art, die jedem zugänglich ist, der sich für internationale Belange interessiert. Weltweit bekannt als Betreuer der »Doomsday Clock«, die angibt, wie viele Minuten »vor zwölf« es ist.

Campaign for Nuclear Disarmament (Großbritannien):
http://cnduk.org
Kämpft gewaltlos für den weltweiten Abbau von Atomwaffen und anderen Massenvernichtungswaffen. Dieser Kampf schließt auch eine Reform der Regierungspolitik mit ein, um britische Atomwaffen zu eliminieren. Mehrere Ortsgruppen in Großbritannien und Irland. Größte britische Friedensorganisation.

Campaign for the Accountability of American Bases (CAAB):
http://www.caab.org.uk
Diese Kampagne richtet sich gegen Massenvernichtungswaffen und Atomwaffen im Allgemeinen und das US-Raketenabwehrsystem im Besonderen. Schwerpunkt: US-Stützpunkte in Großbritannien und im Ausland.

Center for Defense Information:
http://www.cdi.org, info@cdi.org
Offiziere im Ruhestand und erfahrene Zivilisten analysieren gemeinsam Militärausgaben, Politik und Waffensysteme, liefern der Öffentlichkeit objektive Fakten und informieren über realistische Alternativen. Gibt die Zeitschrift *The Defense Monitor* heraus. Erhält keine finanzielle Unterstützung von Waffenherstellern.

Center for Economic Conversion:
http://www.conversion.org, cec@igc.org
Engagiert sich für den Aufbau einer Wirtschaft, die auf der einen Seite die Bedürfnisse der Gesellschaft erfüllt und gleichzeitig in Harmonie mit der Umwelt ist.

Citizens for Peace in Space: P.O. Box 915, Colorado Springs, CO 80901, USA, Tel.: 001/719/389-0644
Schwerpunkt: US-Weltraumkommando (Colorado Springs, CO). Setzen sich äußerst aktiv gegen die Raketenabwehr ein.

Citizen Weapons Inspections: http://www.nonviolence.org/nukeresister/nr112/citizeninspections.html
Standpunkt: Ohne eine offizielle Möglichkeit, das Völkerrecht bezüglich der Massenvernichtungswaffen durchzusetzen, liegt die Verantwortung beim Einzelnen, dass die Anlagen und Waffenbestandteile identifiziert werden, die Verbrechen gegen die Menschlichkeit darstellen.

Coalition to Reduce Nuclar Dangers: http://www.crnd.org
Die Coalition to Reduce Nuclear Dangers wurde 1995 gegründet, um die größten und aktivsten Waffenkontroll- und Abrüstungsorganisationen in ihrem gemeinsamen Bemühen zu koordinieren, die nationale und internationale Sicherheit zu stärken, die von den Atomwaffen ausgehenden Bedrohung zu verringern und zu verhindern, dass neue atomare Bedrohungen entstehen. 17 Mitgliedsgruppen.

Council for a Livable World: http://www.clw.org
Das Council for a Livable World, der Council for a Livable World Education Fund und PeacePAC sind Abrüstungsorganisationen, die sich der Aufgabe verschrieben haben, die Welt von Massenvernichtungswaffen zu befreien und verschwenderische Militärausgaben zu verhindern. The Council und PeacePAC sind auch Lobbys, die politische Kandidaten unterstützen.

The Ex-USSR Antinuclear Campaign (ANC):
http://www.iisd.org/50comm/commdb/list/c06.htm
anc@cci.glasnet.ru

Faslane Peace Camp:
http://ds.dial.pipex.com/cndscot/camp/index.htm,
http://www.hull.ac.uk/php/ggsdah/faslane/Fashome.htm
cndscot@dial.pipex.com
faslanepeacecamp@hotmail.com

Schwerpunkt: Das Trident-U-Boot, Großbritanniens Massen-vernichtungswaffe, aufhalten. Es ist auf dem Gelände in Schott-land stationiert, das für das britische Polaris-Atomabwehrsystem ausgewählt worden war.

Federation of American Scientists: http://www.fas.org
Überwacht Atomwaffen, Atommüll und Waffenexporte.

Global Network Against Weapons and Nuclear Power in Space: http://www.space4peace.org
Diese wichtige Gruppe koordiniert die Bemühungen, dem Ra-ketenabwehrprogramm ein Ende zu setzen. Engagiert sich zudem dafür, dass der Weltraum frei von Waffen und Atomkraft bleibt. Finanziert Konferenzen und Aktionen an den Standorten der Ver-suchsgelände. Koordiniert die Aktivitäten mit amerikanischen und internationalen Gruppen. Die Internetseite wird häufig aktua-lisiert. Sie enthält viele Links sowie die Termine von Protestaktio-nen.

Global Security Institute: http://www.gsinstitute.org
Arbeitet mit Politikern und der Öffentlichkeit zusammen, um Atomwaffen vollständig zu verbannen. Gegründet von Senator Alan Cranston (1914-2000).

Greenpeace USA: http://www.greenpeace.org

Ground Zero Center for Nonviolent Action:
http://www.gzcenter.org, info@gzcenter.org
Schwerpunkt: Bangor Submarine Base, die Heimat der Trident-U-Boote im Pazifik, sowie die Dokumentation von und der Wider-stand gegen alle Atomwaffen.

Healing Global Wounds: P.O. Box 420, Tecopa, CA 92389, USA, Tel.: 001/760/52-4175, hgw@scruznet.com
Schwerpunkt: Atomwaffentests und deren Auswirkungen auf die Indianer.

Indigenous Environmental Network: http://www.ienearth.org/ hotspots.html (Atomkampagne)
Eine Basisallianz aus einheimischen Volksgruppen, die es sich zur Aufgabe gemacht haben, die ihnen heilige Mutter Erde vor Verseuchung und Ausbeutung zu schützen, indem sie die traditio-nellen Lehren und die Gesetze der Natur stärken, bewahren und respektieren.

International Action Center:
http://www.iacenter.org, http://www.actionsf.org
  IAC wurde von Ramsey Clark, einem früheren US-Justizminis-
ter, gegründet und ist einer der führenden Organisatoren des Widerstands (einschließlich massiver Proteste in New York, Washington und San Francisco) gegen US-Militärinterventionen wie
die Angriffe auf den Irak, Kosovo und Afghanistan. Darüber deckt
das IAC die Zusammenhänge zwischen dem Militarismus und
der Gier der Konzerne und dem Kampf gegen Rassismus und Unterdrückung überall auf der Welt auf.

**International A.N.S.W.E.R (Act Now to Stop War & End
Racism):** http://www.internationalanswer.org
  Koordiniert Aktionen, um eine aktive internationale Antikriegs-
bewegung zu schaffen. Auf der Internetseite befindet sich ein internationaler Terminkalender.

**International Physicians for the Prevention of Nuclear War
(IPPNW):** www.ippnw.org
  Ein überparteiliches, weltweites Bündnis medizinischer Organisationen, die sich der Forschung und Aufklärung widmen, um
einen Atomkrieg zu verhindern. Erhielt 1985 den Friedensnobel-
preis. Den Anstoß dazu gab die Arbeit der Physicians for Social
Responsibility (Ärzte in Sozialer Verantwortung) unter der Leitung von Helen Caldicott.

Lawyers' Committee on Nuclear Policy (LCNP):
http://www.lcnp.org
  Zahlreiche weltweite Initiativen, um die Welt von Atomwaffen
zu befreien.

Livermore Conversion Project: P.O. Box 31835
Oakland, CA 94604, USA, Tel.: 001/510/63-8065
  Schwerpunkt: Lawrence Livermore National Laboratory.

Los Alamos Study Group: 212 East March Street, Suite 10, Santa
Fe, NM 87501, USA, Tel.: 001/982-7747, info@lasg.org
  Schwerpunkt: Los Alamos National Laboratory.

Military Toxics Project: http://www.miltoxproj.org
  Engagiert sich dafür, Aktivisten, Organisationen und Gemeinden an einen Tisch zu bringen, um Gebiete zu sanieren, die vom
Militär verseucht wurden, und toxische und radioaktive Verseuchung unter anderem durch abgereichertes Uran infolge militärischer Aktivitäten zu verhindern.

Nevada Desert Experience:
http://www.nevadadesertexperience.org
  Fordert das Ende der Zerstörung und eine Beseitigung der Schäden, die durch die Atomtests der Vereinigten Staaten und Großbritanniens auf dem Land der Western Shoshone auf dem Testgelände in Nevada angerichtet wurden. Finanziert Versammlungen. Setzt sich zudem dafür ein, dass die Atommülltransporte an den Standort knapp hundert Kilometer von Las Vegas aufhören.

Nuclear Control Institute: http://www.nci.org
  Registriert alle atomaren Aktivitäten weltweit, verfolgt Strategien zur Abschaffung von Atomwaffen. Setzt sich ganz besonders dafür ein, die zu ihrer Herstellung nötigen Materialien – Plutonium und Uran – aus Atomkraftwerken und Forschungsprogrammen zu verbannen.

Nuclear Disarmament Partnership (NDP):
http://www.disarmament.org
  Ein Gemeinschaftsprojekt von Peace Action, Physicians for Social Responsibility, 20/20 Vision, Women's Action for New Directions und Abolition 2000, um wirkungsvolle Abrüstungsmaßnahmen voranzutreiben. Stellt dazu eine Verbindung zwischen Aufklären und Handeln, zwischen den Vertretern der Abrüstungsorganisationen und den Politikern in Washington, DC, her. Veranstaltet Congressional Action Days, stellt Online-Informationsblätter zusammen und organisiert andere Aktivitäten.

Nuclear Information Resource Service: http://www.nirs.org
  Veranstaltet Kampagnen gegen Atomkraft und Radioaktivität.

Nuclear Policy Research Institute: 3250 Wilshire Blvd., Suite 1400, Los Angeles, CA 90010-1438, USA, Tel.: 001/213/386-4901, webmaster@nuclearpolica.org, info@nuclearpolicy.org
  Das von Helen Caldicott gegründete Institut hat es sich zum Ziel gesetzt, die Menschen in den Vereinigten Staaten mit Hilfe einer gewaltigen und effektiven Aufklärungskampagne in den Medien über die gefährliche Atompolitik der Regierung Bush zu informieren. NPRI-Experten aus Militär, Wissenschaft, Medizin, Politik und dem universitären Bereich werden in Fernsehen und Radio auftreten und Artikel und Kommentare zum Raketenabwehrprogramm, der Militarisierung des Weltraums und der Wiederbelebung der Atomkraft verfassen.

The Nuclear Resister (Zeitschrift):
http://www.nonviolence.org/nukeresister
nukeresister@igc.org
Informationen über und Unterstützung für inhaftierte Atom-
waffen- und Kriegsgegner.

Nukewatch/ Coalition to Stop Project ELF:
http://www.nukewatch.org
nukewtch@lakeland.ws
Schwerpunkt: Project ELF, das Kommunikationssystem für Tri-
dent-Atom-U-Boote. Ein Gemeinschaftsprojekt mehrerer Vereinigungen von Atomwaffengegnern.

Oak Ridge Environmental Peace Alliance (DREPA):
http://www.stopthebombs.org
Schwerpunkt: Die Atomwaffenfabrik Y-12 in Oak Ridge.

Peace Action: http://www.peace-action.org
Die größte, an der Basis arbeitende Friedens- und Abrüstungs-
bewegung in den Vereinigten Staaten hat sich der Abschaffung
von Atomwaffen verschrieben und setzt sich dafür ein, dass die
unverhältnismäßig hohen Pentagonausgaben in Inlandsinvestitio-
nen umgewandelt werden. Regionalgruppen in 27 US-Bundesstaaten.

Peace Action New Mexico: 226 Fiesta Street, Suite F, Santa Fe, NM
87501, USA, Tel.: 001/(505) 989-4812, lanlaction@igc.org
Schwerpunkt: Los Alamos National Laboratory.

Peace Park Antinuclear Vigil:
http://prop1.org (klicken Sie auf »Peace Park«)
Seit dem 3. Juni 1981 rund um die Uhr vor dem Weißen Haus.

Physicians for Social Responsibility: http://www.psr.org
Engagiert sich für eine Welt ohne Atomwaffen, ohne weltweite
Umweltverschmutzung und ohne Waffengewalt. Über 30 Regio-
nalverbände in den Vereinigten Staaten. Unter der Leitung der
letzten Präsidentin Helen Caldicott stieg die Zahl der Mitglieder
auf über 20 000.

Project Abolition: http://www.projectabolition.org
Wurde 1999 gegründet, um das öffentliche Bewusstsein für die
atomare Gefahr zu steigern und in den Vereinigten Staaten an der
Basis Unterstützung für Abbau und Abschaffung von Atomwaffen
zu gewinnen. Sehr aktiv im Kampf gegen das Raketenabwehrprogramm.

Proposition One Committee: http://www.prop1.org
Eine Wählerinitiative, die Basisarbeit für die Abrüstung von Atomwaffen und die Umwandlung der Rüstungsindustrie in eine Industrie zur Erfüllung der Bedürfnisse von Mensch und Umwelt leistet.

Raytheon Peacemakers: c/o Martha Gagliardi & Hattie Nestel, P.O. Box 248, Athol, MA 01331, USA, Tel.: 001/249/400, mgagliardi@arrsd.mec.edu
Schwerpunkt: Rüstungsgigant Raytheon.

Trident Ploughshares 2000: http://www.tridentploughshares.org
Schwerpunkt: Trident-U-Boote in Großbritannien.

Tri-Valley CAREs: http://www.igc.org/tvc
Wurde 1983 von ortsansässigen Bürgern gegründet, die fürchteten, die Atomwaffenforschung in den Lawrence Livermore und Sandia National Laboratorien würde ihre Gemeinden vergiften.

Union of Concerned Scientists: http://www.ucsusa.org/security/oweapons.html, http://www.thebulletin.org
Setzt sich für eine Wende in der US-Politik ein, um starke Kürzungen bei den Atomstreitkräften zu ermöglichen und die Alarmbereitschaft für Atomraketen zurückzustufen. Hat darüber hinaus Programme für Nahrungsmittel, Umwelt und saubere Energie. Gibt das *Bulletin of the Atomic Scientists* heraus.

Vandenberg Action Coalition:
http://www.geocities.com/vafb_m19
Schwerpunkt: Vandenberg Air Force Base (Raketenabwehrtests und Teststarts von Interkontinentalraketen). Kämpft aktiv für die Einstellung des Raketenabwehrprogramms.

The Video Project: http://www.videoproject.org
Verteilt die größte Auswahl von Videos über atomare Abrüstung an Schulen, Organisationen und Einzelpersonen. Bietet auch viele Umweltvideos an. Wird von Act Now Productions verwaltet.

War Resisters League: http://www.warresisters.org
Tritt für Gewaltlosigkeit nach dem Vorbild Ghandis ein, um eine demokratische Gesellschaft ohne Krieg und Unterdrückung zu erschaffen. Gibt *The Nonviolent Activist* heraus (kann im Internet gelesen werden). Über 40 Ortsgruppen. Organisiert jedes Jahr den Amerika-weiten»Day Without the Pentagon« (Tag ohne das Pentagon), um über die Folgen der Waffenwirtschaft aufzuklären. Die

YouthPeace-Kampagne richtet sich gegen Militarismus und die Kultur der Gewalt, die damit aufrecht erhalten wird.

Washington Peace Center:
http://www.washingtonpeacecenter.org
Spielte in den siebziger Jahren eine entscheidende Rolle in der Protestbewegung gegen Atomwaffen und nahm in den 80er Jahren eine Schlüsselposition bei den Bewegungen ein, die sich mit Zentralamerika und dem Nahen Osten solidarisierten. Heute organisiert das Peace Center den Widerstand gegen den US-Militarismus im Irak, Afghanistan und an anderen Orten. Es setzt sich zudem für wirtschaftliche und soziale Gerechtigkeit (in Amerika und international) ein, um Strukturen und Beziehungen zu schaffen, die gewaltlos, nicht hierarchisch, menschlich und gerecht sind.

Western States Legal Foundation: wslf@earthlink.net
Eine gemeinnützige Organisation, die im öffentlichen Interesse handelt und die Atomwaffenprogramme in den Lawrence Livermore Laboratorien (Los Alamos), den Sandia National Laboratorien und auf dem Testgelände in Nevada überwacht, analysiert und beurteilt.

Women Against Military Madness (WAMM):
http://www.worldwidewamm.org
Eine gewaltlose feministische Organisation, die sich für die Abschaffung militaristischer Systeme und Systeme weltweiter Unterdrückung engagiert.

Women's Action for New Directions: http://www.wand.org
Ziel: Frauen zu politischem Handeln ermächtigen, Militarismus und Gewalt reduzieren und unverhältnismäßig hohe Militärausgaben umverteilen, um damit die Bedürfnisse von Mensch und Umwelt zu befriedigen. Mitglieder erhalten jede Woche per E-Mail eine Mitteilung über politische Aktionen sowie einen vierteljährlichen Rundbrief. Unterstützt Politikerinnen, die sich für die Ziele von WAND einsetzen. Über 30 Ortsgruppen in den Vereinigten Staaten. Gegründet von Helen Caldicott. Die WAND-Informationen zur Raketenabwehr finden Sie auf der Internetseite: http://www.no-starwars.org.

Women's International League for Peace and Freedom (WILPF):
www.wilpf.org/disarm/disarm.html
Möchte mit friedlichen Mitteln weltweite Abrüstung, volle Rechte für Frauen, Gerechtigkeit für die Angehörigen aller Rassen,

wirtschaftliche Gerechtigkeit sowie das Ende jeglicher Form von Gewalt erreichen.

World Policy Institute/ Arms Trade Resource Center (ATRC): http://www.worldpolicy.org/wpi/wpiprojects.html#arms

ATRC stellt selbst Nachforschungen an, leistet Aufklärungsarbeit und setzt sich politisch mit dem Problem der Weiterverbreitung konventioneller Waffen auseinander. Der Schwerpunkt vieler Projekte liegt auf Atomwaffen, weltweiten Waffenexporten, dem Kampf gegen den Terrorismus, etc.

Anmerkungen

Vorwort

1 G. M. Gilbert: Nürnberger Tagebuch, Frankfurt 1962, S. 270
2 Collateral Damage: The Health and Environmental Cost of War on Iraq, IPPNW, www.ippnw.org/CollateralDamage (11. November 2002)
3 Nuclear Posture Review: Our Analysis, Nuclear Watch, New Mexico (April 2002), P.O. Box 4524, Albuquerque, NM, 87106; US Nuclear Plan Signals a Policy Revolution, Jane Wales, San Jose Mercury (17. März 2002); Fred Kaplan, »US Sees Wider Scope for Nuclear Arms«, Boston Sunday Globe (17. März 2002); William Arkin in The Los Angeles Times (26. Januar 2003).
4 Elisabeth Bumiller/James Dao, »Cheney Says Peril of a Nuclear Attack Justifies an Attack«, The New York Times (27. August 2002)
5 Stumbling Blindly into War, www.fpif.org/commentary/2002/0211iraq
6 Frida Berrigan/Patrick E. Tyler, »Officers Say that US Aided Iraq in War Despite the Use of Gas«, The New York Times (18. August 2002)
7 Elson E. Boles, »Helping Iraq Kill with Chemical Weapons: The Relevance of Yesterdays US Hypocrisy Today«, Counterpunch (10. Oktober 2002); Neil Mackay/Felicity Arbuthnot, »How did Iraq get its Weapons? We Sold them«, Sunday Herald (Dezember 2002)
8 Karen Auge, »Feds Seek Lists for Smallpox Shots, CDC Asks for Plan by Dec 9«, Denver Post (27. November 2002)
9 David Windle, »E-Bomb may see First Combat use in Iraq«, The New Scientist (2. August 2002)
10 »Advances in US Weaponry will make US-Iraq Rematch faster, more intense«, AFP Washington (24. November 2002)
11 Ebenda
12 William M. Arkin, »Defense Strategy«, Los Angeles Times (24. November 2002)
13 Nicholas Lemann, »Order of Battle«, The New Yorker (18. November 2002)
14 Larry Chin, » The Deep Politics of Regime Removal in Iraq: Overt Conquest, Covert Operations«, www.globalresearch.ca (November 2002)
15 Paul Gilfeather, »War, Whatever«, www.mirror.co.uk (20. November 2002)
16 Larry Chin, »The Deep Politics of Regime Removal in Iraq: Overt Conquest, Covert Operations«, www.globalresearch.ca (November 2002)
17 Bob Woodward, »In the War Room, The Weekend Australian (30. November/1. Dezember 2002)
18 David Cloud, »Missing Links: Bush efforts to tie Hussein to al Queda lack clear evidence«, The Wall Street Journal (23. Oktober 2002); Daniel Benjamin, »Iraq and Al Quaeda are not Allies«, The New York Times (30. September 2002)

19 Reuters, »In Air Conditioned Comfort, War Games get Deadly Serious«, *The Australian* (9. Dezember 2002)
20 Roy Eccleston, »Turkish Leader Feted in Bid to Put US Troops on Road to Baghdad«, *The Australian* (9. Dezember 2002)
21 Ebenda
22 Richard Norton-Taylor, »Allies Blitz Iraq in Preparation for all-out War«, *The Sydney Morning Herald* (5. Dezember 2002)
23 Ebenda
24 Eric Schmitt, »US Forces are set for War«, The New York Times (9. Dezember 2002)
25 Michael R. Gordon/Neil MacFarquhar: Iraq's Neighbors Seem to be Ready to Support a War, *The New York Times* (2. Dezember 2002)
26 Ebenda
27 Ebenda
28 Roy Eccleson, »US Envoy Here to Seek War Help«, *The Australian* (5. Dezember 2002)
29 Patrick E. Tyler, »NOAT Backs Bush on Iraq but Germans Oppose War«, *The New York Times* (22. November 2002)
30 Donna Rosato, »War: What Is It Good For«, (Stocks), *The New York Times* (24. November 2002)

EINLEITUNG
1 Situation Reports, STATFOR.com (11. September 2001)
2 »Pentagon Recommends the use of Nuclear Weapons«, *Japan Today* (19. September 2001)
3 Jeffrey St. Clair, »Trigger Happy, Bush Administration Hawks Want to Deploy ›Mini-nukes‹ Against Osama Bin Laden«, http://www.inthesetimes.com/issue/25/26/news2.shtm
4 Dana Milbank, »U.S. Pressed on Nuclear Response, A Policy of Less Ambiguity, More Pointed Threat Is Urged«, *The Washington Post* (5. Oktober 2001)
5 Wes Vernon, »Father of Neutron Bomb: Use it on Osama«, http://www.af.mil/vision (25. September 2001)
6 James Carroll, »Bombing with Blindfolds On«, *The Boston Globe* (11. November 2001)
7 Nigel Chamberlain/Dave Andrews, »Thermobaric Warfare«, http://www.cnduk.org/briefing/thermo.htm (11. Januar 2001)
8 Andrew Maykuth/Jonathan S. Landay, »US Intensifies Attacks with BLU-82s«, *Knight Ridder Newspapers* (6. November 2001)
9 »Backgrounder on Russian Fuel Air Explosives (Vacuum Bombs)«, Human Rights Watch, http://www.hrw.org/press/2000/02/checho215b (Februar 2000)
10 Tim Weiner, »U.S. Bombs Strike 3 Villages and Reportedly Kill Scores«, *The New York Times* (1. Dezember 2001)
11 »Protocol 1, Relating to the Protection of Victims of International Armed Conflicts, Article 51«

12 Geov Parrish, »Where the Bodies Are«, http://www.workingforchange.com (22. Oktober 2001)

13 »Unexploded Cluster Bombs Pose Threat to Civilians, Dawn, Pakistan«, Centre for Research on Globalization, http://www.globalresearch.ca/articles/DAWlllB (15. November 2001)

14 Amy Waldman, »Food Drops Go Awry, Damaging Houses,« *The New York Times*, (21. November 2001)

15 »Unexploded Cluster Bombs Pose Threat to Civilians«

16 USAF, http://www.aviationzone.com/facts/ac130

17 »International Action Center Factsheet: The Truth About the U.S. War in Afghanistan«, [http://www.iacenter.org] *Toronto Globe and Mail* (3. November 2001)

18 Michael R. Gordon, »U.S. Hope to Break the Taliban with Pounding From the Air«, *The New York Times* (17. Oktober 2001)

19 Thom Shanker/Stephen Lee Myers, »U.S. Sends in Special Plane with Heavy Guns«, *The New York Times* (16. Oktober 2001)

20 »Bunker Busters Brought Into Use«, *The Daily Camera*, Camera Wire Services; und Raymond Whitaker, »Attack on Afghanistan: Washington's Fearsome Arsenal«, *The Independent* (4. November 2001)

21 Helen Caldicott, *Missile Envy* (New York: William Morrow, 1984)

22 »Afghan War Will Shape Future U.S. Military Structure«, http://www.stratfor.com (23. November 2001)

23 Farrukh Saleem, »Stop the Bombing Please«, *JANG*, Pakistan, http://www.jang.com.pk/thenews/index (4. November 2001)

24 Marc Herold, »A Dossier on Civilian Victims of United States' Aerial Bombing of Afghanistan«, http://www.cursor.org/stories/civilian_deaths.htm (6. Dezember 2001)

25 Bill Nichols/Peter Eisler, »The Threat of Nuclear Terror Is Slim But Real«, *USA Today* (28. November 2001)

26 Ebenda

27 Louis Charbonneau, »Experts Warn of Low Grade Nuclear Terror Attack«, *Reuters* (2. November 2001)

28 Matthew Wald, »Reactors and Their Fuel are Among the Flanks U.S. Needs to Shore Up«, *The New York Times* (4. November 2001)

29 Helen Caldicott, *Nuclear Madness* (New York: W.W. Norton, 1994)

30 Michael Grunwald/Peter Behr, »Are Nuclear Plants Secure?« *The Washington Post* (3. November 2001)

31 Matthew Wald, »Agency Weighs Buying Drug to Protect Against Radiation-Induced Ailments«, *The New York Times* (29. November 2001)

32 Edward Luttwak, »New Fears, New Alliance«, *The New York Times* (2. Oktober 2001)

33 Barbara Slavin, »Pentagon Builds Case to Bomb Iraq«, *USA Today* (11. November 2001)

34 Elaine Scolino/Alison Mitchell, »Calls for New Push into Iraq Gain Power in Washington«, *The New York Times* (3. Dezember 2001)

35 Anton La Guardia, »Iraq ›Not Linked to September 11‹«, *The Telegraph* (11. November 2001)

36 Barbara Slavin, »Pentagon Builds Case to Bomb Iraq«, *USA Today* (19. November 2001)

37 Jason Vest, »Beyond Osama: The Pentagon's Battle with Powell Heats Up«, *The Village Voice* (20. November 2001)

38 Jim Wurst, »U.S. Supports Weapons Cut While Opposing International Agreements«, *News World Communications Inc.* (14. November 2001)

39 »N-Testing to Resume?«, Kommentar, http://www.downwinders.org

40 Jim Wurst, »A Call to Arms Control«, *The Washington Times* (12. November 2001)

41 »Action on Threat Reduction«, andrew@californianpeaceaction.org (9. November 2001)

42 Ebenda

43 William D. Hartung, »Bush's War on Terrorism: Who Will Pay and Who Will Benefit?«, http://www.motherjones.com (27. September 2001)

44 William D. Hartung, »The War Dividend«, http://www.motherjones.com (28. September 2001)

45 John Pilger, »The Truths They Never Tell Us«, *The New Statesman* (26. November 2001)

46 James Dao, »U.S. is Expecting to Spend $1 Billion a Month on War«, *The New York Times* (12. November 2001)

47 Frida Berrigan, »The War Profiteers: How Are Weapons Manufacturers Faring in the War«, World Policy Institute (17. Dezember 2001)

48 »The Military Budget Up, Up, and Away«, Arms Trade Resource (20. Dezember 2001)

49 Michael R. Gordon, »U.S. Arsenal: Treaties vs. Nontreaties«, *The New York Times* (14. November 2001)

50 Simon Tisdall, »How the Future was Shanghaied«, *The Guardian* (21. Oktober 2001)

DIE TRAGÖDIE DER VERPASSTEN GELEGENHEITEN

1 Robert S. Norris/William M. Arkin, »Global Nuclear Stockpiles, 1945–2000«, *Bulletin of the Atomic Scientists* (März/April 2000)

2 William D. Hartung, »Quick on the Trigger«, *The Progressive Report* (November 2000)

3 Janne E. Nolan, *An Elusive Consensus: Nuclear Weapons and American Security After the Cold War* (Washington, DC: The Brookings Institution Press, 1999)

4 Robert S. Norris/William M. Arkin, »U.S. Nuclear Forces, 2000«, *Bulletin of the Atomic Scientists* (Mai/Juni 2000)

5 Robert S. Norris/William M. Arkin, »U.S. Nuclear Forces, 2000«, *Bulletin of the Atomic Scientists* (Juli/August 2000)

6 Persönliches Gespräch mit Admiral Eugene Carroll, Center for Defense Information, Washington, D.C.

7 *Peace Action: People for Nuclear Disarmament*, Australia (August/September 2000)

8 Bruce Blair,»U.S. Expanding Nuclear Targets«, *The Guardian* (16. Juni 2000)

9 Ebenda

10 Andrew Lichterman/Jacqueline Cabasso, *Faustian Bargain 2000-why »stock-pile stewardship« is fundamentally incompatible with the process of nuclear disar-mament*, Western States Legal Foundation (5108395387)

11 Jacqueline Cabasso,»The Role of National Legislations and International Legal Instruments«, *Proceedings of the International Symposium, Science, Ethi-que & Society, Federation Mondiale Des Travailleurs Scientifiques* (Case 404-93514 Montreuil, Cedex)

12 William D. Hartung/Frida Berrigan,»Lockheed Martin and the GOP: Profi-teering and Pork Barrel Politics with a Purpose«, http://www.worldpoli-cy.org/projects/arms

13 William D. Hartung,»Stop Throwing Money at the Arms Trade Resource Center«, (12. Oktober 2000)

DIE REALITÄT EINES ATOMKRIEGES

1 »1MT Surface Blast: Pressure Damage«, *The American Experience*, WGBH/PBS Online

2 Helen Caldicott, *Missile Envy, Revised Edition* (New York: Bantam Books, 1986)

3 Stephen A. Fetter/Kosta Tsipis,»Catastrophic Releases of Radioactivity«, *Scientific American*, Bd. 244, Nr. 4 (April 1981)

4 Caldicott

5 R.P. Turco/A.B. Toon/T.P. Ackerman/J.B. Pollack/C. Sagan,»The Climatic Effects of Nuclear War«, *Scientific American* (August 1984)

6 Dean Babst,»Nuclear Winter,« http://www.geocities.com/mothersa-lert/nuclearwinter.html

7 Ebenda

8 Bruce G. Blair/Harold A. Feiveson Frank N. von Hippel,»Taking Nuclear Weapons off Hair Trigger Alert«, *Scientific American* (November 1999)

9 Ebenda

10 Ebenda

11 James Risen,»Computer Ills Meant U.S. Couldn't Read Its Spy Photos«, *The New York Times* (12. April 2000)

VERRÜCKTE WELT: DIE ATOMWISSENSCHAFTLER, DAS PENTAGON UND IHR TÖDLICHES SPIELZEUG

1 David Pasztor,»Building a Better Bomb«, *San Francisco Weekly* (27. Mai 1998)

2 Normon Solomon,»Los Alamos Spin«, *San Francisco Bay Guardian* (28. Juni 2000)

3 Ebenda

4 R.P. Turco A.B. Toon T.P. Ackerman J.B. Pollack C. Sagan,»The Climatic Effects of Nuclear War« *Scientific American* (August 1984)

5 David Beers,»The Bomb Tribe«, *Mother Jones* (März/ April 1995)

6 Andreas Toupadakis,»Personal Responsibility for World Peace«, University of Notre Dame Conference on Averting Nuclear Anarchy: The Current Crisis in Arms Control (31. März 2000)

[7] Raphael Aron, *Cults Too Good to Be True* (New York: HarperCollins, 1999)

[8] Ebenda

[9] Beers

[10] Hugh Gusterson, *Nuclear Rites: A Weapons Laboratory at the End of the Cold War* (Berkeley, CA: University of California Press, 1996)

[11] Ebenda

[12] Ebenda

[13] Ebenda

[14] Ebenda

[15] Ebenda

[16] Ebenda

[17] William M. Arkin, »The Last Word«, *The Bulletin of the Atomic Scientists* (September/ Oktober 2000)

[18] Gusterson

[19] Ebenda

[20] Ebenda

[21] Ein großer Teil des in diesem Abschnitt verwendeten Materials entstammt einer Studie von Janne E. Nolan, die in dem Buch *An Elusive Consensus: Nuclear Weapons and American Security After the Cold War* (Washington, DC: Brookings Institution Press, 1999) veröffentlicht wurde.

[22] Ebenda

[23] Ebenda

[24] Ebenda

[25] Ebenda

[26] Ebenda

[27] Ebenda

[28] Ebenda

[29] Ebenda

[30] Ebenda

[31] Ebenda

[32] Ebenda

[33] Ebenda

[34] Ebenda

[35] Ebenda

[36] Ebenda

[37] Ebenda

[38] Ebenda

[39] Ebenda

[40] Ebenda

[41] Ebenda

[42] Ebenda

[43] Ebenda

[44] Ebenda

[45] Ebenda

[46] Ebenda

DER WAHNSINN DER KONZERNE UND DIE TODESHÄNDLER
1 Helen Caldicott, *If You Love This Planet* (New York: W.W. Norton, 1992)
2 Ebenda
3 Ebenda
4 William Greider, »Waking Up the Global Elite«, *The Nation* (2. Oktober 2000)
5 The Heritage Foundation 1999 Annual Report, 214 Massachusetts Avenue, NE, Washington, DC, 2002
6 Caldicott
7 William D. Hartung, World Policy Institute, »The Military-Industrial Complex Revisited: How Weapons Makers Are Shaping U.S. Foreign and Military Policies«, *The Progressive Response*, Bd. 3, Nr. 23 (2. Juli 1999)
8 The CATO Institute 1998 Annual Report, 1000 Massachusetts Avenue, NW, Washington, DC, 2001
9 Leslie Wayne, »After High-Pressure Years, Contractors Tone Down Missile Defense Lobbying«, *The New York Times* (13. Juni 2000)
10 Ebenda
11 Hartung
12 Ebenda
13 Ebenda
14 Zum Irak: William Hartung, »The Nuclear Option in Iraq«, *Los Angeles Times* (26. Januar 2003); zu W. Cohen s. Anm. 7.
15 Steven Lee Meyers, »Pentagon Says North Korea Is Still a Dangerous Military Threat«, *The New York Times* (22. September 2000)
16 Bill Mesler, »Why the Pentagon Hates Peace in Korea«, *The Progressive Response* (September 2000)
17 Hartung
18 Howard French, »Seoul Fears U.S. Is Chilly About Détente with North«, *The New York Times* (23. März 2001)
19 David E. Sanger, »Bush says shift by North Korea could bring aid«, *The New York Times*, 15. Januar 2003; Michael R. Gordon, »North Korea pushes itself to center stage«, *The New York Times*, 11. Januar 2003; David E. Sanger, »Nuclear mediators resort to political mind reading«, *The New York Times*, 12. Januar 2003; Steven R. Weisman, »North Korean talks? US weighs the possible price«, *The New York Times*, 13. Januar 2003; Howard R. French, »2 Koreas agree to resume talks on nuclear crisis«, *The New York Times*, 17. Januar 2003
20 Hartung
21 Ebenda
22 Frida Berrigan/Michelle Ciarrocca/William Hartung, »Lockheed Martin: All-Purpose Merchant of Death«, *ATRC Update*, Part III, Arms Trade and Resource Center, (212) 229-5808, Durchwahl 106, (26. Juni 2000)
23 »Smart Shopping by the Pentagon«, *The New York Times* (31. Oktober 2001)
24 William D. Hartung, »Saint Augustine's Rules-Norman Augustine and the Future of the American Defense Industry«, *World Policy*, Band XIII, Nummer 2 (Sommer 1996)

25 Ebenda
26 Ebenda
27 Ebenda
28 Ebenda
29 Ebenda
30 Norman Kempster, »New Anti-terror Cabinet Agency Urged; Defense; The Plan Calls for an Overhaul of the Government's Approach to Security and Predicts an Attack on American Soil Within 25 Years«, *Los Angeles Times* (1. Februar 2001)
31 Ebenda
32 Berrigan u.a.
33 Ebenda
34 Hartung
35 Ebenda
36 Hartung, »The Military-Industrial Complex Revisited«
37 Ebenda
38 William D. Hartung Frida Berrigan, »Lott and Lockheed: Partners in Influence Peddling«, hartung@newschool.edu (31. Juli 2000)
39 Ebenda
40 William D. Hartung, »Lawmakers, Guns and Money«, World Policy Institute (23. September 2000)
41 Dana Milbank, »On the Outside Looking In as Tom DeLay Whips Up Some Fundraisers«, *The Washington Post* (2. August 2000)
42 Charles Lewis, »›Reformer With Results‹? Don't Count on It«, ein Enthüllungsbericht für das Center for Public Integrity (8. August 2000)
43 Hartung, Berrigan, »Lott and Lockheed: Partners in Influence Peddling«
44 Ebenda
45 Lewis
46 William D. Hartung, »Moderate or Militant: Will the Real Dick Cheney Please Stand Up?«, World Policy Institute and Arms Trade Resource Center, hartung@newschool.edu
47 Persönliches Gespräch mit Admiral Eugene Carroll, Center for Defense Information
48 Lowell Bergman/Diana B. Henriques/Richard A. Oppel, Jr./ Michael Moss, »Mixed Reviews for Cheney in Chief Executive Role at Halliburton,« *The New York Times* (24. August 2000)
49 Gretchen Morgenson, »The Stock Option and the Stump, Cheney's Retirement Package, Some Uncharted Territory«, *The New York Times* (18. August 2000)
50 William D. Hartung, »Blue Dogs, Pork and ›Morality‹: The Arms Industry's Buyout of the Democratic Party«, Arms Trade Resource Center, hartung@newschool.edu (11. August 2000)
51 John Isaacs »Senator Lieberman: On the Right of the Democratic Party on National Security Issues«, Council for a Livable World, jdi@clw.org (7. August 2000)
52 Hartung, »Blue Dogs, Pork and ›Morality‹«

53 »Lockheed Martin: All-Purpose Merchant of Death«, World Policy Institute Issue Brief (Juli 2000)
54 Hartung, »The Military-Industrial Complex Revisited«
55 Ebenda
56 Aaron Rothenburger, »Arms Makers' Cozy Relationship with the Government« in »Action Atlas on U.S. Arms«, *Mother Jones*, http://www.motherjones.com (1999)
57 Geov Parrish, »General Electric, U.S. Arms Exporters«, *Mother Jones*, Mojowire
58 Ebenda
59 Alice Slater, »The Global War System«, *Abolition 2000* Internetseite
60 Pamina Firchow/Tamar Gabelnick, »Uncle Sam: Arms Merchant to the World«, *San Francisco Examiner* (8. September 2000)
61 Firchow u.a.
62 Geov Parrish, »Lockheed Martin, U.S. Arms Exporters«, *Mother Jones*, Mojowire

MANHATTAN II
1 Vertrag über die Nichtverbreitung von Kernwaffen, 1995
2 »Stockpile Stewardship and Management Program«, Department of Energy, Defense Programs (29. Februar 1996)
3 Ebenda
4 Robert Civiak, »Managing the U.S. Nuclear Weapons Stockpile«, Tri-Valley CAREs (Juli 2000)
5 David Pasztor, »Building a Better Bomb«, *San Francisco Weekly* (27 Mai 1998)
6 Ebenda
7 Pasztor
8 Ebenda
9 Civiak
10 Senior Airman Adam Stump, 354th Fighter Wing Public Affairs, »B-2 Successfully Drops Improved Bunker Buster Bomb«, *Air Force News Service* (26. März 1998)
11 Andrew Lichterman/Jacqueline Cabasso, »Faustian Bargain 2000: Why ›Stockpile Stewardship‹ Is Fundamentally Incompatible with the Process of Nuclear Disarmament«, Western States Legal Foundation, 1440 Broadway, Suite 500, Oakland, CA 94612 (Mai 2000)
12 Ebenda
13 Ebenda
14 Ebenda
15 Steve Goldstein, »Bill Would Give Push to ›Mini-Nuke‹«, *The Philadelphia Inquirer* (16. Oktober 2000)
16 Dana Milbank, »U.S. Pressed on Nuclear Response«, *The Washington Post* (5. Oktober 2001)
17 Ebenda
18 Wes Vernon, »Father of Neutron Bomb: Use It on Osama«, http://www.af.mil/vision (25. September 2001)

[19] Civiak
[20] Lichterman/Cabasso
[21] Christopher E. Paine/Matthew McKinzie, »When Peer Review Fails: The Roots of the National Ignition Facility (NIF) Debate«, Natural Resources and Defense Council (http://www.nrdc.org/nuclear/nif2/findings.asp)
[22] James Glanz, »Laser Project Is Delayed and Over Budget«, *The New York Times* (19. August 2000)
[23] »National Ignition Facility Amendment«, susangordon@earthlink.net (24. Juni 2000)
[24] Richard Boone, »›Stockpile Stewardship‹ of Nuclear Weapons: the Deal to Subsidize Nuclear Weaponeers«, *Facing Reality*, Project for Participatory Democracy (März 1998)
[25] Greg Mello, »Subcritical Tests«, Western States Legal Foundation (10. Februar 2000)
[26] Civiak
[27] Walter Pincus, »Virtual Nuclear Arms Tests«, *The Washington Post* (22. Juli 2000)
[28] Boone
[29] M.G. McKinzie/T.B. Cochran/C.E. Paine, »Explosive Alliances: Nuclear Weapons Simulation Research at American Universities«, NRDC Nuclear Program (Januar 1998)
[30] William Broad, »Los Alamos Scientist's Book Creates a New Controversy,« *The New York Times* (5. August 2001)
[31] McKinzie u.a., »Explosive Alliances«
[32] Ebenda
[33] Ebenda
[34] Ebenda
[35] Ebenda
[36] Ebenda
[37] Boone
[38] Matthew L. Wald, »Nuclear Sites May Be Toxic in Perpetuity, Report Finds,« *The New York Times* (8. August 2000)
[39] H. Joseph Hebert, »Nuke Sites May Not Be Rid of Contaminants«, AP (8. August 2000)
[40] Ebenda
[41] »Study: Levels of Waste Unknown«, AP (27. Oktober 2000)
[42] Matthew L. Wald, »U.S. Raises Estimate of Plutonium Spilled Making Arms«, *The New York Times* (21. Oktober 2000)
[43] Ebenda
[44] Mary Manning, »Nuclear Tests Released More Harmful Elements Than Admitted Before«, *Las Vegas Sun* (23. Oktober 2000)
[45] Robert Alveraz, »Nuclear Wildfires«, *The Nation* (18./25. September 2001, Bd. 271, Nr. 8, S.30, 2000)
[46] Persönliches Gespräch mit Robert Alveraz
[47] Judith Graham, »U.S. Hot to Fireproof Nuclear Sites, Western Fires Spark Fear of Catastrophe«, *Chicago Tribune* (25. Oktober 2000)

[48] »Gap Questions Government Assurances on Hanford Fire«, Government Accountability Project, http://www.whistleblower.org/www/hanfire.htm (20. Juli 200O)

[49] Graham

[50] Alveraz

[51] Judith Graham, »U.S. Hot to Fireproof Nuclear Sites, Western Fires Spark Fear of Catastrophe«, *Chicago Tribune* (25. Oktober 2000)

[52] Alveraz

[53] Manning

DIE GESCHICHTE DER US-RAKETENABWEHRSYSTEME

[1] »National Missile Defense«, Union of Concerned Scientists Fact Sheet, »The Safeguard Experience« (Februar 1999)

[2] Francis Fitzgerald, *Way Out There in the Blue* (New York: Simon and Schuster, 2000)

[3] Ebenda

[4] Ebenda

[5] Ebenda

[6] Ebenda

[7] Robert Aldridge, »Son of Star Wars: A Background Paper on National Missile Defense«, Pacific Life Research Center (15. August 2000)

[8] Ebenda

[9] Ebenda

[10] Theodore Postol, »The Target Is Russia«, *The Bulletin of the Atomic Scientists* (März/April 2000); Serge Schmemann, »U.N. Agency Demands North Korea End Atomic Program«, New York Times (30. November 2002); James Dao, »Administration Halts Payments to Send Oil to North Korea«, New York Times (14. November 2002); »Nordkorea soll Energiehilfe erhalten«, NZZ online (13. Januar 2003)

[11] Ebenda

[12] Andrew Marshall, »U.S. Spies Inflate Risk from ›Rogue‹ States«, Independent Digital (UK) LTD (11. Juni 2000)

[13] Ebenda

[14] Fitzgerald

[15] Aldridge

[16] John Isaacs, »A Political Decision«, *The Bulletin of the Atomic Scientists* (März/April 2000)

[17] Steven Lee Myers, »U.S. Missile Plan Could Reportedly Provoke China,« *The New York Times* (10. August 2000)

[18] Präsident Bushs Rede zur Raketenabwehr, http://www.cnn.com (1. Mai 2001)

[19] Jack Spencer/Michael Scardaville, »In Defense of Development of Missiles«, *The Miami Herald* (17. Oktober 2000)

[20] Steve LaMontagne, »Missile Defense Encourages Proliferation«, *Washington Times* (22. Oktober 2000)

21 John Isaacs, »A Political Decision«, *The Bulletin of the Atomic Scientists* (März/April, 2000)

22 AFP, »Senate Overwhelmingly Passes U.S. Defense Authorization Bill« (2. Oktober 2001)

23 Karl Grossman, *Weapons in Space* (New York: Seven Stories Press, 2001)

24 United Nations, General Assembly, 69th plenary meeting, 20 November 2000, A/RES/55/32; Karl Grossman, »Master of Space«, *The Progressive Report* (Januar 2000)

25 Burton Richter, »It Doesn't Take Rocket Science«, *The Washington Post* (23. Juli 2000)

26 Helen Caldicott, *Missile Envy* (New York: Bantam, 1986)

27 Bruce Gagnon, »New Names for Star Wars Systems«, globalnet@mind-spring.com (16. August 2001)

28 Ein großer Teil des in diesem Abschnitt verwendeten Materials entstammt der hervorragenden Arbeit von Bob Aldridge, der Anfang der achtziger Jahre mein Mentor wurde, nachdem ich sein Buch *Counterforce Syndrome* gelesen hatte.

29 »Theater Missile Defense«, Union of Concerned Scientists, Anhang 2 des UCS Fact Sheet

30 Charles Pena, »From the Sea: National Missile Defense Is Neither Cheap Nor Easy«, CATO Institute (6. September 2000)

31 Rodney Jones, »Taking National Missile Defense to Sea: A Critique of Sea-based and Boost Phase Proposals«, Council for a Livable World (Oktober 2000)

32 Aldridge

33 Ebenda

34 Mary McGrory, »Star Wars: Calling a Bomb a Bomb«, *The Washington Post* (13. Juli 2000); George N. Lewis/Lisbeth Gronlund, »Debunking the Missile Defense Agency's ›Endgame Success‹ Argument«, http://www.armscontrol.org/act/2002_12/lewisgronlund_dec02.asp

35 William Broad, »Ex-Employee Says Contractor Faked Results of Missile Tests«, *The New York Times* (7. März 2000)

36 Ebenda

37 Jim Wolf, »FBI Probing TRW for Missile Defense Related Fraud«, Reuters (11. September 2000)

38 David Abel, »Tiff Between White House, MIT Professor Gets Personal«, *The Boston Globe* (8. September 2000)

39 David Wright/Theodore Postol, »Missile Defense System Won't Work«, *The Boston Globe* (11. Mai 2000)

40 »BMDO Plans Next NMD Integrated Ground Test in Early 2001«, *Inside Missile Defense* (20. September 2000)

41 Stan Crock, »The Dodgy Science of Missile Defense«, *Business Week* (17. August 2000)

42 David Wood, »Missile Defense Would Take President – and Maybe Humans – Out of the Loop«, *The Seattle Times* (19. Juli 2000)

43 Ebenda

[44] Crock

[45] David Morgan, »Ballistic Missile Defense: A Submission to the Standing Committee on National Defense and Veterans Affairs«, House of Commons, Ottawa, Canada (5. April 2000)

[46] Nick Cohen, »Protection Racket. It Matters Not Whether It's Bush or Gore. We'll Still Have Son of Star Wars Foisted on U.S.«, *The Observer* (12. November 2000)

[47] Robert Alveraz, »Nuclear Wildfires«, *The Nation* (18./25. September 2001)

[48] »Warhead Elimination«, Union of Concerned Scientists Briefing (11. Juli 2000)

[49] Michael R. Gordon, »U.S. Arsenal: Treaties vs. Nontreaties«, *The New York Times* (14. November 2001)

[50] David E. Sanger, »Before and After Bush and Putin's Banter: No Agreement on Missile Defense«, *The New York Times* (16. November 2001)

[51] »Warhead Elimination«

[52] »ABM Talking Points«, *Bulletin of the Atomic Scientists* (20. Januar 2000)

[53] »China Warns Future U.S. President Over Missile Shield«, AFP (2. November 2000)

[54] John Isaacs, »A Political Decision«, *Bulletin of the Atomic Scientists* (März/April 2000)

[55] Nigel Chamberlain, »CND's Response to Paul Brown«, *The Guardian* (5. April 2000)

[56] Richard Norton-Taylor, »Son of Star Wars British Ministers Are Going Along Meekly with Washington's Grandiose and Dangerous Plans«, *The Guardian* (15. April 2000) http://www.ananova.com/news/story/sm 727888.html

[57] Christopher Lockwood, »Westminster Backlash Over ›Son of Star Wars‹«, *Telegraph* (3. August 2000)

[58] Hugo Young, »The Planned American Missile Shield May Not Even Work Properly«, *The Guardian* (1. Februar 2000)

[59] Theodore Postol, »The Target Is Russia«, *Bulletin of the Atomic Scientists* (März/April, 2000)

[60] Ebenda

[61] Robert Suro, »Key Missile Defense Radar Planned for Remote Island«, *The Washington Post* (7. Mai 2000)

[62] Srdja Trifkovic, »The Coming National Missile Defense Scandal«, The Rockford Institute (21. Juni 2000)

DER WELTRAUM: DAS NÄCHSTE AMERIKANISCHE IMPERIUM

[1] William B. Scott, »USSC Prepares for Future Combat Missions in Space«, *Aviation Week & Space Technology* (5. August 1996)

[2] »Implementing Our Vision for Space Control«, Rede von General Richard B. Meyers, United States Space Foundation, Colorado Springs (7. April 1999)

[3] Keith Hall, Rede vor dem National Space Club (15. September 1997)

[4] Halford J. Mackinder, »The Geographical Pivot of History«, *Geographical Journal* (1904)

[5] Karl Grossman, *Weapons in Space* (New York: Seven Stories Press, 2001)
[6] »Vision for 2020«, US-Weltraumkommando, Director of Plans (Februar 1997)
[7] Bruce Gagnon, »Space Domination: Pyramid to the Heavens«, http://www.globenet.freeonline.co.uk (16. Juli 2000)
[8] Grossman
[9] Gagnon
[10] »Space Force Is an Idea Whose Time May Have Come«, Editorial, *Florida Today* (14. März 2000)
[11] »The Investment in Space«, *Air Force Association Organization Magazine* (Februar 2000)
[12] Paul Hoversten, »The Best Defense May Be a Better Map«, *The Washington Post* (19. Februar 2000)
[13] »The Warfighters Edge: First Hyperspectral Images from Space«, *Spacewar*, Kirtland Air Force Base (8. September 2000)
[14] Bruce Gagnon, »Pentagon Funds Global 3-D Mapping Mission«, http://www.spacedaily.com/spacecast/news/milspace-ooc.html (31. Januar 2000)
[15] »White House Supports Air Force Vision on Spacelift Partnership«, Pressemitteilung der US-Air Force (9. Februar 2000)
[16] Bruce Gagnon, »Global Network Against Weapons & Nuclear Power in Space«
[17] Tech. Sgt. Stefan Alford, »AOC Declared Official Weapons System«, http://www.afmil/news/Sept 2000 (12. September 2000)
[18] Army Captain Deanna Bague, »Joint Services Conduct Modern Day War Games«, *Air Force News* (21. Juni 2000)
[19] »Megawatt Laser Test Brings Space Based Lasers One Step Closer«, *Space Daily* (26. April 2000)
[20] Grossman
[21] U.S. Air Force Advisory Board, »New World Vistas: Air and Space Power for the 21st Century«, *Space Technology Volume* (1996)
[22] Mike Moore, »Unintended Consequences«, *Bulletin of the Atomic Scientists* (Januar/Februar 2000)
[23] Bill Sweetman, »Securing Space for the Military«, *Jane's Defense Weekly*
[24] Ellen Messmer, »US Army Kick-Starts Cyberwar Machine«, *CNN-Technology* (22. November 2000)
[25] Richard J. Newman, »The New Space Race«, *US News and World Report* (8. November 1999)
[26] James Oberg, »NASA Knew Mars Polar Lander Doomed«, UPI (21. March 2000)
[27] John Noble Wilford, »NASA Sending 2 Rovers to Mars in Twin Trips Landing in 2004«, *The New York Times* (11. August 2000)
[28] John Noble Wilford, »Shaken NASA Offers New Plan for Mars Exploration Missions«, *The New York Times* (27. Oktober 2000)
[29] Jerome Groopman, »Medicine on Mars: How Sick Can You Get During Three Years in Deep Space?«, *The New Yorker* (14. Februar 2000)
[30] Barry E. DiGregorio, »Rethinking Mars Sample Return«, *Space News* (1997)

31 Leonard David, »NASA Urged to Create Facility for Mars Samples«, *Space News* (31. März–6. April 1997)

32 Brian Berger, »NASA Considers Building Mars-Sample Quarantine Facility«, *Space News* (12. April 1999)

33 Keay Davidson, »NASA, Slightly Humbled, Dreams On«, *San Francisco Examiner* (23. January 2000)

34 Leonard David, »Business Sees Cash Among the Constellations«, *http://www.space.com* (9. Januar 2000)

35 Jackie Alan Giuliano, *Healing Our World: Weekly Comment*, »The Migration Begins: The International Space Station«, 2000 Lycos, Inc., Warenzeichen der Carnegie Mellon University (September 2000)

36 »International Space Station: Missions Accomplished and Continued Assembly, and Background«, http://www.boeing.com (7. November 2000)

37 George Musser/Mark Alpert, »How to go to Mars«, *Scientific American* (März 2000)

38 Karl Grossman, »U.S. Plans to Wage War in Space«, Vortrag in Toronto, Kanada (Oktober 2000)

39 Paul Hoversten, »Nuclear-powered Probes in the Plans for Mars«, http://www.space.com

40 »DRAFT Programmatic Environmental Impact Statement for Accomplishing Expanded Civilian Nuclear Energy Research and Development and Isotope Production Missions in the United States, Including the Role of the Fast Flux Test Facility«, Zusammenfassung, US-Energieministerium, Abteilung Atomenergie, Wissenschaft und Technik, Washington DC (Juli 2000)

41 AP, »Lab Contamination rises«, *The Denver Post* (30. Juli 1996); Reuters, »Workers exposed to plutonium at U.S. Lab« (17. März 2000)

42 Grossman

43 Dave Dooling, »Nuclear Power: The Future of Space Flight«, *http://www.space.com* (22. Juli 2000)

44 »U.S. Launch Vehicles Claimed Harmful to Ozone Layer«, *Moscow Aviatsiya Rosmonavtika* (6. Dezember 1989)

45 William J. Broad, »NASA Moves to End Longtime Reliance on Big Spacecraft«, *The New York Times* (16. September 1991)

46 Sharon Ebner, »Solid Fuel Critics Say Ozone Is in Danger«, *Mississippi Sun Herald* (17. März 1990)

47 Karl Grossman, »The Pentagon Prepares to ›Master Space‹«, *Network* (Juli/August 2000)

ATOMKRIEG IM GOLF UND IM KOSOVO

1 Nicholas Arons, »A Few Vignettes from Iraq«, *The Guardian, Iraq Notebook* (Band 7, 2000)

2 John Pilger, »War Against the Children«, *The Guardian, Iraq Notebook* (Band 7, 2000)

3 Joby Warrick, »Maps Reveal Scattering of Ky. Plutonium«, *The Washington Post* (1. Oktober 2000)

4 Helen Caldicott, *Nuclear Madness* (New York: W.W. Norton, 1994)

[5] Asaf Durakovic,»Medical Consequences of Internal Contamination with Depleted Uranium«, *Metal of Dishonor*, International Action Center, NY (1999)

[6] Caldicott

[7] Dolores Lymburner,»Another Human Experiment«, *Metal of Dishonor*, International Action Center, NY (1999)

[8] Ebenda

[9] »Former Head of Pentagon's Depleted Uranium Project Condemns Environmental Contamination of Vieques, Puerto Rico, an Island Close to 10,000 U.S. Citizens«, http://www.viequeslibre.org (14. Juni 2000)

[10] Rob Edwards,»Dangerous Work«, *New Scientist* (8. Juli 2000)

[11] Thomas Williams,»Depleted Uranium in NATO Bases Raises Health Issues«, *Hartford Courant* (20. Mai 1999)

[12] Matthew L. Wald,»Nuclear Sites May Be Toxic in Perpetuity«, *The New York Times* (8. August 2000)

[13] Persönliches Gespräch mit Hari Sharma

[14] Federally Sponsored Research on Persian Gulf Veterans' Illnesses, Annual Report to the Congress of the Research Working Group of the Persian Gulf Veterans Coordinating Board (April 1997)

[15] Melissa McDiarmid, Niederschrift der VA.DoD Telekonferenz vom 25. März 1998 zum Programm für abgereichertes Uran

[16] Cat Euler,»The Consequences of Depleted Uranium Ammunitions«, Campaign for Depleted Uranium (6. Juli 2000)

[17] Sara Flounders,»The Struggle for an Independent Inquiry«, *Metal of Dishonor*, International Action Center, New York (1999)

[18] Siegwart-Horst Gunther,»How Depleted Uranium Shell Residues Poison Iraq, Kuwait and Saudi Arabia«, *Metal of Dishonor*, International Action Center, New York (1999)

[19] Dan Fahey,»Depleted Uranium Weapons: Lessons from the 1991 Gulf War. A Postwar Disaster for Environment and Health«, Laka Foundation (Mai 1999)

[20] Ebenda

[21] Ebenda

[22] Mark Oliver,»Gulf War Syndrome«, *The Guardian unlimited* (18. Juni 2002); Gunther

[23] Euler

[24] Environmental News Service,»Children Most at Risk from Depleted Uranium« (26. April 2001)

[25] Cherry Norton,»Health Danger that Divides Medical Opinion«, *Independent News* (4. Oktober 1999)

[26] Fahey

[27] Ebenda

[28] Ebenda

[29] Cat Euler,»Depleted Uranium Exposures to Civilians and Military Personnel«, Vortrag im Rahmen der 14. Low Level Radiation and Health Conference in Reading (14. Juli 2000)

[30] Lilliam Irizarry, »Puerto Rico Wants Uranium Probe«, AP (11. Januar 2001)

[31] Max Sinclair/Jared Israel, »DU Used – in Somalia and Germany«, deutsche Fassung in: *Der Spiegel* (23. Januar 2001)

[32] John Catalinotto/Sarah Flounders, »Is the Israeli Military Using Depleted-Uranium Weapons Against the Palestinians?«, International Action Center, New York (27. November 2000)

[33] »Depleted Uranium Weapons«, Issue Brief, Physicians for Social Responsibility (Juli 1999)

[34] »European Countries Announce Balkans Syndrome Tests for Military Personnel«, SGT (10. Januar 2001)

[35] »Radiation Fears Widen in Balkan Peace Force«, *London Telegraph* (31. Dezember 2000) Anes Alic/Dragan Stanimirovic, »Balkan Syndrome Resurrected – A UN study lends credence to health experts' cries that NATO's uranium-tripped weapons left a deadly lagacy«, http://www.tol.cz/look/BRR/article.tpl?IdLanguage=1&IdPublication=9&NrIssue=1&NrSection=4&NrArticle=8027 (10. Dezember 2002)

[36] Marlise Simons, »Radiation from Bombing Alarms Europe«, *The New York Times* (7. Januar 2001)

[37] Burt Herman, »Uranium Use in Kosovo War Suspected as Veterans Fall Ill«, *The Sydney Morning Herald* (9. Januar 2001)

[38] Kim Sengupta, »MoD ›Monitoring‹ Health Checks on Kosovo Soldiers«, news@antic.org (28. Dezember 2000)

[39] Patricia Reaney, »Scientists Doubt Uranium Weapons Cancer Link«, *The New York Times* (9. Januar 2001)

[40] BBC News, »Depleted Uranium Threatens Balkan Cancer Epidemic« (30. Juli 1999)

[41] The Committee for National Solidarity, UNEP, Genf (16. Januar 2001)

LOCKHEED MARTIN, DIE US-PRÄSIDENTSCHAFT UND DIE STAR-WARS-REGIERUNG

[1] M.W. Gruzy, »Viewpoints: Fighting Fictional Foes«, *St. Louis Post-Dispatch* (17. Januar 2001)

[2] Russell Mokhiber/Robert Weissman, »Corporate Conservative, Corporate President«, *Focus on the Corporation* (11.–18. Januar 2001)

[3] Diedre Griswold, »As Economic Storm Gathers, CEOs & Bush Meet in Secret«, *Workers World Newspaper* (18. Januar 2000)

[4] Jerry White/Paul Scherrer, »Washington Inaugural Celebrations: Corporate America Welcomes Bush«, *WSWS: News and Analysis: North America: U.S. Politics* (20. Januar 2001)

[5] William D. Hartung/Michelle Ciarrocca, »Reviving Star Wars«, *The Baltimore Sun* (21. Januar 2001)

[6] US-Verteidigungsministerium, Pressestelle (24. Januar 2001)

[7] Sean Gonsalves, »Star Wars: The Sequel«, *The Cape Cod Times* (26. Dezember 2000)

[8] Martin Kettle, »Bush Team Is Back with a Vengeance«, *The Guardian Weekly* (4.–10. Januar 2001)

382   Anhang

9 William D. Hartung, »Rumsfeld: An Ideologue on Missile Defense«, World Policy Institute, http://www.foreignpolicy-infocus.org/papers/rumsfeld

10 Jean-Michel Stoullig, »Rumsfeld Commission Warns against ›Space Pearl Harbor‹«, AFP (11. Januar 2001)

11 Tabassum Zakaria, »Helms Says U.S. not Bound by ABM Treaty«, *globalnet@mindspring.com* (11. January 2000)

12 »Rumsfeld in Cold War Time Warp, Says Angry Moscow«, Reuters (20. März 2001)

13 Elaine Sciolino/Eric Schmitt, »In Defense Post, Infighter Known for Working the Means to his End«, *The New York Times* (8. January 2001)

14 Karl Grossman, globalnet@mindspring.com

15 David Corn, »Questions for Powell«, *The Nation* (8. Januar 2001)

16 Jane Perlez, »A Soldier Statesman Who Has Advocated a Blend of Strength and Caution«, *The New York Times* (17. Dezember 2000)

17 Robert Parry, »From Vietnam to Florida's Disenfranchisement of Black Voters: Unheroic Moments in Secretary of State Nominee Colin Powell's Career«, *Between the Lines* (25. Dezember 2000)

18 Ian Brodie, »Powell Insists Defense Rests on ›Star Wars‹«, *London Times* (18. Dezember 2000)

19 Barry Schweid, »Powell Pushes for Missile Defense«, AP (17. Januar 2001)

20 David Storey, »Powell Endorses U.S. Missile Defense«, Reuters (17. Januar 2001)

21 Schweid

22 Ebenda

23 Kettle

24 Daryl Kimball, »N-Testing Update«, dkimball@clw.org (19. Dezember 2000)

25 Karl Grossman, »Aerospace Executives on Bush Star Wars Team«, globalnet@mindspring.com (24. Dezember 2000)

26 Serge Trifkovic, »President Bush's Foreign Affairs«, http://www.rockfordinstitute.org/NewsST121500 (15. Dezember 2000)

27 Ebenda

28 »The Armageddon Nominee«, *The Boston Globe* (2. April 2001)

29 Nick Cohen, »Protection Racket«, *The Observer* (12. November 2000)

30 Polly Toynbee, »Special Report: The U.S. Elections«, *The Guardian* (22. August 2000)

31 Michail Gorbatschow, »Mr. Bush, the World Doesn't Want to Be American«, *International Herald Tribune* (30. Dezember 2000)

32 Simon Saradzhyan, »Russian Strategic Missile Force Stripped of Oversight for Two Space Forces«, *Space News* (25. Januar 2001)

33 Vladimir Isachenkov, »Putin Proposes Deeper Nuclear Cuts«, AP (13. November 2000)

34 »U.S., Russia Sign Missile Agreement«, AP (16. Dezember 2000)

35 Space Wire, »Former Military Commanders Oppose U.S.-Russian Launch Notification Agreement«, AFP (12. Dezember 2000)

36 AFP, »Putin Warns U.S. Against Missile Defense Buildup, Enlarging NATO« (26. Januar 2001)

[37] »Russia Threatens to Take Arms Race to Space«, *London Times* (25. Januar 2001)

[38] Michael Wines »In Letter to Bush, Putin Urges Wider U.S.-Russian Cooperation«, *The New York Times* (25. Januar 2001)

[39] Ian Traynor, »Russia Halts Military Cuts as Hawks Take over in U.S.«, *The Guardian* (18. Januar 2001)

[40] Erik Eckholm, »Power of U.S. Draws China and Russia to Amity Pact«, *The New York Times* (14. January 2001)

[41] John Pomfret, »Beijing and Moscow to Sign Pact, Stronger Ties Sought to Check U.S. Influence«, *The Washington Post* (13. Januar 2001)

[42] John Pomfret, »U.S. Now a ›Threat‹ in China's Eyes«, *The Washington Post* (15. November 2000)

[43] Bruce Gagnon, globalnet@mindspring.com

[44] Achin Vanaik, »How Much of a Reprieve?«, *The Hindu* (27. September 2000)

[45] »Missile Sale to Taiwan Has Unusual Clause«, AP (30. September 2000)

[46] Robert Burns, »U.S. Military Chiefs Recommend Plan to Resume Surveillance Flights«, AP (17. April 2001)

[47] Michael O'Hanlon, »A Need for Ambiguity«, *The New York Times* (27. April 2001)

[48] Gay Alcorn, »Bush Backpedals on Taiwan«, *The Sydney Morning Herald* (27. April 2001)

[49] William Foreman, »U.S. Weapons Would Be Little Help if China Gets Serious«, *The Sydney Morning Herald* (27. April 2001)

[50] Walden Bello, »Asia 2025: The Pentagon Prepares for Asian Wars«, http://www.focusweb.org (17. Oktober 2000)

[51] Jon Basil Utley, »20 Facts About China (Rarely Reported to Conservatives)«, http://www.againstbombing.com/chinapoints.html

[52] Nicholas Berry, »Is China an Aggressive Power?«, *The Defense Monitor* (2000)

[53] AFP, »China Warns U.S. to Keep Taiwan out of Any Missile Defense Plans« (18. Januar 2001)

[54] Bruce Gagnon, globalnet@mindspring.com

[55] »U.S. Secretly Monitors Asian Navies from Australia«, AP (27. Januar 2001)

[56] Paul Monk, »Dragon's Tail«, *The Australian's Review of Books* (November 2000)

[57] Ellen Hale, »Radar Picks up ›Star Wars‹ Rumor in England, Uneasiness at Key Site«, *USA Today* (24. Januar 2001)

[58] Andy Beckett »Special Report: George Bush's America«, *The Guardian* (20. April 2001)

[59] Julie Hyland, »Bush Commitment to U.S. National Defense Causes International Protests«, http://www.wsws.org (24. January 2001)

[60] »Allies Ponder Response to Bush on Missile Defense«, Reuters (25. Januar 2001)

[61] Hugo Young, »A Special Relationship Under Fire from Missile Defense«, *The Guardian* (21. Dezember 2000)

[62] »Bush Upsets Danish Opposition Over Missile Defense Station«, AFP (24. Januar 2001)

[63] »Leader«, *The Guardian* (4. Januar 2001)

[64] Michael Gordon, »EU to Go It Alone with New Army«, *The New York Times* und *The Sydney Morning Herald* (22. November 2001)

[65] Ian Blach, »U.S. Warns Europe Against Building Own Defense Force«, *The Guardian* und *The Sydney Morning Herald* (6. Dezember 2001)

[66] Steven Lee Myers, »A Call to Put the Budget Surplus to Use for the Military«, *The New York Times* (28. September 2000)

[67] Simon Tisdall, »Bush Plan for Fortress America Hawks Say Threats Justify Defense Boost«, *The Guardian* (13. Januar 2001)

[68] William D. Hartung, »The War Dividend«, *http://motherjones.com* (28. September 2001)

[69] William D. Hartung, »Bush's War on Terrorism: Who Will Pay and Who Will Benefit?«, *http://motherjones.com* (27. September 2001)

[70] http://www.defenselink.mil/pubs/dod101/largest.html

[71] Gustav Niebuhr, »A Mission to Redirect Money Used for Defense«, *The New York Times* (3. Oktober 2000)

[72] »What the World Wants«, The World Game Institute, wgi@worldgame.org

[73] »Bush's Defense Advisors Faced by 68 Conflicts Worldwide: Report«, AFP (2. January 2001)

ANHANG A: WICHTIGE US-ATOMWAFFENHERSTELLER

[1] Kevin Martin, Rachel Glick, Rachel Ries, Tim Nafziger und Mark Swier, »The Real Rogues Behind Star Wars«, *Z magazine,* http://www.thirdworldtraveler.com/Corporations/Real_Rogues.html (September 2000)

[2] Ebenda

[3] Ebenda

[4] Ebenda

[5] Ebenda

[6] Ebenda

[7] Ebenda

[8] Ebenda

[9] Ebenda

[10] Ebenda

[11] Ebenda

Danksagung

Ein großes Dankeschön allen, die halfen, die Informationen für dieses Buch zu sammeln und zu ordnen:
Bruce Gagnon, dessen prophetische Arbeit den Anstoß zu diesem Projekt gab; Mary Cunnane, die mir stets mit Rat und Tat zur Seite stand; Diane Wachtell, der großartigen Lektorin der Originalausgabe; Faith Hamlin, meiner wunderbaren und hartnäckigen Agentin; Scott Powell, dessen akribische Recherche mich mit einem Teil des Materials und allen Referenzlisten versorgte; Karl Grossmann, Bob Alveraz und Jacqui Cabasso von der *Western States Legal Foundation*; Hugh Gusterson, *MIT*; Robert Aldridge, *Pacific Life Research Center*; Admiral Eugene Carroll, *Center for Defense Information*; William Hartung und Frieda Berrigan, *World Policy Institute*; Richard Marek und Bonnie Urfer, *Nukewatch*; Gregory Talmadge, *The Center for Responsive Politics*; Stephen Schwartz, *Bulletin of the Atomic Scientists*; Bill Sulzman, Katya Komisaruk und Jack Cohen-Joppa, *The Nuclear Resister*, und Maria Gilardin, *TUC Radio*.

Glossar

Abfangmodul/Kill vehicle
Engl. Kill Vehicle: Abfangraketen bestehen aus Trägerrakete und Abfangmodul.

ABM-Vertrag
Engl. Anti Ballistic Missile Treaty, ABM: Vertrag über die Begrenzung der Systeme zur Abwehr ballistischer Flugkörper

Aegis-System
Engl. Aegis program: Programm der US-Navy

Atomwaffensperrvertrag
Engl. Nuclear Non Proliferation Treaty, NPT: Vertrag über die Nichtverbreitung von Kernwaffen, auch Nichtverbreitungsvertrag oder Atomwaffensperrvertrag. Er wurde am 1. Juli 1968 von den USA, der Sowjetunion und Großbritannien unterzeichnet. Verbot für die Atommächte, Atomwaffen an Nicht-Atommächte weiterzugeben. Den beigetretenen Nicht-Atommächten ist es untersagt, derartige Waffen zu produzieren oder zu erwerben.

Defense Support Programm
Engl. Defense Support Programm, DSP: Infrarot-Satellitensystem zur Erkennung von Raketenstarts

kinetische Waffen
Engl. Kinetic Kill Weapons: Waffen, die mit kinetischer, also Bewegungsenergie, funktionieren

LANTIRN
Engl. Low Altitude Navigation and Targeting Infra-Red for Night, LANTIRN: Tiefflugnavigation und Infrarot-Zielbestimmung bei Nacht

Mobiles Raketenabwehrsystem zur Punktverteidigung
Engl. Medium Extended Air Defense System, MEADS: taktisches Luftverteidigungssystem

Nicht tödliche oder »weiche« Waffen
Engl. Soft Kill Weapons: »Weich tötende Waffen«. Laut US-Verteidigungsministerium sind diese Waffensysteme ausdrücklich so konzipiert, dass sie Personen und Material nur kampfunfä-

hig machen, während die Zahl der Todesopfer sowie der Umfang dauerhafter Körper-, Sach- und Umweltschäden minimal gehalten wird.

Nordamerikanisches Luftabwehr-Kommando
Engl. North American Aerospace Defense Command, NORAD: Hauptquartier des NORAD ist der Cheyenne Mountain in den Rocky Mountains. Der NORAD-Stab wird aus Mitgliedern von Army, Navy, der Air Force, des Marine Corps und der kanadischen Armee rekrutiert.

Patriot-PAC3-System
Engl. Patriot Lower-Tier System, PAC-3: Patriot-System für den unteren Abfangbereich mit PAC-3-Flugkörpern mit Direkttrefferbefähigung (hit-to-kill), PAC = Patriot Advanced Capability

Rad/ 5000 rad
Engl. rad: Maßeinheit für absorbierte Strahlungsenergie, Energiedosis (alte Einheit)

Rem/ 1 rem
Engl. rem: Maßeinheit für die biologische Wirkung der Strahlungsmenge, Äquivalentdosis (alte Einheit)

Strategische Verteidigungsinitiative
Engl. Strategic Defense Initiativ, SDI: Erstmals 1983 von US-Präsident Ronald Reagan vorgestelltes Projekt einer durch Satelliten gestützten Raketenabwehr. Von Gegnern mit dem Namen »Star Wars« (Krieg der Sterne) bedacht und als Ende der Strategie der Abschreckung heftig kritisiert.

Register